全国高职高专人才培养规划教材

人力资源管理

何　静　主　审
方桂萍　赵海霞　主　编
林洁珊　章　义　黄秀霞　副主编
刘灿亮　李　慧　王丽琴　吴娉娉　参　编

经济科学出版社

图书在版编目（CIP）数据

人力资源管理／方桂萍，赵海霞主编．—北京：经济科学出版社，2011.8

全国高职高专人才培养系列教材

ISBN 978－7－5141－0851－4

Ⅰ.①人…　Ⅱ.①方…　②赵…　Ⅲ.①人力资源管理－高等职业教育－教材　Ⅳ.①F241

中国版本图书馆CIP数据核字（2011）第135441号

责任编辑：王东萍
责任校对：刘　昕
技术编辑：李　鹏

人力资源管理

方桂萍　赵海霞　主编

经济科学出版社出版、发行　新华书店经销

社址：北京市海淀区阜成路甲28号　邮编：100142

教材分社：88191344　发行部电话：88191540

网址：www.esp.com.cn

电子邮件：espbj3@esp.com.cn

北京密兴印刷有限公司印装

787×1092　16开　18.25印张　430000字

2011年8月第1版　2011年8月第1次印刷

ISBN 978－7－5141－0851－4　定价：33.00元

（图书出现印装问题，本社负责调换）

前　言

本书以人力资源管理实际的工作流程和真实的工作任务为主线进行教材内容的编排，通过对职业教育教学规律的深入研究，将真实任务、情景导入、课堂讨论、相关链接、案例分析、实习实训、技能自测进行一体化设计，力争做到既方便教师进行教学，又方便学生进行自学。本书具有以下特点：

1. 以人力资源管理工作中的实际任务统领教学过程。本书包括人力资源规划、工作分析、招聘与选拔、人力资源配置、培训与开发、绩效管理、薪酬管理、职业生涯管理、劳动关系管理九个相对独立的工作任务板块，使学生对人力资源管理工作性质和内容能够有一个清晰完整的认识。

2. 体现高职教育“教、学、做”一体化设计的原则。在每一单元内容的具体安排上，避免将理论、实例、实训等教学内容割裂开的传统方式，探索以人力资源工作任务为核心将上述内容统一编排。

3. 体现现代的教学方法和学习方式。高职教学要求采用多种教学形式，充分体现“以教师为主导，以学生为主体，教学互动”的原则，教学实践中采用项目教学法、小组工作法、案例教学法、问题引导教学法，教材内容编写上也力争体现这些教学方法的应用。

4. 体现理论与实践紧密结合的原则。编写教材时将实训和课程教学有机地结合起来，以专业理论为岗位实务服务的原则，增强教材的针对性、实用性和实效性。教材最后还附有人力资源管理工作中常用的测试问卷，方便同学们使用。

本书由广东理工职业学院方桂萍、赵海霞担任主编，广州城建职业学院何静担任主审，广东工程学院林洁珊、阳江职业技术学院黄秀霞、肇庆工商职业技术学院章义担任副主编。方桂萍、赵海霞负责拟定编写大纲并负责全书的统稿和定稿。编者具体分工：方桂萍编写第一章，赵海霞编写第二章、第九章，林洁珊编写第三章，章义编写第四章，黄秀霞编写第五章、第六章、第七章、第八章、第十章分别由广东理工职业学院李慧、刘灿亮、王丽琴、吴娉娉编写。

本书融入了我们多年的教学经验和成果，坚持以提高读者的实践技能为主要编写目的，按照人力资源管理的相关内容划分，统一规范编写格式。在编写过程中，作者参考了大量国内外相关专家学者的研究成果和相关著作，除注明出处的部分外，限于体例未能一一说明；许多案例和材料来源于互联网，相关作者也未能一一列明。在此，一并向他们致以衷心的感谢！

由于作者水平有限，书中难免有疏漏之处，敬请有关专家和读者批评指正。

编　者
2011 年 5 月

全国高职高专人才培养规划教材

目　录

单元一　人力资源管理导论　/　1

一、人力资源管理概述 …… (2)
(一) 人力资源基本概念 …… (2)
(二) 人力资源管理的基本概念 …… (6)
(三) 人力资源管理的职能 …… (8)
(四) 人力资源管理的内容 …… (9)
二、人力资源管理的理论基础 …… (11)
(一) 人性假设的理论 …… (12)
(二) 激励理论 …… (14)
(三) 人力资本理论 …… (19)
三、人力资源管理的历史发展 …… (21)
(一) 人力资源管理的产生和发展 …… (21)
(二) 人力资源管理面临的挑战 …… (23)
(三) 人力资源管理的发展趋势 …… (25)
四、本单元小结 …… (29)
五、复习思考题 …… (29)
六、实训设计 …… (30)

单元二　人力资源规划　/　33

一、人力资源规划概述 …… (34)
(一) 人力资源规划的内涵 …… (34)
(二) 人力资源规划的作用 …… (35)
(三) 人力资源规划的类型 …… (36)
(四) 人力资源规划的内容 …… (37)
二、人力资源结构分析 …… (39)
(一) 人力资源数量分析 …… (39)
(二) 人员类别的分析 …… (40)

（三）工作人员的素质……………………………………………………（40）
（四）年龄结构分析……………………………………………………（41）
（五）职位结构分析……………………………………………………（41）
三、人力资源规划基本流程…………………………………………………（42）
（一）准备阶段……………………………………………………（42）
（二）预测比较阶段……………………………………………………（43）
（三）制定阶段……………………………………………………（43）
（四）实施和评估阶段……………………………………………………（44）
四、人力资源规划的预测…………………………………………………（45）
（一）人力资源的需求预测……………………………………………（45）
（二）人力资源的供给预测……………………………………………（50）
（三）人力资源的供需平衡……………………………………………（52）
五、本单元小结…………………………………………………（53）
六、复习思考题…………………………………………………（54）
七、实训设计…………………………………………………（55）

单元三　工作分析　/　57

一、工作分析概述…………………………………………………（58）
（一）工作分析的内涵……………………………………………（58）
（二）工作分析的作用……………………………………………（60）
（三）工作分析的程序……………………………………………（61）
二、工作分析的方法…………………………………………………（64）
（一）观察法……………………………………………………（64）
（二）访谈法……………………………………………………（64）
（三）问卷法……………………………………………………（65）
（四）工作日志法……………………………………………………（66）
（五）关键事件法……………………………………………………（66）
三、工作说明书与工作规范…………………………………………………（67）
（一）工作说明书和工作规范编写的总体要求…………………………（68）
（二）工作说明书的编写……………………………………………（68）
（三）工作规范的编写……………………………………………（70）
四、工作设计…………………………………………………（71）
（一）工作设计的含义……………………………………………（71）
（二）工作设计的原则……………………………………………（72）
（三）工作设计的方法……………………………………………（73）
五、本单元小结…………………………………………………（76）
六、复习思考题…………………………………………………（76）

七、实训设计 …………………………………………………………………………… (77)

单元四　招聘与选拔　/　79

一、招聘工作概述 ……………………………………………………………………… (80)
（一）招聘的含义 ……………………………………………………………………… (80)
（二）招聘的原则 ……………………………………………………………………… (80)
（三）招聘的作用 ……………………………………………………………………… (82)
（四）影响招聘工作的因素 …………………………………………………………… (82)
二、招聘工作的程序和渠道 …………………………………………………………… (84)
（一）招聘的程序 ……………………………………………………………………… (84)
（二）招聘的渠道 ……………………………………………………………………… (87)
三、人员选拔和录用 …………………………………………………………………… (89)
（一）选拔的程序 ……………………………………………………………………… (90)
（二）选拔的方法 ……………………………………………………………………… (92)
（三）人员录用 ………………………………………………………………………… (98)
四、本单元小结 ………………………………………………………………………… (99)
五、复习思考题 ………………………………………………………………………… (100)
六、实训设计 …………………………………………………………………………… (101)

单元五　人力资源配置　/　103

一、人力资源配置概述 ………………………………………………………………… (104)
（一）人力资源配置的含义 …………………………………………………………… (104)
（二）人力资源配置的原理 …………………………………………………………… (104)
（三）人力资源配置的原则 …………………………………………………………… (105)
（四）影响人力资源配置的因素 ……………………………………………………… (107)
二、职业适应性测试 …………………………………………………………………… (107)
（一）生活特性问卷 …………………………………………………………………… (108)
（二）需求测试 ………………………………………………………………………… (111)
（三）职业兴趣测试 …………………………………………………………………… (114)
三、人员的外部流动 …………………………………………………………………… (117)
（一）人员外部流动的含义 …………………………………………………………… (117)
（二）人员外部流动的原因 …………………………………………………………… (118)
（三）企业对人员外部流动的管理措施 ……………………………………………… (119)
四、人员的内部流动 …………………………………………………………………… (121)
（一）人员内部流动的含义 …………………………………………………………… (121)
（二）晋升 ……………………………………………………………………………… (121)
（三）降职 ……………………………………………………………………………… (124)

(四) 调动管理 …… (125)
五、本单元小结 …… (130)
六、复习思考题 …… (130)
七、实训设计 …… (131)

单元六 培训与开发 / 133

一、员工培训概述 …… (134)
(一) 培训的基本概念 …… (135)
(二) 培训的作用 …… (135)
(三) 培训的类型 …… (138)
(四) 培训的原则 …… (140)
二、培训的流程 …… (141)
(一) 培训需求分析 …… (141)
(二) 培训计划制订 …… (142)
(三) 培训活动实施 …… (144)
(四) 培训效果评估 …… (145)
三、培训的内容、方式和方法 …… (146)
(一) 培训的内容 …… (146)
(二) 培训的方式 …… (147)
(三) 培训的方法 …… (148)
四、人力资源开发 …… (152)
(一) 人力资源开发概述 …… (152)
(二) 人力资源开发的途径 …… (153)
五、本单元小结 …… (157)
六、复习思考题 …… (157)
七、实训设计 …… (158)

单元七 绩效管理 / 160

一、绩效管理概述 …… (161)
(一) 绩效的基本内涵与特性 …… (161)
(二) 绩效管理的含义 …… (162)
(三) 绩效管理的作用 …… (163)
二、绩效管理的基本流程 …… (165)
(一) 绩效计划 …… (167)
(二) 绩效实施 …… (169)
(三) 绩效评价 …… (171)
(四) 绩效反馈 …… (172)

（五）绩效改进……………………………………………………………………（174）
（六）绩效结果的运用…………………………………………………………（175）
三、绩效考评的组织与设施……………………………………………………（176）
（一）考核者的选择与培训……………………………………………………（176）
（二）绩效考评的方法…………………………………………………………（180）
（三）影响绩效考评的因素……………………………………………………（185）
四、本单元小结…………………………………………………………………（186）
五、复习思考题…………………………………………………………………（186）
六、实训设计……………………………………………………………………（187）

单元八　薪酬管理　／　189

一、薪酬管理概述………………………………………………………………（190）
（一）薪酬管理的概念…………………………………………………………（190）
（二）薪酬管理的目标…………………………………………………………（191）
（三）薪酬管理的内容…………………………………………………………（191）
（四）影响薪酬管理的因素……………………………………………………（192）
二、基本薪酬体系………………………………………………………………（195）
（一）基于职位的薪酬体系……………………………………………………（196）
（二）基于能力的薪酬体系……………………………………………………（197）
（三）基于绩效的薪酬体系……………………………………………………（198）
三、薪酬体系设计………………………………………………………………（200）
（一）薪酬体系设计的原则……………………………………………………（200）
（二）薪酬体系设计的步骤……………………………………………………（202）
四、奖金、福利设计……………………………………………………………（208）
（一）奖金设计…………………………………………………………………（208）
（二）福利设计…………………………………………………………………（209）
五、本单元小结…………………………………………………………………（212）
六、复习思考题…………………………………………………………………（212）
七、实训设计……………………………………………………………………（213）

单元九　职业生涯管理　／　215

一、职业生涯管理概述…………………………………………………………（216）
（一）职业生涯管理概述………………………………………………………（217）
（二）职业生涯管理的基本理论………………………………………………（218）
二、个人职业生涯规划…………………………………………………………（223）
（一）个人职业生涯规划的原则………………………………………………（223）
（二）个人职业生涯规划的步骤………………………………………………（224）

三、组织职业生涯管理 …… (225)
(一) 组织职业生涯管理概述 …… (225)
(二) 组织职业生涯管理的内容 …… (227)
(三) 组织职业生涯管理的原则 …… (230)
四、本单元小结 …… (230)
五、复习思考题 …… (230)
六、实训设计 …… (231)

单元十　劳动关系管理　/　234

一、劳动关系管理概述 …… (235)
(一) 劳动关系的内涵和类型 …… (235)
(二) 劳动关系管理的含义 …… (236)
(三) 劳动关系管理的内容 …… (237)
(四) 劳动关系管理的基本要求 …… (237)
二、劳动合同管理 …… (238)
(一) 劳动合同的概念、特征和作用 …… (238)
(二) 劳动合同的订立 …… (239)
(三) 劳动合同的变更 …… (240)
(四) 劳动合同的解除 …… (242)
三、劳动争议的处理 …… (243)
(一) 劳动争议的概念、范围与特征 …… (243)
(二) 劳动争议处理的原则 …… (245)
(三) 劳动争议的处理程序与方法 …… (245)
四、集体合同管理 …… (247)
(一) 集体合同的内涵 …… (247)
(二) 集体合同的订立、履行、变更与终止 …… (248)
(三) 集体合同争议处理 …… (250)
五、本单元小结 …… (251)
六、复习思考题 …… (251)
七、实训设计 …… (252)

附件1：职业适应性测试　/　254
附件2：生活特性问卷　/　266
附件3：马斯洛需求测试　/　268
附件4：职业兴趣自我测试　/　272
参考文献　/　276

全国高职高专人才培养规划教材

单元一

人力资源管理导论

【学习目标】

能力目标

1. 掌握人力资源管理的理论基础。
2. 掌握激励的概念和阐述激励的过程。
3. 能应用内容型激励理论和过程型激励理论分析问题。

知识目标

1. 理解人力资源管理的含义和作用。
2. 熟悉人力资源管理的基本内容。
3. 了解人力资源管理的产生和发展过程及发展的新趋势。

【案例1-1】

林肯的用人之道

1860年美国大选刚刚结束，一位大银行家看到一个参议员从林肯总统办公室走出来，就对林肯说："此人不可靠，万万不可选他入阁。"林肯问："为什么?"银行家说："他与我谈过，说他比你伟大！"林肯说："我现在最头疼的就是找不到比我强的人，我要把比我强的人都纳入内阁。"

后来，银行家所说的那位议员被林肯委任为财政部长，林肯十分器重他。尽管此人很狂妄，但工作尽职尽责，特别有能力。有一次，那位银行家又提醒林肯说那位参议员有野心。林肯没有直接回答，只讲了自己幼年时的一个故事："年幼时，我在家乡农场犁地，那匹马很懒，走得很慢，可是后来，它走得飞快。等到地头，我才发现这匹马走得快的原因：原来是一只大马蝇叮在它的屁股上。"

资料来源：和仁：《领导选人用人之道（管理者的鉴人秘经）》，西北大学出版社2006年版。

【案例分析】

古人说，有容乃大。林肯之所以成为美国历史上一位杰出总统，缘于他的善于用人，特别是善于使用比自己强的人。一个企业管理者，只有容纳并鼓励那些在品格能力上强于自己的人，才能达到企业管理的最高境界。企业管理者要强于下属的，一是心胸，二是驭人之功。这里的驭人之功实际上就是人力资源管理的功能。

本章将重点介绍人力资源的概念，人力资源管理的概念、职能及内容，同时阐述人力资源管理的理论基础，从而勾勒出组织在人力资源的获取、开发、保持和利用，即选人、育人、留人和用人等方面的整体管理框架。

一、人力资源管理概述

（一）人力资源基本概念

1. 人力资源的含义

人力资源（human resource）的概念是由管理大师彼得·德鲁克于1954年在其名著《管理实践》中首先提出并正式加以明确界定的。所谓人力资源是指在一定范围内能够为社会创造物质财富和精神财富、具有体力劳动和脑力劳动能力的人口的总和。

- 人力资源是人类可用于生产产品或提供各种服务的活力、技能和知识（Ivan Berg）。
- 人力资源是企业人力结构的生产和顾客商誉的价值（Rensis L，Akere）。
- 企业人力资源是指人口资源中能够推动整个企业发展的劳动者的能力的总和。它包括数量和质量两个方面。

人力资源数量：是一个国家或地区中具有劳动能力、从事社会劳动的人口总数。就一个组织而言，其人力资源数量就是分布于组织内部各个岗位，从事不同性质工作的各类员工数量的总和。

绝对数量＝劳动适龄人－适龄人中丧失劳动能力的人＋适龄人之外具有劳动能力的人

具体地说，包括以下几个方面：

① 适龄就业人，构成人力资源的大部分。

② 未成年就业人。

③ 老年就业人。

④ 求职人或待业人。

⑤ 就学人。

⑥ 从事家务劳动的人。

⑦ 军队服役的人。

⑧ 其他人。

以上前四部分是现实的社会劳动力供给，具直接性和已开发性；后四部分并未构成现实的社会劳动力供给，具间接性和尚未开发性，是人力资源的潜在形态。

人力资源的质量：是指人力资源所具有的体力、智力、知识和技能水平以及劳动者的劳动态度。

我们知道，人口的质量或素质主要包括思想道德素质、科技文化素质、身体健康素质等三个方面的内容。因此人力资源的质量也由其载体——人的思想道德素质、科技文化素质、身体健康素质等三方面内容来反映。

一般来说，人力资源的思想道德素质主要是指劳动者和人才的事业心、责任感、工作态度和敬业精神等。

人力资源的科技文化素质主要是指劳动者和人才的科技知识、文化技能、智力水平及其运用能力等。

人力资源的身体健康素质主要是指劳动者和人才的身体健康状况、医疗卫生保健水平等。

与企业人力资源数量相比，人力资源质量更为重要。因为人力资源的质量对人力资源数量具有较强的替代性，而人力资源数量对质量的替代作用较差。社会的发展、科学的进步对人力资源的质量提出了越来越高的要求。人力资源开发的目的就是提高人力资源的质量，从而提高企业的工作效率。对人力资源的概念，需要从以下几个方面来把握：

（1）人力资源是时空的概念。定义中的“一定范围”既可以指一个国家或地区，也可以指一家企业、一所学校、一所医院或其他组织。因此，从宏观角度来看，人力资源是指一个国家或地区所有具有一定劳动能力的人口的总和；从微观角度来看，人力资源是企业等组织雇用的具有劳动能力的全部员工的总和。

（2）人力资源的实质就是人所具有的运用物质资源进行物质财富或精神财富生产的能力，包括体能和智能两个基本方面；是劳动过程中可以直接投入的体力、智力、心力的总和以及基础素质，包括知识、技能、经验、品性、态度等身心素质。或者认为，人力资源是人拥有的知识、技能、经验、健康等共性化要素和性格、兴趣、价值观、团队意识等个性化要素，以及态度、努力、情感等情绪化要素的有机结合。

（3）人力资源表现为具有劳动能力的人口的总和。此处所讲的劳动能力不仅包括体力劳动能力，还包括脑力劳动能力，是指一个组织或个人所拥有的潜藏在人身上的、能够被开发和利用的体力和脑力的总和，包括知识、技能、经验、品行、态度以及身体健康等各种要素的有机结合。这是人类所独具的并以人体为其存在的载体。因此，现实生活中，人力资源表现为具有劳动能力的人口的总和。

2. 人力资源的特征

人力资源是进行社会生产最基本、最重要的要素，与其他资源相比较，它具有如下特征。

（1）能动性——人力资源是“活”的资源。

能动性是人力资源的首要特征，是人力资源与其他一切资源最根本的区别所在。自然资源、物质资源及财力资源等资源在其被开发过程中完全处于被动的地位，而人力资源的开发与利用，是通过拥有者自身的活动来完成的，具有能动性。

人力资源能动性指人不同于其他资源处于被动使用的地位，其具有思维和情感，能够接受教育或主动学习并能够自主地选择职业。它是唯一能起到创造作用的因素，能积极主动地、有意识地、有目的地认识世界和利用其他资源去改造世界，推动社会和经济的发展，推动人类文明进步，因而在社会发展和经济建设中起着积极和主导的作用。

人力资源能动性具体体现为以下几个方面：

① 自我强化：即人通过学习能够提高自身的素质和能力。

② 选择职业：在市场经济环境中，人作为劳动力的所有者可以按自己的特长和爱好自主择业。选择职业是人力资源主动与物质资源相结合的过程。

③ 积极劳动：敬业、乐业、积极工作、创造劳动，这是人力资源能动性的最主要的方面，也是人力资源发挥潜能的决定性因素。

(2) 两重性（消费性、创造性）。

两重性是指人力资源既是投资的结果，同时又能创造财富，因而既是生产者，又是消费者。两者不可分割。人力资源的投资是一种必不可少的消费行为，同时，人力资源的投资具有边际收益递增的特点。

首先，个人和社会都会在人力资源上进行投资（如教育投资、增进体力的投资），且投资大小决定人力资源质量的高低，因而从这个角度讲，人力资源是消费者，是个人和社会投资的结果，以至于成为一种资本——人力资本。但这种投资或消费行为是必需的，是获得人力资源投资后期收益的必不可少的先期投入。

其次，由于在人力资源上的投资体现为劳动者的体力、智力和技能，成为人力资本，因而人力资源具有高增值性，且远远大于对其他资源的投资所带来的收益——人力资源是创造利润的主要源泉。

如下资料可说明这一点：

舒尔茨用投资收益率法研究了美国 1929 ~ 1957 年的经济增长贡献，结果表明，教育投资对经济增长的贡献是 33%；而根据挪威 1900 ~ 1995 年统计测算得出结论：对于固定资产、普通劳动者和智力投资的额度分别每增加 1，则与其相对应的社会生产量分别增长 0.2、0.76、1.8。所以，有学者提出与其他资源（要素）的边际报酬递减规律不同，人力资源所拥有的知识具有边际报酬递增的规律。

(3) 再生性——人力资源是可以无限开发的资源。

人口的再生产是人口不断更新、人类自身得以延续和发展的过程。人力资源的再生性不同于一般生物资源的再生性，除了遵守一般生物学规律之外，还要受到人类意识的支配和人类活动的影响。再生性是指人力资源在使用过程中会出现磨损，既包括自然磨损（有形磨损）也包括无形磨损。

人力资源的有形磨损是指由于人身体的衰老、体质的下降、机能退化等原因造成的劳动能力的下降。

人力资源的无形磨损是指由于个人的知识、技能、经验等相对老化于社会和科学技术的发展进步等现实而导致的劳动能力下降。

人力资源的有形磨损是不可抗拒的，但是人们可以通过医疗、保健和锻炼身体来减缓这种磨损的进程。人力资源的无形磨损是可以积极防范甚至在一定程度上是可以避免的，人们可以通过不断学习、积极工作、积累经验和培训提高等方式来达到自我提高和自我更新，进而实现自我补偿，消除或避免无形磨损。这就要求人力资源管理要注重终身教育，加强后期培训与开发以及医疗保健等。

(4) 时效性（时间性）。

人力资源以人为载体，存在于人的生命之中，表现为人的体力和脑力，其开发和利用都受到人的生命周期的制约。人的生命一般可以分为成长期、成熟期和老年期，且在能够从事劳动的不同年龄段（青年、壮年、老年）其劳动能力也不尽相同。作为人力资源，人能够从事劳动、创造财富的自然时间又被限定在生命周期中的一段时间，即青壮年时期。从个体的角度看，人力资源如果不能得到及时与适当的利用，其所拥有的劳动能力就会随着时间的流逝而逐渐降低甚至消失。此外，随着时间推移，科技不断发展，使人的知识和技能因相对老化而导致劳动能力相对降低。因此，从社会的角度看，必须对人力资源进行及时有效的开发和利用，否则就会造成浪费。

(5) 社会性。

自然资源不会因为所处的时代、社会不同而有所变化，比如，煤炭、石油、木材等，古代和现代是一样的，中国和外国也没有本质区别。人力资源则不同，人所具有的体力和脑力明显地受到时代和社会因素的影响，从而具有社会属性。

社会性，是指人是社会的人。从宏观上看，人力资源的形成要依赖社会，它的配置要通过社会，它的使用要处于社会经济的分工体系之中；从微观上看，人类劳动是群体性劳动，不同的人在社会经济运动中一般都分别处于各个地区性劳动组织之中，承担社会分工的劳动，于是便构成了人力资源社会性的客观基础。人生活在社会与团体之中，每个团体或民族受到其所在的民族（团体）的文化特征、价值取向的影响，因而在人与人交往、生产经营中，可能会因彼此行为准则不同而发生矛盾。从本质上讲，人力资源是一种社会资源。人力资源管理要注重通过精神文化、价值观、人际关系、团队建设及利益整合等方式，促进人力资源的有效开发。

(6) 可变性。

人力资源在使用过程中发挥作用的程度是有所不同的、可以变化的，从而具有一定的可变性。这种可变性一方面表现为人力资源发挥程度受到外界环境因素的影响，当环境有利或适宜时，人力资源发挥作用的程度就大，当环境不利或不宜的时候，其发挥作用的程度就小；另一方面，人力资源发挥作用的程度还受到劳动者自身现状的影响。例如，当人受到有效激励或刺激时，就会积极主动地工作；相反，就会消极怠工，不愿意工作。所以，人力资源作用的发挥具有一定的可变性。

综上所述，人力资源在社会经济发展中的作用，是提高企业竞争力、促进社会经济发展的核心动力，是社会经济迅速发展、民族振兴、国力增长的决定性因素。

相关链接：人力资源的重要性

☆ 现代管理大师彼得·德鲁克曾经说过“企业只有一项真正的资源——人。”

☆ 美国 IBM 公司总裁华生也说过：“你可以搬走我的机器，烧毁我的厂房，但只要留下我的员工，我就可以有再生的机会。”

☆ 美国钢铁大亨卡内基说过：“将我所有的工厂、设备、市场、资金全夺去，但只要保留我的组织、人员，四年以后我仍将是一个钢铁大王。”

☆ 美国通用电气公司 CEO 杰克·韦尔奇说过：“我最大的成就是发现人才，发现一大批人才。他们比绝大多数的首席执行官都要优秀，这些一流的人物在通用电气如鱼得水。”

☆ [中国唐朝] 李世民：为政之要，唯在得人。凡事皆须务本，国以人为本。

资料来源：http：//pingshi953. blog. 163. com/blog/static/892754602009425102222257/

（二）人力资源管理的基本概念

1. 人力资源管理的含义

德鲁克 1954 年提出人力资源的概念之后，1958 年，社会学家怀特·巴克将人力资源管理（Human Resource Management，HRM）视为企业的一种普通的管理职能，从而第一次提出了人力资源管理的概念。其后，国内外众多学者对人力资源管理概念进行了诸多的阐释和界定。

在管理领域中，人力资源管理是以人的价值观为中心，为处理人与工作、人与人、人与组织的互动关系而采取的一系列开发与管理活动。人力资源管理的结果，就组织而言是组织的生产率提高和组织竞争力的增加；就员工而言，则是工作生活质量的提高与工作满意度的增加。

人力资源管理的含义为：一个组织对人力资源的获取、维护、激励、运用与开发的整个管理过程和活动。具体说，就是组织（企业）根据自己的战略目标，运用科学管理的理论、流程、制度和方法对组织中的人力资源进行有效开发、合理使用的总和，具体环节有选人、育人、留人、用人等，从而达到人力资源价值的充分发挥，以实现组织目标。

人力资源管理可以分为宏观和微观两个层次。

宏观人力资源管理是指对一个国家或地区的人力资源的管理，即全社会的人力资源管理，主要侧重于从整体上对人力资源的形成、开发和利用的管理。

国家通过制定一系列制度、政策，采取必要的措施促进人力资源的形成，为人力资源的开发、利用提供条件，对人力资源的利用加以引导，使人力资源的形成、开发、利用与社会协调发展。如我国的计划生育和人口的规划管理、职业技术培训、劳动与社会保障等就是我国实行宏观人力资源管理的具体体现。

微观人力资源管理是一个组织对其所拥有的人力资源进行开发、利用的管理，多数指企事业单位的人力资源管理。

根据这一定义，可以从两个方面来理解人力资源管理。

（1）人力资源外在要素——量的管理。

对人力资源进行量的管理，就是根据人力和物力及其变化，对人力进行合理培训、组织和调配，使二者经常保持最佳比例和有机的结合，使人和物都充分发挥出最佳效应。

（2）对人力资源内在要素——质的管理。

对人力资源进行质的管理，主要是采用现代化的科学方法，对人的思想、心理和行为进行有效的管理（包括对个体和群体的思想、心理和行为的协调、控制和管理），充分发挥人的主观能动性，以实现组织目标。人力资源管理的最终目标就是促进企业目标的实现——把企业所需人力资源吸引到企业中，将他们安置在企业适合其自身发展的岗位上，调动他们的工作积极性，开发他们的潜能，以充分发挥他们的作用，为企业实现利润最大化服务。

综合众多观点，本书认为人力资源管理是指：根据组织与个人发展的需要，运用现代管理方法，对人力资源的获取（选人）、开发（育人）、保持（留人）和利用（用人）等方面所进行的计划、组织、指挥、控制和协调的一系列活动，最终达到实现企业发展目标的一种管理行为与活动。

2. 人力资源管理的任务

人力资源管理的基本任务是：求才，获取人力资源，吸收、寻求优秀人才和组织适用的人力资源；用才，恰当使用组织的人力资源，唯才是举、人尽其才、才尽其用，发挥人力资源对经济发展的促进作用；育才，即通过培训、教育、开发，提高人力资源质量，激发员工潜力；激才，通过激励机制和措施，调动员工的工作积极性，发挥人力资源的能动性；护才，通过卫生保健、劳动安全、平等就业等措施保护劳动者合法权益，养护人力资源的持续劳动能力；留才，尊重人才、爱惜人才，保持员工队伍的稳定，留住组织所需要的各类人才。

这些任务主要包括以下几点：①通过规划、组织、调配、招聘等方式，保证以一定数量和质量的劳动力和各种专业人才满足组织发展的需要；②通过各种方式和途径，有计划地加强对现有员工的培训，不断提高他们的文化知识和技术业务水平；③结合每一位员工的具体职业生涯的发展目标，搞好对员工的选拔、使用、考核和奖惩工作，做到及时发现人才、合理使用人才和充分发挥人才的作用；④采取各种措施，激发员工的积极性和主动性；⑤根据现代企业制度要求，做好工资、福利、安全与健康等工作，有效协调劳资关系。

人力资源管理的最终目标就是促进企业目标的实现——把企业所需人力资源吸引到企业中，将他们安置在企业适合其自身发展的岗位上，调动他们的工作积极性，开发他们的潜能，以充分发挥他们的作用，为企业实现利润最大化服务。

【案例1-2】

龙永图选秘书

中国对外经济贸易合作部原副部长龙永图在中国入世谈判时曾选过一位秘书。当龙永图选该人当秘书时，全场哗然，因为这个人根本不适合当秘书。在众人眼中，秘书都是勤勤恳恳、少言少语的，讲话很少，做事谨慎，对领导体贴入微。但是龙永图选的秘书，处事完全不一样。

他是一个大大咧咧的人，从来不会照顾人。每次龙永图和他出国，都是龙永图走到他房间里说，请你起来，到点了。对于日程安排，他有时甚至不如龙永图清楚，原本9点的活动，他却说是9点半，经过核查，十有九次他是错的。但为什么龙永图会选他当秘书呢？

因为龙永图是在其谈判最困难的时候选他当秘书的。当时由于谈判的压力大，龙永图的脾气也很大，有时候和外国人拍桌子，回来以后一句话也不说。每次龙永图回到房间后，其他人都不愿自讨没趣到他房间里来。唯有那位秘书，每次不敲门就大大咧咧走进来，坐到龙永图的房间就跷起腿，说他今天听到什么了，还说龙永图某句话讲得不一定对，等等；而且他从来不叫龙永图为龙部长，都是“老龙”，或者是“永图”。他还经常出一些馊主意，被龙永图骂得一塌糊涂。但他最大的优点就是禁骂，无论怎么骂，他5分钟以后又回来了——哎呀，永图，你刚才那个说法不太对。

这位秘书是个学者型的人物，他对很多事情不敏感，人家对他的批评他也不敏感，但他是世贸专家，他对世贸问题简直像着迷一样，所以在龙永图脾气非常暴躁的情况下，在龙永图当时难以听到不同声音的情况下，这位禁骂的秘书对龙永图就显得分外重要了。世贸谈判成功以后，龙永图的脾气好多了，稀里糊涂的秘书已不再适合龙永图的“胃口”，于是龙永图很快把他送走了。

这里，读者可不要误解龙永图是个“过河拆桥”之人。因为一个人在某个特定的历史背景、某个特定的历史时期，他做某件事情适合，但是换一个时间，他可能就不适合了。

资料来源：http：//www.3158.cn/news/20110109/15/89-20756778_1.shtml

【案例分析】

诚然，龙永图是位卓越的领导，因为他非常清楚什么时候什么人最适合什么工作，什么时候该用什么人，什么时候不该用什么人，这一点是常人所无法望其项背的。管理的任务简单地说，就是找到合适的人，摆在合适的地方做一件事，然后鼓励他们用自己的创意完成手上的工作。

（三）人力资源管理的职能

人力资源管理的基本职能有以下几个方面。

1. 获取（吸纳）——吸收、录用

人力资源管理工作的第一步是获取人力资源。它主要包括人力资源规划、职务分析、员工招聘和录用。为了实现组织的战略目标，人力资源管理部门根据组织任务与环境，制定人力资源战略，进行工作分析，并制订与组织目标相适应的人力资源需求与供给计划，然后开展一系列的招募、选拔、录用与配置等活动，为企业获取所需的人力资源。只有首先获取了人力资源，才能对其进行管理。

2. 保持

保持旨在建立并维持有效的工作关系。它包括组织同化、企业文化传播、信息沟通、人际关系和谐、矛盾冲突的处理和化解。人力资源管理工作要注重员工之间、个人与组织之间关系的协调和发展；注重人与组织的协调，确保组织信息沟通渠道流畅；注重员工对组织的认同感；注重改善劳资关系和改善工作环境，从而有效地提高员工的工作质量和生活质量并提高满意感。个人的发展势必会引发个人与个人、个人与组织之间的冲突，产生一系列的问题。现代人力资源管理强调个人在组织中的发展，其主要内容有：组织同化，即个人价值观趋同于组织理念、个人行为服从于组织规范，使员工与组织认同并产生归属感；群体中人际关系之和谐，组织中人与组织的沟通；矛盾冲突的调解与化解。

3. 开发—发展

开发是提高员工能力的重要手段。开发旨在培养与提高员工的知识、技能等素质，以此增强员工的工作能力，充分开发员工的潜能，使其更好地实现个人价值并提高组织工作绩效。它包括组织和个人开发计划的制订、新员工的工作引导和业务培训、员工职业生涯的设计、继续教育、员工的有效使用以及工作丰富化等。开发是对组织员工的知识、技能和素质的培养与提高，以增强和提高员工的工作能力，并使员工的潜能得到充分发挥，最大限度地实现其个人的价值和人力资源对组织的贡献率。有效地开发人力资源能够为组织节省投入成本，带来远远大于投入的产出而创造效益。事实上，对员工的有效使用是一种投资最少、见效最快的人力资源开发方法，因为它只需将员工的工作积极性和潜能充分发挥出来即可转换为劳动生产率。当员工得到有效使用时，对员工而言，其满意感增强，劳动积极性提高；对组织而言，则表现为员工得到合理配置、组织高效运作、劳动生产率提高。

4. 报偿

报偿或报酬是人力资源管理的核心，旨在增强员工的满意度，提高其劳动积极性与生产率，进而提高组织绩效。它主要包括制订公平合理的薪酬方案、提供福利与服务、经济性和非经济性报酬分配、各种物质和精神激励物的运用等。报偿是人力资源管理中最具有激励与效力的职能，它根据公平性、经济性、效率性、发展性的原则来行使，其目的在于激发员工工作热情，增强员工的满意感，提高其劳动积极性和劳动生产率，进而增加员工个人和组织的绩效。

5. 调控—评价

它是指对员工实施合理、公平的动态管理的过程，主要包括科学、合理的员工绩效考评、素质评估和以此为依据的人事调配和员工流动（晋升、调动、奖惩、解雇、离退）等活动，具有控制与调整职能。为此，还可建立人力资源信息库、设计和实施员工沟通系统。

上述人力资源管理的五个基本职能不是孤立无关的，它们密切联系、相辅相成、彼此配合。组织在某一个方面的决策都会影响其他方面，但这五个基本职能是以职务分析为中心的，职务分析确定组织内每个岗位应有的权责和资格要求，从而为人力资源获取提出了明确的要求，为调控规定了目标，给考核提供了标准，为开发提供了依据。报偿可以使员工满意和安心，从而建立并维持有效的工作关系；开发可以使与员工看到自己在企业中的发展前途，从而更加安心工作。

通俗地说，现代人力资源管理主要包括求才、用才、育才、激才、留才等内容和工作任务。

相关链接：培训起到了重要的作用

ABB 阿西·布朗·伯沃瑞 AC 公司（欧洲最大的工程公司，也是通用电气公司的竞争者之一）就是最早对亚洲金融危机作出反应的企业之一。在亚洲金融危机之前，该公司就是拥有 21.9 万名员工的全球公司。为应对亚洲金融危机，公司制订和执行了大规模的重组计划，即通过利用亚洲的低生产成本优势——大约只有欧洲的一半，来打败其竞争对手。ABB 公司的全球化经营成功过程中，人力资源管理的主要活动——培训起到了重要的作用。培训使公司保持了亚洲国家的生产与欧洲或北美工厂的标准一致性，并按时完成工作。为此，ABB 公司派驻雇员到我国上海的 ABB 发电设备制造厂，就 ABB 公司的质量标准对该工厂的管理人员进行培训。

资料来源：http：//www. myes. cn/Automation/ABB – Group – 4. html.

（四）人力资源管理的内容

人力资源管理服务于组织总体目标，是一系列管理环节的综合体，具体内容包括：人力资源规划、工作分析、员工招聘、培训开发、职业生涯、绩效管理、薪酬管理、劳动关系管理等。

1. 人力资源战略规划

为适应内外环境的变化，根据公司的总体战略目标，分析自己的经营环境变化对人力资源的供给和需求的影响及状况，并充分考虑员工的期望，利用科学的预测方法，制定必要的政策和措施以确保自身在需要的时间和需要的岗位上获得各种所需的人力资源（包括数量和质量两个方面），它是人力资源开发与管理活动的重要指南，是组织的发展战略的重要组成部分和实施的有效保障。

2. 工作分析

为了实现企业的战略目标，人力资源管理部门要根据企业结构制定各职位说明书与员工素质要求，并结合企业、员工及工作的要求，为员工设计激励性的工作。包括两部分活动：一是对组织内各职务所要从事的工作内容和承担的工作的权限、责任和职能范围进行清晰的界定；二是确定各职位所要求的任职资格，对能够胜任该职位工作人员的素质、知识、技能等要求进行描述，形成职务描述和任职说明，包括学历、专业、年龄、技能、工作经验、工作能力以及工作态度等内容。工作分析是收集、分析和整理关于工作信息的一个系统性程序。工作分析的信息被用来规划和协调几乎所有的人力资源活动，如决定员工的挑选标准，制定培训方案，确定绩效评估标准等。

3. 员工招聘

根据人力资源的规划或供需计划而开展的招聘与选拔、录用与配置等工作是人力资源管理的重要活动之一。要完成组织的目标，公司用招聘来定位和吸引申请具体职位的人，可能从内部（即晋升或变换工作）或从外部招聘候选人。招聘的目标在于迅速地、合法地和有效地找到公司需要的合适求职者。在这过程中，需要采用科学的方法和手段对所需要的人员进行评估和选择。

4. 培训开发

培训是人力资源开发的重要手段，它主要是根据不同员工的技术水平和素质差异通过在职培训、素质和潜能的培育与发掘以及职业生涯的管理，帮助他们改善其知识、技能和素质，以胜任现任工作和将来的职务。提高对组织的归属感和责任感，充分发挥其潜能，提高工作满意度，减少事故，降低成本，从而增加人力资源贡献率，提高生产效率和经济效益。

5. 职业生涯规划

人力资源管理部门和管理人员有责任鼓励和关心员工的个人发展，帮助其制订个人发展计划，并及时进行监督和考察。这样做有利于促进企业的发展，使员工有归属感，进而激发其工作积极性和创造性，提高企业绩效。人力资源管理部门在帮助员工制订个人发展计划时，有必要考察它与企业发展计划的协调一致性。

6. 绩效管理

这是指运用科学的方法和标准对员工完成工作数量、质量、效率及员工行为模式等方面的综合评价，是根据既定的目标对员工的工作结果作出评价，并把这些评价传达给他们。包括制订绩效计划、进行绩效考核以及实施绩效沟通等活动。绩效管理的核心是绩效考核，企业通过绩效工作衡量其员工的工作绩效，其目的在于激励员工继续恰当的行为，并改正不恰当的行为。绩效评价结果可以给管理部门提供有关决策的依据，如晋升、降级、解职和提薪等。

7. 薪酬管理

薪酬管理是人力资源管理的一个极为重要的方面，包括薪酬制度与薪酬结构的设计、员工薪酬的计算与水平的调整、薪酬支付等，是组织对员工实施物质激励的重要手段。它是人力资源管理活动中最为敏感、最被人关注、技术性最强的内容部分。人力资源管理部门要从员工的知识、技能、资历、职级、岗位及实际表现和工作业绩等方面，来为员工制定相应的、具有吸引力的工资报酬福利标准和制度。员工福利是社会和企业保障的一部分，是工资报酬的补充或延续。员工福利的范围包括医疗保险、失业保险、带薪休假、文体活动、良好的工作条件等。薪酬管理是组织吸引和留住人才，激励员工努力工作，发挥人力资源效能的最有力的杠杆之一。

8. 劳动关系管理

劳动关系是劳动者与用人组织在劳动过程和经济活动中发生的关系。一个组织的劳动关系是否健康和融洽，直接关系到人力资源管理活动能否有效开展，直接关系到组织的人力资源能否正常发挥作用。根据相关法律法规正确处理劳动争议是劳动关系管理的重要内容。

9. 员工流动管理

员工流动管理是现代人力资源管理的重要内容。员工的流入、流出和内部流动是优化组织人力资源配置的重要途径。员工流动的管理直接关系到组织对人力资源的需求是否得到满足，关系到员工队伍是否得到优化和稳定，进而关系到组织的生存和持续发展。

人力资源管理是从人力资源的角度确保企业战略的实现，通过对人及与人相关的事的管理活动来提高企业的绩效。企业中"人及与人相关的事"是一个很宽的范畴，所以人力资源管理工作的范围很广、内容很庞杂，见图1-1。任何一个环节的缺失或失误，都会影响到人力资源系统功能的发挥甚至系统的正常运转，从而影响企业战略的实现，并最终影响企业的绩效。

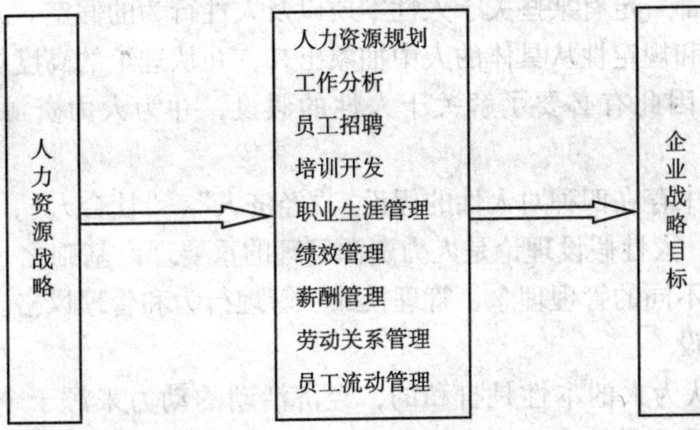

图1-1　人力资源管理的内容

二、人力资源管理的理论基础

【案例1-3】

惠普公司长盛不衰的秘诀

惠普公司是世界上最大的电脑公司之一。早在1997年，其计算机产品的营业收入就占其总收入的80%以上，仅次于IBM。惠普公司也是全球著名的电子测试测量仪器公司，它拥有29 000种各类电子产品。惠普的工厂和销售部门分布于美国28座城市，以及欧洲、加拿大、拉丁美洲和亚太地区。到底是什么支持着惠普公司有今天的成就呢？

公司创始人休利特相信，员工们都渴望把工作干得出色、干得有创造性，只要为他们提供适当的环境，他们就能做到这点。体贴和尊重每个人，承认个人的功绩是公司的一大传统。多年前，公司就不实行上下班计时制了，最近又推行了一项灵活的工作时间方案。为每位员工提供了一种能够按个人生活习惯来调整时间的机会。公司还实施了独具特色的"实验仪器完全开放政策"，这项政策不仅允许工程技术人员自由使用实验设备，而且还鼓励他们把设备带回家里去自行使用。这项政策实施后，大大激发了技术人员的研发热情，为公司的科学研究和产品创新奠定了良好的基础，蓄积了强大的实力。

资料来源：http://www.mhjy.net/dz55/viewthread.php? tid=18209

【案例分析】

人力资源管理作为一门管理科学，其最重要的假设就是关于人性的认识。每一个管理决策和管理措施的背后都一定有某些关于人性本质以及人性行为的假定。正是公司尊重员工的人性，大大激励了员工工作的动力，这也是公司长盛不衰的秘诀。

(一) 人性假设的理论

在组织中成员有没有统一的人性观？如果有，是什么？如何根据它来激励个体？人性问题，即人的本质问题，是组织成员工作积极性的源泉。在管理中若能把握人性，正确地运用人性，则可以充分发挥人的工作价值。有关研究指出，人的行为总是部分地建立在个人的基本假设基础之上，包括其可信赖的程度、工作积极性、创造性、行为模式与倾向、性格态度等。人力资源管理作为一门管理科学，其最重要的假设就是关于人性的认识。每一个管理决策和管理措施的背后都一定有某些关于人性本质以及人性行为的假定。人性假设就是把人在社会中所具有的属性和规定性从具体的人中抽象出来，并从理论的高度加以分析和研究的关于人的本质的学说。因此有必要了解关于人性的假设，并为人力资源管理研究提供理论基础。

西方管理学理论中存在四种对人性的假设："经济人"、"社会人"、"自我实现人"（自动人）和"复杂人"。人性假设理论是人力资源管理的重要理论基础之一。不同的人性假设在管理实践中体现为不同的管理理念、管理模式、管理行为和管理风格。

1. "经济人"假设

"经济人"假设认为人的本性是自私的，经济活动的动力来源于个人利益最大化的追求。员工工作的目的要么是追求金钱及物质待遇，要么是为了避免受到惩罚。组织只要用经济性奖酬就可以使他们努力工作，他们大多数只能是被管理者，只有少数人才能担当管理的责任。经济人假设最有代表性的理论当属 X 理论。

"X 理论"是美国工业心理学家道格拉斯·麦格雷戈 1957 年提出的，这种理论假定人生来好逸恶劳，只要有可能就会逃避工作和责任，而且自私自利，以自我为中心，对组织目标和他人利益漠不关心，缺乏理性和自律，没有主见，容易受到他人的影响。主要内容有以下几个方面：

(1) 人是由经济诱因来引发工作动机的，目的在于获得最大的经济利益。

(2) 经济诱因在组织的控制之下，因此，人总是被动地在接受组织的操纵、激励和控制之下从事工作。

(3) 人总是以一种合乎理性的、精打细算的方式行事，力图用最小的投入取得满意的报酬。

(4) 人一般宁愿受人指挥，希望逃避责任，较少有野心，对安全的需要高于一切。

基于"经济人"的假设，对人力资源管理的相应模式会产生一定影响，认为最有效的管理方法就是"胡萝卜加大棒"：强调金钱和物质刺激，运用严格的管理制度，也就是强制性的管理对人进行控制。管理就是为了完成任务而进行计划、组织、指导和监督；管理职责局限于少数人，与一般员工无关，员工的任务就是听从指挥，努力生产。"胡萝卜"的作用在于满足人的物质追求，保持行为动力，"大棒"的作用在于迫使人的行为与组织目标保持一致性。

2. “社会人”假设

“社会人”假设认为人是社会的人，人们工作的动机并非只有金钱物质需要，也有友谊、尊重、关怀等社会和心理方面的需要，而且社会需要是人类行为的基本激励因素，人际关系则是形成人们身份感的基本要素。物质刺激对调动人的积极性只有次要意义，而社会需要和尊重需要才能激发工作的动力。这种假设强调人的社会性，强调人的社会需要和被尊重的需要。

这种“社会人”假设是20世纪二三十年代，由美国哈佛大学的乔治·埃尔顿·梅奥等人通过著名的“霍桑试验”提出的。“社会人”的观点与“经济人”的观点相比，无疑是一大进步，更贴近劳动组织中工人的心理现状。它强调了人的社会性需求，突出了人际关系对个人行为的影响。企业管理实践确实表明了经济刺激手段的有限性。“霍桑试验”开创了研究工人心理需求的先河。其理论要点有以下几项：

（1）人类工作的主要动机是社会需要，不是经济需要。人们要求有一个良好的工作气氛，要求与同事之间建立良好的人际关系。

（2）工业革命和工作合理化的结果，使工作变得单调而无意义，因此必须从工作的社会关系中去寻求工作的意义。

（3）非正式组织有利于满足人的社会需要，其社会影响比正式组织的经济诱因影响力更大。

（4）人们最期望的是领导者能承认并满足他们的社会需要。

在“社会人”假设理念指导下，人力资源管理会倾向于“参与管理”方式，即管理的重心放在关心人上，管理者不能只关心生产任务的完成，而要通过对满足人的社会和心理需要来提高员工积极性和工作满意度。在不同程度上让普通员工和下级参与企业决策的研究和讨论，实行共同管理，培养员工对企业的归属感和整体观念。重视非正式组织的作用和影响，强调员工的参与意识，职工们在这种参与模式下，感到自己被重视，体验到自我价值，促进了群体的凝聚力，从而提高了劳动生产率。

3. “自我实现人”假设

“自我实现人”假设认为每个人除了物质和社会需要外，还有自我实现的需要，即追求个人才智和能力的充分发挥，实现自己的价值。给他们提供这种条件和机会，就能激励他们努力工作，这对知识型员工尤为重要。

“自我实现人”假设是亚伯拉罕·马斯洛（Abraham Maslow）提出的。马斯洛认为自我实现是人最高层次的一种需求，所谓自我实现是指人的自我价值的实现。“自我实现人”假设和“社会人”假设都强调员工的心理需求，但需求内容不同。按照“社会人”假设，一个充满关心、体贴的环境将能激励员工努力工作，而按“自我实现人”假设，员工重视的是工作的挑战性，只要某项工作有利于他能力的发挥，达到他认为的自我价值的实现，哪怕是暂时的孤独、冷僻，也不会打击其积极性。根据“自我实现人”的特点，麦格雷戈也提出了与之相应的管理理论，并称之为Y理论，要点有以下几项：

（1）人的需要从低级到高级可分为多种层次，从最基本的需求出发，依次为生理需要、安全需要、社交需要（亦称社会归属需要）、尊重需要和自我实现需要。其最终目的是满足自我实现的需要，寻求工作上的意义。

（2）人们力求在工作上有所成就，实现自治和独立，发展自己的能力和技术，以便富有弹性，能适应环境。

（3）人们能够自我激励和自我控制，而外部激励和控制会对人产生威胁、造成不良的后果。

（4）个人的自我实现同组织目标的实现并不是冲突的，而是能够达成一致的。在适当的条件下，个人会自动地调整自己的目标，使之与组织的目标配合一致。

在“自我实现人”的人性观指导下，人力资源的管理模式倾向于“民主管理”，其特点有：管理重点的转变，管理者必须关注人的社会和心理需要，致力于创造一种适宜的工作环境、工作条件，让员工从工作中感受到乐趣、享受成功、获得满足、赢得自尊、实现价值；领导者职能的变化，努力减少和消除员工自我实现过程中的障碍；奖励方式的改变，注重内在奖励，如知识、才能的增长，自我实现人生价值；管理制度的改变，让员工承担富有挑战性的工作，并努力使工作富有意义，旨在保证员工能充分地表露自己的才干、达到个体所期望的成就。

4. “复杂人”假设

“复杂人”假设认为人类的需要是多样的，会随着人的发展阶段和生活处境的变化而变化。一个人不仅在同一个时间内，会有多种的需要和动机，而且在不同的组织或同一个组织的不同部门、岗位工作时也会由于各自的能力、个性、经历等不同而形成不同的动机。由于人的需要不同、能力有差别，对不同的管理方式反应也不一样，因此没有适合任何时代、任何人的普遍的管理方法。

“复杂人”假设是一些学者于20世纪60年代末70年代初提出的。这种假设试图克服其他人性假设的片面性而将各种人性假设理论加以综合，认为我们不可能用单一的一种假设来概括人性，不管是“经济人”假设还是“社会人”假设或“自我实现人”假设，都是对人性的片面的理解。在“复杂人”假设基础上形成了超Y理论，要点有以下几项：

（1）人的工作动机不但是复杂的，而且变动性很大。

（2）一个人在组织中可以形成新的需求和动机。

（3）人在不同的组织和团体中可能表现出不同的动机模式。

（4）一个人是否感到心满意足、愿意为组织尽力，决定于其本身的动机结构与组织之间的相互关系、工作性质、本人的工作能力和技术水平、动机的强弱、人际关系的好坏，都可能产生影响。

（5）人可以依自己的动机、能力及工作性质对不同的管理方式作出不同的反应。

在“复杂人”观念的影响下，人力资源管理模式往往会倾向于“权变理论”，即管理实践按其本性就是要管理者在应用理论或方法时应考虑现实情况，应根据具体人的不同情况，灵活地采取不同的措施，要因人而异、因事而异。换言之，人性是复杂的，必须权变对待、具体分析，尽量因时因地制宜。

综上所述，人性假设问题是人力资源管理中不可回避的理论前提，是人力资源管理的理论基础和出发点。人性假设的全面性、合理性与否，将直接影响人力资源管理的效果。

（二）激励理论

激励是指引起个体产生明确的目标指向行为的内在动力。人们的行为是由动机支配的，而动机又是由人的需要引起的。或者说人类的有目的的行为都是出于对某种需要的追求，如生存需要、情感交融、人际交往、自我价值实现和利益追求等。需要是个体在某一特殊阶段的匮乏和不足，需要是动力之源，它会使个体处于紧张状态，这种不安和紧张状态就会成为一种内在的驱动力——动机。人们有了动机之后就要选择和寻找满足需要的目标，进而产生满足需要的行为。最后人们的需要得到满足后，紧张和不安就会消除，即激励状态解除。但随后会产生新的需要，从而导致新的行为，如此周而复始，这个反复的过程就是激励过程（见图1－2）。

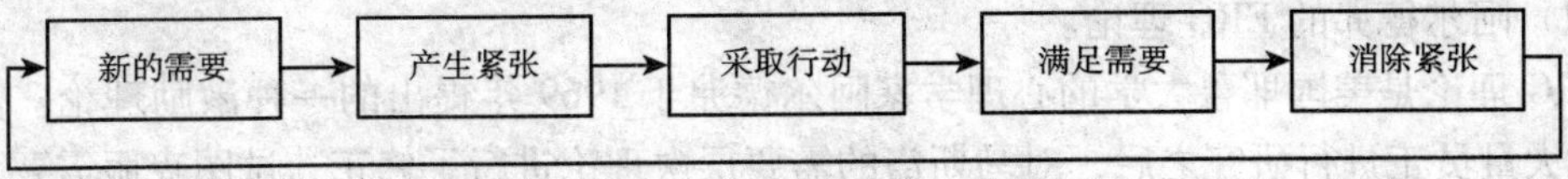

图1－2　激励的过程

自20世纪30年代以来，管理学家、心理学家和社会学家们就从不同的角度研究了应怎样激励人的问题，并提出了许多激励理论。对这些理论可以从不同的角度进行归纳和分类，一般将诸多激励理论分为两类：内容型激励理论与过程型激励理论。

1. 内容型激励理论

内容型激励理论也称需要型激励理论，主要是研究激励的原因和引起激励作用因素的一种激励理论。下面主要介绍四种获得广泛认可的内容型激励理论：马斯洛的需要层次理论、阿尔德弗的ERG理论、赫茨伯格的双因素理论和麦克利兰的成就激励理论，这些理论是最为典型的几种内容型激励理论。

（1）需要层次理论。

需要层次理论是最为人们所公认的激励理论。马斯洛（Abrabarn H. Maslow）在1943年提出了"需要层次理论"，他把人的需要归纳为五个层次，由低到高依次为生理需要、安全需要、社交需要（亦称社会归属需要）、尊重需要和自我实现需要（见图1－3）。他认为，人有一系列基本需要，这些需要处在不同的层次上而成为一个需要的系统。每一层次的需要下面是更基本的需要。他的理论奠定了激励的基础是人的需要。他分析了人的各种需要，并指出不同的人或同一个人在不同阶段的需要有主次之分，而且在排除了环境和条件等干扰因素之后，这五类需要在具体的个体身上一般来说确实有一个从基本的生理需要到高级的自我实现需要的上升过程。因此，管理者只有真正掌握员工在某一时期或发展阶段的主导需要，才能有针对性地进行激励。

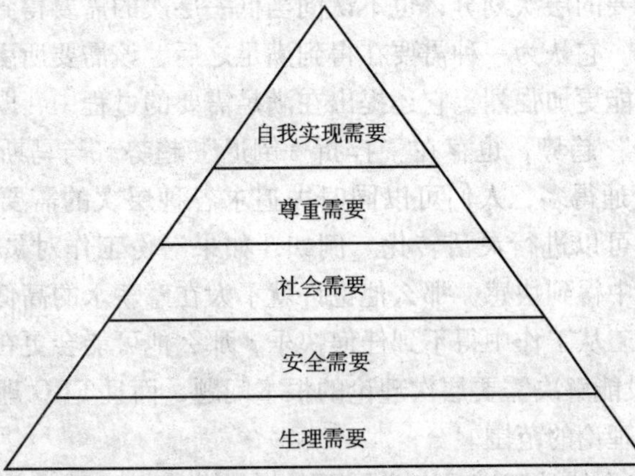

图1－3　马斯洛的需要层次理论

马斯洛的理论阐述了人类需要的多样性和层次性，并明确地指出了人的优势需要的支配作用。但是，我们无法经验地证明每个人的需要都清晰地划分为这五个层次，更不能证明需要的满足是逐层递增的，他忽略了人的心理的复杂性和需要的多样性，忽略了特定的环境和条件等干扰因素对人的影响。该理论关于阶梯需要的关系过于机械，与实证研究不符。

（2）阿尔德弗的 ERG 理论。

ERG 理论是美国耶鲁大学的心理学家阿尔德弗于 1969 年提出的一种激励理论。阿尔德弗在对大量员工进行研究之后，对马斯洛的需要层次理论进行了修正，试图克服需要层次理论的不足。ERG 理论将人的需要分为存在需要、关系需要和成长需要三类。由于这三个词的第一个字母分别为 E、R、G，因此，称之为 ERG 理论。

① 生存需要（Existence），是指维持生存的物质条件，相当于马斯洛的生理和安全需要。

② 关系需要（Relatedness），是指人维持重要人际关系的欲望，与他人进行交往和联系的需要，相当于马斯洛的社交需要。

③ 成长需要（Growth），是指追求自我发展的欲望，希望在事业上有所成就，在能力上有所提高，不断发展完善自己的需要，相当于马斯洛的尊重需要和自我实现的需要（见表 1－1）。

表 1－1　　ERG 理论与需要层次理论的对应关系

需要层次理论	ERG 理论
生理需要	生存需要
安全需要	
社交需要	关系需要
尊重需要	成长需要
自我实现需要	

该理论并不强调需要的层次划分，也不认同当低一层次的需要得到满足后，人们就必然会追求高一层次的需要。它认为一种需要在得到满足之后，该需要所引起的紧张不仅不会彻底消除，而且还很有可能更加强烈。它还提出在满足需要的过程中，既存在需要层次理论中所描述的“满足—上升”趋势，也存在“挫折—倒退”趋势。与马斯洛的需要层次理论相比，ERG 理论要灵活变通得多，人们可以同时去追求各种层次的需要，而且在某些条件的限制下，各种需要之间可以进行灵活转化。例如，如果一份工作对员工具有挑战性和吸引力，员工能从工作本身中得到快感，那么他也许就不太在意薪水的高低：但如果工作没有任何新鲜感和挑战性，员工从工作中得不到任何快乐，那么他可能会更在乎物质报酬，以此得到平衡。但 ERG 理论没能解决需要层次理论的根本问题，而且 ERG 理论对需要的解释也没能超出马斯洛需要层次理论的范围。

由于 ERG 理论提出个体处于满足自身需要的激励状态，这就为管理者在具体应用中提供了一个重要视角，当下属的成长需要因工作关系或资源匮乏而遭受挫折时，管理者该怎么办？答案就是管理者应修正员工的行为，使之转向满足相互关系或生存需要。

（3）双因素理论。

双因素理论是由美国心理学家弗雷德里克·赫茨伯格（Frede ick Herzberg）提出来的另一个影响深远的激励理论。双因素理论又称"激励—保健因素"理论（Motivation—Hygiene theory）。赫茨伯格的双因素理论认为：保健因素，如工资、公司政策、工作环境、同事关系、工作关系、工作安全等对应的是不满意或没有不满意。这类因素的改善可以预防或消除员工的不满，但不能直接起到激励的作用；激励因素，如提升的机会、个人成长的机会、认可、责任、成就等对应的是满意或没有满意。这类因素的改善可以使员工感到满意，产生强大而持久的激励作用。当激励因素缺乏时，员工的满意度降低或消失，但却不会出现不满意的情况。简单地说，保健因素只会消除不满，却不会产生满意，只有激励因素能产生满意。

赫茨伯格的双因素理论与马斯洛的需要层次理论具有相似之处。双因素理论中的保健因素相当于需要层次理论中的生存需要、安全需要和社交需要等较低层次的需要，激励因素则相当于尊重需要、自我实现需要等较高层次的需要。

当然，双因素理论对于管理者的价值在于，它提醒诸如工资福利等激励措施的作用是有一定限度的。管理者创造良好的工作外部环境和条件，可以消除不满意的情绪和态度，但是只满足于大家没有意见和相安无事，是不会充分发挥人的潜能、创造一流的工作成绩的。在管理实践中，双因素理论直接导致了"工作扩大化"、"工作丰富化"等组织再设计，使管理者把扩大工作范围、激发成就需要、安排富有挑战性的工作作为强有力的激励因素。另外，双因素理论还可用于指导工资和奖金的管理，它认为金钱必须和绩效挂钩，如果两者没有联系，那么奖金再多也起不了激励作用，一旦停发或少发，则会造成不满。这样，工资和奖金就成了保健因素。

（4）成就激励理论。

美国心理学家戴维·麦克利兰等人自20世纪50年代开始，主要研究在人的生理需要基本得到满足的前提条件下，人还有哪些需要。经过大量的调查和实验，尤其是对企业家等高级人才的激励进行了广泛的研究之后，提出了这一理论。麦克利兰认为在管理中理解激励很重要的三种需要是权力需要、社交需要与成就需要。

① 权力需要。就是指施加影响和控制别人的行为的需要。相比归属需要和成就需要而言，权力需要往往是决定管理者取得成功的关键因素。

② 归属需要。就是与别人建立良好的人际关系，寻求别人接纳和友谊的需要，这种需要成为保持社会交往和维持人际关系的重要条件之一。

③ 成就需要。就是人们实现具有挑战性的目标和追求事业成功的愿望。

麦克利兰认为，不同的人对这三种基本需要的排列层次和所占比重是不同的，个人行为主要决定于其中被环境激活的那些需要。如有些人有很高的成就需要，另一些人则有强烈的权力需要，还有人更渴望与他人的情谊。认识这一点很重要，因为有不同需要的人对工作有不同的要求。例如，成就需要强烈的人往往具有内在的工作动机，这种人对于企业、组织和国家有着重要的作用，一个组织拥有这样的人越多，它的发展就越快，获利就越多。特别是，麦克利兰认为成就需要不是天生就有的，可以通过教育和培训造就出具有高成就需要的人。这一理论对于管理者来说具有非常重要的指导意义。

四种内容型激励理论强调了诸如需要、成就、动机以及激励因素与保健因素等基本的激励概念。

内容型激励理论阐述了引发激励过程的特定的相关因素，然而这类理论却未阐明人们选择某一特定行为以实现其目标任务的原因何在，而这正是过程型激励理论所要解决的问题。

2. 过程型激励理论

过程型激励理论是着眼于论述与分析个人因素（内部的）是如何由需要引起动机，由动机引发行为，由目标导引行为，最终实现目标的过程的。这里主要介绍期望理论与公平理论。

（1）期望理论。

期望理论是美国行为学家弗鲁姆（V. H. Vroom）于1964年在《工作与激励》一书中提出来的。该理论认为，某一活动对人的激励水平取决于他所能得到的成果的全部预期价值与他认为达到该成果的期望概率。用公式表示就是：

$$M = f(E \times V)$$

在这个公式中，V（Valence）是效价，也称为诱力，是指一个人对某项活动可能产生的结果的价值的评价。E（Expectancy）是期望值，是指一个人对某项活动导致某一结果的可能性的判断。M（Motivation）是激励力，是指促使一个人采取某一活动的内驱力的强度。一种行为倾向的强度取决于这种行为可能带来的结果的期望强度以及这种结果对行为者的吸引力。个体不同，对具体的奖赏的效价、期望值和激励力都存在差异，激励无疑需要多样化、个性化。

弗鲁姆的期望理论提出了在进行激励时要处理好三方面的关系，这些也是调动人们工作积极性的三个条件：

努力——绩效

绩效——奖赏

奖赏——个人目标

① 努力与绩效的关系。人只有预期努力能够取得相应的绩效才会去做出努力；反之，如果在努力与绩效之间根本没有联系，即使付出了努力也不可能取得预期的绩效，人们就会失去内在的动力，导致工作消极。同时努力与绩效之间还有一个匹配的问题。

② 绩效与奖赏的关系。人的行动是有目的的，对目的的满足实际上就是对努力的奖赏，当然这个奖赏也是综合的，既包括物质上的，也包括精神上的。行动之前对奖赏的预期是行动的重要动因和动力，如果他认为取得绩效后能得到合理的奖赏，就可能产生工作热情，否则就可能没有积极性。

③ 奖赏与满足个人目标的关系。奖赏应该是个体所期待的或对个体有吸引力的，或者说奖赏应该与个人的目标一致或相关。然而由于人们在年龄、性别、资历、社会地位和经济条件等方面都存在着差异，他们对各种需要要求得到满足的程度就不同。因此，对于不同的人，采用同一种奖励办法能满足的需要程度不同，能激发出的工作动力也就不同。

期望理论对我们实施激励有如下启示：管理者不要泛泛地抓各种激励措施，而应当抓企业多数成员认为效价最大的激励措施；适当控制实际概率与期望概率。期望概率并不是越大越好，也不是越小越好，而是要适当。期望概率过高，容易产生挫折；期望概率太低，又会降低激励水平。实际概率应使大多数人受益，它最好大于平均的个人期望概率，让人喜出望外，而不要让人大失所望。但实际概率应当与效价相适应，效价大，实际概率可小些；效价小，实际概率可大些。

（2）公平理论。

公平理论又称社会比较理论，它是美国的心理学家亚当斯于20世纪60年代首先提出来的。该理论侧重于报酬对人们工作积极性的影响。其基本观点是：报酬对积极性的影响不仅来自绝对报酬（即实际收入），还来自相对报酬（即与他人或自己以往相比较的相对收入）。员工进行公平比较时有两种方式：横向比较和纵向比较。横向比较包括员工将自己的工作和报酬与本组织中的其他人进行比较，也包括与其他组织的员工进行比较；还有个人前后历史的纵向比较，包括员工在同一组织中把自己的工作和待遇与过去相比较，也包括员工将自己在不同组织中的待遇进行比较。这种比较的结果对人的态度和行为的影响是非常大的。如果感觉得到合理和公平的待遇，就会心理平衡，心情舒畅，工作热情高涨；否则会导致心理失衡，轻则发牢骚、消极怠工或减少投入，重则泄怨气、中伤他人或恶意破坏，有的则是自暴自弃等。

因此，管理者要根据员工对工作和组织的投入给予报酬，并确保不同员工的产出投入比大致相同，以保持员工的公平感。同时，由于公平感是员工的主观感受，管理者应经常注意员工的公平感，对于有不公平感的员工应予以及时引导或调整报酬。

激励在管理中作用非常大，美国哈佛大学威廉·詹姆士的一项研究表明，员工在受到充分的激励时，可发挥其能力的80%～90%；而在仅保住饭碗不被开除的低水平激励状态时，员工只发挥其能力的20%～30%。组织激励水平越高，员工积极性越高，工作效率也越高，因而管理的任务之一就是通过对员工的有效激励，使其行为与组织目标相一致，这一点对于来自不同文化背景的员工而言显得尤为重要。

（三）人力资本理论

人力资本理论是现代西方经济学的一个思想派别，它形成于20世纪50年代中期，盛行于60年代，70年代以后有了新的发展。人力资本理论的初创时期，至少有三位经济学家做出了重要的贡献。一个是美国经济学家舒尔茨（T. W. Schultz），他结合经济增长问题的分析明确提出了人力资本的概念，阐述了人力资本投资的内容及其对经济增长的重要作用；再一个是美国经济学家贝克尔，他从其关于人类行为的一切方面均可以诉诸经济学分析的一贯方法论出发，将新古典经济学的基本工具应用于人力投资分析，提出了一套较为系统的人力资本理论框架；还有一个是雅各布·明塞尔，他在对有关收入分配和劳动市场行为等问题进行研究的过程中开创了人力资本收入分配的方法。

1. 舒尔茨的人力资本理论

舒尔茨对人力资本理论贡献卓越，被称为“人力资本理论之父”，他并获得1979年的诺贝尔经济学奖。他在研究第二次世界大战以来各国经济增长的轨迹和研究农业经济问题时发现，有一个对经济增长起更大作用的要素存在，这个要素就是人力资本。舒尔茨的人力资本增长论，提出了“知识效应”和“非知识效应”的概念。它们以直接或间接的方式促进经济的增长，消除资本和劳动要素边际递减的影响，从而保持经济的长期增长。他认为：

（1）人的知识和技能的取得不是无代价的，它是投资的结果。

（2）一个国家要想实现经济增长，必须拥有掌握现代知识和技能，适应生产力要求的人力资源，而这必须通过大量的教育投资才能实现。为了证实这一理论的正确性，他采用收益率法测算了教育投资对美国1929～1952年间经济增长的贡献，其比例竟高达33%。

（3）在提高人的能力的各种费用中，用于教育的费用形成教育投资，能使整个社会和受教育者都增加收入，他还将计算方法设计出公式，计算各级教育的收益率。

2. 贝克尔人力资本理论

贝克尔是当代美国著名经济学家，他主张把宏观经济理论与微观经济理论结合起来，把整个经济学建立在自由放任主义和市场均衡方法论的基础之上。他对于人力资本的观点主要体现在《人力资本》一书中：

（1）详细论述了人力资本投资理论，并通过它所涉及的各种经济现象来说明它的重要性，以及这种投资对收入与就业的许多重要影响，如何估算投资总量，当预期的收入变化时它如何变化等。

（2）提供了理论分析的各种经验验证：估算了美国20世纪40～60年代高等教育的收益，提出了人力资本投资收益率计算公式；估算了社会与私人的收益，并把这两者与物资本的相应估算进行了比较；关于人力资本对年龄—收入曲线形状影响的理论分析，年龄与以后收入贴现值之间的关系。

3. 明塞尔人力资本分配论

明塞尔在1957年完成的题为《个人收入分配研究》的博士论文中指出，美国个人收入的差别与受教育水平有着密切的关系。这篇论文具有重要的历史地位的原因是：自配第、斯密以来，经济学家已经认识到个人收入之间的差别与个人的能力水平密切相关，但是基于当时的历史条件和生产力水平，人们更为关注的是物质要素的收入分配的差别，更多的是从人的先天差别和家庭状况的角度去认识。明塞尔认识到必须从人的后天差别入手，提出个人收入的增长和个人收入分配平均化趋势的根本原因是个人受教育水平的提高，是人力资本投资的结果。明塞尔还认为，人在其生命周期的每一时刻都在进行人力资本投资决策。那些选择较多人力资本投资的人与选择较少人力资本投资的人相比，年轻时收益水平要少些，到一定时候会赶上后者的收益水平，之后则会超过后者。威利斯于1978年还提出了个人收益结构理论，深化了明塞尔的研究。

人力资本理论对人力资源管理的意义在于使人在物质生产中的决定性作用得到了复归，“对人力资源进行开发性投资可以带来财富的增值”已成为人力资源管理的基本共识。

相关链接：中国古代人本管理思想

中国五千年文明史，其中蕴涵着深厚的人本主义思想。人本主义思想的萌芽可以追溯到先秦时期，儒家、道家、法家、兵家多有论及与人有关的治国、为政、教育、用人、治民、选才的论断和思想，其中儒家是最能反映中华民族人本主义精神的。“己所不欲，勿施于人”，“己欲立而立人，己欲达而达人”，这就说明不仅要把人当人看，更要尊重人，推己及人，将心比心，要站在他人的角度、从他人的立场出发来考虑事情，而且任何人的人格和意志都是不容侵犯的。不仅如此，孔子还强调了人的主体精神，“人能弘道，非道弘人”，这是儒家对人本观念的诠释。儒家人本思想对后世产生了深远的影响。其贯穿人本管理思想的主线是：要求君主重民、爱民，不可轻民，采取有利于人民社会地位改善与提高的政策，强调民为治国之本；在经济上要裕民、富民，并以此作为治国之道；政治上主张施行仁政。这些民本思想及其实施有利于社会的稳定，有利于生产力的发展和社会的进步。

资料来源：http：//hrclub. 51job. com/blog/66/64603/archives/2010/12895. html

三、人力资源管理的历史发展

（一）人力资源管理的产生和发展

关于人力资源管理活动可以追溯到非常久远的年代，我国历史上就有很多知人善任的例子，但真正意义上的人力资源管理却是近代工业革命之后的事。在西方学者的视野中，人力资源管理的产生和发展大致可以划分为五个阶段。

1. 手工艺制作阶段（19 世纪中叶以前）

这一时期生产的形式主要以手工作坊为主，并开始向机器化大工业转化。为了保证具有合格技能的工人有充足的供给，对工人技能的培训是以有组织的方式进行的。师傅与徒弟的生活和工作关系，非常适合家庭工业生产的要求。由于管理主要是经验式的管理，因而各种管理理论只是初步提出还未系统化。

2. 科学管理阶段（19 世纪末至 20 世纪初）

19 世纪末到 20 世纪初是科学管理的诞生阶段。此时人事管理作为一种管理活动而正式进入企业的管理活动范畴。这一时期人口和市场需求迅速膨胀，对产品的需求有力地促进了生产的发展，生产的形式是机器化大工业，工业化革命使农业人口涌入城市，雇用劳动产生，雇用劳动部门也随之产生，工业革命导致劳动专业化水平的提高和生产效率的提高，与之相应的技术进步也促使人事管理方式发生变化。科学管理的实质就是将工作分为最基本的机械元素并进行分析，而后再将它们最有效地加以组合。这一阶段管理思想主要是"经济人"人性观和封闭性环境观，以古典管理学派和科学管理学派为核心，其代表人物主要有法约尔、韦伯和泰勒，他们所提出的一系列科学管理方法被应用于人力资源管理之中，并表现出以下几个特点。

（1）把人视为"经济人"，以金钱作为衡量一切的标准。其管理以"生产技术"为中心，以"目的"为指导，忽视人的需求，忽视人在"金钱"、"物质"外的需求。

（2）"人力资源管理"主要是雇用管理，并有了管理职能和作业职能之分。出现了劳动人事管理部门，其主要功能除了用于招聘录用和雇用工人外，还负责协调人力和调配人力。

（3）劳动方法标准化，以泰罗的科学管理内容"劳动定额"、"劳动定时工作制"科学而合理地计算劳动效果。

（4）将有目的的培训引入企业，根据标准方法对工人实行了有目的的在职培训，并根据工人的特点分配以适当的工作。

（5）明确划分了管理职能和作业职能，劳动人事管理部门开始出现，主要职能是监工，还负责招工、协调和配置人员；建立起各等级的指挥体系，职务和职位按照职权等级原则加以组织，建立了下级服从上级的严格的等级观念。

总的说来，科学管理的原则就是通过科学的工作方法来提高人的劳动效率，它把人当做一种纯粹的生产工具。尽管所采用的科学管理手段剥夺了人性的尊严，但是劳动的效率提高了 300%，创造了辉煌的产业革命历史。

3. 人际关系运动阶段（20 世纪 20 年代至第二次世界大战结束）

这一时期是人力资源管理思想最活跃的时期，是从"经济人"的管理思想至"社会人"的管理思想的转折期，是人力资源管理思想的一个质的飞跃期。如美国哈佛大学教授梅奥，在1924～1932年通过其最著名的“霍桑实验”，提出了人际关系学说。他得出结论：生产效率不仅受物理的、生理的因素影响，而且还受社会环境、社会心理的影响。这一阶段管理思想主要是：“社会人”和“自我实现人”人性观、封闭性环境观。先后以人际关系学派和行为科学学派为核心，其主要代表有：梅奥、麦格雷戈、巴纳德、马斯洛等，所提出的需要层次理论、霍桑研究结论、人群关系理论、群体动力学、领导行为与风格、激励理论等被应用于人力资源管理之中。主要特点如下：

（1）认为人是社会人，是复杂社会系统的成员，除了物质、金钱的需要外，还包括心理与社会方面的各种需求。开始萌发了对人性的尊重、对人的心理需求的尊重。

（2）肯定非正式组织的存在，提出了企业中除正式组织外还存在非正式组织的见解。认识到非正式组织的权威，同样影响和左右人们的行为和意愿，开始重视工会和民间团体的利益。

（3）认为领导是一门艺术，领导方法上强调以人为核心，改善管理质量。

（4）行为科学开始引入人力资源管理中，强调管理者要重视人性，重视人的心理需求和社会需求。

在人际关系管理阶段，人力资源管理逐步形成，发生了多方面的变革，包括：在企业中设置培训主管、强调对员工的关心与支持、增强管理者和员工之间的沟通等，被企业作为新的人事管理方法采用，开始以工作为中心转变为以人为中心，把人和组织看成是相互和谐统一的社会系统。

4. 行为科学阶段（20世纪50年代后期至80年代末）

行为科学是在人际关系学说的基础上形成的，被视为一种可以用于处理人类行为问题的更为强有力的分析和概念工具，它是人际关系研究的成果之一。它重视对个体心理和行为、群体心理和行为的研究和应用，侧重于对人的需要和动机的研究，探讨了对人的激励研究，分析了与企业有关的“人性”问题。其代表人物是马斯洛和麦格雷戈。这一阶段在理论上，已经从过去只重视对具体工作和组织的研究，转向重视人的因素的研究，这是从重视“物”转向重视“人”的一种观念和理论上的飞跃。这一阶段的理论创新，都与人力资源管理有直接关系，从而也为人力资源管理奠定了理论基础。

5. 人力资源管理阶段（1960～1990年）

这一阶段的管理思想主要是：“社会人”和“自我实现人”人性观、开放性环境观。随着行为科学等新的管理理论的推广与广泛接受，人的重要性受到关注，人从机器的附属品转变为组织的重要资源。在管理理念上，管理的职能是获取、保持和开发人力资源以实现其有效的利用，人事管理职能的重要性日益凸显。在管理地位上，人力资源部开始参与企业战略的制定与实施，人力资源管理的责任是确保组织在适当的时间、以适当的成本获得适当数量、类型和技能的员工，以满足组织当前和未来的需要。于是现代意义上的“人力资源”概念出现了。

人力资源虽然被认为是组织的一种重要资源，但并未被当做战略资源，人力资源部门的工作常常处于被动的地位。人力资源管理的目标除了注重本部门的绩效外，开始关注人力资源管理对组织目标的贡献。

这个阶段是现代人力资源管理的形成与成熟阶段。

【案例1-4】

神偷请战

《淮南子·道应训》记载，楚将子发爱结交有一技之长的人，并把他们招揽到麾下。有个其貌不扬、号称“神偷”的人，也被子发待为上宾。有一次，齐国进犯楚国，子发率军迎敌。交战三次，楚军三次败北。子发旗下不乏智谋之士、勇悍之将，但在强大的齐军面前，简直无计可施了。

这时神偷请战。他在夜幕的掩护下，将齐军主帅的睡帐偷了回来。第二天，子发派使者将睡帐送还给齐军主帅，并对他说：“我们出去打柴的士兵捡到您的帷帐，特地赶来奉还。”当天晚上，神偷又去将齐军主帅的枕头偷来，再由子发派人送还。第三天晚上，神偷连齐军主帅头上的发簪子都偷来了，子发照样派人送还。齐军上下听说此事，甚为恐惧，主帅惊骇地对幕僚们说：“如果再不撤退，恐怕子发要派人来取我的人头了。”于是，齐军不战而退。

资料来源：《淮南子·道应训》

【案例分析】

用人之道，最重要的，是要善于发现、发掘、发挥属下的一技之长。用人不当事倍功半；用人得当，事半功倍。

一个团队总是需要各式各样的人才。人不可能每一方面都出色，但也不可能每一方面都差劲，再逊的人总有一方面较他人一日之长。一个成功的领导人不在于他自己能做多少事情，而在于他能很清楚地了解每个下属的优缺点，在适当的时候派“逊色”的员工去做他们适合的事情，这样往往会取得出人意料的效果。

（二）人力资源管理面临的挑战

当今世界，随着知识经济的到来，经济全球化与科技进步使企业经营的内外部环境发生了革命性变化，给企业的内部管理带来了巨大压力。而人的因素在促进生产力发展上所起到的作用越来越大，不论是国内的企业还是跨国公司，对人才的争夺已经成为竞争的一个焦点，唯有那些反应敏捷、竞争力强的企业才能在市场中占有一席之地。另外，社会生活质量的全面提高和人自身需求的变化也给人力资源管理提出了新的要求。人力资源管理作为企业管理的重要组成部分，同样面临着诸多挑战。

1. 人力资源管理环境带来的挑战

（1）全球经济一体化带来的挑战。

全球经济一体化是当今世界发展的基本趋势。全球经济正日益成为一个不可分割的整体，形成你中有我、我中有你，相互依存、相互促进、相互制约的荣衰与共的态势。具体表现在生产要素在全球范围内加速流动，国家之间的经济关联性和依存性不断增强。日本在美国佐治亚州及肯塔基州生产的丰田车有80%的零件是美国制造，而美国的Pontiac Lemans轿车2/3的零部件是外国产品。经过30多年的改革开放，中国经济已经与世界经济融合在一起。我国对外开放已进入新的历史阶段，尤其在加入世贸组织之后，中国经济和外经贸事业有着强劲增长，快速成长起来的新一代中国企业家也已纷纷把眼光投向国外，并取得初步成效。“近年来，中国跨国公司的对外直接投资开始步入较快发展期。2002～2005年的4年间，对外直接投资年均增速为65.6%，2005年首次突破百亿大关，达122.6亿美元，较上年增长1.2倍；2006年6月底，中国对外直接投资累计净额636.4亿美元，累计成立境外投资企业9 900多家，分布在全球近170个国家和地区。”据商务部统计，截至2009年年底，我国1.2万家境内投资者在境外设立对外直接投资企业1.3万家，分布在全球177个国家和地区，境外企业资产总额超过1万亿美元，对外直接投资累计净额2 457.5亿美元，居全球第15位和发展中经济体第3位（前两位依次为中国香港、俄罗斯）。

随着区域性合作组织如欧盟、北美自由贸易区、亚太经合组织等的产生，国与国之间的界限已经越来越模糊。这种趋势在过去几年中迅速在全球蔓延，使世界经济已经形成“牵一发而动全身”的整体，亚洲金融危机和美国“9.11”事件都充分说明了这一点。当今的世界，国与国之间不仅仅是竞争，更重要的是一个相互联系、相互制约、相互依存的整体。一个地区、一个国家的经济和社会动荡，很快就会影响到全球的经济，甚至影响到其他国家的安定与发展。世界经济格局的这一重大变化，对全球的劳动力市场都是一个巨大的冲击。人力资源管理在全球经济一体化过程中面对严重挑战主要表现在：企业将更多地面对不同的政治体制、法律规范和风俗习惯等，如何适应这些变化了的与本国不同的环境，使不同民族、不同文化背景、不同语言的员工一起融洽地工作，使管理制度与工作价值观迥异的组织能有效沟通，共同为企业目标而努力，创造出高的生产率。这几乎涉及人力资源管理的各个方面，也是人力资源管理所面临的挑战。

（2）技术进步带来的挑战。

技术进步是决定企业变化发展的一个最基本的因素。通常来说，技术进步必然带来两种结果：一是它能够使组织更有实力、更具竞争性；二是它改变了工作的性质。美国一家销售生活用品的公司经理说：“20世纪70年代我们公司的客户订单是靠员工每天到邮局去取回的；20世纪80年代后期则靠传真机；到20世纪90年代初则开始使用电子数据交换技术。又过了仅仅两年，公司一半以上的订单是通过计算机网络拿到的。”网络的普及使许多人在家办公已经成为了一种可能，然而，这种高科技的使用必然对员工的素质提出更高的要求，在这种自由宽松的工作秩序下，如何对员工进行考评已成了一个新的课题。事实上，随着技术的进步，使得劳动力越来越多地从劳动密集型行业转移到技术密集型及新兴的知识密集型行业。这也导致了对受过高等教育、拥有高技能人才需求的急剧增加，从而使人力资源管理工作发生根本变化。岗位职务和组织机构必须重新设计；薪酬计划要重新修订；员工选聘、评价及训练计划也要有相应的变化。而如何培育大量高素质、高技能的人力资源是当代企业面临的最大挑战。

（3）组织管理模式的改变带来的挑战。

随着全球经济一体化的加剧，现代组织采取的是规模相对缩小而灵活开放的模式，灵活开放已经成了组织发展的一种趋势。竞争的加剧、产品生命周期不断缩短以及外部市场的迅速变化，这些都要求组织要有很强的弹性和适应性。与传统管理模式相比，现代组织结构更加趋向于扁平化和虚拟化，更加依赖合作性的团体来开发新的产品并满足顾客需要。这就对人力资源管理提出了新的要求：现代企业的人力资源部门必须具备良好的信息沟通渠道；现代企业的人力资源管理部门对员工的管理要做到公平、公正和透明，要对员工有更加有效的激励措施；要求组织内的每一位管理者都要从战略的高度重视人力资源管理与开发，从而不断适应组织变革的需要。

（4）劳动队伍结构的变化带来的挑战。

人口数量的变化具有明显的地域差别。在欧美发达国家，由于经济文化、思想观念等因素的影响，人口的出生率普遍偏低，人力资源供应相对不足；在亚非国家，由于人口出生率没有得到有效的控制，人口出生率普遍偏高，人力资源相对供大于求。

劳动力的结构也发生了巨大变化。相对亚非国家来说，欧美国家人口老龄化问题比较突出，而亚洲由于劳动力过剩，年轻劳动力的比例远远高于发达国家。随着健康水平的提高，寿命的延长将对人力资源管理产生影响。如健康保险金和退休保险金计划的压力会越来越大；又由于教育年限的延长，25 岁以下的年轻劳动力会显短缺，而 30 ~ 45 岁员工的职业生涯发展将可能受到较大年龄员工的限制。

与此同时，员工对自身价值的认识也有了一定的提高，这也必然会带来员工价值观、个人期望和需要层次的较大变化。他们更加重视工作的自主权和独立性，更渴望被承认和尊重，更加努力追求自我价值的实现。他们将不再满足于单调重复的机械式劳动，事实上这些员工也更具有创造性。这就使人力资源管理面临新课题：如何适应员工因受教育程度提高而带来的需求层次的提高，如何开发员工的潜在生产率和创造性，如何使员工追求自我的实现与组织目标的实现相统一。

人才短缺仍然是世界各国普遍存在的问题。比如，我国在很长一段时期内，由于缺乏人才培养战略与市场需求导向，造成人才结构严重的不平衡，部分专业人才过剩，而部分专业人才严重缺乏。高素质人力资源的流失以及妇女在劳动力队伍中的比例继续增长等，使得如何吸引到企业所需的人才、如何留住企业所需的人才成了人力资源管理工作者的重要课题。

2. 人力资源管理自身发展的挑战

（1）企业员工个性化发展的挑战。即企业员工日益多样化、差异化、个性化等，要求人力资源管理必须提供个性化、定制式人力资源产品、服务和关系管理，在人力资源管理中如何较恰当的平衡组织与员工个人的利益。

（2）工作生活质量提高的挑战。即员工不再仅仅追求工资、福利，而是对企业在各个方面所能满足自己日益增多的各种需求的程度越来越高、更全面化，人力资源管理必须提高更加全面周到的人力资源产品服务。

（3）工作绩效评估的挑战。即员工考核与报酬日益强调以工作绩效考评为基础，并形成绩效、潜力、教导三结合的功能。

（4）人员素质的挑战。即对企业家（CEO）、各类管理人员的素质要求日益提高，培训、教育、考核、选拔、任用越来越重要。

（5）职业生涯管理的挑战。主要是员工日益重视个人职业发展计划的实现，企业必须日益重视职业管理，为员工创造更多的成功机会和发展的途径，获得个人事业上的满意。包括较成熟的企业组织的中上层职位在显示饱和的情况下如何处理员工的晋升问题。

（6）人力资源要素发展变化的挑战。要求人力资源管理必须不断提高人力资源管理的预测性、战略规划与长远安排。

（7）部门定位的挑战。人力资源部门如何在众多的企业职能部门中发挥其作用或显示其特别绩效，人力资源管理应担当哪些角色以保证人力资源的有效利用。

（三）人力资源管理的发展趋势

21 世纪，人类进入了一个以知识为主宰的全新经济时代。人力资源与知识资本优势的独特性成为企业重要的核心技能，人力资源的价值成为衡量企业整体竞争力的标志。同时，人力资源管理经历着前所未有的来自全球一体化的力量如信息网络化的力量、知识与创新的力量、顾客的力量、投资者的力量、组织的速度与变革的力量等各种力量的挑战和冲击。21世纪人力资源管理既有着工业文明时代的深刻烙印，又反映着新经济时代游戏规则的基本要求，从而呈现出新的特点。

1. 企业组织将不断创新，变革不断进行

传统的组织结构是金字塔式的，强调的是命令和控制，重视清晰地描述员工的任务，组织对员工的期望是明确的，人力资源管理全部信息都集中在最高管理层。随着知识经济时代的到来，劳资双方的关系将发生革命性变化，原来的强制命令越来越难以奏效，劳资双方的“契约关系”越来越变得更像“盟约关系”。管理者更加看重员工的积极性和创造性，更加看重员工的自主精神和自我约束。流程再造、组织重组与再设计，企业强调部门间的相互渗透、相互协作，组织结构呈网络化。这种网络化结构有助于组织获得多方面的信息，达到跨越时空的交流与沟通，实现不同文化的整合效应。当然，从信息学的角度来分析，原来的信息传递是逐层进行的，逐级传递的。这种组织形式在信息高速传递时代很容易反应滞后。因此，精简中层，使组织扁平化将成为一种潮流。扁平化的组织结构强调对员工的授权，并把被授权的员工组成工作小组，组织鼓励员工扩大自己的工作范围，提高员工的通用性和灵活性。诚然，扁平化能减少管理层次，增加管理幅度，提高企业应对快速多变的市场环境的能力，但同样会使办公增加了人力资源管理的难度。这无疑是对人力资源管理者的一种挑战。

2. 人力资源管理将更注重以人为本

知识经济时代是一个人才主权时代，人才主权时代就是人才具有更多的就业选择权与工作的自主决定权，人才不是被动地适应企业或工作的要求，善于吸纳、留住、开发、激励一流人才的企业将成为市场竞争的真正赢家。企业要“以人为中心”，尊重人才的选择权和工作的自主权，为人才提供人力资源的产品与服务，并因此赢得人才的满意与忠诚。人才不是简单地通过劳动获得工资性收入，而是要与资本所有者共享价值创造成果。越是高素质、越是稀缺的人才，越容易获得选择工作的机会，其报酬也越高；人才资源优势越大的企业越具有市场竞争力，也就越容易吸纳和留住一流人才。人力资源管理部门要围绕开发员工能力、调动员工积极性、提高员工满意度来开展好各项工作，实现人力资本价值的最大化。

3. 人力资源管理要推动内部客户理念

为适应日新月异的知识经济的挑战，企业必须扩展人力资源管理的职能，以新的思维看待员工：视员工为客户，向员工持续提供客户化的人力资源产品与服务。从某种意义来说，人力资源管理也是一种营销工作，即企业要站在员工需求的角度，提供令员工满意的人力资源服务方案，以便吸引、留住、激励和开发企业所需要的人才。同时，从企业经营价值链的角度看，企业要赢得顾客与员工的满意与忠诚，必须把客户资源与人力资源结合起来，致力于提升客户资本价值与人力资本价值。

为将员工客户化对待，通常企业会向员工提供或分享：①共同愿景——使员工期望与企业发展目标一致，满足员工的事业发展期望；②价值分享——通过富有竞争性的薪酬体系及信息、知识、经验等的分享来满足员工多样化的需要；③人力资本增值服务——通过提供持续的人力资源开发、培训，提升员工的人力资本价值；④授权与支持——让员工参与管理，授予员工自主工作的权力与责任；通过建立支持与培训系统，为员工完成个人与组织发展目标提供条件。

4. 人力资源管理的重心转向知识型员工

知识型员工（knowledge worker）指本身具备较强的学习知识和创新知识的能力，并能充分利用现代科学技术知识、提高劳动效率的脑力工作者。其所从事的工作主要是一种思维性活动，相比其他普通员工具有更强的竞争性、自主性与创新精神；强调工作中的自我引导，喜欢宽松的组织环境，能从工作中获得较大的满足。人力资源管理要关注知识型员工的特点，其重点是如何开发一个与知识型员工管理相互匹配的人力资源管理体系。当前知识型员工的管理中主要存在以下几个方面的问题。

（1）知识型员工具有很强的独立性、自主性和成就感，所以授权赋能与人才风险管理问题在企业的知识管理中比较突出。在人员管理方面，一方面既要授权给员工，给员工一定的工作自主权，另一方面又要防范授权时所带来的风险。必须加强授权与人才风险管理、整合企业价值与员工成就意愿、改变工作模式（如虚拟工作团队方式）等，来激发他们的积极性、主动性和创造性。

一个人才可能带给企业巨大的价值，也可能会导致整个企业的衰败。人才的风险管理成为人力资源管理的一个新课题。

（2）知识型员工具有较高的流动意愿，他们往往具有很强的成就欲望与专业兴趣，不希望终身在一个组织中工作，由追求终身就业饭碗，转向追求终身就业能力。如何确保员工的成就欲望、专业兴趣与企业的所需目标一致，建立企业与员工之间的忠诚关系是一个新问题，企业必须创新人力资源管理方式来降低其流失率。

（3）知识型员工的工作往往是团队与项目合作，其工作模式是跨专业、跨职能、跨部门的，有时并不在固定的工作场所，而是通过信息、网络组成虚拟工作团队或项目团队，其工作过程难以直接监控，工作成果难以衡量，如何进行知识型工作的设计，实现管理弹性与流程控制的和谐，也是目前知识型企业面临的一个主要问题。

（4）知识型员工的能力与贡献差异大，其需求要素及需求结构有新的变化，针对此人力资源管理部门必须合理设计报酬体系来适应这种复杂性。

（5）知识创新型企业中，知识正逐步替代职务权威，领导与被领导之间的关系以信任、沟通、承诺、学习为基本互动准则；相应地，企业必须要改变领导方式、建立相应的知识工作系统和创新授权机制，以完善工作岗位体系。

5. 人力资源管理在组织中上升到战略地位

21 世纪以来，人力资源已成为企业的战略性资源，人力资源管理实践也日益向战略人力资源管理转变，人力资源管理要为企业战略目标的实现承担责任。人力资源管理在组织中的战略地位上升，并在组织上得到保证，如很多企业成立人力资源委员会，人力资源管理工作从企业员工的“保护者和甄选者”向企业发展的“规划者和变革者”转变，为实现组织变革提供保障，参与企业战略决策并制定人力资源战略。人力资源管理在企业中的地位不断提升，高层管理者关注并参与企业人力资源管理活动。人力资源管理不仅仅是人力资源职能部门的责任，更是全体员工及全体管理者的责任。目前的人力资源管理在某种程度上可以分为三个部分：

（1）专业职能部门人力资源管理工作。

（2）高中层领导者如何承担履行人力资源管理的责任。

（3）员工如何实现自我发展与自我开发。

人力资源管理的一项根本任务就是：如何推动、帮助企业的各层管理者及全体员工去承担人力资源开发和管理的责任。人力资源管理由行政权力型转向服务支持型。人力资源职能部门的权力淡化，直线经理的人力资源管理责任增加，员工自主管理的责任增加。由于目前组织变化速度很快，人力资源管理要配合组织不断的变革与创新，通过创新授权，建立创新机制。

6. 人力资源管理的手段创新：信息化

随着信息技术的迅速发展与推广应用，人力资源管理逐渐变得高度信息化。而现代科学技术特别是计算机信息技术的发展为人力资源管理的高度信息化提供了必备的条件。如人才库的建立、人事测评、人力资源规划模型化、工作绩效考核的定量化等采用计算机信息系统来管理，可以使人力资源管理者从大量繁杂的数字和事务性工作中摆脱出来，大大提高人力资源管理的效率。同时借助信息网络技术，管理者可以向全体员工发布即时信息，员工可享有前所未有的相互交流信息的权利，并使员工能够跨越时空的局限进行工作及团队合作，交流与协作更具弹性、更富效率。将人力资源管理工作电脑化、网络化，提升人力资源管理绩效，是一种基于网络的能够提供实时的、零距离的和交互式的人力资源服务或人力资源外包服务。这一创新加快了人力资源管理现代化、自动化、智能化的进程，大大提高了人力资源的管理效率。

7. 人力资源管理的角色多重化、职业化

人力资源管理的核心任务是构建智力资本优势，21 世纪企业的核心优势取决于智力资本独特性及其优势。智力资本包括三个方面：人力资本、客户资本和组织结构资本。人力资源的核心任务是通过人力资源的有效开发与管理，提升客户关系价值。要实现这种价值的提升，需要致力于深化两种关系：维持、深化、发展与客户的关系，提升客户的关系价值，以赢得客户的终身价值；维持、深化、发展与员工的战略合作伙伴关系。

相关链接：格罗培斯的难题：最人性的就是最好的

世界著名建筑大师格罗培斯设计的迪斯尼乐园，经过了 3 年的施工，马上就要对外开放了。然而各景点之间的道路该怎样联络还没有具体的方案。施工部打电话给正在法国参加庆典的格罗培斯大师，请他赶快定稿，以便按计划竣工和开放。

格罗培斯大师从事建筑研究 40 多年，攻克过无数建筑方面的难题，在世界各地留下了 70 多处精美的杰作。然而建筑中最微不足道的一点儿小事——路径设计却让他大伤脑筋。对迪斯尼乐园各景点之间的道路安排，他已修改了 50 多次，没有一次是让他满意的。

接到催促电报，他心里更加焦躁。巴黎的庆典一结束，他就让司机驾车带他去了地中海海滨。他想清醒一下，争取在回国前把方案定下来。汽车在法国南部的乡间公路上奔驰，这里是法国著名的葡萄产区，漫山遍野到处是当地农民的葡萄园。一路上他看到人们将无数的葡萄摘下来提到路边，向过往的车辆和行人吆喝，然而很少有人停下来。

当他们进入一个小山谷时，发现在那里停着许多车子。原来这儿是一个无人看管的葡萄园，你只要在路边的箱子里投入 5 法郎就可以摘一篮葡萄上路。据说这座葡萄园主是一位老太太，她因年迈无力料理而想出这个办法。起初她还担心这种办法能否卖出葡萄。谁知在这绵延百里的葡萄产区，她的葡萄总是最先卖完。她这种给人自由选择的做法使大师格罗培斯深受启发。他下车摘了一篮葡萄，就让司机调转车头，立即返回了巴黎。

回到住地，他给施工部发了一封电报：撒上草种提前开放。施工部按要求在乐园撒了草种，没多久，小草出来了，整个乐园的空地都被绿草覆盖。在迪斯尼乐园提前开放的半年里，草地被踩出许多小道，这些踩出的小道有窄有宽，优雅自然。第二年，格罗培斯让人按这些踩出的痕迹铺设了人行道。1971 年在伦敦国际园林建筑艺术研讨会上，迪斯尼乐园的路径设计被评为世界最佳设计。

当人们问他，为什么会采取这样的方式设计迪斯尼乐园的道路时，格罗培斯说了一句话：艺术是人性化的最高体现。最人性的，就是最好的。

资料来源：http：//www. sina. com. cn，2006. 9. 7，14：01《中外管理》。

故事的哲理

中国前人古训：无规矩不成方圆。但规矩不是目的，它应是人性的理性外化。然而在我们当中，又有多少人完全蔑视人性，而沉湎于自己的个性呢？须知：尊重人性，是管理之本。

四、本单元小结

在所有资源中，人力资源是最重要的资源，是企业竞争的关键。企业人力资源管理是以企业的战略目标为导向，围绕人力资源开展的获取、开发、保持、报偿和调控等一系列提升企业智力资本的管理活动。

本单元主要介绍人力资源管理的基础知识，包括人力资源及人力资源管理等概念、特征、内容、职能及意义；同时也介绍了人力资源管理的理论基础、历史发展及当代人力资源管理面临的挑战和发展趋势等。

1. 人力资源是指在一定范围内能够为社会创造物质财富和精神财富、具有体力劳动和脑力劳动能力的人口的总和。

2. 人力资源管理是指一个组织对人力资源的获取、维护、激励、运用与开发的整个管理过程和活动。

3. 人力资源管理职能，是指组织中用于提供和协调人力资源的任务与责任。主要职能有：获取（吸纳）、保持、开发、报偿、调控等。

4. 人力资源管理服务于组织总体目标，是一系列管理环节的综合体，具体内容包括：人力资源规划、工作分析、招聘、培训、绩效考核、薪酬管理、职业生涯规划、劳资关系等。

5. 人性假设理论是人力资源管理的基础理论与出发点，主要的人性假设通常有：经济人、社会人、自我实现人与复杂人假设。

6. 人力资源管理发展阶段不同学者有不同的划分，简单可描述为五个阶段：手工艺制作阶段、科学管理阶段、人际关系运动阶段、行为科学阶段、人力资源管理阶段。

7. 当前人力资源的发展趋势主要表现为：企业组织将不断创新，变革不断进行；人力资源管理将更注重以人为本；人力资源管理要推动内部客户理念；人力资源管理的重心转向知识型员工；人力资源管理在组织中上升到战略地位；人力资源管理的手段创新：信息化；人力资源管理的角色多重化、职业化等。

本单元关键词：人力资源；人力资源管理；人力资源管理职能；人性假设理论；激励理论；人力资本理论；挑战和发展趋势

五、复习思考题

一、判断题

1.（　　）处于劳动年龄之内、具有劳动能力并要求参加社会劳动的人口被称为适龄就业人口。

2.（　　）霍桑关于社会人的观点认为驱使人们工作的最大动力不是社会和心理需要，而是经济需要。

3.（　　）现代人力资源管理是人力资源获取、维护、激励、运用与开发的整个管理过程和活动。

4.（　　）在企业经营管理活动中，人是管理活动的主体，又是管理活动的客体。

5.（　　）人力资源的有形磨损是不可抗拒的，但是人们可以通过医疗、保健和锻炼身体来减缓这种磨损的进程。

二、选择题

1.“好吃懒做、唯利是图”，符合下面哪种思想假设？（　　）。

A.“经济人”假设　　B.“社会人”假设

C.“自我实现的人”假设　　D.“复杂人”假设

2. 马斯洛提出的需要层次理论属于哪种类型的激励理论？（　　）。

A. 内容性激励理论　　B. 过程性激励理论

C. 强化性激励理论　　D. 归因性激励理论

3. 下列人力资源思想的演进阶段没有（　　）时期。

A. 科学管理时期　　B. 权变管理时期

C. 人际关系与行为科学管理时期　　D. 人力资源管理时期

4. 下面哪一项不是人力资源的特征（　　）。

A. 能动性　　B. 两重性（消费性、创造性）

C. 再生性　　D. 一次性

5. 人力资源数量概念中现实的社会劳动力供给不包括（　　）。

A. 适龄就业人口　　B. 未成年就业人口

C. 老年就业人口　　D. 从事家务劳动的人口

三、思考题

1. 什么是人力资源管理，如何理解人力资源管理？

2. 你认为不同的激励理论对人力资源管理有何指导意义？

3. 试分析现代人力资源管理的特点和发展趋势。

4. 对比内容型激励理论中几种激励理论的异同。

六、实训设计

【案例分析】

一起人才流动的“官司”

上海钢琴厂的三名技术人员被乡镇企业“挖走”，该厂的吴厂长和严书记为此十分烦恼，坐立不安。

浙江省桐庐县洛舍乡工业公司眼看近几年钢琴市场走俏，供不应求，钢琴价格由每台

1 400元涨到2 800元。根据中小学生学弹钢琴的趋势，钢琴价格今后看来会有增无减，因此决心创办钢琴厂。该厂厂房和资金均可解决，单缺精通钢琴制作的技术人员。经多方打听，得知有几位浙江同乡在上海钢琴厂担任技术员，想动员他们来厂为家乡工业作贡献。乡党政领导研究后，决定派罗乡长前往上海去找这几个人联系。

罗乡长通过同乡找到了在上海钢琴厂工作的何乐、张平以及李明，四人一谈，一拍即合。罗乡长不仅答应每人月薪2 500 ~3 000元，而且帮助解决住房和家属户籍，还给每人提供7万元生活保证金；同时在第一台钢琴试制成功后，每人还可获得2 000元奖金；待形成生产能力后，还从利润额中提取1%作为分成。

何乐、张平、李明三人都是上海钢琴厂的生产技术骨干，他们辞职出走，除了优厚的待遇诱惑外，各人还有其他原因。

何乐，现年50岁。他于1953年进厂，工作了30多年，才是一个助理工程师。他单身在上海，妻子和子女均在绍兴农村。30多年夫妻两地分居，长期得不到解决。他渴望夫妻团圆，全家和和美美地一起生活。当他听罗乡长说，洛舍乡要办钢琴厂，需要技术人员，不仅待遇优厚，还能帮助他解决住房和家属户籍问题时，他欣然同意去洛舍乡钢琴厂工作。

张平，现年52岁，浙江宁波人。他进厂也有30多年，在“文化大革命”前曾任本厂技术检验科科长。“文化大革命”开始下放车间劳动，至今未很好地发挥他应有的作用。另外，他与现任一位副厂长长期存在隔阂，关系不够融洽，多年来一直不讲话。他一直想调换工作环境，在有生之年施展自己的才能。当罗乡长来邀请他到洛舍乡钢琴厂工作时，尽管他的家小均在上海，他还是一口答应了。

李明是一名青年技术人员，现年30岁，上海人，1975年进厂就跟何乐师傅学手艺。他业务上肯钻研，几年来进步较快，成为生产技术骨干。由于他没有文凭、没有学历，职称不能解决，晋升希望也很小。当听说洛舍乡钢琴厂要人时，他也愿意前往，他认为到浙江农村开创新事业，更符合自己的性格和兴趣；工作虽然比较艰苦，但经济待遇优厚；何况他与何、张关系处得不错，也乐意与他们在一起工作。

何、张、李三人与罗乡长谈好后，立即分别向厂领导打了辞职申请报告。报告首先送给吴厂长，吴厂长立即与党委严书记商量。吴厂长担心三名生产技术骨干一走，会使该厂9英尺三角钢琴这一重点科研生产项目受到影响；同时三人辞职出走在全厂职工中会产生一股“冲击波”，如果职工们，特别是有技术的职工都群起效仿，寻找待遇优厚的去处，那全厂的生产任务如何能完成？何乐身为共产党员，却带了一个不好的头，党组织应采取必要的组织措施管理。党政领导都不同意批准他们辞职，并决定派厂领导去浙江，与有关部门交涉，要求送还被“挖”走的技术人员。

浙江有关部门却认为这几位技术人员从大上海到技术力量奇缺的家乡扶助乡镇企业，人才的流向是合理的；洛舍乡创办钢琴厂是为了满足人民文化生活需要服务，缓和市场压力，应该说是做了件好事；三名技术人员在原厂没被重用，到乡镇企业后备受信任，分别担任副厂长、厂长助理和检验科长，生产积极性也被调动起来了，他们应有选择工作单位的权利等。真是“公说公有理，婆说婆有理”，两地“官司”持续一年多。

何乐等人得知厂领导不同意辞职申请以后，便毅然离开上海钢琴厂，到洛舍乡钢琴厂上班去了。他们与当地职工一起艰苦奋斗，不到10个月的时间，研制了8台“伯乐”牌立式钢琴。这批钢琴不仅吸收了国外钢琴的优点，而且还作了多方改进和创新。在浙江省有关主管部门主持召开的产品鉴定会上，“伯乐”牌钢琴受到上海音乐学院钢琴系主任吴山军等20多位专家和教授的称赞。该厂准备从第二年起正式投产，年计划产量为300台。

上海钢琴厂经多方交涉，毫无结果，最后迫不得已贴出布告：对何乐等三人的厂籍作除名处理，何乐的党籍也被厂党委开除。

资料来源：http：//www. beidabiz. com/bbdd/alk/person/laodong/yiqi. html.

案例思考题

1. 罗乡长采用了哪些人力资源管理方法来吸引人才？试用激励理论说明这些方法为什么能起到吸引人才的作用？

2. 你认为上海钢琴厂厂领导处理何、张、李三人的辞职申请报告的方法妥当吗？如果你是吴厂长，要留住“人才”，你将采取怎样的对策？

【实操训练】

训练项目：

1. 联系当地的几家企业或组织，对企业或组织人力资源管理的总体情况进行调查。

2. 分析该企业或组织的人力资源管理中值得肯定的做法有哪些，应当改进的方面有哪些，并写出调查报告。

技能训练要求：

1. 将学生分成若干小组，每一组在教师的指导下参观某一企业或组织，了解企业或组织的人力资源管理的总体情况。

2. 也可以上网查资料，作业成果以书面形式提交。

3. 时间：以课外为主、课堂指导结合。

全国高职高专人才培养规划教材

单元二

人力资源规划

【学习目标】

能力目标

1. 能根据企业实际情况设计组织结构。
2. 掌握人力资源规划的工作流程。
3. 能运用专门方法对企业人力资源作出规划。

知识目标

1. 理解人力资源规划的含义及其作用。
2. 理解人力资源规划的内容和步骤。
3. 掌握人力资源规划的供给、需求预测及常用的预测方法。

【案例2－1】

通用电气医疗系统公司的竞争力

1988年夏天，美国的失业率下降到4.7%，降至美国25年来的最低点。一项调查表明，80%的公司都认为，如果自己能够招聘到所需要的人——大约是当前数量的2倍以上——它们的收益还可以提高。

劳动力短缺给许多公司带来了发展困难，而通用电气医疗公司则将它看成是获得更大竞争优势的机会。他们首先对工作要求加以严格说明，然后对获取人员的渠道进行定量分析，制订诸如学员培养计划、公司内部员工推荐计划等。

通用电气医疗公司在劳动力市场供不应求的劣势下，顺利地从外部获取人力资源的供给，填补了公司的职位空缺，使公司的人力资源配置满足了公司的发展需求。其成功的关键是公司制定了一套严密的人力资源规划。有了规划，就增强了行动的准确性和主动性；有了规划，就能使公司获取竞争优势。

资料来源：夏兆敢主编：《人力资源管理》，上海财经大学出版社2006年版，第38～39页。

【案例分析】

人力资源是现代企业的核心性资源，任何组织在发展过程中都必须有与其目标相适应的人力资源配置。由于不断变化的内外环境对组织人力资源配置的影响，组织必须对人力资源的供给和需求进行预测和规划，从而实现组织发展与人力资源的动态匹配，最终实现组织的可持续的发展。

本单元着重阐述组织为实现其战略目标应该如何进行人力资源规划与预测，作为组织预测未来的任务和环境的要求以及为完成这些任务和满足这些要求而提供必要人员的过程。人力资源规划是组织发展战略的重要组成部分，也是组织开展各项人力资源管理工作的依据，发挥着统一和协调各项人力资源管理职能的作用。

一、人力资源规划概述

人力资源规划（HRP）又称人力资源计划，是组织在发展变化的环境中，根据自身战略发展目标与任务的要求，科学地分析与预测人力资源的供给与需求，制定必要的政策和策略，以确保组织在需要的时间和需要的岗位上获取需要的人选的过程。通过制定这一规划，一方面保证人力资源管理活动与企业的战略方向目标相一致；另一方面保证人力资源管理活动的各个环节相互协调，避免相互冲突。同时，在实施此规划时还必须在法律和道德观念方面创造一种公平的就业机会。其实质是决定企业的发展方向，并在此基础上确定组织需要什么样的人力资源来实现企业决策层制订的目标的最佳方案。

（一）人力资源规划的内涵

人力资源规划是组织为实施其发展战略、实现其战略目标而制定的，因此人力资源规划是组织战略的重要组成部分。

1. 组织战略对人力资源规划的制定具有导向作用

组织战略具有全局性和战略性的特点，因此组织战略规划需要层层分解，建立起一个使战略规划和实施方案有机结合的战略管理系统。人力资源规划是依据组织战略目标而制定的，它是组织的战略目标在人力资源供给和需求方面的分解，是为了确保组织的战略目标的实现而制定的一种辅助性的规划。因此，组织的战略目标对人力资源规划的制定起着导向作用。

2. 组织战略对人力资源规划过程具有制约作用

组织战略规划对人力资源规划过程的制约作用表现在：组织的战略规划制约着人力资源战略规划；组织的一般经营计划制约着人力资源的战术计划；组织的预算方案制约着人力资源的行动方案。人力资源的总体规划要与组织的战略目标相一致，人力资源的业务计划要与组织的短期目标和战术计划相匹配。

3. 人力资源规划为组织发展战略的实施提供人力保障

人力资源规划为组织发展战略的实施提供人力资源方面的支撑体系。组织内外环境的变化，必然引起组织对人力资源需求的变化，并且造成组织人力资源供需之间的失衡，人力资源规划根据组织的目标和任务的变化以及人力资源的现状，分析组织对人力资源的质量需求，制定必要的人力资源政策和措施，从而平衡组织的人力资源的供给与需求，以确保组织在需要的时间和需要的岗位上获取需要的人选。

4. 人力资源规划有助于组织战略目标的进一步完善

人力资源规划既要对组织的人力资源的现状进行分析，又要预测其发展变化趋势，对组织的人力资源管理的各项活动进行动态的调整。人力资源规划有助于组织以发展的视角完善组织的战略目标，从而增强组织对环境的适应能力，提高组织的核心竞争能力。

5. 人力资源规划在实现组织目标的同时，也注重个人的发展

组织人力资源规划的目标，不但要为组织获取合格的人才，也要为合格人才匹配合适的岗位，真正做到“人职匹配”。当今社会，优秀人才是一种稀缺资源，为此，组织要想得到长足的发展，就必须最大限度地利用其拥有的每位员工的潜能，并且为每位员工提供个不断成长、最终能实现个人价值的机会。所以，组织在进行人力资源规划时，不但要满足组织的需要，还要考虑员工个人的发展需要，实现组织与员工的“双赢”。

（二）人力资源规划的作用

人力资源规划是人力资源管理系统的起点。人力资源规划的实施，对于企业的良性发展以及人力管理系统的有效运转具有非常重要的作用。

1. 人力资源规划有助于企业发展战略的制定

据前面的定义分析，在进行人力资源规划时要以企业的发展战略和经营规划为依据，但是这两者之间并不是简单的单向关系，而是存在着一种双向互动关系。企业的发展战略是对未来的一种规划，这种规划同样也需要将自身的人力资源状况作为一个重要的变量加以考虑。例如，如果预测的人力资源供给无法满足设定的目标，那么就要对战略和规划作出相应的调整。因此说，作好人力资源规划反过来会有利于企业战略的制定，使战略更加切实可行。

2. 人力资源规划有助于企业保持人员状况的相对稳定

企业的正常运转需要自身的人员状况保持相对的稳定，但是企业都是在复杂的内外环境条件下进行生产和经营活动的；而这些环境因素又在处于不断的发展变化之中。因此，企业为了自身的生存和发展，必须随时依据环境的变化及时作出相应的调整，如改变经营计划、变革组织结构等，这些调整往往会引起人员数量和结构的变化。此外，企业内部的人力资源自身也处于不断的变化之中，如辞职、退休等，这也会引起人员数量和结构的变化。由于人力资源的特殊性质，这些变化造成的影响往往具有一定的时滞，因此企业为了保证人员状况的稳定，就必须提前了解这些变化并制定出相应的措施，在这种情况下，人力资源规划就显得非常必要。

3. 人力资源规划有助于企业降低人力成本

科学合理的人力资源规划为人力资源管理活动的有序化提供保障，通过合理的规划，将人力资源的数量和结构控制在合理的范围之内。

4. 人力资源规划为人力资源管理的其他活动提供依据

这就如同人力资源规划和企业战略之间的关系，虽然人力资源规划目标的实现需要以人力资源管理的其他职能作为基础，但是它反过来对于这些职能也具有一定的指导意义，为他们提供了行动的信息和依据，使这些职能活动与企业发展结合得更加紧密。

相关链接：什么企业需要人力资源规划？

在企业中可能经常会遇到这样的困惑：

☆企业发展太快了，人才引进总是在应急，而这种仓促的招聘又导致了人员能力与企业

要求错位，导致员工流失率增加。

☆企业 HR 管理的各个模块没有统一的方向，短期行为多，工作比较茫然，没有前瞻性和方向感。

☆总觉得人力资源管理是企业的打杂的，对企业没什么太大的价值，不能起到对企业战略的支持作用。

☆企业人员的年龄结构太不合理了，近两年有大量员工接近退休年龄。很多有经验的员工短期不能补上，只能通过返聘来应付。

☆各个部门总想要求增加人，老总又不想增加太多用人编制，搞得我们很难开展工作。

☆公司的 HR 开支年年超过预算要求，成本不断增加。

如果企业出现了上面的这些问题，企业的人力资源规划一定出了问题或许根本就没有人力资源规划。

资料来源：http：//www.51labour.com/html/72/72536.html.

（三）人力资源规划的类型

在实践中，人力资源规划存在着不同的形式，对这些形式的区分，将有助于我们更加深入地把握人力资源规划的内容。

1. 按照规划的独立性划分

以人力资源规划是否单独进行为标准，可以将它划分为独立性的人力资源规划和附属性的人力资源规划。独立性的人力资源规划是指将人力资源规划作为一项专门的职责来进行，最终结果体现为一份单独的规划报告，这就类似于市场、生产、研发等职能部门的职能性战略计划。附属性的人力资源规划是指将人力资源规划作为企业整体战略计划的一部分，在规划整体战略的过程中来对人力资源进行规划，并不是专门进行的，其最终结果大多不单独出现，内容则相对比较简单，有些项目甚至省略。

2. 按照规划的范围大小划分

以人力资源规划的范围大小为标准，可以将它划分为整体的人力资源规划和部门的人力资源规划。整体的人力资源规划是指在整个企业范围内进行的规划，它将企业的所有部门都纳入到了人力资源的范围之内。部门的人力资源规划则是指在某个或某几个部门范围内进行的规划。虽然整体的人力资源规划是以部门的人力资源规划为基础进行的，但是这两者并没有从属关系，有时企业可能只是进行部门的而不进行整体的人力资源规划。

3. 按照规划的时间长短划分

按照人力资源规划的规划期长短，可以将它划分为短期人力资源规划、中期人力资源规划和长期人力资源规划三类。短期人力资源规划是指 1 年及其以内的规划，这类规划由于时间相对较短，因此其目标比较明确，内容也比较具体，更多地体现为操作性的东西。长期人力资源规划是指 5 年或者 5 年以上的规划，由于规划的时间比较长，对各种因素不可能作出准确的预测，因此这类规划往往是指导性的，在具体实施时要随着内外部环境的变化而进行不断调整，具有强烈的战略性色彩。中期人力资源规划则介于长期和短期之间，一般是指 1 年以上 5 年以内的规划。对短期规划来说，中期规划具有一定的指导性，但是对长期规划来说，中期规划又是它的具体落实，就好比是长期规划的阶段性目标，往往具有战术性的特点。

（四）人力资源规划的内容

人力资源规划的内容也就是它最终的结果，主要包括两个方面。

1. 人力资源总体规划

人力资源总体规划是指在计划期内人力资源管理的总目标、总政策、实施步骤及总预算的安排，它是连接人力资源战略和人力资源具体行动的桥梁。包括：预测的需求和供给分别是多少，作出这些预测的依据是什么，供给和需求的比较结果是什么，企业平衡供需的指导原则和总体政策是什么，等等。

在总体规划中，最重要的是人力资源需求预测与人力资源供给预测，最主要的内容就是供给和需求变化的比较结果，也可以称做净需求，进行人力资源总体规划的目的就是得出这一结果。

2. 人力资源业务规划

人力资源业务规划是总体规划的分解和具体，主要包括人员补充规划、晋升规划、培养开发规划、配备规划、工资规划、员工生涯规划等内容。这些业务规划的每一项都应当设定出自己的目标、任务和实施步骤，它们的有效实施是总体规划得以实现的重要保证。

人力资源业务规划的具体内容见表2－1。

表2－1　人力资源业务规划的内容

规划名称	目标	政策	预算
人员补充规划	类型、数量、层次对人员素质结构的改善	人员的资格标准、人员的来源范围、人员的七点待遇	招聘选拔费用
人员使用规划	部门编制、人力资源结构优化、职位匹配、职位轮换	任职条件、职位轮换的范围和时间	按使用规模、类别和人员状况决定薪酬预算
人员晋升规划	后备人员数量保持、人员结构的改善	选拔标准、提升比例	职位变动引起的工资变动
培训开发规划	提高员工素质，提高工作效率，塑造企业文化	培训计划的安排、培训时间和效果的保证	培训开发的总成本
劳动关系规划	提高工作效率、员工关系改善、离职率降低	民主管理、加强沟通	法律诉讼费用
退休与解聘规划	劳动力成本降低、生产率提高	退休政策及解聘程序	安置费用

（1）人员补充规划。补充规划的目的是合理填补组织中、长期内可能产生的职位空缺。补充规划与晋升规划是密切相关的。由于晋升规划的影响，组织内的职位空缺逐级向下移动，最终积累在较低层次的人员需求上。这也说明，低层次人员的吸收录用，必须考虑若干年后的使用问题。人员补充规划的目标涉及人员的类型、数最、对人力资源结构及绩效的改善等。人员补充规划的政策包括人员的标准、人员的来源、人员的起点待遇等。人员补充规划的步骤就是从制定补充人员标准到招聘、甄选和录用等一系列工作的时间安排。补充规划预算则是组织用于人员获取的总体费用。

（2）人员使用规划。人员使用规划就是对人员的安置和调配规划。使用规划的目标包括部门的编制、人力资源结构的优化以及绩效的改善、岗位轮换的幅度等。使用规划的政策包括确定任职条件、岗位轮换的范围和时间等。使用规划的预算是按使用规模、类别以及人员状况决定的薪资预算。

（3）人员晋升规划。晋升规划实质上是组织晋升政策的一种表达方式。对组织来说，有计划地提升有能力的人员，以满足职务对人的要求，是人力资源管理的一种重要职能。晋升规划的目标是后备人才数量的保持、优化人才结构、提高组织绩效。晋升规划的政策涉及制定选拔的标准和资格、确定使用期限和晋升的比例，一般用指标来表达，如晋升到上一级职务的平均年限和晋升比例。晋升规划的预算是由于职位变化引起的薪酬的变化。

（4）培训开发规划。培训开发规划的目的是为组织中、长期所需弥补的职位空缺准备人员。组织应该把培训开发规划与晋升规划、补充规划联系在一起，以明确培训的目的，提高培训的效果。培训开发规划的目标是员工素质和绩效的改善、组织文化的推广、员工上岗指导等。培训开发规划需要组织制定支持员工发展的终身教育政策、培训时间和待遇的保证政策等。培训开发的预算包括培训投入的费用和由于脱产学习造成的间接误工费等。

（5）劳动关系规划。劳动关系规划的目标是降低非期望离职率、改进管理关系、减少投诉和不满。劳动关系规划的政策是制定参与管理的方法、对“合理化建议”奖励的政策、有关团队建设和管理沟通的政策和措施。劳动关系规划的预算包括用于鼓励员工团队活动的费用支持，用于开发管理沟通的费用支出，有关的奖励基金以及法律诉讼费用等。

（6）退休与解聘规划。退休与解聘规划的目标是降低老龄化程度、降低人力成本、提高劳动生产率。有关的政策是制定退休和返聘政策、制定解聘程序。涉及的预算包括安置费、人员重置费、返聘津贴等。

【案例 2－2】

亚实公司聪明对待离职员工

对于离职的员工，亚实科技有限责任公司采取的态度是“人走茶不凉”，与员工保持“终生交往”，使离职员工“流而不失”。

为了和离职员工保持密切的联系，确保其“流而不失”，有效的人力资源管理从员工决定离职的那一刻起就开始了。在该公司，不管是工作多年的老员工，还是那些发现不适应提出要走的新员工，在他们提出离开时，一般都会得到公司挽留，但同时他们的选择也会得到尊重。公司规定在每个员工离职前必须作一次面谈，提出自己对公司的看法和离职的原因。如果是公司管理方面的问题，公司会充分重视，并努力去改善。值得一提的是，公司还十分关心他们今后的发展和去向，甚至会帮助他们寻找一些更适合的单位。从另一个角度讲，离开公司的员工里，有很多是非常优秀、有能力的人，和这些员工保持交往，会为公司带来新的资源。

公司的人力资源部就有这样的一个新职位叫“旧雇员关系主管”。这个主管的工作，就是特殊的人事档案，跟踪离职员工的职业生涯变化情况，甚至包括结婚生子之类的细节。这些一旦发生变化，公司会在 24 小时内对档案作出更改。只要是曾在公司效力的前雇员，都会定期收到内部通讯，并被邀请参加公司的聚会活动。

公司还摒弃了“好马不吃回头草”的陈腐观念，欢迎“跳槽”的优秀人才重返公司效力。“有的人认为如果让那些所谓的叛徒回来，或者还与他们保持长期的交往，无法面对留下来的那些人。而经验告诉我，事实恰恰相反，这么做是对现有人员最大的尊重，让他们感觉到温暖和信任。而且对于企业文化的建立和企业品牌的树立有着深刻的影响。”公司人力资源部部长强调了这一观点。同时指出：聘用“回头好马”既可以降低公司成本，又有利于提高员工忠诚度。

对于备受人才流失困扰的企业来说，管理者往往殚精竭虑甚至不择手段以求留住优秀的员工。而亚实公司面对日益激烈的商业竞争，摒弃了“终生员工”的概念，更愿意和员工保持“终生交往”，以崭新的态度来看待人才流失和留住的问题，他们不但不竭力阻止优秀人才走出公司的大门，甚至还“鼓励”人才的离开。

鼓励人才流动的机制非但没有造成大量人才流失，相反，公司人才反而越留越多。对于其中的奥妙，公司刘总一语道破天机：“公司培养出去的科技人员对企业有一种感情情结，这种感情情结会使他们留下终生不褪的心里烙印，他们会以各种方式报效公司。”

资料来源：http：//blog. sina. com. cn/s/blog_ 5db0e42d0100bw0k. html.

【案例分析】

离职员工仍被看做公司的人力资源，对这部分特殊的人力资源实施高效管理不仅使离职员工向公司传递了市场信息，提供合作机会，介绍现供职机构的经验教训，帮助公司改进工作；而且他们在新岗位上的出色表现，折射出公司企业文化的光彩。对于离职员工的管理也属于人力资源规划的内容，有利于提高员工忠诚度，降低公司人力资源成本。

二、人力资源结构分析

在进行人力资源规划前，作为准备工作，应了解企业内部的人力资源现状，对企业人力资源的结构进行分析，同时还要了解企业外部人力资源状况和企业外部的影响因素，如劳动力市场的有关情况。

人力资源规划首先要进行人力资源结构分析。所谓人力资源结构分析，也就是对企业现有人力资源的调查和审核，只有对企业现有人力资源有充分的了解和有效的运用，人力资源的各项计划才有意义。人力资源结构分析主要包括以下几个方面。

（一）人力资源数量分析

人力资源规划对人力资源数量的分析，其重点在于探求现有的人力资源数量是否与企业机构的业务量相匹配，也就是检查现有的人力资源配量是否符合一个机构在一定业务量内的标准人力资源配置。在人力资源配置标准的方法运用上，通常有以下几种。

1. 动作时间研究

动作时间研究指对一项操作动作需要多少时间，这个时间包括正常作业、疲劳、延误、工作环境配合、努力等因素。定出一个标准时间，再根据业务量多少，核算出人力的标准。

2. 业务审查

业务审查是测定工作量与计算人力标准的方法。该方法又包括两种：

（1）最佳判断法。该方法是通过运用各部门主管及人事、策划部门人员的经验，分析出各种工作性质所需的工作时间，再判断出人力标准量。

（2）经验法。该方法是根据完成某项生产、计划或任务所消耗的人事记录，来研究分析每一部门的工作负荷，再利用统计学上的平均数、标准差等确定完成某项工作所需的人力标准量。

3. 工作抽样

工作抽样又称工作抽查，是一种统计推论的方法。它是根据统计学的原理，以随机抽样的方法来测定一个部门在一定时间内实际从事某项工作所占规定时间的百分率，以此百分率来测定人力数量的效率。该方法运用于无法以动作时间衡量的工作。

4. 相关与回归分析法

相关与回归分析法是利用统计学的相关与回归原理来测量计算的，用于分析各单位的工作负荷与人力数量间的关系。

有了人力标准的资料，就可以分析计算现有的人数是否合理。如不合理，应该加以调整，以消除忙闲不均的现象。

（二）人员类别的分析

通过对企业人员的类别分析，可显示一个机构业务的重心所在。其包括以下两个方面的分析。

1. 工作功能分析

一个机构内人员的工作能力功能很多，归纳起来有四种：业务人员、技术人员、生产人员和管理人员。这四类人员的数量和配置代表了企业内部劳力市场的结构。有了这项人力结构分析的资料，就可研究各项功能影响该结构的因素，这些因素可能包括以下几个方面：企业处在何种产品或市场中、企业运用何种技能与工作方法、劳力市场的供应状况如何等。

2. 工作性质分析

按工作性质来分，企业内部工作人员又可分为两类：直接人员和间接人员。这两类人员的配置也随企业性质不同而有所不同。最近的研究发现，一些组织中的间接人员往往不合理地膨胀，该类人数的增加与组织业务量增长并无联系，这种现象被称为“帕金森定律”。

相关链接：帕金森定律

美国学者帕金森通过长期的调查研究，写出一本名叫《帕金森定律》的书。书中阐述了机构人员膨胀的原因及后果：

一个不称职的官员，可能有三条出路，一是申请辞职，把位子让给能干的人；二是让一位能干的人来协助自己工作；三是任用两个水平比自己更低的人当助手。

走第一条路，那个官员就会失去很多的权力；走第二条路，那个能干的人会成为自己的对手；只有第三条路最适宜。于是平庸的两个助手分担了他的工作，他自己则高高在上发号施令，自己的权力不会受到威胁。两个助手既然无能，他们就上行下效，再为自己找两个更无能的助手。如此类推，就形成了一个机构臃肿、人浮于事、相互推诿、效率低下的领导体系。

资料来源：http：//www. xici. net/main. asp？ url =/u12505646/d58593377. htm.

（三）工作人员的素质

人员素质分析就是分析现有工作人员受教育的程度及所受的培训状况。一般而言，受教育与受培训程度的高低可显示工作知识和工作能力的高低。任何企业都希望能提高工作人员的素质，以期望工作人员能对组织做出更大的贡献。但事实上，人员受教育程度与培训程度的高低，应以满足工作需要为前提。为了达到适才适用的目的，人员素质必须和企业的工作现状相匹配。管理层在提高人员素质的同时，也应该积极提高人员的工作效率，以人员创造工作，以工作发展人员，通过人员与工作的发展，促进企业的壮大。

人员素质分析中受教育与培训只是代表人员能力的一部分。一个企业及组织中，不难发现一部分人员的能力不足，而另外一部分人员则能力有余，未能充分利用，即能力及素质与工作的需求不匹配。其解决方法有以下几种：

(1) 变更职务的工作内容。减少某一职务、职位的工作内容及责任，而转由别的职务人员来承接。

(2) 改变及强化现职人员。运用培训或协助方式，来强化现职人员的工作能力。

(3) 更动现职人员的职位。如果上述两种方法仍无法达到期望，则表示现职人员不能胜任此职位，因此应予以调动。

以上三种解决方法究竟以选用何种为宜，事先需要考虑以下几个因素：

(1) 加强培训能否使当事人有所进步。如果加强培训可使能力不足的员工有所进步，则没有必要采取更动人员的措施。

(2) 担任该职位可能的时间长度。如果某员工任该职位已届退休或轮调期满或组织结构更迭，则可采用临时性的调整。

(3) 是否情况紧急，非立即改善不可。如果该职务比较重要，足以影响组织目标的实施，则必须采取组织措施；否则应尽量少用组织措施解决。

(4) 是否影响组织士气。将某员工调职，是否会影响其他员工的情绪，使员工失去安全感，而有损组织的稳定。

(5) 有无适当的接替人选。如果短期内无法从内部或外部找到理想的接替人员，则应采取缓进的措施，以免损失更大。

(6) 此职位与其他职位的相关性程度。如果此职位与上、下、平行多个其他职位的相关往来频度很高，则不应采取太突然的措施，以避免影响其他职位的效率和工作进展。

(四) 年龄结构分析

分析员工的年龄结构，存在的方面可按年龄段进行，统计全公司人员的年龄分配情况，进而求出全公司的平均年龄。了解年龄结构，旨在了解下列情况：

(1) 组织人员是年轻化还是日趋老化。

(2) 组织人员吸收新知识、新技术的能力。

(3) 组织人员工作的体能负荷。

(4) 工作职位或职务的性质与年龄大小的可能的匹配要求。

以上四项反应情况，均将影响组织内人员的工作效率和组织效能。

企业的员工理想的年龄分配，应呈三角形金字塔为宜。顶端代表50岁以上的高龄员工，中间部位次多，代表35~50岁的中龄员工；而底部人数最多，代表20~35岁的低龄员工。

(五) 职位结构分析

根据管理幅度原理，主管职位与非主管职位应有适当的比例。分析人力结构中主管职位与非主管职位，可以显示组织中管理幅度的大小，以及部门与层次的多少。如果一个组织中，主管职位太多，可能表示下列不当的结果：

(1) 组织结构不合理，管理控制幅度太狭窄，而且部门与层次太多。

(2) 工作程序繁杂，增加沟通协调的次数，浪费很多的时间，并容易导致误会和曲解。

(3) 由于本位主义，造成相互牵制势必降低工作效率。

(4) 出现官僚作风。

三、人力资源规划基本流程

为了有效地实现目的，人力资源规划必须按照一定程序进行。人力资源规划的程序，表明了人力资源规划是一项科学化、系统化的工程。人力资源规划的程序有四个基本步骤，如图 2－1 所示。

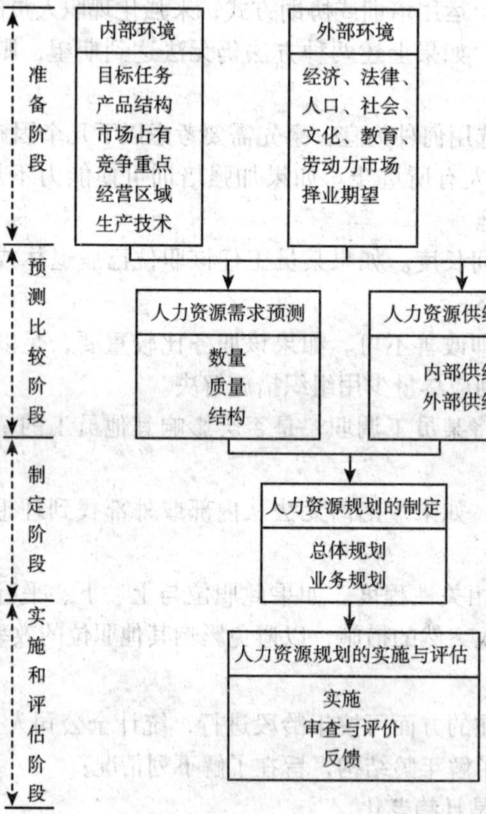

图 2－1　人力资源规划的程序

（一）准备阶段

准备阶段的工作主要是信息收集。信息收集是制定人力资源规划的基础，通过调查、收集和整理人力资源规划所需的信息资料，为后续阶段的工作做好资料准备。影响人力资源规划的信息主要有以下几个方面。

1. 组织外部环境信息

涉及组织外部环境的信息主要包括：宏观经济形势、人口和社会发展趋势、就业市场状况、政府政策等。特别要指出的是，制定人力资源规划时，要研究有关的法律和政策规定，组织人力资源规划的任何政策和措施均不得与法律法规相抵触。例如，我国《劳动法》规定禁止用人单位招用未满 16 周岁的未成年人。组织拟订未来人员招聘计划时，应遵守这一原则，否则，将被追究责任。

2. 组织内部环境信息

我们大体上可以把制定人力资源规划时所需掌握的组织内部信息归纳为以下三个方面：

（1）经营方面的信息。关于组织经营方面的信息，主要了解企业的任务目标、产品结构、消费者结构、产品的市场占有率、生产和销售状况、经营的领域和区域、生产技术、竞争重点、财务和利润目标等。

（2）管理方面的信息。关于管理方面的信息主要了解组织的组织结构、管理机制、管理风格、企业氛围、企业文化、薪酬政策、战略计划和其他职能计划等。

（3）人力资源现状的信息。人力资源现状方面的信息是调查分析的重点，包括人员的结构（如年龄结构、性别结构、学历结构、职称结构、专业技术结构等）、人力资源的损耗情况、人员的流动情况（包括流进与流出）、人力资源的成本、相关的人力资源政策、人员的工作绩效和成果、人员的培训情况等。

（二）预测比较阶段

这一阶段的主要任务就是在充分掌握信息的基础上，使用有效的预测方法，对于组织在未来某一时期的人力资源供给和需求作出预测。在预测完毕以后，还必须对供求数据进行比较，从而采取有效的平衡措施。

1. 分析预测

预测包括人力资源需求预测和供给预测两方面。人力资源需求预测采用以定量为主、结合定性分析的各种科学预测方法对组织未来人力资源需求进行预测。人力资源供给预测一方面要根据现有人力资源及其未来的变动状况，预测出规划期内各个时间点上的内部人员拥有量（内部供给状况）；另一方面要确定在规划期内的各个时间点上组织可以从外部获得的各类人员的数量（外部供给状况）。根据人力资源供给预测的结果，结合人力资源需求预测的情况，即可以得出组织规划期内各类人力资源的余缺情况，从而得到“净需求”的数据。

2. 比较平衡

人力资源的供给和需求都存在“刚性”的特点，即人力资源的供给和需求趋势难以被影响和改变。因此，企业人力资源供需之间的失衡是一种必然的、经常的现象。人力资源的供需失衡既可能表现在数量方面，也可能表现在结构方面，这就需要组织针对不同的情况，采取合适的平衡措施解决人力资源供需矛盾。制定人力资源政策是协调人力资源供需失衡的有效工具。

如何进行人力资源的需求和供给的预测与平衡，下一节将会详细地说明。

（三）制定阶段

人力资源规划的制定是人力资源规划程序的实质性阶段，包括制定人力资源管理目标、人力资源管理政策和人力资源规划内容。

1. 人力资源管理目标的制定

组织的人力资源管理目标是组织经营发展战略的重要组成部分，它必须以组织的长期计划和运营计划为基础，从全局和长期的角度来考虑组织在人力资源方面的发展和要求，为组织长期经营发展提供人力支持。

人力资源管理目标不应该是单一的，而应该是多样的，涉及人力资源管理活动的各个方面。在多样性的目标中，应该突出那些关键的目标，关键的目标往往与组织人力资源的主要问题相关。同时，规划目标应该有具体明确的表述。一般来说，可以用人力资源管理活动的最终结果来表述，例如，“在本年度内，每个员工接受培训的时间要达到40小时”，“到明年年底，将管理部门的人员精简1/3”；目标也可以用工作行为的标准来表达，例如，“通过培训，受训者应该掌握……技能”。

2. 人力资源管理政策的制定

人力资源管理政策是以开发具体的人力资源实践为目标的总体指导原则和行动准则，涉及人力资源活动的各个方面，它决定了人力资源管理活动如何开展和进行。每一个业务单位都可以实施与组织人力资源管理政策相一致的具体的人力资源实践。

影响组织人力资源管理政策的因素主要有两个方面：一方面是具体情况要素，这些要素来自于组织外部环境和组织自身，如劳动力特征、经营战略和条件、管理层理念、劳动力市场、工作任务和技术、法律法规、社会文化和价值观等；另一方面是利益相关者的利益因素，如股东、管理层、员工、政府、社会、工会等。

3. 人力资源规划内容的制定

人力资源规划内容的制定主要包括总体规划和业务规划。

（1）人力资源总体规划的制定。人力资源总体规划的制定一般应该包括以下几个方面：与组织的总体规划有关的人力资源规划目标任务的说明；有关人力资源管理的各项政策及有关说明；内部人力资源的供给与需求预测；外部人力资源情况与预测；人力资源“净需求”等。

（2）人力资源业务规划的制定。每一项业务规划都包括了目标、任务、政策、步骤以及预算等要素。业务规划要具体详细，具有可操作性。如一项裁员计划，应该包括：对象、时间和地点；经过培训可以避免裁减人员的情况；帮助裁减对象寻找新工作的具体步骤和措施；裁员的经济补偿预算；其他相关的问题等。

（四）实施和评估阶段

在人力资源规划完毕后，要执行规划并对执行情况进行监督。规划制定出来但不执行是一种浪费，执行了但不进行监督也是一种浪费。只有通过执行并监督规划，才能使整个规划过程完整。人力资源规划的价值在于实施，在实施过程中需要对规划进行定期或者不定期的评估。

1. 人力资源规划的实施

人力资源规划的实施是一个动态的过程，包括对规划的审核、执行、控制和反馈等步骤。

（1）对规划本身的审核。审核是对人力资源规划的质量、水平和可行性进行的评价工作，是规划执行前的一个不可或缺的环节，它本身也可以是规划制定的一项重要工作内容。审核工作必须有组织保证，一般由一个专门的委员会（人力资源管理委员会）来进行，也可以由人力资源部门会同有关的部门经理和专家进行。审核主要围绕以下几个方面：一是对规划的客观性审核。客观性是指人力资源规划制定时所依据的信息是否属实、考虑是否周到、分析和判断是否符合实际等。客观性是规划的科学性和可行性的保证。二是对规划完整性的审核。完整性是对规划内容的覆盖面、时间进度安排、责任明确性、操作程度等方面的审核。

（2）执行。执行就是逐项落实规划的内容和要求。执行过程要注意以下几点：一是充分做好各项准备工作，包括相关资源的准备。二是按照规划的要求全面执行，也就是说要按照一切主要指标来完成规划。三是均衡有序。执行规划要遵循规划所确定的进度和各项工作的内在逻辑，注意它们之间的衔接和协调。

（3）控制。执行过程中需要有效的控制，控制的手段是检查、监督和纠正偏差。控制的对象包括人员、预算、进度、信息等，涉及人力资源管理活动的方方面面。控制的目的在于保证规划的各项具体活动和工作顺利地完成，并对规划本身进行有效的调整和修正，以改进和推动企业的人力资源管理。

（4）反馈。规划的实施情况和结果要及时地反馈到相关的人员和部门。反馈可以由实施者进行，也可以由控制者进行，或者由两者共同进行。

2. 对规划实施效果的评估

严格来说，审核和控制工作本身就是一种评估，审核侧重于对规划制定程序的评估，控制则侧重于规划实施中的检查。这里所说的评估主要是对规划实施效果的评估。它包括两个方面：一是规划实施前对各项行动方案实施结果的估计。二是在规划实施以后，将结果与计划进行比较，主要包括以下内容：

（1）实际人力资源招聘数量与预测的人力资源的“净需求”进行比较。

（2）劳动生产率的实际水平与预测水平的比较。

（3）实际的和预测的人员流动率的比较。

（4）实施人力资源规划的实际结果与预期目标进行比较。

（5）人力费用的实际成本与人力费用进行比较。

（6）行动方案的实际成本与预算的比较。

（7）人力资源规划的成本与收益进行比较。

四、人力资源规划的预测

要保证人力资源规划的正确性，必须进行人力资源的预测。人力资源预测是组织在评估和预测的基础上，对未来一定时期内人力资源状况的假设。人力资源规划的任务是估计未来某个时期组织对人力资源的需要。因此，人力资源规划的预测应包括人力资源需求预测和人力资源供给预测，两者的差额就是组织对人力资源的需要。例如，公司“需求”10 名系统工程师，预期通过“供给”有 8 人到位，那么公司对系统工程师的“需要”就是 2 人。人力资源规划的预测是一项技术性较强的工作，其准确程度直接决定了人力资源规划的效果和成败。因此，这一阶段工作是整个人力资源规划中最为困难最为关键的工作。

（一）人力资源的需求预测

人力资源需求是指以企业战略目标、发展规划和工作任务为出发点，企业为保持其组织活动和未来发展所应配备的人力资源的数量、质量和时间以及所需技能的总体组合。简单地说，人力资源需求就是企业为了维持日常的生产和服务活动及为了未来的发展所需要的人力资源的数量、质量和时间。人力资源需求预测是综合考虑各种因素的影响，对企业未来人力资源需求进行估计的过程。

1. 影响组织人力资源需求的因素

影响组织人力资源需求的因素是多方面的，就一个企业组织而言，人力资源需求预测需要对下列因素进行分析。

（1）社会性因素。

社会性因素包括经济发展水平和经济形势、产业结构、技术水平、市场需求、国家政策等因素。主要有以下三点：

① 产业结构。产业结构和行业结构的变化会影响现有员工队伍结构的状况，而影响组

织未来人力资源需求的变化。

② 技术水平。新技术的发明应用，一方面会推动新产品的发明和应用，从而扩大企业对人力资源的需求；另一方面，新技术对劳动生产率的提高，又将减少企业对人力资源的需求。

③ 政府政策。政府对某一产业和领域的发展政策、对新技术的开发和推广、对中小企业的扶持等，都会对人力资源的总量需求产生影响，进而直接或者间接地影响人力资源的需求量。

（2）企业因素。

企业自身的因素直接影响了人力资源的个量需求。这些因素概括起来有以下5点：

① 财务资源。企业对人力资源的需求受到企业财务资源的约束，企业可以根据人力资源总成本来推算人力资源需求的最大量。

② 企业发展。企业的发展规划和未来的生产经营任务对人力资源的数量、质量和结构提出了要求，根据生产因素可能的变动可以预测人力资源的需求。

③ 员工的工作情况、定额和工作负荷等。

④ 预期的员工流动率，包括由辞退、解聘和退休等引起的职位空缺。

⑤ 扩大经营领域、生产规模或经营地域的决策。

2. 人力资源需求预测的方法

人力资源需求预测技术较多。常用的有如下几种。

（1）经验预测法。

这种方法是企业的各级管理者，根据自己工作中的经验和对企业未来业务量增减情况的直接考虑，自上而下地确定未来所需人员的方法。经验预测法又分为管理部门法和基层分析法。管理部门法是企业的各个管理部门根据本部门现状和未来的发展情况，结合过去的经验体会，经过综合评价预测人力资源的未来情况。基层分析法是由企业下属的各个部门和基层单位，根据各自的生产任务状况、技术设备状况和人员配置状况，对本部门的人力资源需求进行初步预测；在基层预测的基础上，企业的职能部门再对基层的预测数据和结果进行专门的分析和处理，最终形成企业对人力资源需求的总体预测。

经验预测法这是一种非常简便、粗放的人力资源需求预测方法，主要适用于短期的预测。如果企业规模小，生产经营稳定，发展较均衡，它也可以用来预测中、长期的人力需求。

（2）生产比率分析法。

这是基于对员工个人生产效率的分析来进行的一种预测方法。进行预测时，首先要计算人均的生产效率，然后再根据企业未来的业务量预测对人力资源的需求，即：

$$\text{所需要的人力资源}=\frac{\text{未来的业务量}}{\text{人均的生产效率}}$$

例如，对于一所学校来说，目前一名教师能够承担40名学生的工作量，如果明年学校准备让在校学生达到4 000人，那么就需要100名教师。如果考虑到生产率的变化，计算公式可以作如下修改：

$$\text{所需要的人力资源}=\frac{\text{未来的业务量}}{\text{目前的人均生产率}\times(1+\text{生产效率的变化})}$$

使用这种方法进行预测时，需要对未来的业务量、人均的生产效率及其变化作出准确的估计，这样对人力资源需求的预测才会比较符合实际，而这往往是难以做到的地方。

比率预测法还可以作进一步的延伸，利用各类人员之间的比例关系，根据已知的某类人员的数量来预测对其他人员的需求。例如，已知教师和教学辅助人员之间的比例为10:1，学校准备在今后3年内使教师数量达到500人，那么对教学辅助人员的需求就是50人。进行这种预测时，要求人员之间的比例关系比较确定，如果比例关系变动较大，那么预测的结果就会不准确。

（3）工作负荷法。

这种方法是根据历史数据，先算出对某一特定的工作每单位时间（如每天）每人的工作负荷（如产量），再根据未来的生产量目标（或劳务目标）计算出所完成的总工作量，然后根据前一标准折算出所需的人力资源数量。

例如，某工厂新设车间，其中有四类工作。现拟预测未来3年操作所需的最低人力数。

第一步：根据现有资料得知这四类工作分别所需的标准任务时间为：0.5小时/件、2.0小时/件、1.5小时/件、1.0小时/件。

第二步：估计未来3年每一类工作的工作量，即产量，如表2-2所示。

表2-2　　某新设车间的工作量估计　　单位：件

效率（小时/件）＼时间	第一年	第二年	第三年
0.5	12 000	12 000	10 000
2.0	95 000	100 000	120 000
1.5	29 000	34 000	38 000
1.0	8 000	6 000	5 000

第三步：折算为所需工作时数，如表2-3所示。

表2-3　　某新设车间的工作时数估计　　单位：件

效率（小时/件）＼时间	第一年	第二年	第三年
0.5	6 000	6 000	5 000
2.0	190 000	200 000	240 000
1.5	43 500	51 000	57 000
1.0	8 000	6 000	5 000
总计	247 500	263 000	307 000

第四步：根据实际的每人每年可工作时数，折算所需人力。假设每人每年工作小时数为1 800小时，根据表2-3所示的数据可知，未来3年所需的人力数分别为：138人、147人和171人。

（4）德尔菲（Delphi）法。

德尔菲法的名称源于古希腊的一个传说，是20世纪40年代末从美国兰德公司的思想库中首先发展起来的。德尔菲法又称专家预测法，主要是依赖专家的知识、经验和判断分析能力，对人力资源的未来需求作出预测。

其操作方法过程是：首先从组织内部和外部挑选对企业管理相关部门熟悉的专家10～15人。主持预测的人力资源部门要向他们说明预测对组织的重要性，以取得他们对这种预测方法的理解和支持。同时确定关键的预测方向，解释变量和难题，并列举出预测小组必须回答的一系列有关人力预测的具体问题。然后使用匿名填写问卷等方法，设计一个可使各位专家在预测过程中畅所欲言地表达自己观点的预测系统。使用匿名问卷的方法可以避免专家们面对面集体讨论，从而防止专家成员之间因身份和地位的差别，一些人不愿批评他人而放弃自己的合理主张的情况。人力资源部门在第一轮预测后，将专家们各自提出的意见进行归纳，并将这一综合结果反馈给他们。然后再重复上述过程，让专家们有机会修改自己的预测并说明原因，直至专家们的意见趋于一致。

在运用德尔菲法进行人力预测时，要做到以下几点：

① 给专家们提供充分的有关企业生产经营状况的信息，以便他们能够作出判断。

② 所提问题应该是能够回答的、与预测有关的问题。

③ 不要求回答得精确，但要说明原因。

④ 整个过程要尽可能简化，不要问与预测无关的问题。

⑤ 要保证所有专家能从同一角度理解有关人力资源管理的术语和概念。

（5）趋势分析法。

趋势分析法是利用过去的员工人数预测未来人力资源的需求。采用这种方法的关键是选择一个对员工人数有重要影响的预测变量。最常用的预测变量为销售量。销售量与员工人数之间的关系为正相关。一般用横轴表示销售量，纵轴表示实际需要的员工人数。

当销售量增加时，员工人数也随之增加。利用这种方法，经理们可以近似估计完成不同销售量时所需的员工数量。

随着计算机的广泛使用，人力资源经理们有了一个重要的预测工具——回归分析法。由于公司业务量的变化与员工数量的变化成正比，所以回归分析法成为最常使用的预测方法。但在大多数情况下，员工数量是由多个因素决定的，因此可以考虑采用多元回归进行预测。下面以一元线性回归分析为例（如表2－4所示）。

表2－4　　　　某公司销售额与销售人员的数量关系

销售额 x/百万元	8	17	20	21	25	30	35	37	42
销售人员数 y/人	195	270	210	335	480	430	520	470	490

利用最小平方法，求直线方程：$y = a + bx$。

其中：

$$a = \bar{y} - b\bar{x}, \quad b = \frac{\sum_{i=1}^{n}(x_i - \bar{x})(y_i - \bar{y})}{\sum_{i=1}^{n}(x_i - \bar{x})^2}$$

$$\bar{y} = \frac{\sum_{i=1}^{n} y_i}{n}, \quad \bar{x} = \frac{\sum_{i=1}^{n} x_i}{n}$$

得出： $a=117$，$b=9.74$，$y=117+9.74x$

可以预测，当销售额为5 000万元时，销售人员的期望人数为：

$$y=117+9.74\times 50=604\text{（人）}$$

【案例2－3】

某建筑公司的人力需求预测

某建筑公司是广东省一家中型国有建筑企业。公司管理层基本上都是广州本地人，文化层次相对较高。一线的建筑工人，大部分来自原广州郊区城乡结合部的农民（随着城市的扩建，也转变成为“市民”）。

但是，随着企业的不断发展，公司的领导层发现，工地一线工人开始吃紧，有时采取加班加点的超负荷工作，也远远满足不了发展的需求。为满足对人员配备的要求，公司人事部从广东其他地区，及至全国，匆忙招聘了大量的新雇员。为应付紧张的用工需要，人事部门不得不降低录用标准，使得人员配备的质量大幅度下降。另外，招聘人员的结构也不尽合理，如单身或易迁徙的员工过多、员工年龄偏大等。经常出现很多员工只工作了一两个月就充当工长的现象，人事部门刚招聘一名雇员顶替前一位员工的工作才几个月，就不得不再去招聘新的顶替者。为了招聘合适的人选，人事部门常常是疲于奔命。

为此，公司聘请了有关专家进行了调查，寻找员工短缺的原因，并提出解决这一问题和消除其对组织影响的方法。

专家调查表明，该公司以往对员工的需求处于无计划状态，在城郊还未变成城区之前，招工基本上还不太困难。随着城市的日益扩大化，城郊的农民工的数量也在日益缩小。以往在几天之内就能找到应急工已成为过去。

因此，公司决定把解决员工短缺问题作为公司战略的一部分来考虑。

在专家的帮助下，鉴于公司本身的特性以及宏观经济形势的平稳发展，公司决定采用趋势预测法预测全厂职工用工人数，建立了一个最小平方法求得趋势线，将这趋势线延长，就能推测将来的所需员工人数。

公司在过去的12年中，工人人数如表2－5所示。

表2－5　　　　公司过去12年工人数量

年份	1985	1986	1987	1988	1989	1990	1991	1992	1993	1994	1995	1996
人数	510	480	490	540	570	600	640	720	770	820	840	930

结果，预测值与实际情况相当吻合。

至此，人事和管理部门对问题才有了统一的认识。这有利于他们共同对待今后几年可能出现的工人人数的短缺问题，制定人力资源管理的总规划，根据总规划制订各项具体的业务计划以及相应的人事政策，做到提前招工、提前培训。

资料来源：http：//www. netcoc. com/trade/content_ v1597. html.

【案例分析】

人力资源需求预测是综合考虑各种因素的影响，对企业未来人力资源需求进行估计的过程。预测是以企业战略目标、发展规划和工作任务为出发点，同时考虑经济发展水平和经济形势、产业结构、技术水平、市场需求、国家政策等因素的影响，利用各种需求预测技术对组织未来某一特定时期内所需人力资源的数量、质量和结构进行估计。趋势分析法是在在外部环境比较稳定的情况下快速预测需求的有效方法。

（二）人力资源的供给预测

人力资源需求分析是研究组织内部对人力资源的需求，而供给分析则需要研究组织内部的供给和组织外部的供给两个方面。一般来说，在供给分析中，首先考察组织现有的人力资源供给，若内在市场未有足够的供给，就需分析外在的劳动力市场。进行内部供给预测时，要考虑人员年龄阶段分布、人员晋升、降职、离职以及退休等情况，核查员工填充预计的岗位空缺的能力，进而确定每个空缺职位上的接替人选，而且得出的结果不应该仅仅是一个员工的数量，而应该是对员工的规模、经验、能力、多元化和员工成本等各方面的一个综合反映。

1. 外部人力资源的供给预测

当企业内部的人力供给无法满足需要，或管理者希望改变企业文化，或企业需要引进某些专业人才时，都需要通过外部的劳动力市场解决人员的补充问题。这就要求企业必须了解外部劳动力市场的供给状况，主要包括三个方面：

（1）宏观经济形势和失业预期。一般来说，失业率越低，劳动力供给越紧张，招聘就越困难。要了解这一方面的情况，可以参考政府机构和金融部门的公开出版物。

（2）当地劳动力的供求状况，包括劳动力供给的数量、质量、结构、层次等。

（3）行业劳动力市场的供求状况，据此可以了解招聘某种专业人员的潜在可能性。

相关链接：2010 年中国普现用工荒

为了解 2010 年企业春季用工需求和农村外出务工人员就业状况，2010 年春节前，人力资源和社会保障部在全国部分地区开展“企业春季用工需求调查”和“农村外出务工人员就业情况调查”。两项调查采取问卷方式，分别覆盖全国 13 个省份的 26 个大中城市和 27 个省份的 90 个县，共涉及 3 239 家企业和 9 081 名农村外出务工返乡人员。

调查结果显示：春节后企业招工数量比往年有所增加，预计招工有困难的企业比例将上升；明确表示继续外出务工的人较往年略有减少，其他人员还在观望；东部地区用工需求保持旺盛，中西部地区需求均呈上升趋势；多数企业预计人工成本上升，务工人员预期平均工资涨幅高于企业预计工资涨幅。

随着我国经济迅速回暖，2010 年春节刚过，沿海与内地同时出现严重缺工现象。官方称七成企业反映招工难，继续外出务工者仅六成。专家指出，我国劳动力供给发生重大转折，已从“无限供给”转变为“有限剩余”，劳动力的结构性短缺今后会经常出现。业内人士分析，随着内地传统的劳务输出省经济的发展，大量的农民开始在本地就业。此外，新生代劳动力结构的变化，也在一定程度上逼迫着企业升级换代。

资料来源：《中国青年报》2010 年 2 月 24 日。

2. 内部人力资源的供给预测

分析内部人力资源供给，主要是了解企业内部人力资源的优劣势，除分析现状外，还要预测未来的状况。常用的内部人力资源供给预测的方法有以下几种。

（1）人员核查法。这是对企业现有人力资源质量、数量、结构和在各职位上的分布状态进行核查，从而掌握组织可供调配的人力资源拥有量及其利用潜力并在此基础上评价当前不同种类员工的供给状况，确定晋升和岗位轮换的人选，确定员工的培训和发展项目的需求，帮助员工制订职业生涯开发计划等。

其基本步骤如下：

① 对组织的工作职位进行分类，划分其级别。

② 确定每一职位、每一级别的人数。

人员核查法是一种静态的人力资源供给预测方法，不能反映组织中人力资源的未来变化，比较适用于中小型组织短期内的人力资源供给预测。

（2）人员替代法，也称职位置换法。它通过对组织中各类管理人员的绩效考核晋升可能性的分析，确定组织中各个关键职位的接替人选，然后评价接替人选目前潜质及其职业发展的需要，考察其职业目标与组织目标的契合度，最终目的是确保组织未来有足够的、合格的管理人员。其典型步骤如下：

① 确定人力资源规划所涉及的工作职能范围。

② 确定每一个关键职位上的接替人选。

③ 评价接替人选的工作情况和是否达到晋升的要求。

④ 了解接替人选的职业发展需要，并引导其将个人的职业同标与组织目标结合起来。

可以通过人员替代图清楚了解到组织内人力资源的供给与需求情况，为人力资源规划提供了依据，如图 2－2 所示。

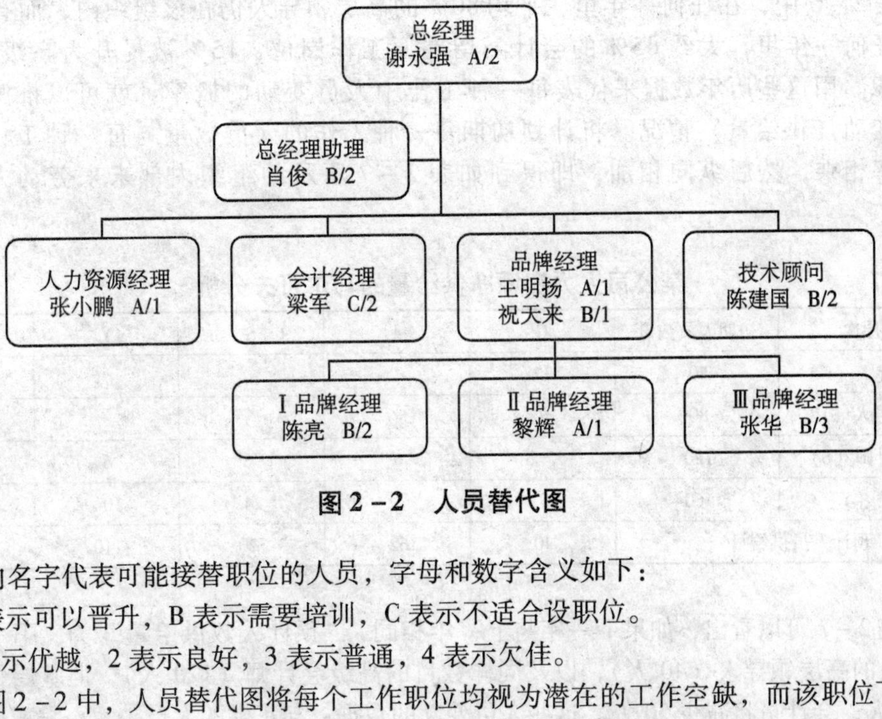

图 2－2 人员替代图

框内名字代表可能接替职位的人员，字母和数字含义如下：

A 表示可以晋升，B 表示需要培训，C 表示不适合设职位。

1 表示优越，2 表示良好，3 表示普通，4 表示欠佳。

在图 2－2 中，人员替代图将每个工作职位均视为潜在的工作空缺，而该职位下的每个员工均是潜在的供给者。人员替代法以员工的绩效作为预测的依据，当某位员工的绩效过低时，组织将采取辞退或调离的方法；而当员工的绩效很高时，他将被提升替代他上级的工作。这两种情况均会产生职位空缺，其工作则由其下属替代。

（3）马尔可夫分析法。马尔可夫分析法是一种统计方法，其方法的基本思路是：找出过去人事变动的规律，以此来推测未来的人事变动趋势。下面以一个会计公司人事变动作为例子来加以说明，如表 2－6 所示。

表 2－6　　某公司人力资源供给情况的马尔可夫分析

职位层次	人员调动概率				
	G	J	S	Y	离职
高层领导人（G）	0.80				0.20
基层领导人（J）	0.10	0.70			0.20
高级会计师（S）		0.05	0.80	0.05	0.10
会计员（Y）			0.15	0.65	0.20

分析的第一步是做一个人员变动矩阵表，表中的每一个元素表示从一个时期到另一个时期（如从某一年到下一年）在两个工作之间调动的雇员数量的历年平均百分比（以小数表示）。一般以 5～10 年为周期来估计年平均百分比。周期越长，根据过去人员变动所推测的未来人员变动就越准确。

在表 2－6 中，在任何一年里，平均 80% 的高层领导人仍在该组织内，而有 20% 退出。在任何一年里，大约 65% 的会计员留在原工作岗位，15% 被提升为高级会计师，20% 离职。用这些历年数据来代表每一种工作中人员变动的概率，就可以推测出未来的人员变动（供给量）情况。将计划初期每一种工作的人员数量与每一种工作的人员变动概率相乘，然后纵向相加，即得到如表 2－7 所示的组织内部未来劳动力的净供给量。

表 2－7　　某公司人力资源净供给量的马尔可夫分析

职位层次	初期人员数量	G	J	S	Y	离职
高层领导人（G）	40	32				8
基层领导人（J）	80	8	56			16
高级会计师（S）	120		6	96	6	12
会计员（Y）	160			24	104	32
预计人员供给量		40	62	120	110	68

从表 2－7 可以看出，如果下一年与上一年相同，“预计人数供给量”为：下一年将有同样数目的高层领导人（40 人），以及同样数目的高级会计师（120 人），但基层领导人将减少 18 人，会计员将减少 50 人。这些人员变动的数据，与正常的人员扩大、缩减或维持不变的计划相结合，就可以用来决策怎样使预计的劳动力供给与需求相匹配。

（三）人力资源的供需平衡

在人力资源供需预测的基础上，要进行人力资源供需的综合平衡。人力资源供需平衡就是组织通过增加、减员和人员结构调整等措施，使组织人力资源由供需失衡达到供需基本平衡状态。组织人力资源的供需失衡是一种必然的现象，在组织的管理实践过程中，人力资源供需完全平衡是很少出现的，即使出现，也是暂时的匹配，不可能存在长期的均衡，这是由组织的动态性和复杂性所决定的。人力资源供需失衡一般有三种不同的状态，对不同状态应采取不同的平衡方法。

1. 供不应求

供不应求状态是人力资源需求大于人力资源供给时的状态，这种状态通常出现在组织规模扩大和经营领域扩大时期。组织在原有的规模和经营领域中也可能出现人力资源不足，比如人员的大量流失，这表明组织的人力资源管理政策出现了重大的问题。组织通常可以采用外部招聘、内部招聘、聘用临时工、延长工作时间、内部晋升、培训员工、调宽工作范围等措施保证人力资源的供需平衡。

外部招聘是最常用的方法，但一般来说应该优先考虑内部招聘和内部晋升计划。这样不仅可以节约外部招聘的成本，而且从内部招聘的人员对本组织更熟悉，对组织的忠诚度也更高。聘用临时工是一种比较灵活的措施，但是这种方法比较适用于出现季节性或临时性人员短缺的工作。延长工作时间的方法可能会降低员工的工作质量，而且工作时间也受到政府政策和法规的限制。培训的方法能够为内部晋升计划的实施提供有效的保障，也可以防止组织出现冗员的现象。调宽工作范围就是通过修改工作说明书，调宽员工的工作范围和增加员工的工作责任，从而达到增加组织工作量的目的，但这种方法必须与提高待遇相对应，与提高技术成分相配合。

2. 供过于求

供过于求的状态是人力资源需求小于人力资源供给时的状态，也就是组织人力资源过剩。绝对的过剩主要发生在组织业务活动萎缩时期，组织通常可以采用提前退休、增加无薪假期、减少工作时间、工作分享、裁员等措施处置过剩人员，以保证人力资源的供需平衡。

提前退休是指适当放宽退休的年龄和条件的限制，鼓励员工提前退休。这是一种比较容易被各方接受的方案，问题是提前退休的年龄和条件受到政府政策和法律的限制。增加无薪假期和减少工作时间的方法只适合于组织出现短期人力资源过剩时的情况。工作分享是由两个或两个以上的员工分担原先由一个人承担的工作和任务，其前提是降低薪资水平。裁员是不得已而为之，但同时又是最为有效的方法，不过它容易产生劳资双方的对立，也会带来一系列的社会问题，需要有一个完善的社会保障体系作为后盾。

3. 结构性失衡

结构性失衡状况是指组织中的某类人员供不应求，而另一类人员供过于求。结构性失衡是组织人力资源供需中较为普遍的一种现象，在组织稳定发展时期表现尤为突出。这时组织需要对现有的人力资源进行结构性调整，如将一部分人员从一些供过于求的岗位转移到另外一些供不应求的岗位。具体方法包括提升、平调甚至降职。另外，也可以针对某些人员进行专门的培训，同时辅之以招聘和辞退，以保证人员结构的平衡。

五、本单元小结

人力资源规划是人力资源管理的重要组成部分。它主要是预测未来的组织任务和环境对组织的要求，以及为了完成这些任务和满足这些要求而设计的提供人力资源的过程。

现代社会竞争日趋激烈，人力资源的供求关系在不断变化，这就要求组织对内外部环境的变化及时作出预测，制订计划，采取相应的政策措施进行应对，这就是人力资源规划的过程。

本单元从人力资源规划的概念入手阐述了人力资源规划的内涵、作用、类型和内容；进一步阐述了人力资源规划前的准备工作——人力资源结构分析的相关内容，介绍了制定人力资源规划的基本要求流程；重点讲述了人力资源规划的供求预测及其方法和人力资源的供求平衡，这一阶段内容是整个人力资源规划中最为困难最为关键的工作。

本单元关键词：人力资源规划；人力资源结构分析；人力资源需求预测；人力资源供给预测

六、复习思考题

一、判断题

1.（　）人力资源规划是依据组织战略目标而制定的，是为了确保组织的战略目标的实现而制定的一种辅助性的规划。

2.（　）长期人力资源规划是指5年或者5年以上的规划，其目标比较明确，内容也比较具体，更多地体现为操作性的东西。

3.（　）人员使用规划就是对人员的安置和调配规划，使用规划的目标包括部门的编制、人力资源结构的优化以及绩效的改善、岗位轮换的幅度等，属于人力资源总体规划的内容。

4.（　）影响组织人力资源管理政策的因素主要有两个方面：一方面是具体情况要素，这些要素来自于组织外部环境和组织自身；另一方面是利益相关者的利益因素。

5.（　）组织人力资源的供需失衡是一种必然的现象，在组织的管理实践过程中，人力资源供需完全平衡是很少出现的。

二、选择题

1. 中期人力资源规划则介于长期和短期之间，一般是指（　　）的规划。

A. 1年及其以内　　B. 1年以上5年以内

C. 5年或者5年以上　　D. 10年以上

2. 动作时间研究指对一项操作动作需要多少时间，这个时间不包括（　　）因素。

A. 正常休息时间　　B. 疲劳　　C. 延误　　D. 努力

3. 利用（　　）的预测方法进行预测时，首先要计算人均的生产效率，然后再根据企业未来的业务量预测对人力资源的需求。

A. 经验预测法　　B. 生产比率分析法

C. 工作负荷法　　D. 德尔菲（Delphi）法

4.（　　）方法的基本思路是：找出过去人事变动的规律，以此来推测未来的人事变动趋势。

A. 人员替代法　　B. 人员核查法

C. 工作负荷法　　D. 马尔可夫分析法

5. 影响组织人力资源需求的社会因素不包括：（　　）。

A. 产业结构　　　　B. 技术水平　　　　C. 政府政策　　　　D. 企业发展

三、思考题

1. 人力资源规划与人力资源管理其他职能的关系如何?
2. 人力资源规划有什么作用? 人力资源规划的程序是什么?
3. 应该如何预测人力资源的需求和供给? 预测人力资源需求与供给的方法有哪些?

七、实训设计

【案例分析】

五金制品公司的人力资源规划

李智先生几天前才调到人力资源部当助理，就接受了一项紧迫的任务，要求他在10天内提交一份公司的人力资源规划。

虽然他进这家公司已经有3年了，但面对桌上那一大堆文件、报表，他一筹莫展。经过几天的资料整理和思考，他觉得要编好这个计划，必须考虑下列各项关键因素：

首先是公司现状。公司共有生产与维修工人825人，行政和文秘性白领职员143人，基层与中层管理干部79人，工程技术人员38人，销售人员23人。

其次，据统计，近5年来员工的平均离职率为4%，没理由会有什么改变。不过，不同类别员工的离职率并不一样，生产工人离职率高达8%，而技术人员和管理干部则只有3%。

最后，按照既定的生产计划，白领职员和销售员要新增10%~15%，工程技术人员要增加5%~6%，中、基层干部不增也不减，而生产与维修的蓝领工人要增加5%。

有一点特殊情况要考虑：最近本地政府颁发一项政策，要求当地企业招收新员工时要优先照顾妇女和下岗职工。公司一直未曾有意地排斥妇女或下岗职工，只要他们来申请，就会按照同一种标准进行选拔，并无歧视，但也未特殊照顾。如今的事实却是，只有一位女销售员，中、基层管理干部除两人是妇女外，其余也都是男的，工程师里只有三位是妇女，蓝领工人中约有11%是妇女或下岗职工，而且都集中在最底层的劳动岗位上。

李智还有5天就要交出计划，其中包括各类干部和职工的人数、从外界招收的各类人员的人数，以及如何贯彻市政府关于照顾妇女与下岗人员政策的计划。

此外，五金制品公司刚开发出几种有吸引力的新产品，所以预计公司销售额5年内会翻一番。李智还要提出一项应变计划以备应付这种快速增长。

资料来源：企业资源网，http://www.cxoedu.com/rlzy/51843.shtml.

案例思考题

1. 李智在编制人力资源规划时要考虑哪些情况和因素?
2. 他该制订一项什么样的招工方案?
3. 在预测公司人力资源需求时，他能采用哪些技术?

【实操训练】

训练项目：

1. 调查当地某一行业的人力资源供需状况，并形成分析报告。

2. 选择当地一家企业，为该企业进行人力资源规划。

技能训练要求：

1. 4~5 人为一组（男生女生搭配），选一人为组长，负责协调与分工；
2. 可以讨论，也可以上网查资料，作业成果以书面形式提交，并签上小组成员名字；
3. 时间：以课外为主、课堂指导结合。

全国高职高专人才培养规划教材

单元三

工作分析

【学习目标】

能力目标

1. 能根据企业实际情况并运用专门方法进行工作分析。
2. 掌握工作分析的流程。
3. 能够编写工作说明书和工作规范。

知识目标

1. 理解工作分析的含义及其作用。
2. 掌握工作分析的内容和步骤。
3. 掌握工作设计的方法。

【案例3-1】

方圆公司的困惑

方圆公司是一家从事软件产品开发和服务的高科技企业，公司成立3年多以来，业务一直在高速增长，人员的规模也不断扩大，目前员工人数已经达到了120多人。

随着企业规模的扩大，管理的层次也比过去增加了，公司开始发现管理越来越吃力。很多总经理办公会安排下去的工作，总是不能够如期按要求完成，而且在追究责任时也很困难，最终往往是不了了之，要么就是相关部门各打五十大板。员工也颇有微词，抱怨职责权限不明确，有利的事情大家抢着做，辛苦的事情人人往后躲，自己的业绩总是不能得到公司的客观评价，在激励方面也不能公平体现。因此公司中高层专门召开了一次会议，希望拿出解决方案改变目前的状况。经过讨论大家一致认为问题出在业务流程不顺畅、组织结构不合理、部门和岗位职责不清晰等几个方面。对此，人力资源部经理提出了解决办法——优化流程、调整组织结构，并着手进行工作分析，完善人力资源管理系统。那么，工作分析是什么？应该如何来做呢？

资料来源：http：//www. jobcn. com/hr/News_content. jsp？ID=161593.

【案例分析】

工作分析是人力资源管理一项极重要功能，它与人力资源管理的很多活动都有关联。工作分析通过系统全面的情报收集，提供相关工作的全面信息，以便组织改善管理，从而提高员工的满意度和组织的效益。

本单元着重阐述组织为实现其战略目标应该如何进行工作分析与工作设计。人力资源管理的一项重要任务就是全面了解组织内各类工作的特征及其对任职者的要求，这就是工作分析。人力资源管理实践证明，作为人力资源管理活动的起点，工作分析其及结果的有效运用，对于提高后续人力资源管理活动的效率，如人员招聘与选拔、员工培训、绩效评估、薪酬管理以及职业生涯规划等，都有举足轻重的作用。

一、工作分析概述

（一）工作分析的内涵

1. 工作分析的定义

工作分析也称职务分析，是指完整地确认工作整体，以便为管理活动提供各种有关工作方面的信息所进行的一系列工作信息收集、分析和综合运用的过程，也是对工作内容及工作人员任职资格的描述和研究过程。工作分析是人力资源管理工作的基础，其分析质量对其他人力资源管理模块具有举足轻重的影响。

工作分析涉及两个方面的工作。一是工作本身，即工作岗位的研究。要研究每一个工作岗位的目的，该岗位所承担的工作职责与工作任务，以及该岗位与其他岗位之间的关系等。二是人员特征，即任职资格的研究。研究胜任该项工作、完成目标，任职者必须具备的条件与资格，如教育程度、知识水平、工作年限、操作技能、职业道德、身体素质、心理素质等。

2. 工作分析的目的

工作分析的目的是要解决以下六个方面的问题：

（1）员工完成什么样的体力和脑力劳动？

（2）工作将在何时完成？

（3）工作将在哪里完成？

（4）员工怎样完成这项工作？

（5）为什么要完成这项工作？

（6）完成这项工作需要哪些条件？

3. 工作分析的内容

工作分析的内容包括工作分析要素、工作说明书、工作规范等三个部分，下面分别阐述。

（1）工作分析要素。

要进行工作分析，首先必须弄清该项工作有哪些要素构成？具体含义是什么？一般来说，工作分析包含的要素有七个：

① 什么职位。工作分析首先要确定工作名称、职位。即在调查的基础上，根据工作性

质、工作繁简难易、责任大小及资格四个方面，确定各项工作名称、并进行归类。

② 做什么。即应具体描述工作者所做的工作内容，在描述时应使用动词，如包装、装载、刨、磨、检测、修理等。

③ 如何做。即根据工作内容和性质，确定完成该项工作的方法与步骤，这是决定工作完成效果的关键。

④ 为何做。即要说明工作的性质和重要性。

⑤ 何时完成。即完成工作的具体时间。

⑥ 为谁做。即该项工作的隶属关系，明确前后工作之间的联系及职责要求。

⑦ 需要何种技能。即完成该项工作所需要的工作技能。如口头交流技能、迅速计算技能、组织分析技能、联络技能等。

（2）工作说明书。

工作说明书作为组织重要的文件之一，是指用书面形式对组织中各类岗位（职位）的工作性质、工作任务、责任、权限、工作内容和方法、工作环境和条件，以及本职务任职人资格条件所作的统一要求（书面记录）。它应该说明任职者应做些什么、如何去做和在什么样的条件下履行其职责。一个名副其实的工作说明书必须包括该项工作区别于其他工作的信息，提供有关工作是什么，为什么做，怎样做以及在哪里做的清晰描述。

（3）工作规范。

工作规范又称岗位规范或任职资格，是指任职者要胜任该项工作必须具备的资格与条件。工作规范说明了一项工作对任职者在教育程度、工作经验、知识、技能、体能和个性特征方面的最低要求。工作规范是工作说明书的重要组成部分。

工作规范涉及的内容多，覆盖范围广，大致包括以下几个方面：

① 岗位劳动规则。即企业依法制定的要求员工在劳动过程中必须遵守的各种行为规范。包括：时间规则、组织规则、岗位规则、协作规则、行为规则等。

② 定员定额标准。即对企业劳动定员定额的制定、贯彻执行、统一分析以及修订等各个环节所作的统一规定。包括：编制定员标准、各类岗位人员标准、时间定额标准、产量定额标准或双重定额标准等。

③ 岗位培训规范。即根据岗位的性质、特点和任务要求，对本岗位员工的职业技能培训与开发所作的具体规定。

④ 岗位员工规范。即在岗位系统分析的基础上，对某类岗位员工任职资格以及知识水平、工作经验、文化程度、专业技能、心理品质、胜任能力等方面素质要求所作的统一规定。

4. 工作分析的时机

工作分析是人力资源管理过程中一项重要的基础性活动，在搜集有关工作的各方面信息的过程中，同时也为管理工作提供大量的信息。因此，选择何时导入工作分析活动，对结果有着很重要的影响。一般在以下几种时机需要进行工作分析：

第一，当新组织建立，工作分析首次被正式引进；

第二，当新的工作产生时；

第三，当工作由于新技术、新方法、新工艺、新系统的产生而发生重要变化时。当工作性质发生变化时，最需要进行工作分析。工作分析可帮助组织察觉环境正发生变化这一事实。

（二）工作分析的作用

工作分析是人力资源管理的一项重要基础工作，对于人力资源管理具有非常重要的作用。研究表明：通过工作分析，企业内部大量不同类型的工作产生如下四种效益情况（见表3－1）。

表3－1　　　　　　　　　　工作分析带来的效益

<table>
<tr><th>增加高附加值的工作（加）</th><th>减少低效益的工作（减）</th><th>创造整体性合成效益的工作（乘）</th><th>利用外部资源优化效益的工作（除）</th></tr>
<tr><td>采用具有竞争力的先进方法</td><td>淘汰不合理的工作，删除不必要的工作</td><td rowspan="3">从大局出发改善整体工作系统，减少并防止内部消耗和内部阻力，创造相乘的经营效益</td><td rowspan="3">尽量利用供应商、社会机构、客户共同分担企业的相关任务或风险，提高企业的经营效益</td></tr>
<tr><td>强化有效的工作培训，改善工作质量</td><td>清理重复的工作</td></tr>
<tr><td>改善整体生产力，争取扩大市场和顾客群</td><td>合并同性质的工作，降低资源消耗</td></tr>
</table>

资料来源：郑晓明，吴志明：《工作分析实务手册》，机械工业出版社2006年版。

在人力资源管理中，工作分析的作用主要表现在两个方面。

1. 工作分析为其他人力资源管理活动提供依据

（1）增强人力资源规划的准确性和有效性。

工作分析有助于制定适应企业战略目标的人力资源规划。每个组织对于内部的人员配备和工作安排，都必须有一个合理的计划；当内部或外部环境发生改变时，组织也应当根据工作或生产的发展趋势相应的调整人力资源规划。工作分析信息可以帮助组织确定未来的工作需求，以及完成这些工作的人员需求。

（2）有利于人员的招聘和筛选。

通过工作分析所获得的信息可以明确工作执行人员的任职资格，并且给求职者提供有关工作的信息。通过考试、心理测验与面试内容的设计、人员录用效度检验、个人职业发展展望等方式，管理者可以对进入企业的人员进行有效的质量控制。另外，根据工作的难易程度、职责要求、知识和技能等对从事该项工作的员工提出要求，从而在录用员工时有一个客观标准，员工可以根据不同职位的工作要求来找到自己合适的位置，扬长避短，发挥出最大的才能。

（3）有助于工作再设计和员工职业生涯发展。

工作再设计是指重新确定所要完成的具体任务及方法，同时确定该工作如何与其他工作相互联系起来的过程。工作再设计在很多情况下是改善员工工作质量的工具。随着员工在组织内部和组织间的流动日益频繁，工作分析的结果无论对组织还是员工个人，在考虑进行这种流动时都是非常有必要的。同时员工希望得到晋升，而不同的高一级职位的晋升要求是不同的。工作分析为企业中的每一职位确定所需的要求，这实际上是为员工确定了晋升的路线和标准。因此工作分析也是员工了解自身发展机会的途径，从而正确选择职业、规划个人职业生涯的重要条件。

（4）为员工的绩效考核提供了客观的工作标准。

工作分析的信息可以帮助企业确定每个工作的执行标准、评价标准、执行指导和执行控制等，因为它明确了干好每项工作的责、权、利，工作规范和职责要求等，这些都是企业进行绩效考核的依据，确保绩效评估工作的信度和效度，有利于调动员工的积极性。

（5）为有效的、低成本的培训提供了明确的依据。

工作分析的信息可以帮助我们进行培训需求分析、制定培训方针、确定培训内容和培训方法、受训人员的选择、培训效果评价以及个人职业发展指导。因为工作分析对员工各方面的要求就是员工努力的方向，同时也是培训工作的主要内容和任务，因此培训开发计划的制订和工作的进行都离不开工作分析的结果。

（6）明确管理者和下属的汇报关系。

根据统一指挥原则，每个雇员应当只接受来自一位上级的命令，这有助于组织目标统一性，同时领导也应是统一的，即每个部门或团队具有同一目标的组织活动，并且应当在一位管理者一个计划的指导下进行。工作分析有利于员工明确上下级关系，保证了组织沟通的顺畅。

（7）明确工作岗位在组织中的相对价值，保持内部公平性。

在确定从事某一工作的员工的工资水平时，其工作的价值有多大是一个重要的因素。这种价值要根据该项工作对员工的重要性来确定。如技能、努力、职责以及工作条件和安全程度等，这些都是在工作分析中作了具体说明的。通过工作分析，能对组织内部的岗位相对价值进行确定，从而确定组织中的纵、横薪酬体系。建立内部公平、外部相对具有竞争力的薪酬水平，有助于提高员工的工作满意度和投入度。

2. 工作分析对企业的管理具有一定的溢出效应

（1）通过工作分析，有助于员工本人反省和审查自己的工作内容和工作行为，以帮助员工自觉主动地寻找工作中存在的问题及时改进，以更好地完成任务，达到组织与个人的目标。

（2）在工作分析过程中，企业人力资源管理人员能够充分地了解企业经营的各个重要业务环节和业务流程，从而有助于公司的人力资源管理职能真正上升到战略地位。

（3）借助于工作分析，企业的最高经营管理层能够充分了解每一个工作岗位上的工作，可以发现职位之间的职责交叉和职责空缺现象。职能的及时调整，有助于提高企业的协同效应。

为了更直观地了解工作分析这一活动，我们用一个系统模型加以表示（见图3－1）。

相关链接：工作分析的作用与重要性

随着企业体制的不断健全和完善，对“物流、信息流、资金流”这三流的认识得到了不断加强，“时间就是金钱，效率就是生命”，已经成了企业经营运作的座右铭。要在竞争中居于不败的地位，提高企业的竞争力，就必须不断提高企业中这“三流”的流转速度。但是在这里，我们往往忽略了一个问题，而这个问题正是上述“三流”正常运转的保证，为它们提供最基本的智力和人力支持，这就是“工作流”。“工作流”的问题涉及企业内部的所有部门、岗位的设置和人员分工，也就是工作流程及部门、岗位设计的问题，它直接影响到企业内部的工作效率的高低。

资料来源：http：//arts. 51job. com/arts/07/264594. html.

（三）工作分析的程序

工作分析既是组织有领导地进行的一项政策性很强的工作，又是一个全面的技术性很强

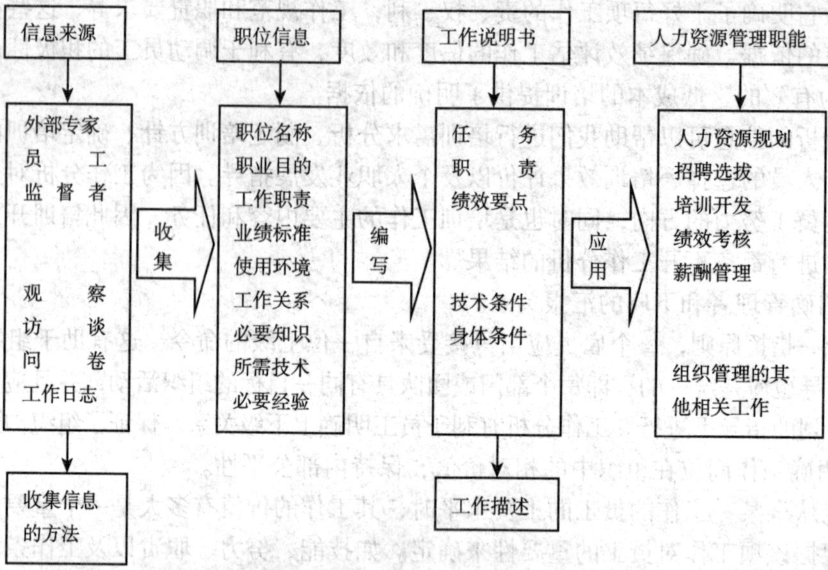

图 3－1　工作分析的系统模型

资料来源：董克用、叶向峰：《人力资源管理概论》，中国人民大学出版社 2003 年版。

的评价过程。因此，在进行工作分析时，必须遵守一定的程序，以避免因资料收集的错误而影响整个人力资源管理运作效果。一般来讲，工作分析的程序分以下几个步骤：

1. 成立工作分析的工作组

一般包括数名人力资源专家、管理层和多名工作人员，它是进行工作分析的组织保证。工作组首先需要对工作人员进行工作分析技术的培训，制订工作计划，明确工作分析的范围和主要任务。同时，配合组织做好员工的思想工作，说明分析的目的和意义，建立友好的合作关系，使员工对工作分析有良好的心理准备。其次，工作组还需要确定工作分析的目标和设计职位调查方案。在一开始确定工作分析所获的信息的使用目的。信息的用途直接决定了需要收集哪些类型的信息，以及使用哪些方法来收集这些信息。在此基础上，工作组对信息调查方案进行设计，不同的组织有其特定的具体情况，可以采用不同的调查方案和方法。当然，如果能够把工作分析的任务和程序分解为若干工作单元和环节，那将更有利于工作分析的完成。

2. 选择有代表性的职位来进行分析

一般来讲，相类似的工作很多，假若将每个职位都进行一一分析，从时间和成本上来看是不可能的，也是不现实的。因此就需要选择其中若干具有代表性的工作来进行分析，然后进行类推。

3. 收集与工作相关的背景信息

工作分析一般应该得到的资料包括：劳动组织和生产组织的状况、企业组织机构和管理系统图、各部门工作流程图、各个岗位办事细则、岗位经济责任制度等。

4. 收集工作分析的信息

职位调查是调查收集和工作相关的资料，为正确地编写工作说明书提供依据。这个阶段的任务是根据调查方案，对组织的各个职位进行全方位的了解。收集有关工作活动、职责、工作特征、环境和任职要求等方面的信息。在信息收集中，一般可灵活地运用访谈、问卷、观察等方法来得到有关职位工作的各种数据和资料。

5. 让任职者及其直接上司认可所收集的资料

在资料收集过程中，由于某种原因，有些重要的资料可能被遗漏，让任职者和其直接上司认可，能使资料更完备，也可使他们更易于接受所收集到的活动资料。

6. 编写工作说明书和工作规范

在资料整理和分析的基础上，编写出工作说明书和工作规范，这是工作分析成果的体现。工作说明书以书面的形式描述了工作中的活动、职责以及与工作有关的重要因素及信息，工作规范则着重指出任职者所需的资格条件。

工作分析的系统模型见图3－2。

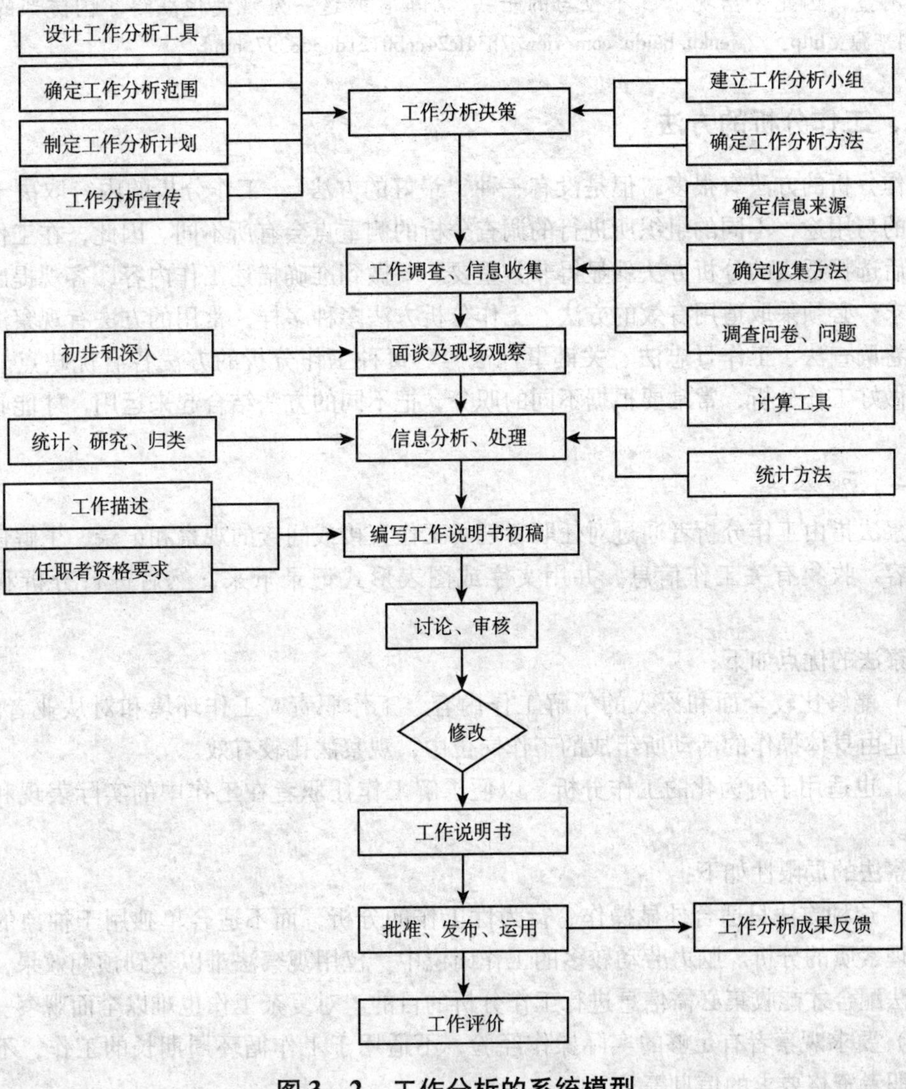

图3－2　工作分析的系统模型

资料来源：http：//www. docin. com/p－48823261. html.

相关链接：不拉马的士兵

一位年轻有为的炮兵军官上任伊始，到下属部队视察操练情况。他在几个部队了解了相同的情况：在一个单位操练中，总有一名士兵自始至终站在大炮的炮管下面纹丝不动。军官不解，询问原因，得到的答案是：操练条例就是这样要求的。

军官回去后反复查阅了军事文献，终于发现长期以来，炮兵的操练条例仍因循非机械化时代的规则。站在炮管下士兵的任务是负责拉住马的缰绳。在那个时代，大炮是由马车运载到前线的，以便在大炮发射后调整由于后坐力产生的距离偏差，减少再次瞄准所需的时间。

现在大炮的自动化和机械化程度很高，已经不再需要这样一个角色了，但操练条例并没有及时调整，因此才出现了“不拉马的士兵”。军官的这一发现使他获得了国防部的嘉奖。

资料来源：http：//wenku. baidu. com/view/7b34fc24ccbff121dd368397. html.

二、工作分析的方法

工作分析的方法有很多，但是没有一种“最好的方法”。工作分析的内容取决于工作分析的目的与用途，不同的组织所进行的调查分析的侧重点会有所不同。因此，在工作分析内容确定后选择适当的分析方法就显得非常重要。要做到准确描述工作内容，客观提出从事工作的要求，必须采取适用有效的方法。工作分析方法多种多样，常用的方法有观察法、访谈法、问卷调查法、工作日志法、关键事件法等。每种工作分析的方法各有优缺点。在实践中，要做好工作分析，常常要根据不同的职务，把不同的方法结合起来运用，才能收到好的效果。

（一）观察法

观察法指由工作分析者通过对任职者现场工作直接或间接的观察和记录，了解任职者的工作内容，收集有关工作信息，并用文字或图表形式记录下来，然后进行分析和归纳的方法。

观察法的优点如下：

（1）能够比较全面和深入的了解工作内容、工作职责、工作环境和对从业者的要求。在主要是由身体操作的活动所组成的工作岗位中，观察法比较有效。

（2）也适用于行为化的工作分析，以便了解工作任职者在工作中的实际表现和实际工作困难。

观察法的局限性如下：

（1）这种方法只适合外显操作、行为性工作的分析，而不适合单独用于抽象的智力活动、心理素质的分析。脑力劳动较多的工作岗位中，仅用观察法难以达到预期效果，还需要其他方法配合才能收集必需信息进行工作分析的目的。对复杂工作也难以全面观察。

（2）要求观察者有足够的实际操作经验，不适用于工作循环周期长的工作，不能得到有关任职者资格要求的信息等。

（二）访谈法

访谈法又称面谈法，是应用最为广泛的一种工作分析方法。它是指工作分析者请工作者讲述他们自己所做的工作的内容，为什么做和怎样做，以此方式获取需要收集的信息。此种方法可对任职者的工作态度与工作动机等深层次内容有详细的了解。面谈的程序可以是标准化的也可以是非标准化的。在一般情况下，应用访谈时可以以标准化访谈格式记录，目的是便于控制访谈内容，以及对同一职务不同任职者的回答相互比较。

因访谈对象不同将访谈分为三大类：

一是对任职者单独访谈（任职者本人对工作岗位最有发言权）。

二是对承担同类工作的任职者进行群体访谈（也称专家座谈法）。

三是与熟悉该工作的任职者的上级进行访谈。

访谈法的优点如下：

(1) 可以获得标准化工作的信息，也可以获得非标准化工作的信息。

(2) 可以获得体力工作的信息，也可以获得脑力工作的信息。

(3) 由于工作者本身也是自己的行为观察者，因此他可以提供外人观察不到的情况。

访谈法的局限性如下：

(1) 访谈法要专门的技巧，需要受过专门训练的工作分析专业人员。

(2) 比较费精力时间，工作成本较高。

(3) 由于工作者的不肯合作和工作分析者问一些含糊不清的问题，往往导致收集的信息失真。

(三) 问卷法

工作分析中最通用的一种方法，就是采用问卷来获取工作分析的信息，实现工作分析的目的。运用时，由有关人员事先设计一套职务分析的问卷，然后由承担工作的员工来填写问卷，也可以由工作分析人员填写。最后，再将问卷加以归纳分析，做好详细记录，并据此写出工作描述。运用这种方法收集到的工作信息，其质量取决于问卷本身的设计是否科学合理，受到被调查者文化水平的高低，填写时的诚意、兴趣、态度如何等因素的影响。因此，最好请有关专家设计与编制问卷，并在发放问卷、填写时，作出具体的说明与指导，并附上范例。

运用问卷法，首先要确定问卷的结构性程度。结构性程度在这里是指问卷内容的细化程度。在结构性程度很高的问卷里，工作职责被细化为若干个细小的职责，连完成每项职责所需的时间都填上。与此相反，结构性程度低的问卷所设计的问题大都比较笼统开放，由任职人员根据自己的判断来填写。这是两种极端化的问卷形式。而在实践操作中，多是两种形式结合，既有结构性较强的问题又有开放性的问题。其次，问卷法运用的关键还在于确定问卷所应包含的问题。问题设计得如何，直接牵涉所收集资料、信息质量，从而影响工作分析的效果。通常，问卷的内容是由工作分析人员编制的问题或陈述，这些问题和陈述涉及实际的行为和心理素质，要求被调查者对这些行为和心理素质在他们工作中的重要性和频次（经常性）按给定的方法作答。一般而言，答案应具备 3 个层次：

第一，各种特殊品质的需要性：必须具备；需具备；不需具备。

第二，各种特殊品质在某种工作中应用的时间次数：常常应用到的；有时应用到的；从未应用到的。

第三，各种特殊品质如加以训练可否收到效果：可大为进步；稍可进步；未必得到进步。

问卷法的优点如下：

(1) 调查的资源规范化、数量化，适合于用计算机对结果进行统计分析。

(2) 调查范围广，可用于多种目的、多样用途的职务分析。

(3) 费用低，速度快，节省时间，可以在工作之余填写调查表，不影响正常工作。

问卷法的局限性如下：

(1) 此方法对问卷的设计要求较高，问卷设计者必须具备一定的经验和技巧，否则无法达到预期的效果。

(2) 不易唤起被调查对象的兴趣；除非问卷很长，否则就不能获得足够详细的信息，并且不同的任职者对问卷中同样的问题可能理解不一致，这样所收集到的资料信息就可能偏离工作分析的主旨。

(3) 填写调查问卷是由工作者单独进行，缺少交流和沟通，因此被调查者可能不积极配合，不认真填写，从而影响调查的质量。

(四) 工作日志法

工作日志法是为了了解员工实际工作的内容、责任、权利、人际关系及工作负荷，而要求员工坚持记工作日记，然后经过归纳提炼，取得所需工作信息的一种职务信息获取方法。这种方法要求任职者在一段时间内实时记录自己每天发生的工作，按工作日的时间顺序记录下自己工作的实际内容，形成某一工作岗位一段时间以来发生的工作活动的全景描述，使工作分析者能根据工作日志的内容对工作进行分析。

工作日志法的优点如下：

(1) 收集的信息比较全面可靠，适于确定有关工作职责、工作内容、工作关系、劳动强度等方面的信息。

(2) 所需费用较低。

(3) 对于高水平与复杂性工作的分析，比较经济有效。

工作日志法的局限性如下：

(1) 现场日志法需任职者全面配合，任职者需要即时记录工作活动及消耗的时间，这项工作对任职者在进行自愿记录这段时间要求较高。

(2) 现场日志中提供的信息失真，包括遗忘，不能及时填写及刻意隐瞒等原因。

(3) 即使得到了完整的工作日志，在一般的工作日志的信息中也只能了解到各项活动及在每项活动上消耗的时间，不能完全了解各项工作活动的目的和重要性。

(4) 工作日志法也记录任职者在一段时间内工作活动的情况，却不能了解长期的周期性的变化的工作活动。

(5) 使用范围较小，不适用于工作循环周期较长，工作状态不稳定的职位。

(6) 信息整理量大，归纳工作烦琐。如果工作执行者填写时疏忽，就会在一定程度上影响工作的正常进行。

(五) 关键事件法

关键事件法又称关键事件技术，是由弗莱纳根在 1954 年发展起来的，它是指确定关键的工作任务以获得工作上的成功。关键事件是使工作成功或失败的行为特征或事件（如成功与失败、盈利与亏损、高效与低产等）。关键事件法要求分析人员、管理人员、本岗位人员，将工作过程中的“关键事件”详细地加以记录，并在大量收集信息后，对岗位的特征和要求进行分析研究的方法。

关键事件法主要原则是认定员工与职务有关的行为，并选择其中最重要、最关键的部分来评定其结果。它首先从领导、员工或其他熟悉职务的人那里收集一系列职务行为的事件，然后，描述“特别好”或“特别坏”的职务绩效。这种方法考虑了职务的动态特点和静态特点。对每一事件的描述内容，包括以下几项：

(1) 导致事件发生的原因和背景。

(2) 员工的特别有效或多余的行为。

(3) 关键行为的后果。

(4) 员工自己能否支配或控制上述后果。

在大量收集这些关键以后，可以对他们作出分类，并总结出职务的关键特征和行为要求。关键事件法既能获得有关职务的静态信息，也可以了解职务的动态特点。

关键事件法的优点如下：

(1) 能直接描述人们在工作中的具体活动，可以揭示工作的动态性，所以，这种方法收集的资料适用于大多数的工作分析。

(2) 它为管理者向下属人员解释绩效评价结果提供了一些确切的事实证据。

(3) 它还会确保管理者在对下属人员的绩效进行考察时，所依据的是员工在整个年度中的表现（因为这些关键事件肯定是在一年中累积下来的），而不是员工在最近一段时间的表现。

(4) 保存一种动态的关键事件记录还可以使管理者获得一份关于下属员工是通过何种途径消除不良绩效的具体实例。

关键事件法的局限性如下：

(1) 费时，需要花大量的时间去搜集那些关键事件，并加以概括和分类。

(2) 关键事件的定义是显著的对工作绩效有效或无效的事件，但这就遗漏了平均绩效水平。而对工作来说，最重要的一点就是要描述“平均”的职务绩效。利用关键事件法，对中等绩效的员工就难以涉及，因而全面的职务分析工作就不能完成。

三、工作说明书与工作规范

【案例 3－2】

王强到底需要什么样的人？

“王强，我一直想象不出你究竟需要什么样的操作工人，”江山机械公司人力资源部负责人李进说，“我已经给你提供了 4 位面试人选，他们好像都还满足工作说明中规定的要求，但你一个也没有录用。”

“什么工作说明？”王强答到，“我所关心的是找到一个能胜任那项工作的人。但是你给我提供的人都无法胜任，而且我从来就没有见过什么工作说明。”李进递给王强一份工作说明，并逐条解释给他听。他们发现，要么是工作说明与实际工作不相符；要么是规定以后，实际工作又有了很大变化。例如，工作说明中说明了有关老式钻床的使用经验，但实际中所使用的是一种新型的数字机床。为了有效地使用这种新机器，人们必须掌握更多的数学知识。听了王强对操作工人必须具备的条件及应当履行职责的描述后，李进说：“我想我们现在可以写一份准确的工作说明，以其为指导，我们就能找到适合这项工作的人。让我们今后加强工作联系，这种状况就再也不会发生了。”

【案例分析】

工作说明书是人员选拔和任用的依据。要根据工作实际变化进行及时的调整，才能发挥有效的功能。案例中的“工作分析”这项工作没有及时跟进，致使工作说明书没有作出相应的修改调整，对员工的作用条件与企业实际情况不符，直接导致来应聘的员工无法胜任工作，招聘失败。

（一）工作说明书和工作规范编写的总体要求

工作说明书作为组织重要的文件之一，是对某类职位分工的工作性质、任务、责任、权限、工作内容和方法、工作环境和条件以及本职务任职人资格条件所作的书面记录。通过工作分析程序所获得的资料，经过归纳与整理，可撰写成工作说明书。工作说明书是关于工作内容以及工作任职者资格的一种书面文件，它一般包括两部分，即工作描述和工作规范。工作说明书一旦正式形成，组织中的各项人事管理活动都必须以此为依据。

工作说明书的编写过程并无固定的模式，需根据工作分析的特点、目的与要求具体确定编写的条目。

1. 工作说明书的内容

在完成了工作分析之后，都要编写工作说明书和工作规范。工作说明书就是对有关工作职责、工作活动、工作条件以及工作对人身安全危害程度等工作特性方面的信息所进行的书面描述。工作规范则是全面反映工作对人员的品质、特点、技能以及工作背景或经历等方面要求的书面文件。有时候，工作说明书和工作规范书分成两份文件来写，有时候则合并在一份工作说明书之中。工作说明书的内容包括：工作标识、工作概述、工作联系、工作职责、工作权限、绩效标准、工作条件、任职者资格及其他信息。

2. 工作说明书的编写原则

（1）逻辑性原则。

（2）准确性原则。

（3）实用性原则。

（4）完整性原则。

（5）统一性原则。

3. 工作说明书编写的步骤

（1）全面获取工作信息。

要通过调查、沟通、员工描述等各种方法来获取工作岗位的相关信息。

（2）综合处理工作信息。

对收集的信息要运用统计学等科学方法进行处理，以得到科学实用的信息。

（3）完成撰写工作说明书。

主要是草拟初稿、讨论、修订完善、主管审阅、排版印刷等。

（二）工作说明书的编写

1. 工作说明书的主要内容

一般说来，工作说明书编写的过程中没有固定的模式，需要根据该企业职务分析的特点、目的与要求具体确定编写的条目。工作说明书一般包括以下内容。

（1）工作标识。

包括工作的名称、编号、工作所属部门或班组、工作地位、工作说明书的编写日期、编写人与审核人和文件确认时间等项目。

（2）工作综述。

描述工作的总体性质，即列出主要工作的特征以及主要工作范围。

应尽量避免在工作综述中出现笼统的描述，比如“执行需要完成的其他任务”。虽然这样的描述可以对主管人员分派工作提供更大的灵活度，但实际上，一项经常可以看到的工作内容而不被明确而清晰写进工作说明书，只是用“所分配的其他任务”一类的文字，就很容易成为回避责任找到一种托词，这使得对工作的性质以及员工需要完成工作的叙述出现有意无意的漏洞。

（3）工作活动和程序。

包括所要完成的工作任务、职位责任、所使用的工具以及机器设备、工作流程、与其他人联系、所接受的监督以及所实施的监督等。

（4）工作条件与物理环境。

简要地列出有关的工作条件，包括工作地点的温度、湿度、光线、噪声程度、安全条件、地理位置等。

（5）内外软性环境。

包括工作团队中的人数、完成工作所要求的人际交往的数量和程度、各部门之间的关系、工作现场内外的文化设施、社会习俗等。

（6）工作权限。

包括工作人员决策的权限和行政人事权限、对其他人员实施监督权以及审批财务经费和预算的权限等。

（7）工作的绩效标准。

工作说明书中还需包括有关绩效标准的内容，即完成某些任务或工作量所要达到的标准。这部分内容说明企业期望员工在执行工作说明书中的每一项任务时所达到的标准或要求。

（8）聘用条件。

包括工作时数、工资结构、支付工资的方法、福利待遇、该工作在组织中的正式位置、晋升的机会、工作的季节性、进修与学习的机会等。

（9）工作要求。

主要说明担任此职务的人员应具备的基本资格和条件，基本分为以下几项：

① 一般要求：包括年龄、性别、学历、工作经验。

② 身体要求：包括健康状况、力量与体力、运动的灵活性、感觉器官的灵敏度。

③ 心理要求：包括观察能力、学习能力、解决问题的能力、语言表达能力、人际交往能力、性格特点、品格气质、兴趣爱好等。

2. 工作说明书编写要求

工作说明书在组织管理中的地位极为重要，是人力资源部门与相关用人部门招聘人员和考核等重要决策和参考依据。一份实用性强的工作说明书应符合下列要求。

（1）清晰明白。

在编写工作说明书时，对于工作的描述必须清晰透彻，让任职人员读过以后，可以准确地明白其工作内容、工作程序与工作要求等，无须再询问他人或查看其他说明材料。应避免使用原则性的评价，同时对较专业且难懂的词汇必须解释清楚，以免在理解上产生误差。这样做的目的是让使用工作说明书的人能够清楚地理解这些职责。

（2）具体细致。

在说明工作的种类、复杂程度、任职者须具备的技能、任职者对工作各方面应负责任的程度这些问题时，用词上应尽量选用一些具体的动词，尽量使用能够准确地表达你的意思的语言。

比如，运用“安装”、“加工”、“设计”等词汇，避免使用笼统含糊的语言。如在一个岗位的职责描述上，使用了“处理文件”这样的文句，显然有含混不清的成分，“处理”是什么意思呢？因此，在具体的编写时，需要仔细区分到底是对文件进行分类，还是进行分发。通过使用具体的词汇，指出工作的种类、复杂程度，需任职者具备的具体技能和技巧，以及应承担的具体责任范围等。

（3）简短扼要。

整个工作说明书必须简短扼要，以免由于过于复杂、庞大、不便于记忆。在描述一个岗位的职责时，应该选取主要的职责进行描述，一般以不超过10项为适，对于兼顾职责的可作出必要的补充或说明。

3. 编写时应注意的事项

（1）以符合逻辑的顺序来编写。

一般说来，一个岗位通常有多项工作职责，在工作说明书中罗列这些工作职责并非杂乱无章的、随机的，而是要按照一定的逻辑顺序来编排，这样才有助于理解和使用工作说明书。

（2）尽量使用通俗易懂的语言。

应尽量避免过于强调技术性的文字或概括，所描述工作说明书不仅要让上级能够理解，更重要的是上岗人员能实实在在地领会。因此，当遇到技术性的问题时，应尽量转化成较为通俗的解析。

（3）应该表明各项职责重要性。

许多具体的工作，所出现的频率、各项职责所占的时间比重都有所不同，因此，可考虑按重要程度自上而下排列；或者结合各项职责出现的频率高低，在对应的备注栏上说明职责在总的职责中所占的比例。

要较好地编写工作说明书，不仅要清楚其岗位工作的主要内容，而且对其职责大小与次序的划分也是要明确的。在实际编写方面上，可按照各项职责的重要程度、难易程度和所任职者花费的时间等进行具体分析，关键是客观如实和可操作性（即做什么、如何做、做得好）。一般来说，由于基层或生产线员工的工作更为具体，其工作说明书中的描述也应更为详细。实际上，许多企业是使用“作业指导书”和“岗位操作规程”来替代的。

（三）工作规范的编写

工作规范又称岗位规范或任职资格，是指任职者要胜任该项工作必须具备的资格与条件。工作规范说明了一项工作对任职者在教育程度、工作经验、知识、技能、体能和个性特征方面的最低要求。一般情况下，工作规范是依据管理人员的经验判断而编写的，当然也可以使用比较精确的统计分析法来做。工作规范常常是工作说明书的重要组成部分。

工作规范涉及的内容多，覆盖范围广，大致包括以下几个方面。

1. 岗位劳动规则

这是指企业依法制定的要求员工在劳动过程中必须遵守的各种行为规范。包括：

（1）时间规则。对作息时间、考勤办法、请假程序、交接要求等方面所作的规定。

（2）组织规则。企业单位对各个职能、业务部门以及各层组织机构的权责关系，指挥命令系统，所受监督和所施监督，保守组织机密等项内容所作的规定。

（3）岗位规则，亦称岗位劳动规范，是对岗位的职责、劳动任务、劳动手段和工作对象的特点，操作程序，职业道德等所提出的各种具体要求。包括岗位名称、技术要求、上岗标准等项具体内容。

（4）协作规则。企业单位对各个工种、工序、岗位之间的关系，上下级之间的连接配合等方面所作的规定。

（5）行为规则。对员工的行为举止、工作用语、着装、礼貌礼节等所作的规定。这些规则的制定和贯彻执行，将有利于维护企业正常的生产、工作秩序，监督劳动者严格按照统一的规则和要求履行自己的劳动义务，按时保质保量地完成本岗位的工作任务。

2. 定员定额标准

这是指对企业劳动定员定额的制定、贯彻执行、统一分析以及修订等各个环节所作的统一规定。包括：编制定员标准、各类岗位人员标准、时间定额标准、产量定额标准或双重定额标准等。

3. 岗位培训规范

这是指根据岗位的性质、特点和任务要求，对本岗位员工的职业技能培训与开发所作的具体规定。

4. 岗位员工规范

这是指在岗位系统分析的基础上，对某类岗位员工任职资格以及知识水平、工作经验、文化程度、专业技能、心理品质、胜任能力等方面素质要求所作的统一规定。

相关链接：工作设计的意义

根据赫兹伯格的双因素理论，促使员工在工作中产生满意或良好感觉的因素与产生不满或厌恶感觉的因素是不同的。前者往往和工作内容本身联系在一起，后者则和工作环境或条件相联系。他把前者称为激励因素，后者称为保健因素。赫兹伯格指出，激励因素的改善，或者说这类需要的满足，往往能给员工以很大程度的激励，有助于充分地、有效地、持久地调动他们的积极性；而保健因素的满足不能直接起激励作用，只能防止员工产生不满情绪。因此，对企业来说，应努力在满足激励因素方面下工夫。双因素理论的提出，推动了“工作再设计”运动，其中心思想是工作丰富化。

资料来源：http：//www. wenzhouglasses. com/html/news/371537. html.

四、工作设计

（一）工作设计的含义

工作设计是指为了有效地达到组织目标与满足个人需要而进行的工作内容、工作职能和工作关系的设计。也就是说，工作设计是一个根据组织及员工个人需要，规定某个岗位的任务、责任、权力以及在组织中工作的关系的过程。

工作设计所要解决的主要问题是组织向其他分配工作任务和职责的方式。工作设计是通过满足员工与工作有关的需要来提高工作绩效的一种管理方法，因此，工作设计是否得当对激发员工的工作动机、增强员工的工作满意感以及提高生产率都有重大的影响。

工作设计的主要内容包括以下几个方面。

1. 工作任务

要考虑工作是简单重复的，还是复杂多样的，工作要求的自主性程度怎样，以及工作的整体性如何。

2. 工作职能

这是指每项工作的基本要求和方法，包括工作责任、工作权限、工作方法以及协作要求。

3. 工作关系

这是指个人在工作中所发生的人与人之间的联系，谁是他的上级、谁是他的下级，他应与哪些人进行信息沟通等。

4. 工作结果

这是指工作的成绩与效果，包括工作绩效和工作者的反应。

5. 对工作结果的反馈

这是指工作本身的直接反馈（如能否在工作中体验到自己的工作成果）和来自别人对所做工作的间接反馈（如能否及时得到同级、上级、下属人员的反馈意见）。

6. 任职者的反应

这主要是指任职者对工作本身以及组织对工作结果奖惩的态度，包括工作满意度、出勤率和离职率等。

7. 人员特性

这是指包括对人员的需要、兴趣、能力、个性方面的了解，以及相应工作对人的特性要求等。

8. 工作环境

这主要包括工作活动所处的环境特点、最佳环境条件及环境安排等。

一个好的工作设计可以减少单调重复性工作的不良效应，充分调动劳动者的工作积极性，也有利于建设整体性的工作系统。

（二）工作设计的原则

1. 因事设岗原则

工作设计虽然需要考虑员工的需求，但它仍然是以组织利益为前提的。组织的发展目标决定了一系列工作任务和岗位，这就是因事设岗原则，而不能因人设岗。岗位和人是设置与配置的关系，而不能颠倒。

2. 动静结合原则

工作设计的目的是兼顾组织与员工，而环境的变化迫使组织的目标、策略经常发生变化，同时，员工的需求也在不时地变化，这就要求工作设计必然动静结合，该动则动，宜静则静。

3. 工作满负荷原则

实行满负荷工作就是力求使员工的各项指标达到最佳状态，做到人尽其力、物尽其用、时尽其效。在组织中每个职位的工作量都应当饱满，使有效劳动时间得到充分利用，这是改进工作设计的一项基本任务。

4. 工作环境优化原则

工作环境优化是指利用现代化科学技术，改善工作环境的各种因素，使这合适于劳动者的心理安全健康，建立起人—机—环境的最优系统。

5. 员工能力开发原则

组织的发展越来越依赖于组织中的员工，员工也越来越注重个人的发展和能力的提升。而员工能力的开发不仅仅只是通过培训完成，更多的是来源于工作实践中的锻炼。这就要求在工作设计中，一方面权衡经济效率原则和员工心理需要，保证每个人满负荷工作；另一方面要让员工感觉到适度的压力和挑战，使员工在挑战中不断提高自己的能力。

6. 开放反馈渠道

通过工作的再设计，形成一种由工作本身来提供的反馈机制。

(三) 工作设计的方法

1. 工作轮换

当员工觉得一种工作已枯燥乏味、没有挑战性时，就把员工轮换到同一水平、技术要求相近的另一个岗位上去工作。工作轮换的目的在于通过工作活动的变化，减少员工在工作中的单调和枯燥感，提高员工的积极性，同时也可培养员工多样化的工作技能。日本的企业广泛实行工作轮换，对于员工和企业的发展都发挥了很大的作用。

工作轮换的优点如下：

(1) 丰富员工的工作活动内容，可减轻枯燥感，提高员工的积极性。

(2) 培养员工的全局观念、提高组织凝聚力。

(3) 还能培养多能工、通才，以适应环境的变化，降低员工的离职率。

工作轮换的缺点如下：

(1) 员工到了一个新的职位，需要时间重新熟悉工作，因此在员工轮换到新职位的最初一段时间内，生产力水平会有所下降。

(2) 需要给员工提供各种培训以使他们掌握多种技能，适应不同的工作，因此所需要的培训费较高。

(3) 工作职位的轮换是牵一发而动全局的，增加了管理人员的工作量和工作难度。

2. 工作专业化

工作专业化也叫“充实工作内容”。充实工作内容是对工作内容和责任层次基本的改变，旨在向工人提供更具挑战性的工作。它是对工作责任的垂直深化。它通过动作和时间研究，将工作分解为若干很小的单一化、标准化及专业化的操作内容与操作程序，并对员工进行培训和适当的激励，以达到提高生产效率的目的。

工作专业化设计方法的核心是充分体现效率的要求。它的特点如下：

第一，由于将工作分解为许多简单的高度专业化的操作单元，可以最大限度地提高员工的操作效率。

第二，由于对员工的技术要求低，既可以利用廉价的劳动力，也可以节省培训费用和有利于员工在不同岗位之间的轮换。

第三，由于具有标准化的工序和操作规程，便于管理部门对员工生产数量和质量方面进行控制，保证生产均衡和工作任务的完成，而不考虑员工对这种方法的反应。因此，工作专业化所带来的高效率有可能被员工的不满和厌烦情绪所造成的旷工或辞职所抵消。

在实行工作专业化时，应遵从下列5条原则：

（1）增加工作要求。应该以增加责任和提高难度的方式改变工作。

（2）赋予工人更多的责任。在经理保留最终决策权的条件下，应该让员工拥有对工作更多的支配权。

（3）赋予员工工作自主权。在一定的限制范围内，应该允许员工自主安排他们的工作进度。

（4）反馈。将有关工作业绩的报告定期地、及时地直接反馈给员工，而不是反馈给他们的上司。

（5）培训。应该创造有利环境来为员工提供学习机会，以满足他们个人发展的需要。

3. 工作扩大化

工作扩大化就是将一个员工所做的工作由一项拓宽为多项。工作扩大化是一种静态的个体性拓宽扩大化工作设计，工作扩大通过在同一时间内拓宽工作领域，增加每个员工应掌握的知识和技术，扩大操作的数目来降低员工对原来单一工作的厌烦与不满。

通过工作扩大化可以提高产品质量，降低劳务成本，提高员工的满意程度，改善整个工作效率，生产管理也变得更加灵活。

4. 工作丰富化

工作丰富化是对工作内容的纵向扩展。它是在工作扩大化的基础上发展起来的，是对员工所从事的工作进行实质性的改变，以取代让员工从事更多的同类性工作（工作扩大化）的做法，是一种旨在增强员工对工作计划、执行和评估的控制程度，提高主体内在活力和工作绩效的工作设计方法。

工作丰富化应考虑以下几个因素：

（1）任务合并。

（2）自主控制的工作速度。

（3）赋予决策权。

（4）增加成就机会。

（5）获得更直接的反馈。

工作丰富化的优点是：可以提供给员工更大的激励和更多的满意机会，还可以降低员工的缺勤率和流动率，并减少这方面的损失。

工作丰富化的缺点是：企业要为工人掌握更多的技术增加培训费和整修扩充工作设备费，给员工支付更高的工资，而这一切必须以消费者愿意承受产品多出的费用为前提。

5. 自主性工作团队

自主性工作团队是工作丰富化在团体上的应用。自主性工作团队对工作有很高的自主管理权，包括集体控制工作速度、任务分派、休息时间、工作效果的检查方式等，甚至可以有人事挑选权，团队中成员之间互相评价绩效。这种工作设计方法特别适合于扁平化和网络化的组织结构。

6. 工作生活质量

工作生活质量理论是20世纪70年代中期以后，在西方发达工业化国家兴起的一种关于企业变革与发展的学说。组织行为学专家西舍尔将提高员工工作生活质量定义为："管理者与员工联合决策，合作和培植相互尊重的过程"。

工作生活质量的内容如下：

（1）满足员工参与管理的要求，企业领导者应当鼓励员工积极地参与企业的管理和决策活动。

（2）满足员工对工作内容更具挑战性、更富有意义的需求。

（3）满足员工轮流进行工作和学习的要求，帮助员工学习新知识、掌握新技能。

（4）满足员工个人享有更多非物质激励的需求，给员工提供更多的发展空间。

7. 工作设计的综合模式：社会技术系统

社会技术系统方法是20世纪80年代创建的一项工作设计方法，它强调确立工作群体的工作职责并平衡工作的社会和技术部分。社会技术系统是一种工作设计技术，更是一种哲学观念。其核心思想是：如果工作设计要使员工感到更能满足他们的成就需要，就必须兼顾技术性与社会性，技术性任务的实施总要受到企业文化、员工价值观及其他社会因素的影响。

工作设计的综合模式强调管理人员要分析和评价在工作设计、规划发展和贯彻过程中许多变量可能产生的影响，包括企业内外部因素、员工个人特征因素以及工作设计本身需要考虑的因素。管理者必须首先意识到工作设计是在整个环境中进行的，包括企业外部环境以及企业内部环境，而非孤立地在真空中进行，不能片面地考虑工作设计这一活动本身的主要因素。

8. 辅助设计方法：一是缩短工作周，员工可以在5天内工作40小时，错开工作时间，使得在所有的传统工作日都有员工工作。二是弹性工作制，要求员工在一个核心事件期间必须工作，但是上下班时间由员工自己决定，只要工作时间总量符合要求即可。

【案例3-3】

糟糕的工作设计

当美国人计划飞往国外时，很多人仍旧发现自己对恐怖主义非常担心。美国政府已经试图对危险的恐怖分子所造成的威胁作出反应，然而，事实证明在老练的恐怖分子面前没有什么有效的防护措施。更糟糕的是，现有的措施也会因人为原因而失效，特别是机场人员在面对大量不耐烦的旅客和堆积如山的行李进行超负荷工作时，他们经常会不知所措。比如，现有的一个主要问题是X光屏幕监视员的工作设计方式。这个工作是重复性的，毫无疑问员工会变得厌烦、劳累，屏幕监视员注意力不集中。考虑到X光屏幕监视员注意力不集中所带来的灾难性的后果，航空公司应该考虑评价现有的工作设计的合理性。重新设计这份工作，使它变得更加有趣，而且使工作人员更加具有工作积极性，这可以拯救很多人的生命。

资料来源：http：//hi. baidu. com/pmt888/blog/item/d26a97af7095ecc47cd92ac9. html.

【案例分析】

糟糕的工作设计并不总是会导致危及身体甚至生命安全的后果；但是，在一个利润不断下降且全球竞争越来越激烈的情况下，公司如果不能不断地对产品和工作过程进行改进，后果将不堪设想。工作设计和再设计可以使公司的资源（人力、资本和技术资源）得到充分利用，从而使公司保持竞争优势。

五、本单元小结

工作分析是对现有职务的客观描述，是整个人力资源管理工作的基础。工作分析是一项技术性较强的工作，在分析之前需要进行一系列的准备工作，然后通过一定的方法，收集各种工作分析信息，并对这些信息进行处理。工作分析的结果形成了工作说明书和工作规范，它是微观人力资源开发与管理的最基本的文件。工作设计是为了有效的达到组织目标，合理有效地处理人与工作的关系而采取的对与满足工作者个人需要有关的工作内容、工作职责和工作关系的特别处理。工作设计的主要方法有工作扩大化、工作丰富化、工作专门化等。

本单元从工作分析的含义入手，阐述了工作分析的内涵、作用、程序等内容；介绍了工作分析的方法，阐述了工作说明书的编写要求，并介绍了工作设计的一般方法。重点讲述了工作分析结果——工作说明书的编写，这一阶段内容是整个工作分析中最为关键最为重要的工作。

本单元关键词： 工作分析；工作说明书；工作规范；工作设计

六、复习思考题

一、判断题

1. （　　）工作分析是指完整地确认工作整体，以便为管理活动提供各种有关工作方面的信息所进行的一系列的工作信息收集、分析和综合的过程。

2. （　　）工作分析主要承担两个方面的研究任务，即岗位描述和责任说明。

3. （　　）问卷法最大的优点是收集的信息量大，并且比较规范、数据适合于计算机统计分析，最常用的一种工作分析方法。

4. （　　）工作规范说明了一项工作对任职者在教育程度、工作经验、知识、技能、体能和个性特征方面的最低要求。

5. （　　）工作设计是为了激励员工，提高其工作积极性，进而提高工作绩效的一种管理方法。

二、选择题

1. （　　）是一种系统地搜集和分析与职务有关的各种信息的方法。它是人力资源管理最基本的工作之一。

A. 职务定位　　B. 工作调查
C. 岗位设计　　D. 工作分析

2. 工作分析主要收集的信息是（　　）。

A. 工作岗位　　B. 组织文化
C. 组织特征　　D. 社会关系

3. 工作分析的时机是（　　）。

A. 新领导上任　　B. 组织搬迁
C. 新组织建立　　D. 工作人员变动

4. 工作分析的最终结果是（　　）。

A. 组织结构图　　B. 工作说明书和工作规范

C. 工艺流程图　　　　　　　　D. 部门职能说明书

5. 下列（　）不属于工作分析方法。

A. 访谈法　　B. 观察法　　C. 问卷法　　D. 德尔菲（Delphi）法

6. 关键事件是指（　）。

A. 使工作成功的事件　　　　B. 突发事件

C. 日常事件　　　　　　　　D. 常规事件

7. 以下不属于工作规范的是（　）。

A. 行为规范　　B. 岗位规则　　C. 工作目标　　D. 培训规范

8.（　）是指根据组织需要，并兼顾个人的需要，规定某个岗位的任务、责任、权力以及在组织中其他岗位关系的过程。

A. 工作评价　　B. 工作设计　　C. 工作分析　　D. 工作描述

9. 下列关于工作设计的说法正确的是（　）。

A. 工作轮换法是为减轻工作的复杂程度而进行的一项工作变化

B. 工作内容充实是对工作内容和责任层次基本的改变，旨在向工人提供更具挑战性的工作。它是对工作责任的横向深化

C. 工作丰富化与工作扩大化的根本区别在于，前者是扩大工作的范围，而后者是工作的深化，以改变工作的内容

D. 工作丰富化与工作扩大化的根本区别在于，后者是扩大工作的范围，而前者是工作的深化，以改变工作的内容

10. 减轻员工对工作的厌烦，把员工从一个工作岗位换到另一个工作岗位，指的是下列哪一种工作设计方法？（　）

A. 工作轮换　　　　　　B. 工作扩大化

C. 工作丰富化　　　　　D. 工作内容充实

三、思考题

1. 为什么说工作分析是人力资源管理的基础，其作用是什么？

2. 如何进行工作分析？

3. 工作分析结果是什么？如何编写工作说明书？

4. 工作设计方法有哪些，该如何运用？

七、实训设计

【案例分析】

民营企业的工作分析

人力资源部经理李娜刚从某外企“跳槽”到一家民营企业，发现企业管理有些混乱，员工职责不清，工作流程也不科学。她希望进行工作分析，重新安排组织架构。一听到是外企的管理做法，老板马上点头答应，还很配合地做了宣传和动员。

李娜组织成立了一个工作分析小组，并且和他们积极筹备了一番后，就开始行动了。不料，员工的反应和态度出乎意料地不配合：“我们部门可是最忙的部门了，我一个人就要干3个人的活”；“我每天都要加班到晚上9点以后才回去，你们可不要再给我加工作量了”。

多方了解后，李娜才知道她的前任也作过工作分析。不但作了工作分析，还立即根据分析结果进行了大调整。不但删减了大量的人员和岗位，还对员工的工作量作了调整，几乎每个人都被分配到更多工作。有了前车之鉴，大家忙不迭地夸大自己的工作量，生怕工作分析把自己“分析掉了”。

资料来源：http：//glxy. hbut. edu. cn/jpkc/rlzygl/Course/Content. asp？ c = 79&a = 89&todo = show.

案例思考题

1. 员工对李娜的工作分析不予配合的原因何在？
2. 面对现实李娜应当采取什么措施解决问题？
3. 工作分析到底有什么作用？

【实操训练】

训练项目：

调查企业某个岗位的基本信息，运用所学工作分析的原理和方法，试编写一份工作说明书。

技能训练要求：

1. 4 ~5 人为一组（男生女生搭配），选一人为组长，负责协调与分工；

2. 有条件的到企业进行调查并与企业人员进行讨论，也可以上网查资料，作业成果以书面形式提交，并签上小组成员名字；

3. 时间：以课外为主、课堂指导结合。

单元四

招聘与选拔

【学习目标】

能力目标

1. 能根据企业实际情况开展招聘工作。
2. 掌握招聘与选拔的工作流程。
3. 能运用专门方法为企业找到合适的人才。

知识目标

1. 理解招聘工作的含义及其作用。
2. 理解招聘工作的程序与渠道。
3. 掌握选拔与录用的程序和方法。

【案例4-1】

一个真实的招聘失败的案例分析

某外资公司是在中国投资的独资子公司，主营业务是为电信运营商提供技术支持，提供手机移动增值服务、手机广告。该公司所处行业为高科技行业，薪水待遇高于其他传统行业。公司的位置位于北京繁华商业区的著名写字楼，对白领女性具有很强的吸引力。总经理为外国人，在中国留过学，自认为对中国很了解。该公司因发展需要在2005年10月底从外部招聘新员工。期间先后招聘了两位行政助理（女性），结果都失败了。具体情况如下。

第一位A，入职的第二天就没来上班，没有来电话。上午公司打电话联系不到本人。经她弟弟解释，她不打算来公司上班了，具体原因没有说明。下午，她本人终于接电话，不肯来公司说明辞职原因。3天后又来公司，中间反复两次，最终决定不上班了。她的工作职责是负责前台接待。入职当天晚上公司举行了聚餐，她和同事谈得也挺愉快。她自述的辞职原因：工作内容和自己预期不一样，琐碎繁杂，觉得自己无法胜任前台工作。HR 对她的印象：内向，有想法，不甘于做琐碎、接待人的工作，对批评（即使是善意的）非常敏感。

第二位 B，工作 10 天后辞职。B 的工作职责是负责前台接待、出纳、办公用品采购、公司证照办理与变更手续等。自述辞职原因：奶奶病故了，需要辞职在家照顾爷爷（但是当天身穿大红毛衣，化彩妆）。透露家里很有钱，家里没有人给人打工。HR 的印象：形象极好、思路清晰、沟通能力强，行政工作经验丰富。总经理印象：商务礼仪不好，经常是小孩姿态，撒娇的样子，需要进行商务礼仪的培训。

招聘流程：①公司在网上发布招聘信息。②总经理亲自筛选简历。筛选标准：本科应届毕业生或者年轻的，最好有照片，看起来漂亮的，学校最好是名校。③面试：如果总经理有时间就由总经理直接面试。如果总经理没时间由 HR 进行初步面试，总经理最终面试。新员工的工作岗位、职责、薪资、入职时间都由总经理定。④面试合格后录用，没有入职前培训，直接进入工作。

资料来源：http://www. chinahrd. net/zhi_sk/jt_page. asp?articleID = 195349.

【案例分析】

在招聘过程中总经理干涉过多，没有充分授权给人力资源部门，包办了 HR 筛选简历的任务。他不懂中国国情，自然就会让不适合的人被选进来，而适合的人才可能被淘汰在筛选简历上了。对于这种低级别的员工招聘，应该把权力完全授予熟悉国情的 HR，他在这件事上应该负主要责任。

在招聘行政助理时，公司没有根据行政助理这个岗位的任职资格制定结构化的甄选标准，而只是凭面试官的直觉进行甄选，这样造成了招聘过程中的不科学。因为面试官会在面试过程中受到归类效应、“晕轮”效应、自我效应和个人偏见等方面的影响。

在选才、育才、用才、留才的四大人力资源管理职能中，选才不但最为重要，而且是育、用、留的基础。如果选择的人不能适应工作与组织的需要，人力资源将变成“人力负债”。本单元着重阐述组织为实现其用人目标应该如何进行人员招聘。人员招聘要坚持一定的原则，按照合理的方法和程序开展，并选择有效的招聘渠道，对前来应聘的人员要进行甄选，从而为企业找到最适合的人才。

一、招聘工作概述

（一）招聘的含义

招聘是指在企业总体发展战略规划的指导下，制订相应的职位空缺计划，并决定如何寻找合适的人员来填补这些职位空缺的过程，它的实质是在合适的时间为合适的岗位寻找合适的人员。

准确理解招聘的含义，需要把握以下几个要点：①招聘活动的目的是吸引人员，是组织补充人力资源的基本途径，当内部出现人力资源流动和人事变动的时候，组织就应该根据计划去开展招聘工作。②招聘活动所要吸引的应当是企业需要的人员。现代市场竞争归根到底就是人才的竞争，能否在竞争中立于不败之地，关键是寻找到合适的人员。③招聘活动吸引人员的数量应该适当。在招聘前应作好招聘的规划，对人员数量有基本的预测。

（二）招聘的原则

1. 公平竞争原则

在招聘过程中要按照严格的选拔程序进行，保证招聘工作公开公正，不受其他因素的干扰。首先要制定公正的招聘制度和程序，然后要严格执行这些程序，确保招聘工作是在公平竞争的基础上进行。

2. 因事择人原则

所谓因事择人，就是员工的选聘应以实际工作的需要和岗位的空缺情况为出发点，根据岗位对任职者的资格要求选用人员。选人的目的在于使其担当一定的职务，并能够按照要求从事与该职务相对应的工作。因事择人是实现人事匹配的基本要求，也是组织中人员配备的首要原则。

3. 能级对应原则

人的本领有高有低，要使人的能力与岗位要求相对应。企业岗位有层次和种类之分，它们占据着不同的位置，处于不同的能级水平。每个人也都具有不同水平的能力，在纵向上处于不同的能级位置。岗位人员的配置，应做到能级对应，就是说每一个人所具有的能级水平与所处的层次和岗位的能级要求相对应。

4. 德才兼备原则

德是指政治素质。这种素质决定于世界观、人生观和价值观，在现实生活中通常表现为事业心、责任心、原则性、廉洁性、为人民服务的意识、团结合作的作风以及勇于克服困难、完成工作任务的精神等。才是指智能水平。包括理论知识、管理科学知识、本职专业知识、综合分析问题以及解决问题的能力，包括实际工作中的谋划能力、决断能力、指挥协调能力和创新能力等。

5. 用人所长原则

所谓用人所长，是指在用人时不能够求全责备，管理者应注重发挥人的长处。在现实中，由于人的知识、能力、个性发展是不平衡的，组织中的工作任务要求又具有多样性，因此，完全意义上的“通才”、“全才”是不存在的，即使存在，组织也不一定非要选择用这种“通才”，而应该选择最适合空缺职位要求的候选人。有效的管理就是要能够发挥人的长处，并使其弱点减少到最小。

6. 宁缺毋滥原则

这就是在招聘过程中应尽力挑选最适宜的人来填补职位空缺，如果一时找不到合适的人员，也不能让不合适的人占据该岗位。

相关链接：视频招聘：快捷方便　考验诚信

据了解，随着信息技术和人力资源面试流程的发展，网络视频招聘方式也应运而生。由于它的方便、快捷很快便赢得了用人单位和求职者的青睐。随着企业人才争夺的加剧，异地人才交流已经成为人才交流中一项重要内容，而远程面试为招聘企业与异地人才提供了远距离交流互动的平台。对比直接面谈，远程面试可突破现场招聘会场地、地域的限制，也可解决网站传统的虚拟招聘局限，为企业和求职者创造了方便快捷的“面对面”沟通，可以大大节约远赴外地的招聘成本。如从青岛到泉州，光路费就是一笔不小的数目，到了泉州还得解决住宿问题，最后统计，他们这么跑一趟，交通、住宿等招聘成本在5 000～10 000元。有了网络视频招聘情况就不一样了，它既可以实现和求职者的“面对面”沟通，又可以大大节约招聘成本。一些公司在今后会采用这种新型的面试模式。

但是，方便快捷的网络视频招聘并没有赢得所有人的心。一位招聘经理就称，尽管视频招聘能够降低招聘成本，提高工作效率，但公司不会考虑这种招聘方式，因为与传统面试相比，视频招聘远远没有面对面的沟通那么有效。面试官需要的是直接接触、入微观察，而通过视频招聘面试不利于考察求职者的整体仪表、表情、全面的沟通和反应能力、影响力和心理素质等。

此外，诚信问题也不能保障。视频招聘大多是只能看到求职者的一个头像，失真性和片面性几率比较大。不能确保求职者是临场个人发挥，在摄像头范围外放着答案或者有人在一旁指点不是不可能的事情。现在的面试大多是立体化面试，比如公司经常要进行一些情景模拟、小组讨论甚至其他一些游戏测试等面试方式，而现有的视频招聘是做不到这些的。另外，视频招聘只能筛选掉一些不合适人选，对于最后决定是否录用还需面谈。招聘新员工有初试、笔试、复试、体检四个环节，整个过程下来一般要在两个工作日完成，所以公司比较倾向于直接面谈。

资料来源：http://zhishi.17hr.com/2010/0326/26272.html.

（三）招聘的作用

1. 有助于改善组织的人力资源结构与质量

员工招聘以组织战略目标和战略计划为基础，根据人力资源计划确定人员需求数量，根据职务分析确定所需的人员的质量，然后在一定的时间和地点招聘所需要的员工，进而通过有目的、有计划地录用工作人员，组织便可以控制员工的类型和数量，改善组织人力资源在年龄、知识、能力等方面的结构和人力资源的总体质量，如高层管理人员和技术人员的招聘，可以为组织注入新的管理思想和理念，带来新的先进生产技术，从而影响和提高人员的整体素质与质量。

2. 有助于员工充分发挥自身能力

员工招聘为员工提供了公平竞争上岗的机会，从而激发每个员工充分发挥自己的主动性和能力，以在公平竞争中取胜。成功的招聘，一方面使组织外的劳动力能更多地了解组织，然后结合自己的能力和发展目标决定自己是否参加组织与组织共同发展；另一方面通过招聘使组织发现最合适的人选，也即帮助员工找到适合自己的工作，从而减少人员任职后离职的可能性。

3. 有助于提高组织的管理效率

员工招聘是一项有成本的管理活动。一方面是高效率的员工招聘一定需要组织事先进行招聘宣传、组织招聘活动及录用等程序环节，这些环节都需要成本付出；另一方面，有效的员工招聘能保证组织落实人力资源计划、稳定人员，减少再次招聘费用，从而使组织效益提高。

4. 有助于组织知名度的提高

员工招聘过程中所运用的大量招聘广告，能够使外界更多地了解组织，从而提高组织的知名度；因为员工招聘广告有这样的功能，所以许多组织不失时机地利用招聘广告来宣传本组织。

（四）影响招聘工作的因素

组织招聘的目的是发现和吸引符合组织要求的潜在人力资源，保证在组织需要时能够雇用到新员工。有效的招聘活动取决于：第一，申请空缺职位的因素；第二，申请人的资格条件；第三，申请人实际获得该职位的可能性。在招聘过程中，无论是吸引人员，还是最终招聘到合适的员工，都会受到有很多因素的影响。

1. 外部影响因素

（1）国家的法律法规。

国家的政策及法规从客观上对组织的招聘活动进行了限制。例如，西方国家中的人权法规定，在招聘信息中不能有优先招聘哪类性别、种族、年龄、宗教信仰的人员表示，除非这些人员是因为工作岗位的真实需要。

（2）外部劳动力市场。

劳动力市场是实现人力资源配置的地方，它通过劳动力供给和需求相互选择而达到配置人力资源的目的。劳动力市场主要从如下两个方面对招聘产生作用。

首先是市场的供求关系。我们把供给小于需求的市场称为短缺市场，而把劳动力供给充足的市场称为过剩市场。一般来说，在劳动力过剩的情况下，组织对外招聘活动比较容易；相反，某类人员的短缺可能引起价格的上升，并迫使组织扩大招聘范围，从而使招聘工作变得错综复杂。由于我国的高级人才仍十分短缺，组织为了聘用到一位理想的高层次人才，往往要投入巨大的人力和物力。

其次是市场的地理位置。根据某一特定类型的劳动力供给与需求状况，劳动力市场的地理区域可以是局部性的、区域性的、国家性的和国际性的。通常，那些不需要很高技能的人员可以在局部劳动力市场上招聘，如一般的生产工人、文职人员。而区域性劳动力市场可以用来招聘具有更高技能的人员，如计算机程序员。专业管理人员应在国家和劳动力市场上招聘，因为他们必须熟悉组织的环境和文化。最后，对某类特殊人员，如科学家、跨国公司中高层管理者，除了在国内招聘外，还可以在国际市场上招聘。

（3）行业发展。

行业发展状况也会影响到人员招聘。如果企业所属的行业发展潜力巨大，就能够吸引到大量的优秀人才前来应聘，相反，企业就很难吸引到充足的应聘人员。

2. 内部影响因素

（1）企业自身的形象。

组织在人们心目中的形象越好，号召力越强，对组织的招聘活动会产生越有利的影响。因为良好的形象和较强的号召力，将会对应聘者产生积极的影响，引起他们对于组织招聘工作的兴趣，从而对组织的招聘产生有利作用。

（2）企业的招聘预算。

由于招聘目标包括成本和效益两个方面，各招聘方法奏效的时间也不一样，所以，成本和时间上的限制明显地影响效果。一个组织对于招聘资金投入数额的大小对招聘活动有着重要影响。充足的招聘资金可以使组织在招聘方法上有更多的选择，可以花大量费用做广告，所选择的传播媒体可以是在全国范围内发行的报纸、杂志及电视等。相反，较少的招聘资金使组织在招聘活动时面临的选择减少，只能采用费用较低的招聘方法，从而对组织的招聘活动产生不利影响。时间上的制约也影响着招聘方法的选择。按照成本最小化原则，组织应避开人才供应的谷底（通常每年 1 ~ 2 月），而应在人才供应的高峰时入场招聘（3 ~ 6 月），这时招聘的效率最高。同样，到农村招聘体力劳动型工人最好在农闲时节。

（3）组织的福利待遇。

不同的福利待遇会对组织的招聘工作产生重要影响。一个组织内部工资越高，内部的工资制度越合理，各项待遇越好，就越容易吸引高素质的人才，从而使组织招聘到满意的员工。

【案例 4－2】

解读中兴通讯的人才招聘——选聘一流人才

通讯公司的最大特点就是高速发展。对中兴通讯这类行业开拓者来说，这里的高速发展有着两个方面的含义：一是企业业务的高度膨胀，市场份额不断扩大；二是技术的更新换代持续加快。高速发展的公司面临的首要问题就是人力资源的扩张。人力资源短缺往往是限制业务拓展的主要障碍之一。比如市场份额更多更大时，由于人手问题而无暇顾及一些客户就可能造成客户的流失。因此，中兴通讯一直非常重视招聘，并提出了“以一流的标准选聘和培训员工”的理念。

什么是一流人才？对此，中兴通讯的定位是“在某一个专业领域里的国内前 5%”，这群人是一流人才。这在其每一次招聘中都得到了体现。随着招聘的积累，中兴通讯目前的 1 万多名员工，面试人员也就超过 10 万人，搜索的简历超过 30 万～50 万份。

谈到花费这么多的精力与时间选聘员工时，中兴通讯人力资源中心主任陈健洲先生很肯定地说，这很值得。员工选聘就是从一组求职者中挑选最适合特定岗位要求的人的过程，而企业招聘工作对选择过程的质量影响很大，如果符合条件的申请人很少，组织可能不得不雇用条件不是十分理想的人，企业就不得不加强培训工作，这增加了隐性成本。而且高能力员工和低能力员工之间生产率差别估计高达 3:1。因此，选择了一流人才可以获得很大的益处。陈健洲形象地比喻说，只要这些一流的人才还列在企业的工资单上，这种益处就会不断延续下去。

在招聘中，中兴通讯都会重点考虑人才的背景，对其所受教育的要求一般锁定在重点本科院校。对此，陈健洲解释说，我们不认为非重点高校的学生不行，但是我们认为在重点高校的范围内，优秀的学生比率要更高，更有利于中兴通讯选聘到一流的人才。中兴通讯的大部分岗位都要求员工有好的技术背景，因此对高校和专业都有一个较为明确的要求，此外，对工作经验及一个健康的体魄也要求较高。中兴通讯的面试非常严格，分为技术能力和素质考核两个方面，被面试者须通过 6～7 关，把关极其严格，实行一票否决制，而且中兴通讯的面试官都是通过专业培训的。中兴通讯的要求很简单：招聘到的人才既是优秀的人才，也是符合公司文化原则的人才。

资料来源：http：//content. chinahr. com/Article（30680）ArticleInfo. view.

【案例分析】

为企业招聘到优秀的人才是非常重要的，在招聘过程中既要为企业选择到优秀的人才，同时还要尽量帮企业减少成本和提高招聘效率，为此企业需要建立起严密的招聘程序，并根据企业的特点选择合理的招聘渠道。因此，作为企业的招聘人员，要熟悉招聘的主要渠道和程序。

二、招聘工作的程序和渠道

在开展招聘工作前，应先根据企业的实际情况制定合理的招聘程序，以确保企业招聘到优秀的人才，同时还要了解企业外部人力资源状况和各种招聘渠道的不同特点，从而找到最适合企业的招聘方式。

（一）招聘的程序

员工招聘的主要程序包括制订招聘计划、发布招聘信息、接待和甄选应聘人员、发出录用通知书、招聘评估等（见图 4－1）。

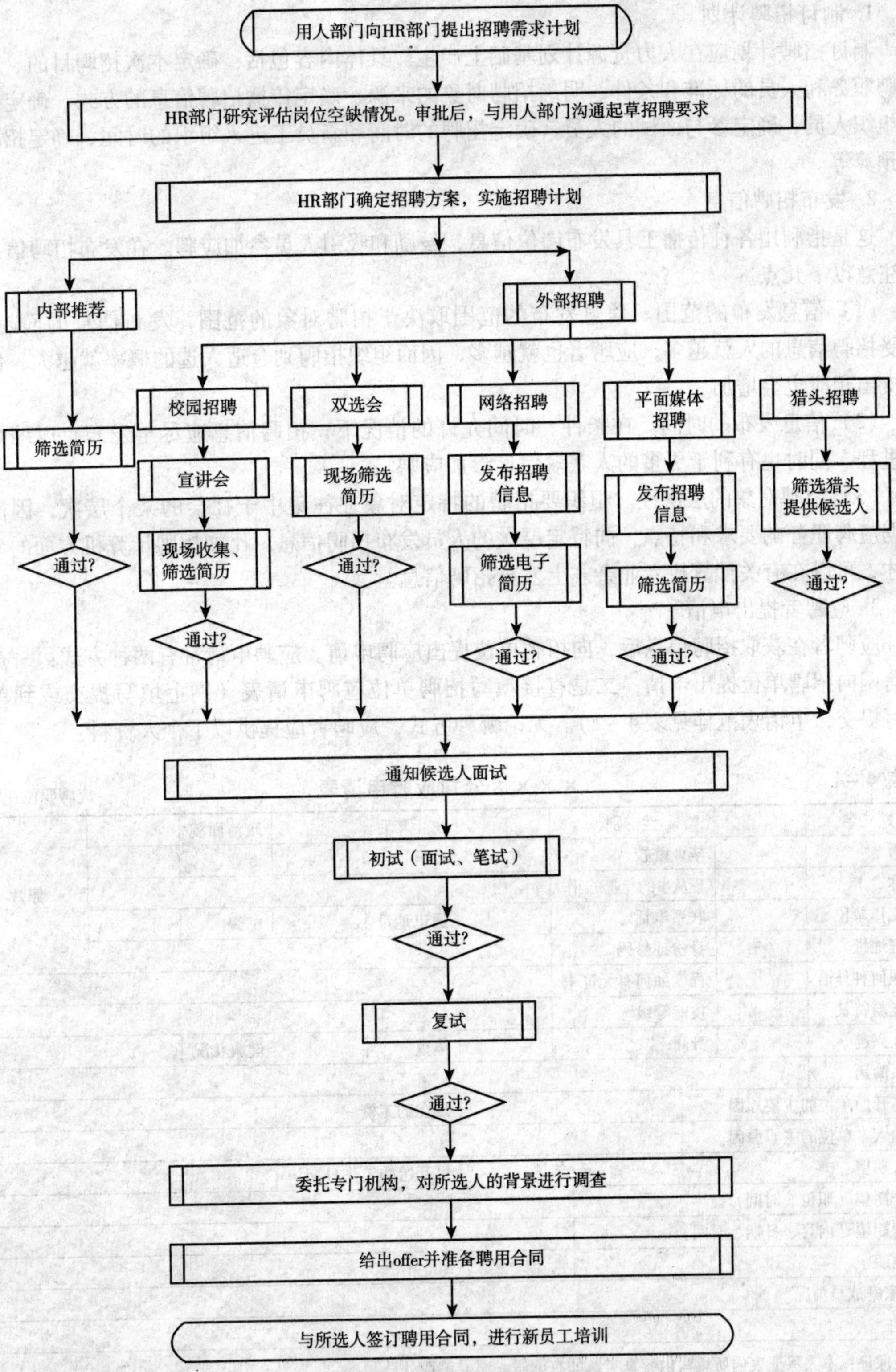

图4-1　招聘的程序

资料来源：http://bbs.17hr.com/thread-22812-1-1.html.

1. 制订招聘计划

制订招聘计划应在人力资源计划基础上产生。具体内容包括：确定本次招聘目的、描述应聘职务和人员的标准和条件、明确招聘对象的来源、确定传播招聘信息的方式、确定招聘的组织人员、确定参与面试的人员、确定招聘的时间和新员工进入组织的时间、确定招聘经费预算等。

2. 发布招聘信息

这是指利用各种传播工具发布岗位信息，鼓励和吸引人员参加应聘。在发布招聘信息时应注意以下几点。

（1）信息发布的范围。信息发布的范围取决于招聘对象的范围，发布信息的面越广，接受招聘信息的人就越多，应聘者也就越多，因而组织招聘到合适人选的概率就越大，但费用支出相应也会增加。

（2）信息发布的时间。在条件、时间允许的情况下，招聘信息应尽早发布，以缩短招聘进程，同时也有利于更多的人获取信息参加应聘。

（3）招聘对象的层次性。组织要招聘的特定对象往往集中于社会的某个层次，因而要根据应聘职务的要求和特点，向特定层次的人员发布招聘信息。比如招聘计算机方面的专业人才，可以在有关计算机专业杂志上发布招聘信息。

3. 应聘者提出申请

应聘者在获取招聘信息后，向招聘单位提出应聘申请。应聘申请常有两种方式：一是通过信函向招聘单位提出申请；二是直接填写招聘单位应聘申请表（网上填写提交或到单位填写提交，申请表范样见表4-1）。无论哪种方式，应聘者应提供以下个人资料：

表4-1　　××××公司应聘申请表

应聘职位：

姓　名		性　别		出生年月		政治面貌		照片
学历		毕业院校				专业		
职称		现从事的专业/工作						
现工作单位		联系电话		通讯地址		邮编		
家庭地址		身份证号码						
掌握何种外语		程度如何有无证书						
技能与特长		技能等级						
个人兴趣		身高		体重		健康状况		
个人简历								
欲离开原单位的主要原因				现在的工资				
欲加入本单位的主要原因								
收入期望		元/年		可开始的工作日期				
晋升期望（职位、时间）								
培训期望（内容、日期、时间）								
其他期望								
家庭成员情况								
备注								
自愿保证：本人保证表内所填写内容真实，如有虚假，愿受解职处分。 申请人签名：　　日期：								

资料来源：http://course.cug.edu.cn/cug/man_resource/COURSE/T4-1_3.HTM.

应聘申请表，必须说明应聘的职位；个人简历，着重说明学历、工作经验、技能、成果、个人品格等信息；各种学历的证明包括获得的奖励、证明（复印件）；身份证（复印件）。

4. 员工选拔过程

此阶段实质是在招聘当中对职务申请人的选拔过程，具体又包括如下环节：审查申请表→初筛→与初筛者面谈、测验→第二次筛选→选中者与主管经理或高级行政管理人员面谈→确定最后合格人选→通知合格人选者作健康检查。

此阶段一定要客观与公正，尽量减少面谈中各种主观因素的干扰。

5. 发出录用通知书

这是招聘单位与入选者正式签订劳动合同，并由招聘单位向录用者发出上班试用通知的过程。通知中通常应写明入选者开始上班的时间、地点和如何报到等。

6. 招聘评估

这是招聘活动的最后阶段。对招聘活动作总结和评价，并将有关资料整理归档。招聘评估中用到的评价指标包括招聘成本的评估指标和录用人员的评估指标，反映了招聘工作分别从招聘的成本和质量来全面衡量。

以上是员工招聘的一般程序，组织可以根据实际情况对其中的某些环节作些调整，以提高招聘效率和效果。

（二）招聘的渠道

1. 内部招聘

（1）员工推荐。

人力资源部将空缺的职位信息公布出来，公司员工可以自我推荐，也可以互相推荐。人力资源部收集到相关人员的信息后，采取公开竞争的方式，选拔该岗位的人才。它的好处首先在于，现有的员工对招聘单位很熟悉，而对自己的朋友也有一定了解，基于这两方面的了解，他会有一个基本把握——那个人是否适合招聘单位、在招聘单位大概会不会成功。这比仅两个小时的面试要有效得多，相互的了解也要深得多。当然要注意避免出现裙带关系。

（2）内部储备人才库。

人才库系统记录了每一位员工在教育、培训、经验、技能、绩效职业生涯规划等方面的信息，并且这些信息随着员工的自身发展都得到不断的更新，用人部门和人力资源部门可以在人才库里找到合适的人补充职位空缺。

2. 外部招聘

（1）广告。

广告是企业招聘人才最常用的方式，可选择的广告媒体很多，有网络、报纸、杂志等，一方面广告招聘可以很好的建立企业的形象；另一方面，信息传播范围广，速度快，获得的应聘人员的信息量大，层次丰富。

（2）校园招聘。

对于应届生和暑期临时工的招聘可以在校园直接进行。方式主要有招聘张贴、招聘讲座和毕业生就业指导中心推荐三种。

（3）熟人推荐。

通过企业的员工、客户、合作伙伴等熟人推荐人选，这种方式的好处在于对候选人比较了解，但问题在于可能在企业内形成小团体，不利于管理。

（4）中介机构。

① 人才交流中心。通过人才交流中心人才资料库选择人员，用人单位可以很方便在资料库中查询条件基本相符的人员资料，有针对性强、费用低廉等优点，但对于热门人才或高级人才效果不太理想。

② 招聘洽谈会。随着人才交流市场的日益完善，洽谈会呈现出向专业方向发展的趋势。企业招聘人员不仅可以了解当地人力资源素质和走向，还可以了解同行业其他企业的人事政策和人力需求情况。当然，要招聘到高级人才还是很难。

③“猎头”公司。“猎头”公司有专业的、广泛的资源，拥有储备人才库，搜索人才的速度快、质量高，招聘高级人才，“猎头”公司是非常好的选择。

（5）人才库。

公司可以建立自己的外部人才库，并且可以利用各种的机会向社会推广，吸引对公司有兴趣的各类人才加入公司人才库，以备不时之需。不过最大的问题在于，由于人员的流动性太大，人才库的资料不能得到及时的更新。如何与人才库的人员保持联络，使他们的资料能及时更新是企业人力资源工作者要考虑的。

各种招聘渠道都有自身的优缺点，企业要根据自身的状况以及当地人力资源的状况确定选择什么样的招聘渠道。其中，内部招聘与外部招聘的优缺点见表4－2。

表4－2　　内部招聘与外部招聘的优缺点

渠道	优　势	劣　势
内部招聘	有利于提高员工的士气和发展期望。 对组织工作的程序、企业文化、领导方式等比较熟悉，能够迅速展开工作。 对企业目标认同感强，辞职的可能性小。有利于个人和企业的长期发展。 风险小，对员工的工作绩效、能力和人品有基本了解，可靠性较高。 节约时间和费用。	容易引起同事间的过度竞争，发生内耗。 竞争失利者感到心理不平衡，难以安抚，容易降低士气。 新上任者面对的是“老人”，难以建立起领导声望。 容易近亲繁殖，思想、观念因循守旧，思考范围狭窄，缺乏创新与活力。
外部招聘	为企业注入新鲜的“血液”，能够给企业带来活力。 避免企业内部相互竞争所造成的紧张气氛。 给企业内部人员以压力，激发他们的工作动力。 选择的范围比较广，可以招聘到优秀的人才。	对内部人员是一个打击，感到晋升无望，会影响工作热情。 外部人员对企业情况不了解，需要较长的时间来适应。 对外部人员不是很了解，不容易作出客观的评价，可靠性较差。 外部人员不一定认同企业的价值观和企业文化，会给企业的稳定造成影响。

参考资料：http://course. zjnu. cn/rlzy/center/ja9－1. htm.

相关链接：宝洁公司的校园招聘

曾经有一位宝洁的员工这样形容宝洁的校园招聘：“由于宝洁的招聘实在做得太好，即便在求职这个对学生比较困难的关口，自己第一次感觉被人当做人来看，就是在这种感觉的驱使下我应该说是有些带着理想主义来到了宝洁。”

1. 前期的广告宣传

派送招聘手册，招聘手册基本覆盖所有的应届毕业生，以达到吸引毕业生参加其校园招聘会的目的。

2. 邀请大学生参加其校园招聘介绍会

宝洁的校园招聘介绍会程序一般如下：校领导讲话；播放招聘专题片；宝洁公司招聘负责人详细介绍公司情况；招聘负责人答学生问题；发放宝洁招聘介绍会介绍材料。

宝洁公司会请公司有关部门副总监以上的高级经理以及那些具有校友身份的公司员工来参加校园招聘会。通过双方面对面的直接沟通和介绍，向同学们展示企业的业务发展情况及其独特的企业文化、良好的薪酬福利待遇，并为应聘者勾画出新员工的职业发展前景。通过播放公司招聘专题片、公司高级经理的有关介绍及具有感召力的校友亲身感受介绍，使应聘学生在短时间内对宝洁公司有较为深入的了解和更多的信心。

3. 网上申请

从2002年开始，宝洁将原来的填写邮寄申请表改为网上申请。毕业生通过访问宝洁中国的网站，点击“网上申请”来填写自传式申请表及回答相关问题。这实际上是宝洁的一次筛选考试。

宝洁的自传式申请表是由宝洁总部设计的，全球通用。宝洁在中国使用自传式申请表之前，先在中国宝洁的员工及中国高校中分别调查取样，汇合其全球同类问卷调查的结果，从而确定了可以通过申请表选拔的最低考核标准。同时也确保其申请表能针对不同文化背景的学生仍然保持筛选工作的相对有效性。申请表还附加一些开放式问题，供面试的经理参考。

因为每年参加宝洁应聘的同学很多，一般一个学校就有1 000多人申请，宝洁不可能直接去和上千名应聘者面谈，而借助于自传式申请表可以帮助其完成高质高效的招聘工作。自传式申请表用电脑扫描来进行自动筛选，一天可以检查上千份申请表。宝洁公司在中国曾做过这样一个测试，在公司的校园招聘过程中，公司让几十名并未通过履历申请表这一关的学生进入到了下一轮面试，面试经理也被告知“他们都已通过了申请表筛选这关”。结果，这几十名同学无人通过之后的面试，没有一个被公司录用。

参考资料：http://course. zjnu. cn/rlzy/center/ja9 - 1. htm.

三、人员选拔和录用

【案例4－3】

摩托罗拉的双向互动式招聘管理

对摩托罗拉公司来说，每一份求职者的简历都是一份宝贵的资源，公司会为每一位求职者保密。摩托罗拉公司的面试程序是人力资源部进行初步筛选，再由业务部门进行相关业务的考察及测试，最后由高层经理和人事招聘专员确定。

在面试中，摩托罗拉公司力争用适当的方法来评判求职者的综合素质，如给他们一些小题目，让他们做小组讨论，从中观察每个人的性格、对待问题的态度、反应能力等各方面的素质。

公司认为任何面试和测评都不可能是十全十美的。通常情况下，招聘者确实能够凭借丰富的经验帮助公司选拔出适用的人才。比如有人没有申请上，并不是他的素质、能力不合格，而是他和公司之间没有一个结合点。摩托罗拉公司不会对辞职的员工有成见，用制度欢迎离开后又回来的员工。在公司重组期间，有些自愿离开公司的人走时按政策拿到一笔补偿金，后来他们希望回到公司，宁可把经济补偿还给公司。

资料来源：中国人力资源开发网，www. chinahrd. net.

【案例分析】

摩托罗拉公司的招聘是按照严格的程序来进行的，要通过适当的方法对人员的综合素质进行测评，应聘人员能否应聘成功，除了自身的能力和素质外，还需要考虑个人与公司之间是否有结合点。同时，公司任人唯贤，不会对辞职的员工有成见，对愿意回来的员工同样欢迎。

选拔录用也叫人员甄选，是指通过运用一定的工具和手段对已经招募到的求职者进行鉴别和观察，区分他们的人格特点与知识技能水平，预测他们的未来工作绩效，最终挑选出企业所需要的、恰当的职位空缺填补者。

准确理解选拔录用的含义，需要把握以下几个要点：选拔录用应包括评价应聘者的知识、能力和个性，以及预测应聘者未来在企业中的绩效两方面工作。选拔录用要以空缺职位所要求的任职资格条件为依据来进行。选拔录用由人力资源部门和直线部门共同完成，最终的录用决策由直线部门作出。

（一）选拔的程序

根据甄选的一般程序，甄选方式可分为简历筛选、资格审查、面试谈话、纸面测试、情景测试、体格检查、培训筛选和岗位试用。

1. 简历筛选

（1）简历所要求的必填项目没有填写完整者淘汰。

（2）简历破损、有多处涂改及字迹潦草难辨者淘汰。

（3）简历相关信息不符合关键词者淘汰。

（4）提炼简历中特殊点和疑点，有针对性的设计提问。这些特殊点和疑点一般为：经历中断、"跳槽"频繁、职业逆流、自由职业、家庭情况、健康状况等。

2. 资格审查

资格审查通常于人力资源部来完成。

（1）通过"看"举止行为和"听"自我介绍来审查求职者的形象和谈吐：看求职者的穿着打扮及举止是否和所要应聘的岗位匹配；听求职者自我介绍是否流畅和完整，完整的自我介绍至少包括了个人基本信息、家庭情况、教育背景、工作经历、个人知识和性格、个人和所要应聘职位的匹配度等方面。

（2）通过观看相关学历证书和登录 www. chsi. com. cn 网站鉴别求职者学历证书真实性以及审核求职者教育背景。

3. 面试谈话

（1）面试谈话可分为由人力资源部门主持的初试和业务部门主持的复试两部分，不同部门面试所要收集的信息是不同的。

人力资源部门初试过程中的谈话要点通常包括：提问简历中的疑点；鉴别求职者工作经历的真实性；追究求职者的求职动机；探询求职者的基本知识和基本素质。

业务部门复试过程中的谈话要点通常包括：求职者所掌握专业知识和技能的广度；求职者所掌握专业知识和技能的深度；求职者所具备的业务素质。

（2）深度挖掘求职者在工作经历、求职动机、知识技能、关键素质等方面的真实信息可采用以下方法。

①关键事件访谈法，通过对求职人过去经历的重要真实事件的全面提问，帮助面试官全面和比较深入地考查应聘者的素质，同时也可以考核应聘人员的专业知识技能。这种方法的要点包括举实例、探求细节、刨根问底、追问求职者行为背后的思想、着重追问求职者在事件中遇到什么问题和困难以及不给应聘者任何建议等。

②"STAR"原则，即围绕事件发生的情景（Situation）、任务（Task）、所采取的行动（Action）以及最后所产生的结果（Result）这四个要素提问。

（3）面试后对人职匹配度的评估。

为岗位寻找最佳的人选，而不是最好的，这需要我们从以下四个方面去考虑人职匹配程度：能不能方面有知识、技能、工作经验、体能；愿不愿方面有基本素质、业务素质、求职动机；合不合适方面有个性、人格特征、工作压力承受度；其他方面有薪酬、学习和发展的机会、居住点、家庭情况。

（4）面试评估表。

一次成功的面试离不开《面试评估表》，它不仅能够有效记录面试的考核要点，也是引导面试官进行有效提问的工具。这里向大家推荐一个常用的模板以供参考（见表4-3）。

表4-3　　面试评估表

应聘人姓名：			应聘岗位：	
初试评估				
面试主持部门：人力资源部				
形象仪表	□较好	□可以	□欠佳	
行为谈吐	□恰当	□一般	□较差	
证件检查	□真实	□假证	□不完全	□齐备
专业背景	□符合	□较符合	□不符合	
工作经历	□真实	□有假	□严重掺假	
有效经验	□符合	□较符合	□较少相关经验	
求职动机：				
基本素质	□优秀	□良好	□一般	□不合格
基本素质评估依据：				
基本素质不足之处：				
评估等级	□优秀	□良好	□一般	□不合格
特别说明：				
评估人：	部门职位：		初试时间：	
复试评估				
面试主持部门：				
专业知识	□优秀	□良好	□一般	□不合格
专业技能	□优秀	□良好	□一般	□不合格
业务素质	□优秀	□良好	□一般	□不合格
业务素质评估依据：				

续表

业务素质不足之处：
评估等级　□ 优秀　□ 良好　□ 一般　□ 不合格 录用建议　□ 录用　□ 不录用　□ 推荐到其他部门（　　）
评估人：　部门职位：　复试时间： 人力资源部意见　公司意见 录用意见：□ 录用　□ 不录用 其他说明：
责任人签名：　时间： 责任人签名：　时间：

资料来源：http://www.chinahrd.net/.

4. 纸面测试

纸面测试主要用于对应聘者专业知识、能力倾向以及人格特征三个方面进行测试判断。

5. 情景测试

情境测试法指测评者设置一定的情境和标准，并观察被测评者在该情境中的反应，根据事先规定的标准对被测评者的品德发展状况做出评价的方法。

情境测试法可以将品德测评与游戏或日常生活结合起来，设计巧妙的测试即实施了专门的品德测评，又不容易被测评者察觉到测评者的真正目的。在测评时，应该注意精心设计，首先要注意测评目的的隐蔽性，防止被测评者只是按公认的社会规则行事；其次，要注意情境设计的巧妙性，精心设计每一个环节；最后，也可以考虑把多个情境结合起来，从而在整体上提高这种测评方法的信度和效度。

6. 体格检查和培训筛选

对体检不合格和培训考核不合格的应聘者进行淘汰。

7. 岗位试用

岗位试用是人员甄选的最后一关，试用合格便转为正式员工。

（二）选拔的方法

1. 笔试

（1）笔试的含义及特点。

笔试是一种与面试相对应的测试，是考核应聘者学识水平的重要工具。这种方法可以有效地测量应聘人的基本知识、专业知识、管理知识、综合分析能力和文字表达能力等方面的内容。

笔试在员工招聘中有相当大的作用，尤其是在大规模的员工招聘中，它可以一次性把员工的基本活动了解清楚，然后可以划分出一个基本符合需要的界限。它适用面广，费用较少，可以大规模地运用。但这种方法分析结果需要较多的人力，而且有时被试者会投其所好，尤其在个性测试中更加明显。

笔试形式较多，主要包括选择题、是非题、匹配题、填空题、简答题、回答题、小论文等。笔试的优点是一次能够出十几道乃至上百道试题，考试的取样较多，对知识、技能和能力的考核的信度和效度都较高，可以大规模地进行分析，因此花时间少，效率高；报考人的心理压力较小，较易发挥水平，成绩评定比较客观。笔试的缺点主要表现在不能全面地考察应聘者的工作态度、品德修养以及组织管理能力、口头表达能力和操作技能等。因此，笔试虽然有效，但还必须采用其他测评方法，如行为模拟法、心理测验法等，以补其短。一般来说，在企业组织的招聘中，笔试作为应聘者的初次竞争，成绩合格者才能继续参加面试或下一轮测试。

每一种笔试形式也都有各自的优缺点。比如论文笔试，它以长篇的文章表达对某一问题的看法，并表达自己所具有的知识、才能和观念等。该方式有下列优点：易于编制试题，能测验书面表达能力，易于观察应聘者的推理能力、创造力及材料概括力；同时也存在下列缺点：评分缺乏客观的标准，命题范围欠广博，不能测出应聘者的记忆能力。其他笔试形式的优点主要包括：评分公正、抽样较广、免除模棱两可的答案等，可以测出应聘者的记忆力，试卷易于评阅；缺点主要包括：不能测出应聘者的推理能力、创造力及文字组织能力，试题不易编制，答案可以猜测，有时甚至可以用掷骰子的方式来碰运气。

（2）笔试的设计原则。

在设计试卷时，要注意以下一些原则：

首先，题目自始至终要符合目标。知识考试的目标是什么，在设计试卷时要从头到尾贯彻执行，这样才能得到应有的效果。

其次，要把各种知识考试类型可以结合起来运用。比如，在一张试卷上既可以有百科知识的内容，又可以有专业知识的内容，也可以有相关知识的内容。这样可以节省时间，在较短时间内全面了解一个应试者各方面的水平。

最后，要充分重视知识的实际运用能力。在设计试卷时，要尽量多用案例以及讨论等方式。

2. 面试

面试是一种经过组织者精心设计，在特定场景下，以考官对考生的面对面交谈与观察为主要手段，由表及里测评考生的知识、能力、经验等有关素质的一种考试活动。面试是公司挑选职工的一种重要方法。面试给公司和应聘者提供了进行双向交流的机会，能使公司和应聘者之间相互了解，从而使双方都可以更准确做出聘用与否、受聘与否的决定。

“精心设计”使面试与一般性的交谈、面谈、谈话相区别。“在特定场景下”使面试与日常的观察、考察等测评方式相区别。日常的观察、考察，虽然也少不了面对面的观察与交谈，但那是在自然场景下进行的。“面对面地观察、交谈等双向沟通方式”，不但突出了面试“问”、“听”、“察”、“析”、“判”的综合性特色，而且使面试与一般的口试、笔试、操作演示、背景调查等人员素质测评的形式也区别开来了。

面试的特点主要有以下几个方面。

（1）面试以谈话和观察为主要手段。

谈话是面试过程中的一项非常重要的手段。在面试过程中，主考官向应试者提出各种问题，应试者要对这些问题进行回答。主考官能否正确地把握提问技巧十分重要，他不仅可以直接地、有针对性地了解应试者某一方面情况或素质，而且对于驾驭面试进程、营造良好的面试心理氛围，都有重要影响。

观察是面试过程中的另一个主要手段。在面试中，要求主考官善于运用自己的感官，特别是视觉，观察应试者的非语言行为。它不仅要求主考官在面试中要善于观察应试者的非语言行为，而且要能指明应试者的行为类型，进而借助于人的表象层面推断其深层心理。对应试者非语言行为的观察，主要有面部表情的观察和身体语言的观察。

国外一项研究表明，在求职面试中，从应试者面部表情中获得的信息量可达50%以上。面试过程中，应试者的面部表情会有许多变化，主考官必须能观察到这种表情的变化，并能判断其心理。例如，应试者面部涨得通红、鼻尖出汗，目光不敢与主考官对视，便反映其自信心不足，心情紧张。应试者的目光久久盯着地面或盯着自己的双脚，默不作声，反映其内心的矛盾或正在思考。当主考官提出某一难以回答或窘迫的问题时，应试者可能目光暗淡，双眉紧皱，带着明显的焦急或压抑的神色。总之，主考官可以借助应试者面部表情的观察与分析，判断应试者的自信心、反应力、思维的敏捷性、性格特征、情绪、态度等素质特征。

在面试过程中，除面部表情外，身体、四肢等在信息交流过程中也发挥着重要作用。比如手势，它具有说明、强调、解释或指出某一问题、插入谈话等作用，它是很难与口头语言分开的。

（2）面试是一个双向沟通的过程。

面试是主考官和应试者之间的一种双向沟通过程。在面试过程中，应试者并不是完全处于被动状态。主考官可以通过观察和谈话来评价应试者，应试者也可以通过主考官的行为来判断主考官的价值判断标准、态度偏好、对自己面试表现的满意度等，来调节自己在面试中的行为表现。同时，应试者也可借此机会了解自己应聘的单位、职位情况等，以此决定自己是否可以接受这一工作。所以面试不仅是主考官对应试者的一种考察，也是主客体之间的一种沟通、情感交流和能力的较量。主考官应通过面试，从应试者身上获取尽可能多的有价值信息。应试者也应抓住面试机会，获取那些关于应聘单位及职位、自己关心的信息。

（3）面试内容的灵活性。

面试内容对于不同的应试者来说是相对变化的、灵活的，具体表现在以下几个方面。

第一，面试内容因应试者的个人经历、背景等情况的不同而无法固定。例如，两位应试者同时应聘档案管理岗位，一位有多年从事档案工作的经历，一位是应届档案管理专业的大学本科毕业生。在面试中对前者应侧重于询问其多年来从事档案管理方面的实践经验；对后者则应侧重于了解其对该专业基础知识掌握的情况以及在校学习期间的情况。

第二，面试内容因工作岗位不同而无法固定。不同工作岗位，其工作内容、职责范围、任职资格条件等都有所不同。

第三，面试内容因应试者在面试过程中的面试表现不同而无法固定。面试的题目一般应事先拟定，以供提问时参照。但并不意味着必须按事先拟定好的题目逐一提问，毫无变化，而要根据应试者回答问题的情况，来决定下一个问题问什么？怎么问？如果应试者回答问题时引发出与拟定的题目不同的问题，主考官还可顺势追问，而不必拘泥于预定的题目。

总之，从主考官角度看，面试内容既要事先拟定，以便提问时有的放矢，又要因人因“事”而异，灵活掌握；既能让应试者充分展示自己的才华，又不能完全让应试者海阔天空地自由发挥，最好是在半控制、半开放的情况下灵活把握面试内容。

（4）面试对象的单一性。

面试的形式有单独面试和集体面试。在集体面试中多位应试者可以同时位于考场之中，但主考官不是同时向所有的应试者发问，而是逐个提问逐个测评，即使在面试中引入辩论、讨论，评委们也是逐个观察应试者表现的。面试的问题一般要因人而异，测评的内容应侧重个别特征，同时进行会相互干扰。

（5）面试时间的持续性。

面试与笔试的一个显著区别是，面试不是在同一个时间展开，而是逐个地进行。笔试是不论报考人数的多少，均可在同一时间进行，甚至不受地域的限制。例如每年7月的高考，尽管报考人数数百万，且分布在全国几十个省市，而考试时间却是统一的，因为笔试的内容有统一性，且侧重于知识考察，考察内容具体，答案客观标准，主观随意性较小。面试则不同。

（6）面试交流的直接互动性。

与笔试、心理测验等人员甄选方式不同，面试中应试者的语言及行为表现，与主考官的评判是直接相连的，中间没有任何中介形式。面试中主考官与应试者的接触、交谈、观察也是相互的，是面对面进行的。主客体之间的信息交流与反馈也是相互作用的。而笔试、心理测验中，一般对命题人、评分人严加保密，不让应试者知道。面试的这种直接性提高了主考官与应试者间相互沟通的效果与面试的真实性。

3. 心理测验

心理测验是根据一定的法则和心理学原理，使用一定的操作程序，把人的认知、行为、情感的心理活动予以量化，从而进行测试。心理测验是心理测量的工具，心理测量在心理咨询中能帮助当事人了解自己的情绪、行为模式和人格特点。一是对心理变量如智力、记忆、才能等的测量。人的心理特性是不能被直接观察到的，而且还存在明显的个体差异，但任何一种心理特性总会以一定的行为表现出来。心理测验就是让人们在测验时产生某些行为，即个体对测验题目的反应，并根据这些行为反应来推论其相应的心理特性。因此，从这层意义上讲，心理测验指的是一种具体的测量心理特质的方法和活动。另一层含义指的是测量这些心理变量或心理特质的工具，如能力测验、智力测验、人格测验等测验工具。

心理测验要注意两个基本要求：即测验的信度（reliability）和效度（validity）。信度主要是指测量结果的可靠性或一致性。如果一个测验的可靠性程度高，那么同一个人多次接受这个测验时，就应得到相同或大致相同的成绩。效度是指一个测验有效地测量出所需要的心理品质。即测量工具能测出其所要测量特质的程度。效度是科学的测量工具所必须具备的最重要的条件。

（1）按测验功能分类。

① 能力测验。“能力”一词，其含义颇为笼统。从心理测验的观点看，可将其分为实际能力与潜在能力。实际能力代表个人已有的知识、经验与技能，是正式与非正式学习或训练的结果。潜在能力是指个人将来在给予一定的学习机会时，某种行为可能达到的水平。能力测验又可进一步分为普通能力测验与特殊能力测验。前者即通常说的智力测验，后者多用于测量个人在音乐、美术、体育、机械、飞行等方面的特殊才能。

② 成就测验。主要用于测量个人或团体经过某种正式教育或训练之后对知识和技能掌握的程度。因为所测得的主要是学习成就，所以称为成就测验，最常见的是学校中的学科测验。无论成就测验还是能力测验，包括能力倾向测验，所测得的都是个人在其先天条件下经由后天学习的结果。

③ 人格测验。人格测验主要用于测量性格、气质、兴趣、态度、品德、情绪、动机、信念、价值观等方面的个性心理特征，亦即个性中除能力以外的部分（见表4－4）。

表 4－4　　价值观测试样例

评价因素	你认为的重要程度（在数字上画圈）				
有趣的工作	5	4	3	2	1
非工作时间	5	4	3	2	1
收入	5	4	3	2	1
挑战	5	4	3	2	1
住房	5	4	3	2	1
福利	5	4	3	2	1
明确的责任	5	4	3	2	1
技能应用	5	4	3	2	1
公司荣誉	5	4	3	2	1
培训机会	5	4	3	2	1
与经理的工作关系	5	4	3	2	1
赏识	5	4	3	2	1
建议被倾听	5	4	3	2	1
反馈	5	4	3	2	1
贡献	5	4	3	2	1
公平竞争	5	4	3	2	1
提升	5	4	3	2	1
合作的同事	5	4	3	2	1
和谐的组织气氛	5	4	3	2	1
地区	5	4	3	2	1

（2）按测验对象分类。

① 个别测验。个别测验每次仅以一位被试者为对象，通常是由一位主试与一位被试者在面对面的情形下进行。此类测验的优点在于主试对被试者的行为反应有较多的观察与控制机会，尤其对某些人（如幼儿及文盲）不能使用文字而只能由主试记录其反应时，就非采用面对面的个别测验不可。个别测验的主要缺点是不能在短时间内经由测验收集到大量的资料，而且个别测验手续复杂，主试需要较高的训练与素养，一般人不易掌握。

② 团体测验。团体测验是在同一时间内由一位主试，必要时可配几名助手对多数人施测。此类测验的优点主要在于可以在短时间内收集到大量资料，因此在教育上被广泛采用。团体测验的缺点是被试的行为不易控制，容易产生测量误差。

（3）按测验方式分类。

① 纸笔测验。测验所用的是文字或图形材料，实施方便，团体测验多采用此种方式编制。文字材料易受被试文化程度的影响，因而对不同教育背景下的人使用时，其有效性将降低，甚至无法使用。

② 操作测验。操作测验项目多属于对图片、实物、工具、模型的辨认和操作，无须使用文字作答，所以不受文化因素的限制。此种测验的缺点是大多不宜团体实施，要花费大量

的时间。

③ 口头测验。测验项目为言语材料。主试口头提问，被试口头作答。

以上几种分类都是相对的，从不同的角度进行分类，同一个测验可以归为不同的类别。

4. 情景测试

常用的方法有小组讨论、管理游戏、角色扮演，多用于应聘管理岗位的测试中。

（1）小组讨论。就是将应聘者分成几个小组，给每个小组一个待解决的问题，由他们展开讨论以解决问题，面试官则通过对过程的观察来对应聘者的人际能力、在群体中分析和解决问题的能力以及领导方式等进行评价。小组讨论通常用于群体测试中。

（2）管理游戏。管理游戏把多个应聘者组成一个小组，然后设计一定的情景，分给小组一定的任务由他们共同完成，如购买、搬运等，或者在几个小组之间进行模拟竞争，以评价应聘者的合作精神、领导能力、计划能力、决策能力等多种能力；管理游戏可用于若干个人中，也可用于群体之中。

（3）角色扮演。角色扮演是在一个精心设计的管理情景中，让应聘者扮演其中所应聘岗位的角色，通过模拟观察以评价其胜任能力；角色扮演通常用于应聘者不多的情况下，能有效降低伪装的可能性。

相关链接：各种类型企业面试对求职者的不同细节偏好

有的时候，应聘时的一个小细节就决定了你的成败。对于不同的企业来说，在招聘人才的时候，对应聘者的技能往往有很高的要求。除此之外，一些公司还会看应聘者是否认可他们的企业文化。而不同的企业文化，又决定了他们在用人时有不同的考核侧重点。有人曾把求职和相亲作过类比。其实，找工作最重要的也就是要让对方看上眼，那么，对于不同企业的细节偏好，应聘者可要留意了。

北美企业重视个人综合优势，兼顾考查英语水平。美国公司很看重应聘者的综合素质，由美国劳工部公布的最受雇主欢迎的十种技能是：解决问题的能力、专业技能、沟通能力、计算机编程技能、培训技能、科学与数学技能、理财能力、信息管理能力、外语交际能力、商业管理能力。

此外，北美公司还看重应聘者的英语语言能力。所以应聘者最好能把简历写得简洁漂亮，仔细填写美国公司的应聘表格。所有书面表达，必须用英语，这样才能更好地综合表现自己的英文书面表达能力，一般要注重用英语思维表达出：Integrity（诚实正直）、Attitude（工作态度）、Leadership（领导能力）、Teamwork（团队合作）、Results（注重结果）、Inclusion（内涵）。

欧洲企业重视个性创造力，不避讳谈及薪水。欧洲企业更重视对于个性的考察，面试的时候并无太多规章制度。招聘时，对于应聘者的着装要求相对而言比较宽松一些，对于年龄也很少提起。他们往往不忌讳谈论薪资问题。

据欧莱雅人力资源部的工作人员介绍，公司比较青睐性格鲜明、讲究原则、有自己想法和独特魅力的应聘者。一般来说，公司不会对应聘者进行各种知识或性格测试，而希望通过面谈了解对方的个性、经历和潜力。考核标准包括胜任工作的基本技能、员工各方面的基本素质，比如创新意识、分析能力、解决问题的能力、领导力、沟通能力、主动意识和企业家精神等。

日资企业喜欢守规矩的应聘者，习惯猎头服务和网站招聘。日本的知名企业以劳动密集型居多，涉及的行业以服装、家电、耐用消费品、快速消费品等生产制造业为主，而不像欧美在华投资的企业，多数以技术密集型为主。因此日企对生产制造类人员的需求量更大一些，尤其是生产制造的管理人员、现场操作工人。

民营企业看重实践实习经验，面试者可主动提问。民营企业最喜欢应聘者的简历上写着“具有相关行业实习经验”，其次是学历、成绩。对他们来说，招来即用的员工才是人才。相关行业的实习经历意味着该应聘者熟悉行业和岗位，有相关行业人际关系处理的经历，比较容易上手。如果这名大学生告诉老板他还拥有客户资源，那么可能早上面试，下午就可以上班了。面试时往往对衣着没有特别的要求，整洁得体就好。

国有企业看重学习成绩，主推熟人推荐。国企很重视考察应聘者的素质。宏威职业顾问首席咨询师郭策告诉记者，我国不少国有企业现有的企业文化仍然是计划经济体制下形成的企业文化的延续。目前，大部分国有企业的人力资源管理理念正处于从传统向国际化转变的阶段，还往往把学习成绩好作为前提，那些社会经历丰富但成绩不太理想的同学就要悠着点了。

资料来源：http：//bbs. yingjiesheng. com.

（三）人员录用

1. 录用的原则和意义

（1）因事择人与因人任职相结合。

因事择人强调人员录用必须按照岗位的特性，根据工作的需要来进行。同时，还必须考虑每个人的能力和特点，个性的差异来安排相应的职位。把因事择人与因人任职相结合，可以大大提高人力资源的利用率。

（2）平等竞争原则。

对所有应聘者，应当一视同仁，不要人为地制造各种不平等的限制。对合格人员应该采用竞争录用，择优录用。

（3）慎用过分超过任职资格条件者的原则。

在坚持平等竞争、择优录用原则的同时，还必须谨慎录用那些过分超过任职资格条件的人。一般而言，录用一个知识、经验、技能和素质水平远高于工作要求的候选人，未必是一件好事，因为录用后他的要求过分高，流动的可能性也增大。这里讲的是慎用，并非简单不用，而是要与候选人的工作动机和素质等因素密切联系进行判断和决策。

（4）重工作能力原则。

在合格人选的基本条件差不多的时候，以往的工作经验和工作绩效应是决策时所看重的条件，也就是说，在其他条件相同或相似时，工作能力优先。

2. 选拔录用的意义

（1）做好人员录用工作是提高员工队伍素质的重要一环。

确保合格人才进厂、进校、进院、进企业，才能在进一步培训基础上构造第一流的员工队伍。

（2）做好人员录用工作是提高员工劳动生产率的前提。

每个岗位上都是合格人员，才能确保每项工作的顺利完成；每个岗位上都是第一流人员，则可使每项工作达到同行业最佳水平。相反，若存在许多不合格人员在岗，则无法保证工作任务的完成；若一岗多人，人浮于事，又会造成效率低下的后果。

（3）做好人员录用工作，是保证公平竞争、合理就业的重要措施。

这意味着一视同仁，意味着一把尺子，意味着靠真本事、靠素质高取得较好的职位。当然，这也意味着制止在劳动人事工作中"拉关系"、"走后门"、贪污受贿和徇私舞弊等腐败现象发生。这项工作做好了，有利于社会的安定团结，有利于尊重知识、尊重人才的良好社会风尚的形成。

3. 录用的程序

（1）通知录用者。在这个阶段，要将前面多个阶段的考核和测试结果相结合，择优录取。同时可以张榜公布，以提高透明度。加强社会监督，切实落实招聘政策。

通知应聘者可以分为两种情况：一种是录用通知，一种是辞退通知。前一种通知最重要的原则是及时。因为通知晚发一天，就有可能损失单位重要的人力资源。后一种通知要注意对求职者的伤害尽可能小。还要关注拒聘者，不管企业如何努力吸引人才，都会发生接到录用通知不来企业报道的情况。对于企业看重的优秀应聘者，主管应主动打电话询问，从中获取一些有用的信息。

（2）办理录用手续。对于成功招聘到的员工，及时签订劳动合同并办理社保等相关事宜。用工单位招聘劳动者，自招聘之日起一个月内必须到劳动部门所属的职业介绍服务机构办理录用备案手续。办理失业人员的录用备案手续时，招聘单位带好招工报名人员的《就业登记证》、招工报名登记表、录用审批表、录用花名册，经双方签订的劳动合同书以及失业人员的人事档案，到辖管的职业介绍服务机构办理录用备案手续。办理在职职工的录用备案手续时，招聘单位带好招工报名人员的职工流动登记表、已解除的原劳动合同、新签订的劳动合同书、录用花名册以及本人的人事档案，到辖管的职业介绍机构办理录用备案手续。职介机构的经办人员，应根据用工单位与劳动者的劳动合同起始日期和用工单位，在《就业登记证》"签订、续订、终止或解除劳动合同情况"栏，进行用工记载，并加盖印章。

（3）签订合同，按照《劳动合同法》等相关法律签订合同。

（4）员工的安排和试用。员工进入单位以后，单位要为其安排合适的职位，要按照用人所长等原则使人财物得到最合理的配置，按照劳动法的要求合理安排试用期，为员工做好职业生涯发展规划等。

（5）正式录用。正式录用就是我们通常所说的转正，是指试用期满且试用合格的员工正式成为该单位的成员。

（6）新员工的培训。新员工的培训就是对新员工的工作和组织环境的介绍，让新员工了解单位的历史和现状以及企业未来的发展计划，还有他们所在的工作岗位的职责、工作流程等。

四、本单元小结

招聘与选拔是人力资源管理的重要模块。任何竞争归根到底是人才的竞争。随着经济的发展，人才的需求也越来越强烈，组织要发展就必须不断地吸纳人才。招聘，就是替空缺职位挑选具有符合该职位所需才能的人员的过程；求才的目的在于选择一位最适合该职位的人才。

本单元从招聘的含义入手，阐述了招聘的原则和作用以及人员招聘的影响因素；进一步阐述了人员招聘的程序和渠道等相关内容，最后重点介绍了人员选拔与录用的程序及方法。人员招聘与选拔是组织寻找、吸引那些既有能力又有兴趣到本组织任职，并从中选出适宜人员予以录用的过程。在这里，人员选拔是人员招聘的一个环节，也是最重要的环节。

本单元关键词：人员招聘；选拔；招聘渠道；选拔录用；笔试；面试

五、复习思考题

一、判断题

1.（ ）招聘是指在企业总体发展战略规划的指导下，制订相应的职位空缺计划，并决定如何寻找合适的人员来填补这些职位空缺的过程，它的实质是在合适的时间为合适的岗位寻找合适的人员。

2.（ ）在选才、育才、用才、留才的四大人力资源管理职能中，选才不那么重要。

3.（ ）效度主要是指测量结果的可靠性或一致性。

4.（ ）面试以谈话和观察为主要手段，是以双向交流沟通为主，面试的内容具有灵活性。

5.（ ）内部获取是指通过企业内部去获得企业所需要的各种人才。

二、选择题

1. 招聘最直接的目标是（ ）。

A. 增强竞争实力　　B. 获取优秀人才
C. 确保人员质量　　D. 获得所需人员

2. 寻找员工的可能来源并吸引他们到单位应聘的过程，称为（ ）。

A. 甄选　　B. 招募　　C. 选择　　D. 录用

3. 面试过程是供求双方通过直接接触，综合了解应聘者（ ）的过程。

A. 语言表达的能力　　B. 人际关系的能力
C. 思维反应的能力　　D. 多方面素质状况

4. 一般来说，（ ）更适合从外部招聘任职者。

A. 财务部经理　　B. 车间主任
C. 行政部主管　　D. 新业务销售部经理

5. 与简历相比，单位设计的申请表往往（ ）。

A. 没有统一的标准　　B. 没有简历有效
C. 增加预选的时间　　D. 能准确了解候选人的信息

6. 以下哪一项不属于录用的原则（ ）。

A. 因事择人、人事相宜　　B. 用人之长、用人不疑
C. 量才是举、任人唯贤　　D. 全面考核、特长优先

7. 在心理测验中，将测验成绩的稳定性程度或多次测验所得成绩的一致性程度称为（ ）。

A. 接近度　　B. 信度　　C. 效度　　D. 难度

8. 遍布全国的各级各类人才交流中心、劳动力市场属于（ ）。

A. 猎头公司　　B. 就业服务机构　　C. 刊登广告　　D. 推荐和自荐

9. 寻找职工的可能来源和吸引他们到企业应征的过程，叫做（　　）。

A. 甄选　　B. 招募　　C. 选拔　　D. 录用

10. “金无足赤，人无完人”体现在人员甄选的原则上是（　　）。

A. 用人所长原则　　B. 民主集中原则

C. 因事择人原则　　D. 德才兼备原则

三、思考题

1. 如何在实践中落实人员招聘的原则？

2. 如何选择招聘的渠道和方法？

3. 录用的原则和程序有哪些？

六、实训设计

【案例分析】

丰田的全面招聘体系

丰田公司著名的“看板生产系统”和“全面质量管理体系”名扬天下，但是其行之有效的“全面招聘体系”鲜为人知。正如许多日本公司一样，丰田公司花费大量的人力、物力寻求企业需要的人才，用精挑细选来形容一点也不过分。

“全面招聘体系”的内容：

丰田公司全面招聘体系的目的就是招聘最优秀的有责任感的员工，为此公司作出了极大的努力。丰田公司全面招聘体系大体上可以分成六大阶段，前五个阶段招聘大约要持续5～6天。

第一阶段，丰田公司通常会委托专业的职业招聘机构，进行初步的甄选。应聘人员一般会观看丰田公司的工作环境和工作内容的录像资料，同时了解丰田公司的全面招聘体系，随后填写工作申请表。1个小时的录像可以使应聘人员对丰田公司的具体工作情况有个概括了解，初步感受工作岗位的要求，同时也是应聘人员自我评估和选择的过程，许多应聘人员知难而退。专业招聘机构也会根据应聘人员的工作申请表和具体的能力和经验做初步筛选。

第二阶段，评估员工的技术知识和工作潜能。通常会要求员工进行基本能力和职业态度心理测试，评估员工解决问题的能力、学习能力和潜能以及职业兴趣爱好。如果是技术岗位工作的应聘人员，还需要进行6个小时的现场实际机器和工具操作测试。通过第一、第二阶段应聘者的有关资料转入丰田公司。

第三阶段，丰田公司接手有关的招聘工作。本阶段主要是评价员工的人际关系能力和决策能力。应聘人员在公司的评估中心参加一个4小时的小组讨论，讨论的过程由丰田公司的招聘专家即时观察评估。比较典型的小组讨论可能是应聘人员组成一个小组，讨论未来几年汽车的主要特征是什么。实地问题的解决可以考察应聘者的洞察力、灵活性和创造力。同样在第三阶段应聘者需要参加5个小时的实际汽车生产线的模拟操作。在模拟过程中，应聘人员需要组成项目小组，负担起计划和管理的职能，例如，对于如何生产一种零配件，要考虑人员分工、材料采购、资金运用、计划管理、生产过程等一系列生产因素的有效运用。

第四阶段，应聘人员需要参加一个1小时的集体面试，分别向丰田的招聘专家谈论自己取得过的成就，这样可以使丰田的招聘专家更加全面地了解应聘人员的兴趣和爱好，以及他们以什么为荣、什么样的事业才能使他们兴奋，以便更好地作出工作岗位安排和职业生涯计划。在此阶段也可以进一步了解员工的小组互动能力。

通过以上四个阶段，员工基本上被丰田公司录用，但是员工需要参加第五阶段一个25小时的全面身体检查，了解员工的身体一般状况和特别的情况，如酗酒、药物滥用的问题。

最后在第六阶段，新员工需要接受6个月的工作表现和发展潜能评估，新员工会接受监控、观察、督导等方面严密的关注和培训。

资料来源：http://www.wzmba.com/Html/?11656.html.

案例思考题

1. 你觉得丰田公司的招聘体系可以用于大多数公司吗？
2. 丰田公司招聘员工时是否做了人力资源规划和上岗匹配分析？
3. 丰田公司在招聘中为什么特别注重员工的发展潜能？
4. 丰田公司在招聘中为什么特别注重员工的人际关系技能？
5. 丰田公司为什么在招聘中需要采用这么多测试？

【实操训练】

训练项目：

1. 调查当地某一企业，分析该企业是如何选择人员招聘的渠道的。
2. 选择当地一家企业，根据企业实际制定招聘与录用程序。

技能训练要求：

1. 4~5人为一组（男生女生搭配），选一人为组长，负责协调与分工；
2. 可以讨论，也可以上网查资料，作业成果以书面形式提交，并签上小组成员名字；
3. 时间：以课外为主、课堂指导结合。

全国高职高专人才培养规划教材

单元五

人力资源配置

【学习目标】

能力目标

1. 能根据个性化差异把人员配置到最适合的岗位。
2. 掌握人力资源配置的职业适应性测试。
3. 能运用人力资源配置对人员流动进行科学合理的管理。

知识目标

1. 理解人力资源配置的含义及原则。
2. 理解影响人力资源配置的因素。
3. 掌握职业适应性测试与人力资源配置的关系。
4. 掌握人员流动的管理。

【案例 5-1】

索尼：鼓励内部“跳槽”

一个公司选择人才的态度往往代表了它对待和使用人才的态度。对于索尼来说，它从来不喜欢雇用那些一成不变的人。有创造精神，甚至是有点儿标新立异的年轻人更容易得到青睐。

索尼（中国）有限公司传媒公共关系部总监李曦就刚刚经历了这样一场招聘：“公共关系部当时正好缺人，我们就在索尼的官方网站上发布了信息。经过第一轮的简历筛选和笔试后，我们确定了四五个人来参加面试。”最后有两个人走进了他们的视线。“一个人曾经在公关公司工作过3年，然后去英国学习了两年，之后又回到公关公司做了两年。不过最后我们招的是一个应届毕业生。”“在面试的过程中，我们发现前者的思维定式已经形成了，有了自己做事的方法，也不太愿意改变，但是索尼不希望自己的员工一成不变。”李曦说，后来的结果也证明这个选择是正确的。

对于管理者而言，最重要的就是给予员工充分的信任，“我们尊重每个人的天性，并且尽可能地帮助每个人发挥自己的天性，让他做最适合自己的工作，员工也会觉得自己是这个团队里不可替代的，会为自己的工作、为自己感到骄傲。”索尼还有一条内部“跳槽”的政策。从盛田昭夫的时代开始，索尼公司就每周出版一次内部小报，刊登公司各部门的“求人广告”。员工可以自由而秘密地前去应聘，他们的上司无权阻止。另外，索尼原则上每隔两年就让员工调换一次工作，特别是对于那些精力旺盛、干劲十足的年轻人才，不是让他们被动地等待工作，而是主动地给他们施展才能的机会。在索尼公司实行内部招聘制度以后，有能力的人大多能找到自己较中意的岗位。一个部门的主管带着自己手下的员工到另一个部门应聘，这样的现象在索尼并不鲜见。

资料来源：丘磐：丘磐文库《找对人更重要》，http://www. lightlake. net/wk. asp?id =4，2010. 5. 12。

【案例分析】

人力资源配置是要做到人尽其才、才尽其用、人事相宜，最大限度地发挥人力资源的作用。人力资源配置要遵守“适合”原则，有句话是这样说的：不是最优秀的最好，而是最合适的最好，所以说找对人更重要。在企业，没有不合格的员工，只有不合格的老板。也就是说，每个员工都有闪光点，只要老板善于发现这个员工的优点，配置他到最适合的岗位，他就能胜任自己的工作，为企业创造价值，也实现自身价值。

本单元着重从人员的职业适应性测试，人员的外部流动，人员内部的晋升、降级和调动管理方面来说明人力资源配置的重要性和必要性。人力资源配置就是指在具体的组织或企业中，为了提高工作效率、实现人力资源的最优化而实行的对组织或企业的人力资源进行科学、合理的配置。

一、人力资源配置概述

人力资源配置又称为人力资源的二次开发，包括人员的职业取向、晋升或降职、调进、调出、辞职等内容。适当的人力流动有助于企业的健康运转，而制订相应的管理方案将有利于企业的人力资源配置管理。

（一）人力资源配置的含义

人力资源配置就是指在具体的组织或企业中，为了提高工作效率、实现人力资源的最优化而实行的对组织或企业的人力资源进行科学、合理的配置。

人力资源配置在不同的学科领域有不同的解释。从社会经济与管理的角度来说，就是把社会中所有的人力资源运用到各行各业的社会生产及其经济活动中，达到充分就业与适当分布，保证社会经济发展对人力资源的需要，能充分发挥社会生活稳定的作用。从组织管理的角度来看，人力资源配置就是将组织内外的人力资源通过一定的方式与手段，进行有效的选择与配置，使其在组织经营与生产过程中实现人、财、物等诸要素最优化配置，发挥最大的人力资源效应，获得最大的经济效益。

在企业中，人力资源配置是指人力资源管理部门按各岗位的任务要求，将其招聘的员工分配到企业的具体岗位上，给予员工不同的职位，赋予他们具体的职责、权力，使他们进入工作角色，开始为实现组织目标发挥作用的过程。简言之，就是指为每个岗位配备最合适的人员的过程。它是对人力资源的第二次开发。

（二）人力资源配置的原理

人力资源配置讲求的是每个人都是独一无二的，每个人都有各自的长处和短处，人力资源配置的原理就是要扬长避短。因此，在企业人力资源配置过程中，要遵循以下原理：

（1）要素有用原理。人力资源配置过程中，首先要遵循的一个宗旨，即是任何要素（人员）都是有用的，配置的根本目的是为任何人员找到和创造其发挥作用的条件。

（2）能位对应原理。指的是人与人之间不仅存在能力特点的不同，而且在能力水平上也是不同的。人力资源管理的根本任务是合理配置使用人力资源，提高人力资源投入产出比率。一个组织的工作，可分为四个层级：决策层、管理层、执行层、操作层。

（3）互补增值原理。组员有着共同的理想、事业和追求而达到在工作中密切配合实现要求 $1+1>2$。

（4）动态适应原理。指的是人与事的不适应是绝对的，适应是相对的。从不适应到适应是在运动中实现的，随着事业的发展，适应又会变为不适应，只有不断调整人与事的关系才能达到重新适应。这正是动态适应原理的体现。

（5）弹性冗余原理。要求在人与事的配置过程中，既要达到工作的满负荷，又要符合人力资源的生理心理要求，不能超越身心的极限，保证对人对事的安排要留有一定的余地，既要给人力资源一定的压力和不安感，又要保持所有员工的身心健康。

（三）人力资源配置的原则

人力资源配置要做到人尽其才、才尽其用、人事相宜，最大限度地发挥人力资源的作用。但是，对于如何实现科学合理的配置，这是人力资源管理长期以来亟待解决的一个重要问题。怎样才能对企业人力资源进行有效合理的配置呢？必须遵循如下的原则。

1. 能级对应原则

合理的人力资源配置应使人力资源的整体功能强化，使人的能力与岗位要求相对应。企业岗位有层次和种类之分，它们占据着不同的位置，处于不同的能级水平。每个人也都具有不同水平的能力，在纵向上处于不同的能级位置。岗位人员的配置，应做到能级对应，就是说每一个人所具有的能级水平与所处的层次和岗位的能级要求相对应。

2. 优势定位原则

人的发展受先天素质的影响，更受后天实践的制约。后天形成的能力不仅与本人的努力程度有关，也与实践的环境有关，因此人的能力的发展是不平衡的，其个性也是多样化的。每个人都有自己的长处和短处，有其总体的能级水准，同时也有自己的专业特长及工作爱好。优势定位内容有两个方面：一是指人自身应根据自己的优势和岗位的要求，选择最有利于发挥自己优势的岗位；二是指管理者也应据此将人安置到最有利于发挥其优势的岗位上。

3. 动态调节原则

动态原则是指当人员或岗位要求发生变化的时候，要适时地对人员配备进行调整，以保证始终使合适的人工作在合适的岗位上。岗位或岗位要求是在不断变化的，人也是在不断变化的，人对岗位的适应也有一个实践与认识的过程。由于种种原因，使得能级不对应，用非所长等情形时常发生。因此，如果搞一次定位、一职定终身，既会影响工作又不利于人的成长。能级对应、优势定位只有在不断调整的动态过程中才能实现。

4. 内部为主原则

一般来说，企业在使用人才，特别是高级人才时，总觉得人才不够，抱怨本单位人才不足。其实，每个单位都有自己的人才，问题是“千里马常有”，而“伯乐不常有”。因此，关键是要在企业内部建立起人才资源的开发机制、使用人才的激励机制。这两个机制都很重要，如果只有人才开发机制而没有激励机制，那么本企业的人才就有可能外流。从内部培养人才，给有能力的人提供机会与挑战，造成紧张与激励气氛，是促成公司发展的动力。但是，这也并非排斥引入必要的外部人才。当确实需要从外部招聘人才时，就不能“画地为牢”，死死地盯住企业内部。

5. 效益原则

企业人力资源配置的最终目标，就是要提高组织的效益，保证团队目标的实现。为此，在人力资源配置中，不仅要坚持个人与岗位之间的适应性，而且要使组织的群体结构处于合理状态，这样才有可能使个人能力得到充分发挥，从而获得较大的组织效益。

组织的群体效能可用下面的公式表示：

$$F = \sum \lambda F_1$$

式中：F 为群体能力；F_1 为个体能力；λ 为群体结构系数。

该公式表明，群体能力的大小，取决于个体能力的大小和群体结构合理与否。

【案例 5-2】

唐僧团队的过人之处

国外有学者认为，最早阐述“团队”这一理念的是中国人，《西游记》里唐僧所率领的取经队伍，就是经典得不能再经典的团队。这支取经队伍具备了现代管理学中团队所必备的一切要素。那么，观音菩萨是怎么组建这支团队的呢？第一个被观音菩萨选中的成员，是没什么能耐的沙和尚。他很好地充当了维系取经团队的黏合剂。他对两位师哥保持着不远不近的君子之交，同时又深得领导的信任。他解决冲突从来对事不对人，处处以公心为重，努力寻求解决冲突的最佳均衡点。在取经队伍濒临散伙的关键时刻，是老沙叫回了孙悟空，留住了猪八戒，多次遏制了冲突扩大化的苗头，挽救了团队。

观音菩萨给取经团队选定的第二位成员，是功夫稀松、满身小毛病的猪八戒。他正代表了社会上最大多数的那种人。他们参加团队的目的很实际，就是改善自己的物质生活。老猪憨厚中带着些小狡猾，勇敢中带着点儿怯懦，贪图安逸，总爱占个小便宜，但为人幽默，呆得可爱，充当着团队中的润滑剂。尽管猪八戒经常在唐僧那儿给猴儿哥上点儿眼药，但是关键时刻，能够救孙悟空一命的却正是猪八戒。

那么，观音菩萨为团队选定的白龙马是不是可以没有呢？他不就是个脚力吗？让别人感觉不到自己的存在，这恰恰是白龙马的一种本事。虽然白龙马一声不吭地只知道走路，但如果没有他驮着，唐僧是根本就到不了西天的。团队成员是要有分工的，而且团队成员也不能个个都是孙悟空，默默无闻的服务工作同样要有人来完成，否则取不回真经。

孙悟空是成功团队中必不可缺的挑大梁、干实事儿的专业人才。但他恃才傲物，争强好胜，好显摆自己。不过他技术过硬，而且靠着一双火眼金睛对事物的看法与众不同；他考虑问题不拘一格，遇到困难也往往有独到的见解，总能想出克服困难的办法。不仅如此，孙悟空还有着极其丰富的社会资源。他和各路神仙都能混个脸熟，有了困难他能知道该去请哪位，而且真就能把人家给请过来。

最后要说的，也是最关键的成员当然是唐僧。唐僧虽然胆小怕事、是非不分，但他目标明确，意志坚定，擅长用人，也擅长用权。从某种意义上说，他就是去西天取经这一远大目标的化身。

就是这样一支由性格截然不同的人组成的团队，彼此相互包容——包容了愚气，包容了傲气，包容了俗气，甚至包容了妖气，成为一个不可分割的整体，走向了他们的共同目标。

资料来源：http://hi.baidu.com/qzmhlhj/blog/item/b85bd8df6ff97f1f4854032d.html.

【案例分析】

一个合理的团队，基本上要有四种人：德者、能者、智者、劳者。德者领导团队，能者攻克难关，智者出谋划策，劳者执行有力。这四种人在“唐僧团队”都能找到。而“唐僧团队”最大的好处就是互补性：领导有权威、有目标，但能力差点；员工有能力，但是自我约束力差，目标不够明确，有时还会开小差。但是总的来看，这个团队是个非常成功的团队，最后修成了正果。

（四）影响人力资源配置的因素

影响人力资源配置的因素是多方面的，我们要从国家、企业、个人三方面来考虑，共同努力。从全社会来说，要达到充分就业；从企业来说，要有合适的人才可用；对个人来说，能最大可能发挥优势和体现个人价值。最终达到人尽其才，才尽其用。

从宏观上，各地区经济发展严重不均衡的情况，是影响人力资源配置的一个重要因素。例如出现“人才东南飞”的局面：近些年来，由于地区经济发展不平衡，人才都向经济发展较好的东南沿海地区涌入；而西北部经济相对落后的地区或者一些革命老区，却严重缺乏人力资源，很多欠发达的地方或者农村，往往出现村子里头只有老幼妇女的现象，就使一些贫困落后的地区由于人才欠缺、人力资源严重不足而影响当地的经济发展，从而导致贫穷地区更加贫穷。这也是导致一些地方人力资源过剩，而一些地方人力资源严重不足的主要因素之一。

从中观上，劳动者与用人单位在进行“双向”选择时，往往没有找准双方的最佳切入点，盲目性大。比如在一些人才招聘市场上，我们往往看到，有些岗位有几百人来应聘，而另一些岗位却出现无人问津的冷场情景。这种热冷门岗位的两极分化，没有得到有关部门的正确指导，这也是直接影响到人力资源配置又一因素。

从微观上，企业人力资源主管的素质将直接影响到人力资源的配置。企业招聘到员工以后，员工培训后表现出来的共性和个性特质，是人力资源配置的重要依据。人力资源主管部门要经过一系列的测试来综合考察一个人的素质，然后把员工放到最合适的位置，同时还要考虑个人与团队配合的合理性，达到组织效益的最大化。如果在这一过程中，人力资源主管部门没有一个公平、公正、科学、合理的管理体制的话，就容易受主观因素影响，从而影响了人力资源的配置。

二、职业适应性测试

职业适应性（Occupation Aptitude）是一个人从事某项工作时必须具备的生理、心理素质特征，它是在先天因素和后天环境相互作用的基础上形成和发展起来的。职业适应性测评（Occupation Aptitude Test）就是通过一系列科学的测评手段，对人的身心素质水平进行评价，使人与职业匹配合理、科学，以提高工作效率、减少事故。

职业适应性测试内容因不同职业而异，因为不同的职业需要完成不同的任务，因而需要具有不同的职业能力。比如，一个好的财务人员需要具有很强的计算能力，一个好的营业员要具有善于观察、判断顾客心理的能力，一个好的教师要具有循循善诱的教育、教学能力，等等。职业能力是决定一个人在职业中取得成就的基本条件，通常是由体力、智力、知识、技能四个要素构成的。因此，职业适应性测试一般应包括文化基础知识与能力、生理特征、心理素质和特殊要求等四方面的测试。综合各方面的因素，我们把职业适应性测试分为“生活特性问卷、需求测试和职业兴趣测试”三方面来进行。

（本测试题目放在本书附件中，供参考）

（一）生活特性问卷

1. 测验目的与功能

（1）目的。

生活特性问卷是为评定个体的动机水平而编制的。测验从权力动机、成就动机、亲和动机、风险动机四个方面描述应试者的动机模式和强弱程度。

（2）功能。

动机是行为的内在原因，主要指发动一定行为满足某种需要的愿望，它由需要而产生，为行为提供能量，具有目标指向性。

在个体层次上，上述四种动机的定位、组合模式，与个人工作绩效和职业匹配程度关系紧密，因为个人不同的动机需要模式决定了他们对自己在组织中的责任、职权和利益三者的认识、具体相互关系的构造，特别是决定了对这三者的运用方式。使用动机测量工具可揭示个体的动机模式特征，评估动机与职业的匹配度，个人了解自我，估计工作满意度，作出适当的自我设计和调整。从对组织来说，该测验有助于测验员工的行为表现及其稳定性，为有效地控制管理人员和选拔合格应聘者提供重要的信息。

在团体层次上，使用动机测量工具可帮助管理者了解控制组织成员的动机结构、水平，并进行有效的激励，以提高组织绩效和员工满意度。

2. 测验的特点

本测验从近代激励理论关于员工行为动机的基本概念出发，以风险动机、权力动机、亲和动机和成就动机为纬度构建而成。这些纬度与人们的工作绩效以及参与管理活动中的效能是有必然联系的。其中成就动机和工作绩效之间有高相关，高成就动机有利于实现高度的个人绩效，但不一定是出色的经理人。而亲和动机和权力动机与管理绩效有密切的关系，高权力动机是管理效能的一项必要条件，同时要求亲和动机和需求模式有效地预测其未来的工作表现和绩效，以及个体的动机水平和需求模式有效地预测其未来的工作表现和绩效，以及个体自身的工作满意度。本测验将是评定应聘人员与应聘职位匹配度、揭示职员动机模式、实行有效激励政策的必备适用工具。

3. 适用对象

本测验广泛适用于各行各业、各层次人员，特别是面临择业、改行或求职的应聘者，用于评估其动机与职业的匹配程度。

4. 测验的构成

本问卷测试的是风险动机、权力动机、亲和动机、成就动机四种动机。每种动机选定11～15道题目加以测试。

每道题目陈述一个观点，应试者根据他对此观点的同意程度用七点量表（相当于7分制）评分，如“完全同意”评7分，“不完全同意”评1分。将题目随机排列编成生活特性问卷，问卷由51道题目组成。

5. 测验的施测过程

测验不限定时间，要求应试者凭直觉作答，不用过多考虑。一般在20分钟左右可以完成该测验。

纸笔或计算机作答。可集体施测，具体过程如下。

（1）依据预定的参试人数选择好适宜的测验地点，布置考场。考场环境应安静整洁、无干扰，采光照明良好。

（2）准备好测验所用的材料：问卷、铅笔、橡皮，保证每位应试者有以上完整的测验材料及用品。

（3）安排考生入场，并宣布测验注意事项。

（4）检查应试者完成了所有题目后，回收问卷，测验结束。

6. 测验的样题（含指导语）

指导语：

这是一份关于个人观点的问卷调查，请根据你对每一个问题的看法用1～7的分值表示你的同意或不同意的程度（1代表“完全不同意”，7代表“完全同意”）。请将你的回答填在相应问题前的括号里。答案无对错之分，请不要顾虑。每个问题都要回答，不要遗漏。谢谢合作。

样题：

1…………2…………3…………4…………5…………6…………7

完全不赞同 非常不赞同 稍有不赞同 无所谓 稍有赞同 比较赞同 完全赞同

如第六题：（6）我喜欢对他人的工作做指导。如果你的选择是6，表明这种描述比较符合你的真实情况，你比较赞同这种做法。

7. 维度定义

（1）风险动机：指决策时敢于冒险，敢于使用新思路、新方法，不惧怕失败的动机。高风险动机的人可能过于莽撞，可能的危险和损害估计不足，考虑不周全，缺乏足够的大局意识和责任感，缺乏对失败的应对策略；低风险动机的人则过于保守、慎重，优柔寡断、缺乏决断。

（2）权力动机：指人们力求获得、运用和巩固权力的一种内在需要，是一种试图控制、指挥、利于他人的行为，想成为组织的领导的动机。高权力动机的人往往积极向上，进取意识较强，有开拓精神，善于左右形势大局，果断自信，也常表现为比较健谈；但往往权力动机过高的人会成为组织中的危险人物，有些时候他们只顾及个人权力和利益，而不顾组织的大局利益，甚至有些时候会为了达到自己的目的不择手段，而危害组织。低权力动机的人一般比较满足于现状或者随遇而安，他们对权力不感兴趣，不愿成为组织的领导。总的来说，权力动机是有价值的，一定水平的权力动机是企业管理者实现统率力的行为根源，同时在组织中要控制权力的无限扩张。

（3）亲合动机：是指对于建立、维护、发展或恢复与他人或群体的积极情感关系的愿望。其结果是引导人们互相间和睦相处，互相关心、互相帮助、互相合作，形成良好的人际关系氛围。亲合动机强的人很容易与他人沟通、交流，并能促进团队中积极的社会交往。而亲合动机弱的人则比较不能与人沟通，较常与他人产生冲突和矛盾，团队合作精神会较差。

（4）成就动机：指人们发挥能力获得成功的内在需要，一种克服障碍，完成艰巨任务，达到较高目标的需要。是对成功的渴望，它意味着人们希望从事有意义的活动，并在活动中获得完满结果。由于成就动机有驱动作用，在其他条件相等的条件下，高成就动机的人获得的成功更大，绩效更突出。但成就动机过高，也会产生逆反现象，人们对目标的设置降低难度，倾向于回避失败。结果是动机的行为驱动力减弱，工作任务未必尽善尽美，而且害怕失败就害怕尝试多种可能性，无形中放弃、失去了很多机会。

8. 本测验需要特别注意的事项

（1）这里用“生活特性”代替“动机”，是因为动机一词既敏感，又不易被一般人理解，可能造成应试者较多的猜测。为了回避这种情况，做了这种替换。因为没有必要让应试者产生顾虑。

（2）不同职位（岗位）要求从业者的适宜的动机状态各有不同，表现在各种动机的重要程度不同，每一项动机的适宜定位水平不同，因此，我们不能统一地设定动机水平优劣的分数标准。

（3）针对不同类型的工作对素质或素质组合及水平的需要，考察具体职位的动机要求，确定考察动机水平的标准与具体职位的对应关系。表5－1反映了不同动机水平的组成对管理绩效的影响。此外，一般说来，高层管理者权力动机要比较高，成就动机中适度偏高，亲和动机中等；中层管理者成就动机应比较高，权力动机应中等适度偏高；职位越低的管理者，权力动机水平应当逐渐降低，亲和动机水平应逐渐升高（见表5－1）。

表5－1　　不同动机配置与领导结果

权力动机	成就动机	亲和动机	领导结果
较高	较高	适度	最有利于整个组织的领导
低	较高	高	自愿型主管，对个人有利，有组织不利
较高	高	低	个人成功，组织不利（无团队精神）
低	高	较高	无法统率团体
高	低	较高	可能偏袒私人
较高	低	高	把组织当成社交场所
太低	—	—	无法统率下属
—	太低	—	无法完成机构的任务
—	—	太低	无法与人交往的孤独者

举例：图5－1为某企业张某的生活特性问卷结果。

姓名	性别	出生年月
张某	男	1985.3

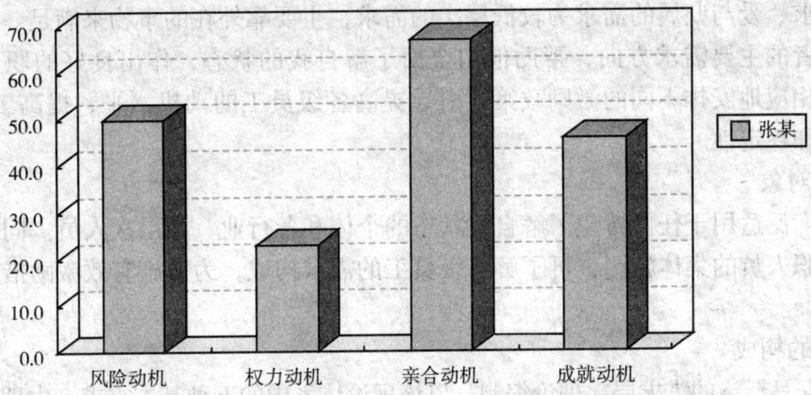

图5-1　张某的生活特性问卷

从图5-1中可以看出张某生活特性问卷的结果（见表5-2）。

表5-2　　张某生活特性问卷结果

项目	得分	说　明
风险动机	中	勇于创新，做事果断，敢于冒必要的风险，对可能的失败有所准备。适合担任组织的决策者
权力动机	低	不渴求团队中的领导位置，缺乏领导才能，竞争意识差，不愿担当责任，没有进取心。不适合当组织的领导
亲合动机	中	看重友情，易于和他人沟通、交流，有同情心，容易接纳他人，有利于团队的合作气氛，如果是管理者则常受到下属的接受和拥护。适合担当团队的组织者和社交性职务
成就动机	中	愿意在工作中培养能力，希望发挥自己的才干、做出成就，但不愿意付出艰辛的努力，遇到大的困难容易退缩，适合担任普通的领导

（二）需求测试

1. 测验目的与功能

（1）目的。

需求测试是测查应试者对生理需要、安全需要、归属和爱的需要、自尊的需要和自我实现的需要等各大类生活需要程度，可全面了解个体的需要状况和需求的主次形态，并可定性、定量分析员工总体结构需求分布模式以及各种需求的强弱程度。

（2）功能。

需求是动机的基本来源；动机的产生原因就是需求的满足。需求是决定行为目标的根本原因。在团体层次上，通过对组织全体员工实施需求测试，可揭示各层次员工的需求结构，根据这个结构可了解团体中需要的分布、形态，这是安排组织激励、调度员工士气的基本环节。需求测试和价值取向评估相互对照使用，可为组织人事工作、动机激励、企业文化建设提供依据。

2. 测验的特点

本测验的设计和建构参照了马斯洛的需求层次理论所提出的五种层次的需求形式，以生理需求、安全需求、爱的需求、自尊的需求、自我实现的需求为维度建构而成。其中生理需求、安全需求、爱与归属的需求为较低层次的需求，主要靠外在的事物来满足。通过本测验可把握应试者的主要需求方向，帮助他们全面了解自我的状态，作出良好的职业设计和规划，同时可相应地安排不同的激励政策，引导提高各级员工的动机水平，提高工作满意度，增强忠诚度和稳定性。

3. 适用对象

本测验广泛适用于任何希望了解自我状态的个体和各行业、各层次人员。同时，适用于组织全体在职人员的集体施测，可了解各级员工的需求构成，为实施有效激励措施提供建议和依据。

4. 测验的构成

测验根据马斯洛的需求层次理论编制，以该理论体系中的五种基本需求：生理需求、安全需求、归属和爱的需求、自尊的需求、自我实现的需求作为测验维度。每种需求选定 10 ~ 16 道题目加以测试。

每道题目陈述一个观点，应试者根据他对此观点的同意程度七点评分，如“完全同意”评“7”分，“完全不同意”评“1”分。将题目随机排列编成需求测试问卷，测验由 67 道题目组成。

5. 测验的施测过程

测验不限定时间，要求应试者凭直觉作答，不用过多考虑。测验时间约为 30 分钟。可以纸笔或计算机作答。可集体施测。具体过程为：

（1）依据预定的参试人数选择好适宜的测验地点，布置考场。考场环境应安静整洁，无干扰，采光照明良好。

（2）准备好测验所用的如下材料；测验纸、铅笔、橡皮，保证每位应试者有以上完整的测验材料及用品。

（3）安排考生入场，并宣布测验注意事项。

（4）检查应试者完成了所有题目后，回收测验材料，测验结束。

6. 测验的样题（含指导语）

指导语：

这是一份关于个人观点的问卷调查，请根据你对每一个问题的看法用 1 ~7 的分值表示你的同意或不同意的程度（1 代表“完全不同意”，7 代表“完全同意”）。请将你的回答填在相应问题前的括号里。答案无对错之分，请不要顾虑。每个问题都要回答，不要遗漏。谢谢合作。

样题：

1…………2…………3…………4…………5…………6…………7

完全不赞同 非常不赞同 稍有不赞同 无所谓 稍有赞同 比较赞同 完全赞同

如第（7）题，我认为有一个安稳的住所是发展事业的前提。如果你的选择是 7，表明你完全同意这一表述，这与你的看法完全一致。

7. 维度定义

（1）生理需求：指各种用于满足生存的基本物质需要，如伙食、睡眠、营养等，有稳定的工作等。

(2) 安全需求：指对安全、稳定、依赖的需要，希望免受恐吓、焦躁和混乱的折磨，有稳定的工作等。

(3) 归属和爱的需求：指对爱、情感、友谊、归属和社会交往的需要。希望拥有朋友、爱人和亲人。如果得不到满足，个体会感到孤独。

(4) 自尊的需求：指对于自己的稳定的、牢固不变的、较高的评价的需要或欲望，对于自尊、自重和来自他人的尊重的需要或欲望。

(5) 自我实现的需求：指个体充分发挥自己的潜能，实现人生价值的需要，也就是说一个人生下来具有什么样的潜能，他就希望成为什么样的人。

8. 本测验需要特别注意事项

本测验的题目设计是假定受测者愿意并能够直率地表达自己内心的真正想法。一般来说，用于了解受测者的需求层次，以便企业为其制定最适合于本人需要的激励措施。在这种情况下，一般受测者会理解测验的用意，从而坦率作答。但也并不排除受测者出于某些复杂的原因掩饰自己真实的想法。

本测验广泛适用于任何希望了解自我状态的个体和各行业、各层次人员。同时，适用于对企业全体在职人员的集体施测，可了解各级员工的需求构成，为实施有效激励措施提供建议和依据。

相关链接：人类需求与最佳管理

马斯洛相信，他的人类需求层次理论提供了一个如何在工作环境中强调自我实现的最有用的模式。他指出："最好的管理者应该懂得如何促进被管理者的健康。办法有两个：一是满足被管理者的基本需求，包括对安全感、归属感、情感关系、友谊关系的需求，以及对声望和自尊的需求。二是满足他们高层次的动机或需求，例如对真、善、美、正义、完美以及规律的需求。"

在日常匆忙的工作中，这些观点也许有一点理想主义，但是了解马斯洛的发现是有助益的。他认为，对于自我实现型员工来说，重要的工作目标至少有13个：

1. 成为工作的主要推动者；
2. 有自决权；
3. 自由支配自己的行动；
4. 能够全程参与某项计划（从计划、执行到完成）；
5. 对成功有所期待；
6. 喜欢或至少乐意担负责任，尤其对自己的责任；
7. 主动而不是被动；
8. 做一个人而不是一个东西；
9. 体验自己做主的自我；
10. 体验自主性；
11. 体验自发性；
12. 体验独立性；
13. 自己的能力获得他人的认可。

在当今的企业界里，马斯洛关于工作中的自我实现的洞见已经逐渐成为智力资本这个领域所探讨的主题。

资料来源：http://www. douban. com/group/topic/1332534/.

（三）职业兴趣测试

1. 测验目的与功能

（1）目的。

兴趣是重要的心理特征之一，是个体力认识某种事物或从事某种活动的心理倾向，表现为个体对某种事物、某项活动的选择性态度或积极的情绪反应。

兴趣是多种多样的。不同的人兴趣不同；同一人也有多种不同的兴趣。其中职业兴趣是职业的多样性、复杂性与就业人员自身个性的多样性相对应下反映出一种特殊的心理特点。

职业兴趣上的个体差异是相当大的，也是十分明显的。因为，一方面，现代社会职业越来越分化，活动的要求和规范越来越复杂，各种职业间的差异也越来越明显，所以对个体的吸引力和要求也就迥然不同。另一方面，个体自身的是生理、心理、教育、社会经济地位、环境背景不同，所乐于选择的职业类型、所倾向于从事的活动类型和方式，也就十分不同。

由以上可知，职业兴趣反映了职业（工作活动）特点和个体特点之间的匹配关系，是人们职业选择的重要依据和指南。职业兴趣测验正是用于了解这两个方面特点之间的匹配关系，从而为实现“恰当的人从事恰当的工作”提供可靠的科学依据。

（2）功能。

① 从个人择业方面来说，职业兴趣测验是帮助人们明确自己的主观性向，从而能得到最适宜的活动情境并给予最大的能力投入。

它通过直接或间接地了解人们对不同的职业或不同的操作对象（如人或事物或观念）的偏好，甄别人们究竟更倾向于和更适合于何种职业，使人各适其位，各尽其职，发挥特长，取得对工作最佳、对个人最满意的效果。

② 职业兴趣测验不但对就业人员的择业有指导意义，而且对管理人员的选拔和安置也起着举足轻重的作用。

检测不同类型的管理活动与不同人的兴趣倾向之间是否存在恰当而合理的匹配关系，能为成功的管理工作提供基础保证。企业管理人员兴趣测验不但有利于发挥管理人员自身的才干，而且能为整个团队创造健康有益的氛围，从而保证整个工作的效益和提高全体成员的工作满意感。

③ 职业兴趣测验还可以在能力鉴定的基础上甄别可能取得最大效益和成功的活动（职业）。

也就是说，只有考虑到了兴趣，才能说明能力与成功的关系。能力是取得成功的必要条件，但它还不是充分条件。并不是每一个有能力的人都能够成为成功者。绝大部分成功者都是那些既具备一定能力，又对所从事的工作真正感兴趣的人。满足感本身就是激励人们去努力工作的一种动力。因此，“兴趣加能力”是确保取得成功的重要的条件。

2. 测验的特点

社会中的不同职业形成一定的群类，它们对人具有一定的相对固定的要求。同样，社会中的人也有各种各样的兴趣，它们也形成一定群类。当人的兴趣和社会中的职业相吻合时，也就是人们选择了恰当的职业道路时，便为开辟事业、取得成就确立了正确的方向。

在20年代，西方就开始了职业兴趣测量的大量研究。1921年首先在美国出现最早的职业兴趣测验——坎培尔职业兴趣测验（campell interest inventory），它从人与职业相匹配的角度将人的职业兴趣分为三类：D、P、T，即“对数字、符号等工作的兴趣”、“对人及社会性工作的兴趣”、“对机械、工具操作等工作的兴趣”。此后，随着对职业兴趣研究的深入，针对不同的使用对象产生了很多著名的测验，如SVIB、SCⅡ、KOIS、VPI等，并且所有这些测验都有很多版本问世。

所有的职业兴趣测验都有一个基本的理论依据，即霍兰德在研究职业兴趣的共同性和差异性之中找到的六个测查维度：操作取向（realistic）、研究取向（investigative）、艺术取向（artistic）、社交取向（social）、经营取向（enterprising）、事务取向（conventional）。这六个方面的英文字头合起来就是RIASEC。其理论来源于主要基于下面的几个假设：

① 大部分的人可被归于六种人格类型（RIASEC）的一种。

② 现实社会中存在六种工作环境（RIASEC）。

③ 人们倾向于寻找和选择那种有利于他们技术、能力的发挥、能充分表达他们的态度、实现他们的价值、并使自己能扮演满意角色的环境。

④ 一个人的行为是他本人个性和环境特征相互作用的结果。

⑤ 个体类型和环境类型的一致性（congruence）、和谐度的程度可由一个六角形模型来解释和评估。

⑥ 个体内部或环境内部自己的相容性程度也可以用一个六角形模型来决定。

⑦ 个体或者环境的区分度可由职业的编码、所绘的结果剖面图以及两者共同来解释。

但是，所有这些测验都难以直接在中国引用，原因是它们：

① 或是过于冗长、复杂，不好操作；或是表面效度太高，隐蔽性差。

② 都是国外测验，有些内容（如某种职业）不符合中国实情。

③ 都是针对一般人的职业兴趣，主要用于择业，而不是专门针对管理人员的各种特点，不适合于管理人员。

④ 汲取了国外以往测验的优点和其职业兴趣的理论框架，根据中国人以及中国职业的特点设计，符合中国的国情。

⑤ 题目的设计具有隐蔽性，尽量避免使受测者有对职业的优劣感，降低了社会赞许性。

⑥ 各维量的题目合并混排，降低了测验题目维量属性的可猜测性，适合各类人员测评的需要。

⑦ 针对管理人员而言，可区分管理人员与非管理人员的兴趣模式，特别是不同类型管理工作所需要的职业兴趣模式。

3. 适用对象

职业兴趣测验适用范围很广，包括以下几个方面。

（1）大、中学生。大、中学生往往面临升学、就业的选择，大多数学生在高中甚至大学阶段并不太肯定自己的人生抉择，不能正确地判断和了解自己。他们可能受一些外界的、偶然的、性格的因素影响，而作出盲目且不适合自己发展的选择。家长们望子成龙，往往忽视孩子的兴趣，为孩子报考或选择提供学科可靠的测评数据，有助于他们恰当地选择职业。

（2）社会上的一般人员。对于那些正处于最初择业阶段的人，即使是成年人，也不一定能全面了解各种职业的情况，往往只是从日常接触到的有限的知识经验来判断他们的兴趣。因此科学制定的职业兴趣测验对人们的职业选择有十分重要的应用价值。

（3）管理人员。从企业用人角度来说，对管理人员进行兴趣方面的检测，目的就在于确定不同类型的管理活动与不同人的兴趣倾向之间是否存在恰当而合适的匹配关系，从而为成功的管理工作提供基础保证。众所周知，生产管理、技术管理、经营管理、行政管理等各种不同类型的管理具有不同的活动特征，对人的特征的要求不尽相同。因此检测者这两者之间的匹配性是选拔、安置管理人员不可或缺的。

4. 测验的构成

职业兴趣测验根据中国职业自身的特点，在吸收国外测验的优点和其职业理论的基础之上，采取艺术取向、事务取向、经营取向、研究取向、操作取向、社交取向六种兴趣纬度共设计60个题目。其中包括活动、工作、技能三方面。题目的设计尽量具有隐蔽性，尽量避免使受测者有对职业的优劣感。同时各纬度的题目合并混排，降低测验题目纬度属性的可猜测性，以合适于管理人员测评的需要。

5. 测验的施测过程

职业兴趣测验不限定时间，六个纬度60个题目需要10分钟左右的时间。测验有两种实施方式：笔纸作答和计算机施测。具体施测过程如下。

（1）依据预定的参试人数选择好适宜的测验地点，布置考场。考场环境应安静整洁，无干扰，采光照明良好。

（2）准备好测验所用的如下材料：问卷、铅笔、橡皮，保证每位应试者有以上完整的测验材料及用品。

（3）安排应试者入场，并宣布测验注意事项。

（4）检查应试者完成了所有题目后，回收问卷，测验结束。

6. 纬度定义

（1）艺术取向：喜欢艺术性工作，如音乐、舞蹈、唱歌等。这种取向类型的人往往具有某些艺术技能，喜欢创造性工作，富于想象力。这类人通常喜欢同观念而不是事务打交道。他们较开放，好思想、独立、有创造性。

（2）事务取向：喜欢传统性的工作，如记账、秘书、办事员以及测算等。这种人有很好的数字和计算能力，喜欢室内工作，乐于整理，安排事务。他们往往喜欢同文字、数字打交道，比较顺从、务实、细心、节俭、做事利落、很有条理、有耐性。

（3）经营取向：喜欢诸如推销、服务、管理类型的工作。这类人通常具有领导才能和口才，对金钱和权力感兴趣，喜欢影响控制别人。这种人喜欢同人和观念而不是事务打交道。他们热爱交际、冒险、精力充沛、乐观、和蔼、细心、抱负心强。

（4）研究取向：喜欢各种研究性工作，如科学研究人员，医师、产品检查员等。这类人通常具有较高的数学和科学研究能力，喜欢独立工作，喜欢解决问题；喜欢同观念而不同人打交道。他们逻辑性强、好奇、聪明、仔细、独立、安详、俭朴。

（5）技能取向：喜欢现实性的实在的工作，如机械维修、木匠活、烹饪、电气技术等。这类人通常具有机械技能和体力，喜欢户外活动，乐于使用各种工具和机器设备。这种人喜欢同物而不是与人打交道。他们真诚、谦逊、敏感、务实、朴素、节俭、腼腆。

(6) 社交取向：喜欢社会交往性工作，如教师、咨询顾问、护士等。这类人通常喜欢周围有别人存在，对别人的事很感兴趣，乐于帮助别人解决难题。这种人喜欢与人而不是与事务打交道。他们往往助人为乐、有责任心、热情、善于合作、富于理想、友好、善良、慷慨、耐心。

中外几十年来的大量研究表明，可以用以上六个方面来对应每一个人的职业兴趣类型。例如，一个人可能是研究取向的兴趣类型，或者是艺术取向的兴趣类型。

有时候，还可能需要用两个甚至三个方面来同时说明一个人的职业兴趣类型。例如，一个人可能既是经营取向的，又是社交取向的，或者还可能有一些艺术取向。

本测验从以上六个维度测评一个人对这些活动、工作的兴趣，并加以综合，诊断出一个人最突出的职业兴趣以及各方面职业兴趣强弱的对比特征。

三、人员的外部流动

【案例5-3】

酒店业：员工流动过快“伤”了谁

没有什么行业的“跳槽”率比酒店餐饮行业还高。周围总是时不时冒出新开业的酒店，规模也是一家比一家大，明摆着，用人需求量肯定与日俱增。

这是个能让人快速成熟和成长的行业，年纪轻轻的，就可能是一个主管、副总。当然，不满足于现状了，想加薪了，想升职了，一方面可以通过加强业务能力一步一步往上走，另一方面也有一个“捷径”，就是“跳槽”，反正那么多地方都在挖空心思“挖墙脚”，不愁没去处。

不过事情都得两面看，你看哪儿好往哪儿去，那有没有想过，自己的实际能力有没有达到？对个人的成长和系统化有没有影响？酒店挖人，倒是摘了现成的桃子，省了培训的投入，但是这个“人才”能不能适应企业文化？你能挖来人才别人也能再挖走，这个忠诚度如何保证？人员变来变去，又如何提升服务？

一般来说，一定的酒店员工流动是很正常的，否则酒店像一潭死水，但流动率太高，会影响饭店的正常运作，造成人心不稳。据统计，现在我国酒店跳槽率在15%到30%之间，而正常的员工流动率应保持在5%左右。

因此，怎样让酒店和个人共同积极、健康地成长和发展，是摆在这个行业从业人员面前的一个问题。

资料来源：http：//finance. ifeng. com/money/roll/20090308/426671. shtml.

【案例分析】

人员的正常流动，从个人角度来说，可以让员工接触不同的东西，拓宽知识结构，提升个人的能力。从组织角度来说，适度的人员流动有助于企业保持活力，与时俱进，了解同行和竞争对手的信息，有刺激员工的作用。但如果流动率过高，流动过快，对个人和组织来说都不是一件好事。在当今世界，人才是企业的核心竞争力，人才的竞争就是企业的竞争。如何对人员流动进行科学的管理，是摆在人力资管部门的一个关键问题。

（一）人员外部流动的含义

人员的外部流动是指在不同单位之间的人员流动，包括“跳槽”和正常调动两种。“跳槽”是因为个人或组织原因导致员工向另一单位流动：员工从原单位辞职，然后“跳槽”进入另一家单位，与原有的人事关系一般没有必然的联系。正常调动是指人事关系上的一个变更：人事关系由原单位调入到另一家单位，员工不存在辞职，只是改变人员的工作岗位职务、工作单位或隶属关系的人事变动。本单元说的人员的外部流动仅指第一种“跳槽”人员的流动。

（二）人员外部流动的原因

自从计划分配的就业现状被双向选择取代后，人员的外部流动就大大提高了。据一份企业人员流动状况的调查资料显示：在各种组合形式的企业类型当中，私营企业从业人员的“跳槽”率是最高的。很多私营企业一年甚至要走掉几拨人。这种人员的大规模向外流动，同样也存在于民营企业中。有份调查显示，民营企业的人员流动率平均仍在50%左右，这远远高于其他传统产业或者企业正常运转应该保持15%的员工流动率的要求。也就是说，人员外部流动的现象已普遍存在于各类企业当中。那么，导致这种普遍性的人员外部流动原因是什么呢？应该从下面这几方面来分析：

（1）制度问题，就业的双向选择必然会带来人员的外部流动。以前在计划分配的阶段，你去哪里工作，从事哪一个岗位，都是计划分配的结果，大家习惯等分配，也不会想着去“跳槽”。而双向选择赋予了员工更大的自由，员工有了自由选择的权力，因此，员工如果觉得在原来这家企业不适合自己，无发展空间，就会选择“跳槽”。

（2）现阶段就业压力大，很多人找不到合意的工作，只好选择先就业再择业，也间接造成了人员的外部流动。现在各高校校园流传一句话：毕业等于失业。目前，人才市场的竞争白热化，往往一个职位都有几百个人在争。在这种就业压力下，很多用人单位都打着“有工作经验优先”的招聘口号，所以很多新人一时找不到适合自己的工作，都会先就业再择业。不少这样的员工，这边刚进公司，那边就开始找工作，一过实习期就纷纷“跳槽”。

（3）工作职责设计不合理，员工付出与收获不成正比。许多企业都希望能拥有多种才能的员工，从人力成本上进行成本的控制。因此就形成了一些岗位的设计缺乏科学依据，员工工作职责分配不合理，工作边界不清晰，人为地加大了工作强度。特别是一些复合型人才，做了很多跨岗位的工作，比普通的员工更忙更累，即便在经济上有一定补偿，但长此以往，等到员工发现自己的付出和回报得不到对等时，必然会选择离开。

（4）很少培训和发展的机会。许多企业不愿意投入资金在人力资源开发上。它们一般只关注岗位技能的培训而忽略员工职业素质的提高。但是，员工通常在工作稳定后，就会考虑个人的发展机会和前途问题。每个人都自觉或不自觉地有自己的职业发展计划。然而，在多数企业中，员工往往每天做着重复的工作，很少有机会能在不同的岗位上工作。企业几乎不会去帮助员工进行职业生涯规划。因此，当员工期望获得更多的培训和个人发展机会时，员工会选择离开。

（5）家族式管理和不公平的用人机制。企业内部的家族式管理和雇用亲戚的用人机制影响了企业素质的提高。根据调查，民营企业约90%的财务管理权掌握在家族成员手中。约40%的中高层经理是老板的朋友和亲戚。这些人普遍只有较低的学历并缺乏现代管理知识，他们只着眼于眼前利益而忽略了企业的长期发展，甚至导致决策失误。此外，家族式管理也导致不合理的人员分配。一方面老板安排他们的亲戚在关键岗位上工作，如财务、人力资源，然而大多数这些人都很难胜任这些岗位；另一方面，有能力的员工不能获得提升和发展，由此导致员工都纷纷选择离开。

(6) 缺乏企业文化，久而久之，必须会使员工人心向外。一个人刚参加工作，工作是为了养活自己和家人，但人有了一定的阅历，工作到了一定的时间以后，就不再仅仅是为养活自己和家人这么简单了。马斯洛需求层次论指出人的需要是由低级向高级不断发展的。人在解决了生存需要后将转向更高一层的需要。这就决定了人的目的不仅仅是为了钱，还有比较好的工作环境、融洽的人际关系和个人价值的实现。许多专家提出企业文化对于员工也是一种待遇。员工在一个有良好企业文化的企业中工作会感到快乐，且容易获得好的成绩。良好的企业文化是一种无形的激励，去促使员工努力达到企业的目标。然而，多数企业的企业文化都不能令人满意，员工没有安全感和归属感，因此导致了人员流动。

(7) 员工追求自我实现，寻求更大的发展空间。人才与企业是共同生存、共同成长的，但"加速度"却不一定相等。当企业无法满足员工自身发展的需要时，员工必然会另谋出路，重新寻求适合自身发展的环境。为了达到"自我实现"的需要，寻求更大的发展空间，员工别无选择，正如勒温的人才环境理论中所说的"个人对环境往往无能为力，改变的方法是离开这个环境，转到一个更舒适的环境中去工作"，这就形成了人才的流失。

(8) 其他一些因素的影响。比如与老板或同事有重大矛盾冲突，解决夫妻之间两地分居问题，考虑赡养老人或教育孩子的便利性等等，这些因素也是人员向外流动的一个原因。

(三) 企业对人员外部流动的管理措施

人员的对外流动过快，高流动率对企业的损失是显而易见的。一方面，企业花了大量的培训成本；另一方面，人员的高流动率会对员工产生负作用，会动摇一部分员工的人心，造成工作效率降低，员工没有积极性；再者，人员的高流动率还可能造成企业商业秘密的泄露。总之，人员的高流动率会给企业带来严重的损失。如何能将企业员工流动率控制在一定的水平内，企业可以从以下几个方面着手开展工作。

(1) 要努力营造良好的体制环境。这是人才环境建设的重中之重。体制问题关乎全局，决定着方方面面。要努力构建一个充满生机和活力的、开明健康，有利于各类人才成长的、能够促进人才有序流动的人事人才管理新体制。这种新体制应当具备以下特征：以人为本、职责明晰、分类到位、机制灵活、制度健全、政策配套。

(2) 建立公平，有竞争力，有激励性的薪酬体系。在进行薪酬设计时需要遵循"对内具有公平性，对外具有竞争性，对员工具有激励性"的原则。通过对本地区同行业企业的薪酬调查及对企业内的岗位评估来建立公平有竞争力的薪酬体系。此外，对关键岗位员工，要舍得支付高薪水。只有这样，才可能吸引住核心人才。企业对员工要奖惩分明，对企业有重大贡献的员工，对其进行表扬或奖励，会对员工产生一种有效的激励。

(3) 建立完善的培训体系和人才晋升机制。企业应该提供员工基础素养和专业素养培训，建立一整套、一系列有针对性和切合企业战略发展规划的培训计划，让员工与企业一起进步。此外，许多企业若出现了岗位空缺，管理者首先想到的是从外部进行人员招聘，而不考虑内部提拔。这对在职员工的打击很大，既不利于激励员工，也不能在团队里营造竞争氛围。企业的可持续发展，人才队伍建设很重要，从人力资源战略规划角度建立人才队伍，完善人力结构，形成有效的晋升体系，发现优秀人才。

(4) 建立企业内部良好的沟通渠道。各部门的经理和主管应该经常通过和下属沟通来了解他们的工作状况和可能需要的帮助。这样员工才会感觉被企业重视，而愿意为企业工作。此外，企业内部的沟通不仅仅局限于部门经理和员工之间，企业经营者和基层员工的沟通也是十分必要的。通过和基层员工的沟通，经营者可以清楚了解到员工的需求和想法，以此来更好地留住员工。企业应该建立良好的企业各层级人员之间的相互沟通渠道、建立透明、开放、和谐的人际氛围，正确处理和协调人际关系，在企业创造不断发展和积极向上的内部环境。

（5）提高员工的薪资福利待遇。严格执行新的《劳动合同法》，切实提高员工的薪资福利待遇，企业为员工及时办理各项社会保障福利，如社会医疗保险、社会失业保险及社会养老保险等等，使员工对企业产生好感和信赖。同时因为物价上涨的幅度大，企业应该的工资水平也应该考虑到物价的原因。

（6）创建核心企业文化，营造好的文化氛围。企业应该使员工认同公司的价值观和目标，增加员工对企业的归属感。企业管理者应该努力营造好的企业文化氛围，有了使员工认同的企业文化氛围，团队才会有凝聚力，有了凝聚力的团队，人员流动率自然会降低。

（7）注重员工的职业生涯开发管理，让员工把工作当做自己的事业来做。由于现代人一生的大部分时间都在社会组织中度过，现代人的职业生涯变得与家庭生活同等重要、密切相关，人们也有了职业生涯成功的愿望和需求。企业可以通过对员工的潜能、开发、生理开发、智力开发、技能开发等等，使员工的工作内容受重视、工作业绩受肯定、工资待遇得到改善和职务职称得到升迁等等有一整套的规划，帮助员工找到职业生涯发展和企业发展的结合点，从而使企业变成能吸收人、能留住人、有发展前途的企业。另外，用期权、股份、公司可持续发展性、未来并购蓝图等“画饼”来尽量减少人员流动，也是一种有效的手段。

相关链接：员工频繁“跳槽”　企业有责任

天津《每日新报》“职涯”栏目中说到：员工在考虑跳与不跳的问题，同样老板也是考虑留与不留的问题。“跳槽大家谈”本期嘉宾中有一位是正信集团总裁助理魏士斌，另一位是科恩特咨询公司总裁樊祎。

魏士斌：“跳槽”是一个很正常的现象，年底年初的时候比较多一些。一个人在公司待了一段时间以后，跳出去开阔一下眼界，再发展一下，也许下一个阶段再跳回来，这在我们公司例子很多。回来的原因有两个，就是我们这个平台又高了一块儿；第二个，他转了一圈儿，自己也有一个比较，觉得回来会有更好的发展。

一个很好的人才我们没有给予很好的重视的话，这是很可惜的，我们要检讨自己为什么让人才流失掉，如果我们给人家提供的平台不够了，人家走，这是很正常的事情，我们不能大材小用，应该是欢送的。有一部分人才，如果是因为薪酬问题的话，这要看对公司的贡献度够不够，如果够了的话，在他刚有“跳槽”苗头的情况下，该加薪的时候就加薪。或者到年底的时候，用年终奖的形式给予补偿。

樊祎：传统行业的人员流动率可能在30%，而我们这个行业一年走光了也不新鲜。对于老板而言，如何留住核心骨干就是一个很大的难题。尤其是对于小公司，要留住人才，目前只能用期权、股份、公司可持续发展性、未来并购蓝图等“画饼”来尽量减少人员流动，这对30岁以下的年轻人作用还是很大的。

两年前的一个冬天，有个重要部门的主管向我提出离职。在此之前我已经有心理准备，因此我也没有表现出气急败坏的样子，主动提出大家谈谈是什么情况。他告诉我，不是因为这个公司不好，而是因为要去的那家公司太好，是跨国集团，让他担任天津分公司的总经理，薪水也有显著提高。我就动之以情晓之以理，作出了许多承诺，比如来年企业会怎么样，半年会怎样，短期、中期、长期的规划都告诉他。后来他留了下来，而且这些承诺最后都兑现了。(节选)

资料来源：http://epaper.tianjinwe.com/mrxb/mrxb/2008-01/20/content_5430615.htm.

节选内容表明，人员的外部流动是当前人力资源管理中普遍存在的现象，这种现象已经引起了企业的高度重视。这种人员的外部流动正由前文介绍的一样是由多种原因产生的，而在员工主动提出跳槽的同时，企业也在想对策。总之，走与不走，留与不留，是员工个人和企业共同关注的问题，最圆满的举措是如何达到双赢。

四、人员的内部流动

(一) 人员内部流动的含义

人员的内部流动是指员工在企业内部的工作调整和岗位变换。包括人员的晋升、降职和调动管理。

人员的内部流动主要有两种方式：一是正常的岗位调动，二是竞聘上岗。人员的内部流动有利于企业人员优势的整合和优化，有利于员工的发展，有利于业务发展的需要。

(二) 晋升

1. 晋升的含义

晋升是指员工向一个比前一个工作岗位挑战性更高、所需承担责任更大以及享有职权更多的工作岗位流动的过程。

2. 晋升的目的

为了发挥员工最大潜能为企业创造更好的经济效益和社会效益，企业会制定员工的晋升制度，目的是充分调动全体员工的主动性和积极性，并在公司内部营造公平、公正、公开的竞争机制，突显企业的优秀核心人才。

3. 晋升的原则

(1) 德能和业绩并重的原则。企业不能打着“用能人”的旗号，重用和晋升一些才高德寡的员工，这样做势必会在员工中造成不良影响，从而打击员工的积极性。

(2) 逐级晋升与越级晋升相结合的原则。员工一般逐级晋升，为公司作出了突出贡献或有特殊才干者可以越级晋升。

(3) 直线晋升与交叉晋升相结合的原则。员工可以沿一条通道晋升，也可以随着发展方向的变化而调整晋升通道。

(4) 能升能降的原则。根据绩效考核，员工职位可升可降。

4. 晋升的审查标准

所谓审查标准，主要是让员工非常清楚什么情况可获得晋升，在晋升基准公平公开的情况下，员工才能具体掌握努力的方向。什么是具体的审查标准呢？因公司的需求情形不同而有所不同，不过大体上有以下的几种情形。

（1）完全以业绩为主。

完全以考绩为晋升的依据，表现好就是最具体的贡献，其他都是可以日后再补足的。只要有发展潜力且绩效又好，员工就可以获得晋升；或是连续几年考绩达到规定，就可以晋升，而要晋升越高的职等，考绩的要求越严格。

（2）考绩+其他能力。

考绩好，不代表往上一级职位的能力已经具备。为了克服这个盲点，有的公司再加上其他能力的审查，有的还规定要上过哪些课及几个小时的课程，这样做是为了确保取得晋升上一级职位的员工，具备一定水平的能力。通过职位晋升的人，是公司要掌握的人力资源，如果晋升的过程中未能掌握应具备的能力，将来这些获得晋升的人，在派任工作上因无法表现应有的工作水平，就会变成公司的困扰。

例如，某一位营业助理，因表现优异，而被晋升至营销专员。但是关于营销专员应具备的能力，如营销理论、定价策略、成本概念、企划能力等，有些尚未具备一定的程度，这时其晋升的意义，就值得探讨。

制定晋升的审查条件，又有笼统与详细的分别。要如何取舍，得视企业的规模、职务种类划分的情形，及审查时有无人力及适当的委员。如果订得很详细却无人力执行，则制度将沦为空谈，还会让员工失去信心。若是公司有人力执行，制订得过于简单，使得对员工能力的判断，变成形式，则晋升制度将无法发挥拔擢人才的功能。

5. 晋升流程

（1）部门主管向人力资源部申报出现的空缺职位。

（2）人力资源部进行评审并汇报经理。

（3）评审通过的，人力资源部发布竞聘通知，并组织竞岗各项准备工作。

（4）公司员工根据自己的实际情况（或经历）到人力资源部报名，部门经理也可以推荐；对于不符合职务晋升的基本条件，但在业绩、能力等方面却有突出表现的员工，可以破例参加竞选活动。

（5）人力资源部策划××职位选拔方案（样本）。

① 能力分析。

××职位的主要职责为：__________，应具备的素质有：__________。

② 能力评价措施。

A. 书面考核。

你心目中的××职位是怎样的一种工作？

考核目的：__________

评判标准：__________

B. 实战考核（列出一些题目，口答）。

C. 量表测试，包括职业个性、自信心、领导能力等。

D. 民主意见采集。

③ 考核结果处理办法。

④ 确定最后人选。

（6）报总经理审批××职位的临时任命书，并公布竞聘结果。

（7）试用，原则上员工初次晋升均为临时负责人，其试用期一般为两个月。任期满后，由其直接上级根据其任职期间的工作业绩进行考核，考核不合格者，免去其临时负责人的职务，重新进入竞选流程；考核合格者，填写职位转正申请表，再报总经理审批，最后报人力资源部发文。

6. 制定员工晋升管理办法

示例：

××公司员工晋升管理办法

一、为了提高员工的业务知识及技能，选拔优秀人才，激发员工的工作热情，特制定本晋升管理办法。

二、晋升较高职位依据以下因素：

1. 具备较高职位的技能；

2. 相关工作经验和资历；

3. 在职工作表现与操行；

4. 完成职位所需要的有关训练课程；

5. 具备较好的适应性和潜力。

三、职位空缺时，首先考虑内部人员，在没有合适人选时，考虑外部招聘。

四、员工晋升分定期和不定期两种形式

1. 定期。每年×月和×月根据考核评分办法（另行规定）组织运营状况，统一实施晋升计划；

2. 不定期。在年度进行中，对组织有特殊贡献、表现优异的员工，随时予以提升；

3. 试用人员成绩卓越者，由试用单位推荐晋升。

五、晋升操作程序

1. 人事部门依据组织政策于每年规定的期间内，依据考核资料协调各部门主管提出的晋升建议名单，呈请核定。不定期者，另行规定。

2. 凡经核定的晋升人员，人事部门以人事通报形式发布，晋升者则以书面形式个别通知。

六、晋升核定权限

1. 副董事长、特别助理与总经理由董事长核定。

2. 各部门主管、由总经理以上人员提议并呈董事长核定。

3. 各部门主管以下各级人员、由各级单位主管提议，呈总经理以上人员核定，报董事长复核。

4. 普通员工由各级单位主管核定，报总经理以上人员复核，并通知财务部门与人事部门。

七、各级职员接到调职通知后，应在指定日期内办妥移交手续，就任新职。

八、凡因晋升变动职务，其薪酬由晋升之日起重新核定。

九、员工年度内受处罚未抵消者，次年不能晋升职位。

十、本文书自20××年×月×日正式生效。

表5-3为××公司人员晋升核定表样式：

表5－3　　　　　　　　××公司人员晋升核定表

部门：　　　　　　　　　　　　　　　　　　　　　　　　　　　　　　　　　　　年　　月　　日

姓名	学历		成绩评定	原任工作资料			拟晋升（聘用部门拟订）职级			核定		备注
	学校科系	毕业时间		工作职级	月薪	初聘本职级日期	现任工作	转任现任工作日期	工作职级	工作职级	月薪	

（三）降职

1. 降职的含义及其影响

所谓降职是指从原来高职位降低到低职位，降职的同时意味着削减被降职人员的工资、地位、权利和机会。

2. 降职的原因

发生下列情形时，可对人员进行降职处理：

（1）由于组织机构调整而精简工作人员。

（2）不能胜任本职工作，调任其他工作又没有空缺。

（3）按照惩罚条例，对人员进行降职。

（4）身体健康原因。

3. 降职的程序与审核权限

降职程序大多是：首先由用人部门提出申请，报送人力资源管理部门；然后人力资源管理部门根据组织政策和各部门主管提出的降职申请，进行人员调整；最后呈请主管人事的上级核定（降职核准表见表5－4）。凡核定降职人员，人力资源管理部门都要发布人员变动通知，并以书面的形式告知本人。

表5－4　　　　　　　　××公司员工降职核准表

部门		姓名		备注
职务		工资号		
降职原因				
降职结果				
部门主管意见				
人事部门意见				
申请人				

降职审核权限包括：

（1）总经理、副总经理的降职由董事长裁决，人力资源管理部门备案。

（2）各部门经理级人员的降职由人力资源管理部门提出申请，报总经理核定。

（3）各部门一般管理人员降职由用人部门或人力资源管理部门提出申请，报经理审核，由总经理核定。

（4）各部门一般人员的降职由用人部门提出申请，报人力资源管理部门核准。

组织内各级人员接到降职通知后，应于指定日期内办理移交手续，履行新职，不得借故推诿或拒绝交接。此外，降职时，人员的各种劳动报酬由降职之日起重新核定。如果被降职的人员对降职处理不满，可向人力资源管理部门提出申诉，但未经核准前不得擅自离开新职或怠工。

4. 降职工作管理

对降职工作进行管理应注意以下几点：

（1）企业在采取降职措施时应该慎重审核，不轻易动用降职手段。

（2）应该征求本人的意见，努力维护当事人的自尊心，强调当事人对组织的价值，使其保持一种积极的心态。

（3）如果由于人员本人工作原因确实需要降职处理某人员时，也不能一棍子打死被降职人员，要让他感到只要努力工作，仍然有希望恢复到原来的岗位或级别。

（4）对于确实不能胜任工作岗位，甚至由于品德等原因对该岗位工作产生破坏作用的人员，要坚决撤职。

（四）调动管理

调动管理是人力资源配置的一个重要环节，任何一家单位都可能涉及人员的调动，因此，建立科学合理的调动管理制度势在必行。

1. 调动目标

（1）通过人事调整，合理调配企业的人力资源。

（2）达到工作和人力资源的最佳匹配，使人尽其才，提高工作绩效和工作满意度。

（3）调整企业的人际关系和工作关系。

2. 调动原则

本着“公平竞争，择优上岗，优化集团人力资源组合”的原则，鼓励合理的内部人才流动。

3. 调动形式

员工在聘用期内，对员工的岗位作出下列变动：

① 外派：根据企业有关规定和所属分支机构的业务需要，由企业派出人选担任分支机构相关职务。

② 调岗：因机构调整或业务需要，或为符合员工工作能力和发展意向，可安排员工调岗。

③ 借调：因业务上的需要，可把员工借调到其他单位。

④ 待岗：当员工被认为绩效表现及工作能力不能胜任本岗位工作需要，经过培训仍无法达到要求时，部门可向人力资源部提出安排其待岗。

4. 调动程序

（1）外派。

① 人力资源部或派出部门根据任职要求选派适当人选，填制“人员调动审批表”（见表5－5），并附“职务说明书”，报人力资源部审核。

② 人力资源部根据“职务说明书”的要求，进行审核并提出意见，按人员聘任权限报集团领导批准。

③ 人力资源部向派出部门、派往的分支机构及拟派员工发出“内部调整通知单”。

④ 外派人员按规定办理工作交接，按期到派往的分支机构报到。

⑤ 派出部门应在外派人员任期满前30天，或根据工作实际需要，可决定外派调整方案，并报人力资源部。

⑥ 轮换：企业或派出部门提出新的任职人选，按规定程序办理审批手续。同时，由派出部门根据工作需要，为卸任人员安排工作岗位，并按“员工调整审批程序”办理职务/岗位调整手续。

⑦ 延长任期：可根据实际工作需要延长外派任期。

表5－5　　　　　　　　　　人员调动审批表

年　月　日

<table>
<tr><td>姓　　名</td><td></td><td colspan="2">性　　别</td><td></td><td>民　　族</td><td></td><td colspan="2" rowspan="6">免冠正面
彩色照片
（2寸）</td></tr>
<tr><td>出生年月</td><td></td><td colspan="2">出生地</td><td></td><td>健康状况</td><td></td></tr>
<tr><td>党　　派</td><td></td><td rowspan="4">工
资
情
况</td><td colspan="2" rowspan="2">职务工资
（岗位工资）</td><td>档　次</td><td>工资额</td></tr>
<tr><td rowspan="2">参加工作时间</td><td></td><td></td><td></td></tr>
<tr><td></td><td colspan="2" rowspan="2">级别工资
（技能工资）</td><td>级　别</td><td>工资额</td></tr>
<tr><td>学　　历</td><td></td><td></td><td></td></tr>
<tr><td>学　　位</td><td></td><td colspan="3">毕业院校及专业</td><td></td><td></td><td>有何特长</td><td></td></tr>
<tr><td>现工作单位</td><td></td><td colspan="3">职务（专业技术职务）</td><td></td><td></td><td>人员性质</td><td></td></tr>
<tr><td>单位地址</td><td></td><td colspan="3">电话</td><td></td><td></td><td>邮编</td><td></td></tr>
<tr><td>家庭地址</td><td></td><td colspan="3">电话</td><td></td><td></td><td>邮编</td><td></td></tr>
<tr><td>拟调入单位</td><td colspan="4"></td><td colspan="2">拟任职务</td><td colspan="2"></td></tr>
<tr><td>个
人
简
历</td><td colspan="8"></td></tr>
<tr><td>奖
惩
情
况</td><td colspan="8"></td></tr>
<tr><td>调动
理由</td><td colspan="8"></td></tr>
</table>

续表

<table>
<tr><td>调出单位意见：

年　月　日</td><td>调出单位主管部门意见：

年　月　日</td><td rowspan="2">审批部门意见：

年　月　日</td></tr>
<tr><td>调入单位意见：

年　月　日</td><td>调入单位主管部门意见：

年　月　日</td></tr>
<tr><td>说明</td><td colspan="2">此表一式五份，须由组织人事部门根据工作人员档案材料和现实情况逐项认真填写，字迹清楚并加盖公章，涂改无效。如表内栏目不够填写，请另附页填明。</td></tr>
</table>

（2）调岗。

① 调岗是指同岗位等级、不同岗位员工流动，表现为部门内部不同岗位调动、企业内部不同部门岗位调动、企业内部不同下属法人公司之间岗位调动。

② 当企业内部出现岗位空缺时，除考虑内部提升及外部招聘外，亦考虑平级调岗。企业有关部门及员工本人均可提出调岗。

③ 企业提出调岗的，由人力资源部负责协调，取得调出与调入部门经理的同意后，填制“人员调动审批表”和“工作评估表”；员工提出的调岗，应由本人提出书面调岗申请，并报所在部门经理、总监同意后，填写“人员调动审批表”（见表5－5）和“工作评估表”（见表5－6）。

④ 对员工或者企业提出调岗要求的，人力资源部应根据员工原岗位工作达标状况和绩效档案，填写“工作评估表”，连同“人员调动审批表”，按审批权限逐级签批。

⑤ 调动通过，人力资源部向员工和有关部门发出“内部调整通知单”，办理工作交接手续。

⑥ 工作交接手续：经原工作部门领导和新工作部门领导及企业领导签字同意，在原部门和相关部门办理完工作交接手续后，持《报到通知书》可到新工作部门上岗。员工调动交接手续须在一定的工作日内完成，通常为5天。工作交接手续包括以下各项：

- 原掌管工作的内容、进度以及角色；
- 原岗位工作中掌握的企业文件、岗位信息；
- 原岗位工作中使用的办公用品；
- 原岗位工作中的需保密信息的转交。

⑦ 员工如不符合调动岗位条件，未被批准，人力资源部要做好思想工作，劝其在原工作岗位好好工作。

⑧ 企业框架下不同法人公司之间内部流动，本着“谁使用、谁负责”的原则，在法人公司之间内部流动的员工其薪资福利及各类保险费用一律由用人单位支付。原法人公司可根据需要决定是否保留其员工资格。

⑨ 由晋升或降职/级引起的岗位变动，参照上述规定执行。

表 5－6　　　　　　　　　　工作评估表

编号：

姓　　名		岗　　位		
单位名称		部门名称		
考　核　期	＿＿＿＿年＿＿月—＿＿＿＿年＿＿月			
能力考核项目	权重	考 核 要 点		评分
知识、技能	20%	1. 基础知识和专业知识 2. 工作经验 3. 工作技能		
逻辑思维能力	20%	1. 对岗位工作内容的理解 2. 对上级下达的指示的理解 3. 分析、归纳和总结能力 4. 洞察能力以及判断的失误率		
创新能力	20%	1. 管理创新 2. 技术创新 3. 合理化建议被采纳数		
人际沟通能力	20%	1. 上下级、同事之间沟通 2. 部门之间的沟通与协调		
表达能力	20%	1. 口头表达能力 2. 文字表达能力		
总得分：				
被考核者签名		直接主管签名		部门主管签名
备　注	考核结果需到人力资源部备案			

（3）借调。

① 员工因工作需要，借调到企业下其他部门、法人公司工作，原工作单位保留其员工资格，用人单位承担该员工的薪资福利及各类保险费用。

② 由企业或拟借调单位的管理层提出，由人力资源部同用人部门/法人、调出部门/法人及员工本人协商一致签订《商借人员协议书》。明确员工的借用期限和借用期间的责、权、利。

③ 人力资源部协同相关部门会签后，按相关程序报批。

④ 报批通过后，人力资源部向相关部门发出“内部调岗通知单”。

（4）待岗。

待岗应由用人部门以书面形式提出，清楚说明待岗理由，交人力资源部，并按权限进行审批。同时由原用人部门和人力资源部共同协调其工作安排，在两个星期内仍未能上岗的，进入离职工作流程。待岗期间的工资由双方协商。

5. 审批权限

（1）基层员工在部门内的调动由员工提出，部门经理、上级总监同意后，人力资源部审核并上报行政总监签批；

（2）中层人员在企业内的调动由上级领导提出，由人力资源部上报总裁批准通过；

（3）高层管理人员在企业内的调动须经总裁批准并报董事会审议通过；

（4）企业内部不同法人之间岗位调动，须经原法人单位领导及新法人单位领导同意，按相关程序进行。本着“谁使用、谁负责”的原则，在法人企业之间内部流动的员工其薪资福利及各类保险费用一律由用人单位支付。

6. 档案管理

（1）人员调动手续作为人员档案的重要组成部分，附加在人员档案袋里保存。

（2）调动过程中如有需要转移员工档案，根据情况予以转出或转入。

（3）根据企业员工每月变动情况，填制《人事异动登记表》（见表5－7），存档备查。

表5－7　　人员异动登记表

<table>
<tr><td colspan="11">异动类别：A－新聘；B－转正；C－升职；D－降职；E－辞职；F－辞退；G－开除；H－调动；I－升级；J－降级；K－其他</td></tr>
<tr><td>姓　名</td><td colspan="6"></td><td>生效时间</td><td colspan="3"></td></tr>
<tr><td rowspan="5">异动类别</td><td colspan="2">原部门</td><td colspan="4"></td><td>新部门</td><td colspan="3"></td></tr>
<tr><td colspan="2">原类别</td><td colspan="4"></td><td>新类别</td><td colspan="3"></td></tr>
<tr><td colspan="2">原职务</td><td colspan="4"></td><td>新职务</td><td colspan="3"></td></tr>
<tr><td colspan="2">原等级</td><td colspan="4"></td><td>新等级</td><td colspan="3"></td></tr>
<tr><td colspan="2">原岗位</td><td colspan="4"></td><td>新岗位</td><td colspan="3"></td></tr>
<tr><td rowspan="3">月工资状况</td><td></td><td>基本工资</td><td>岗位工资</td><td>绩效</td><td>学历补贴</td><td>年资</td><td>话费补贴</td><td>交通补贴</td><td>其他</td><td>总计</td></tr>
<tr><td>原工资</td><td></td><td></td><td></td><td></td><td></td><td></td><td></td><td></td><td></td></tr>
<tr><td>新工资</td><td></td><td></td><td></td><td></td><td></td><td></td><td></td><td></td><td></td></tr>
<tr><td>原部门意见</td><td colspan="10">部门负责人：</td></tr>
<tr><td>新部门意见</td><td colspan="10">部门负责人：</td></tr>
<tr><td>总经理工作部意见</td><td colspan="10">部门负责人：</td></tr>
<tr><td>当事人意见</td><td colspan="10"></td></tr>
<tr><td>分管领导意见</td><td colspan="10"></td></tr>
<tr><td>总经理/主管领导意见</td><td colspan="10"></td></tr>
<tr><td>执行情况</td><td colspan="6"></td><td>经办人</td><td colspan="3"></td></tr>
</table>

五、本单元小结

人力资源配置是人力资源管理的重要组成部分，它是对人力资源的第二次开发。本单元主要介绍人力资源配置的含义和原则。并从职业适应性测试的几部分内容来阐述人力资源配置是如何对员工进行判断和配置的。人员的外部流动和内部流动是人力资源配置过程中必然涉及的问题，本单元分析了影响人员外部流动的因素和对策，保持适度的人员流动有利于企业的发展，而流动率过高则会造成重大损失，所以对人员进行科学合理的管理显得尤其重要。对于员工的晋升、降职和调动，是人力资源配置的重要内容，企业必须制定相应的制度来管理员工，使员工认同企业文化，把工作当事业来做。

本单元关键词：人力资源配置；职业适应性测试；人员的外部流动；人员的内部流动

六、复习思考题

一、判断题

1.（　　）人力资源配置是对人力资源的第二次开发。

2.（　　）生活特性问卷是为评定个体的动机水平而编制，测验从风险动机、权力动机、亲合动机、成就动机四个方面描述应试者的动机模式和强弱程度。

3.（　　）需求测试是测查应试者仅仅对生理需要、安全需要的需求程度，并可定性、定量分析员工总体需求分布模式以及各种需求的强弱程度。

4.（　　）人员的内部流动是指员工在企业内部的工作调整和岗位变换。包括人员的晋升、降职、调动和“跳槽”。

5.（　　）晋升是指员工向一个比前一个工作岗位挑战性更高、所需承担责任更大以及享有职权更多的工作岗位流动的过程。

二、选择题

1. 职业能力是决定一个人在职业中取得成就的基本条件，通常是由体力、智力、知识和（　　）四个要素构成的。

A. 能力　　B. 智慧　　C. 学识　　D. 技能

2. 人力资源的流动可以分为人员的外部流动和（　　）。

A. 中部流动　　B. 内部流动　　C. 调入　　D. 调出

3.（　　）指决策时敢于冒险，敢于使用新思路、新方法，不惧怕失败的动机。

A. 风险动机　　B. 权力动机　　C. 亲合动机　　D. 成就动机

4.（　　）是指对于建立、维护、发展或恢复与他人或群体的积极情感关系的愿望。

A. 风险动机　　B. 权力动机　　C. 亲合动机　　D. 成就动机

5.（　　）是测查应试者对生理需要、安全需要、归属和爱的需要、自尊的需要和自我实现的需求程度，可帮助个人全面了解自我的需求状况和需求的主次形态，并可定性、定量分析员工总体需求分布模式以及各种需求的强弱程度。

A. 职业适应性测试　　B. 生活特定问卷

C. 需求测试　　D. 职业兴趣测试

6. 岗位人员的配置，应做到（　　），就是说每一个人所具有的能级水平与所处的层次和岗位的能级要求相对应。

A. 能力对应　B. 能级对应　C. 学识对应　D. 技能对应

7. 关键是要在企业内部建立起人才资源的（　　），使用人才的激励机制。

A. 开发机制　B. 竞争机制　C. 竞聘上岗　D. 淘汰机制

8. 人员的外部流动是指在（　　）之间的人员流动，包括跳槽和正常调动两种。

A. 不同部门　B. 不同单位　C. 不同地区　D. 不同时间

9. 调动形式包括：外派、调岗、借调和（　　）四种。

A. 轮岗　B. 调出　C. 调入　D. 待岗

10. 人力资源配置原理是指一切社会形态的（　　）在各产业、行业、部门中分配的一般的共同的趋势与规律。

A. 劳动力　B. 劳动对象　C. 劳动工具　D. 剩余价值

三、思考题

1. 人力资源配置的原则有哪些?
2. 生活特性问卷有哪些动机? 各动机的高低说明什么问题?
3. 如何进行人员的调动管理?

七、实训设计

【案例分析】

人力资源配置：合适的才是最好的

吴白莉说，在人力资源的概念中，没有最好的，只有最适合的。实际上，这个最适合的，也就是最好的。

一个企业建立以后第一步就是招兵买马。董事会会给你一个关于人力资源的大致的要求，这个要求决定了你这个企业各种岗位的状况：规模、人数等。你再根据这个要求对每一个职位进行具体的职位描述，然后去招聘你需要的人，而不仅仅是招到一个个有意进入企业的人；同样也不应该是一个超乎标准的人，最合适的标准是他的条件距离你的要求有20%未达标。这样的人，企业对他有足够的新鲜感和吸引力，他能较长时间地保持冲劲和兴趣，高涨的工作热情对于任何一家企业都是至关重要的。

而一个距离标准太远的人，培训成本和时间都太高太长，一旦他真正成熟的时候，也许他已经打算离去了。企业的最终目的是用好人而不是培训人，一个能力超强的人，看起来好像得到了“便宜”，可以立即使用，但原有的工作经历和经验很可能使他对工作的兴趣和热情远不是你所期望的。因此，只有合适的，才是最好的。

吴白莉举例说，有一年我们公司上海办事处招聘一个销售助理的职位。在上海，拜耳是个很响亮的名字。位置只有一个，但前来竞聘的人有200多人。挑来挑去，好中选优，最后剩下了5个女孩。于是，销售部经理专程从香港飞过来，加上上海办事处的人员以及我，一共5人组成了面试小组。为了缓解紧张的气氛，我说，你们想喝点什么，请随便来。有3个女孩说要咖啡。当一位销售代表拿来了第一杯咖啡时，有一个女孩说：哎呀，这个放糖放奶，我喝咖啡不加糖不加奶。第二个女孩说：我喝加奶但是不加糖的咖啡。第三个女孩说：那给我吧，我无所谓，怎么样都行。这个时候正式的面试还没有开始，但是我们已经有人在面试评价表上划去了前两个女孩的名字了。

吴白莉继续解释道：在我们这样的公司里，团队合作是非常重要的。秘书实际上是一个很基层的位置。这个职位决定了必须有很多的忍耐和很强的协调能力。这几个女孩的专业能力都不错，但是，拒绝第一杯咖啡的那两个女孩，让我们无法相信对这样的小事就这么挑剔、不易于合作的人能够无怨言地服务于办事处的其他员工。

一个真正的适任者，对企业和员工来讲都不仅仅限于最初的招聘，而在于之后的管理、督导、培训、控制等，有效的、适时的、科学的分析，也是十分重要的。

性格测试、逻辑能力测试、诚实度的测试等都能帮助企业很好地分辨一个合格的员工，人力资源部合理地运用这样的方式，会拂去很多对人表面的、感性的认识，从而更加客观、更加科学地判断人和合理地培养人。吴白莉说，我们公司里有一位秘书，在各种测试的结果中成绩都不太理想，但我们最终把她放在了一个很重要的位置，原因是她在指定时间内没有做完题，但她严格地遵守规定时间，自觉地停下了笔。我们分析了她的试卷，感到她确实有不尽如人意的方面，但在这个职位上，诚实度和认真度是最重要的。她的被录用，首先是人品的录用。因为做人力资源管理工作的人，应能识别什么是可塑的，什么是难以改变的。

资料来源：http://www.chinahrd.net/zhi_sk/jt_page.asp?articleid=46932.

案例思考题

1. 上例中为什么面试还没开始，就有面试考官在评价表上划去了前两个女孩的名字呢？

2. 在新人录取但还未分配具体的工作岗位之时，应该采取哪一些测试来分辨员工能不能胜任某一岗位的工作？

3. 作为人力资源部门的主管领导，如何根据个人的特点来合理配置员工的工作岗位呢？个人的哪一些品质是可塑的，哪一些是难以改变的？这些品质对企业的发展有什么影响？

【实操训练】

训练项目：

1. 调查当地某物业管理公司的人员流动情况，并形成分析报告。

2. 某公司刚刚成立不久，现在要招聘各岗位人员，如果你是人力资源部经理，对人员进行岗位配置的依据是什么？

技能训练要求：

1. 4~5人为一组（男生女生搭配），选一人为组长，负责协调与分工；

2. 可以讨论，也可以上网查资料，作业成果以书面形式提交，并签上小组成员名字；

3. 时间：以课外为主、课堂指导结合。

单元六

培训与开发

【学习目标】

能力目标

1. 掌握人力资源培训开发管理人员的主要思维和方法。
2. 通过学习，具备实际操作企业培训工作的基本技能。

知识目标

1. 理解员工培训的概念、作用以及类型和原则。
2. 理解培训的流程。
3. 掌握培训的内容、方式和方法。
4. 理解人力资源开发的含义并掌握人力资源开发的途径。

【案例6－1】

波音公司的培训中心

美国中部圣路易斯市的密苏里河畔，有一块占地286英亩的“宝地”——波音领导培训中心。公司的企业管理人员，轮流来此接受培训，开展交流。为此，波音公司投资高达8 000万美元。

鼓励员工接受在职培训是波音公司的一项老传统，公司的20万员工，即使是一名清洁工，也可以在完成本职工作后进修学业。一旦拿到证书，公司就要给予奖励并报销学费。然而要拿出8 000万美元建一所内部培训中心，即便对波音这样的大公司来说，也是一笔不小的数目。其目的究竟何在?

创办领导培训中心的决策，是波音的首席执行官康迪根据业务不断发展的现实需要作出的。从20世纪90年代起，波音公司开始进行大规模的企业兼并。1996年，收购罗克维尔公司的防务及空间系统分部；1997年，与麦道公司合并；2000年，收购休斯公司航天和通信业务分部。对波音公司来说，三大项目收购和兼并的结束，意味着另一个更艰巨的挑战的开始，这就是如何将原来四家大公司多年建立的企业文化，去劣存优，相互融合，创造一个高产出和高效率的团队，为公司的未来发展奠定坚实的基础。于是，波音领导培训中心诞生了。波音公司副董事长贺师统这样评价培训中心："波音公司希望拥有素质最好的员工团队。为了实现这一目标，公司努力为员工提供最好的学习机会。波音领导培训中心即是其中之一。它既是一所校园，也是一个驿站。"

由于参加培训人员的需求各异，如何为他们的职业生涯发展提有价值的培训课程成为头等大事。公司请出全公司的130名管理人员，由他们确认其事业发展过程中的五个转折点：第一次担任管理职务；准备担任中层管理职务；准备担任高级管理职务；担任高级管理职位的初期；迎接作为全球领导人的挑战。然后以此为依据开发核心课程。这些核心课程内容与业务需要完全相匹配。教员一半是聘请的名牌大学教授，一半是公司高层管理人员。公司行政人员需要参加一个为期13天的波音行政人员培训项目；承担国际职责的行政管理人员，则参加为期27天的"全球领导人培训项目"海外专题研讨会；对于有经验的中层经理，有为期13天的"战略领导研讨会"课程；而新提拔的中层经理，有为期6天的"当好中层经理"活动项目。此外，还有一个为期5天的"向经理层过渡"课程，是专为新提拔的基层经理们设立的。

领导培训中心是一个思想火花撞击的角斗场。学员们之间打破了职务界限，采取"一帮一"的互助行动，每个人发挥自己的特长和优势，在培训过程中，畅所欲言，彼此争论，加强了相互沟通，也对整个公司以及自己所扮演的角色有了新的认识。他们认真思考担任领导意味着什么，思考如何才能尽善尽美。在讨论、解决问题和商业模拟练习的过程中，他们提高了理解力和技能，这些都是波音公司成功迈进21世纪并继续发展所必需的。当学员们重返各自的岗位后，大都能把在名为"明星联盟"的集中模拟训练中学到的东西用于实践。在这里不仅学会了将知识转化为策略，明确了自己的商业职责，还开始从全局的角度看待整个公司。

资料来源：《世界培训网》，icxo. com，2006. 02. 23。

【案例分析】

变化是企业发展永恒的主题，适应这种变化的环境则是企业生存和发展的首要任务，而培训正在成为企业增强应变能力的必要手段。长期以来，国际上的许多著名企业都非常重视员工培训工作。员工的培训与开发对于企业改进生产效率、提高工作和产品质量以及增强竞争力是至关重要的。员工的培训与开发是组织人力资源管理的重要职能之一，是提高员工素质、拥有高素质人才队伍、帮助企业获得竞争优势的重要工作方面；同时也是开发企业人力资源潜能、帮助员工实现自身价值、提高工作满意度、增强对企业责任感和归属感的重要内容。因此，企业在任何时候都要十分重视员工的培训与开发工作。

随着生产技术的发展，企业规模的扩大，工作内容和工作组织日趋复杂，人的因素受到越来越多的关注，人力资源培训的地位不断提升，成为企业人力资源管理的一项日常工作。本单元在了解了培训的基本问题的基础上，就人力资源培训与开发问题进行研究与思考。本单元对人力资源培训的重要性进行了分析。当今时代，人力资源已取代自然资源成为最重要的企业生产要素，是一个企业或事业单位最宝贵的资源，是企业竞争的优势所在。企业应建立完善的人力资源培训体系，熟悉培训的流程，重视培训的内容、方式和方法，在此基础上对全体员工实施培训，全面提升员工的适应能力和工作能力，进而提高企业的价值创造能力和战略实施能力。另外，企业还要重视人力资源开发系统，人力资源开发系统的构建应以企业发展战略、培训与开发系统战略规划、员工职业生涯发展规划和职位分析为基础。

一、员工培训概述

在现代化生产条件下，世界科学技术迅速发展，企业装备不断提高，对员工素质的要求也在不断提高，并且各行各业的职业技术成分所占的比重逐渐增加，单凭体力从事的工作项目越来越少，生产工人的劳动技能再不是以体力为主，而是以智力为基础。同时，社会生产力的发展依赖于人类对文化科学知识的掌握和运用，生产力的提高是通过知识教育、积累、转化，从而促进生产率的进一步提高；而且从另一方面看，由于现代科学技术的发展，又加快了职业知识、技能的更新的提高，这就需要不断开发智力，以使人们对劳动对象的物质结构的认识逐步深化，从而更充分和有效地运用新技术，使企业得以发展。适应这种种形势的要求，促进企业经营发展，就需要通过人力资源培训这一途径来提高员工的思想觉悟，帮助员工掌握必要的文化技术知识，从而培养出一批精通科学技术的工人、技术人员、管理人员，造就一支思想好、作风硬、技术精的员工队伍。

对员工进行教育培训是人力资源开发的重要组成和关键职能，是促使员工的行为方式在知识、技能、观念、道德品行等方面有所改进和员工队伍整体素质提高的重要工作。

（一）培训的基本概念

人力资源管理中，对于“培训”有着不同的名称和理解。如员工培训、企业培训、成人教育、员工教育、继续教育、职工教育、职工培训、人员培训等。但是，人们对于人力资源培训的基本内容和基本理解还是一致的：是为了强调企业对员工的培训；是企业人力资源开发和管理的主要职能之一；对于提高组织的人力资本存量、提升组织价值和竞争力有着重要意义。

人力资源培训是指组织为开展业务及培育人才的需要，采用各种方法对员工进行有目的、有计划的培养和训练的管理活动，其目标是使员工不断地更新知识、开拓技能，改进员工的动机、态度和行为，使其适应新的要求，更好地胜任现职工作或担负更高级别的职务，从而促进组织效率的提高和组织目标的实现。

培训是一种有组织的知识传递、技能传递、标准传递、信息传递、信念传递、管理训诫行为。目前国内培训以技能传递为主，时间侧重在上岗前。其目的是达到统一的科学技术规范、标准化作业，通过目标规划设定、知识和信息传递、技能熟练演练、作业达成评测、结果交流公告等现代信息化的流程，让员工通过一定的教育训练技术手段，达到预期的水平提高目标。

培训与教育的区别在于：培训是企业为了提高员工执行工作上所必要的知识、技能与态度，或培养其解决问题的能力；而教育则指个人一般知识、能力的培养。培训可帮助员工学习与工作相关的技能，并获得改进工作绩效和促进实现组织目标；教育使员工学习面向未来的工作能力。培训与教育是开发员工技术和能力的主要手段，也是实施战略的重要途径，因为它影响到员工的价值观、态度和习惯，它也是管理者所控制的一个重要的沟通手段。教育和培训均通过学习经验，而导致行为改变的历程。

（二）培训的作用

企业员工培训作为企业人力资源开发的关键内容之一，已被视为“向管理要效益”的基础性工作，更被视为企业与员工共同成长的联系纽带，从员工个人来看，员工培训可以提高自我职业能力，充分发挥和利用其人力资源潜能，更大程度地实现其自身价值，提高工作满意度，增强对企业的组织归属感和责任感，转变员工的观念；从企业来看，员工培训可提高员工的能力与素质，以便更好地服务于企业的发展，并且有效的培训可以减少事故、降低成本、提高工作效率和经济效益，从而增强企业的市场竞争力，强化企业体制的完整性，加强企业文化的凝聚力，发展企业智力来源，协助企业体系进步。据专家预测，在今后的5年内，75%的职业可能都是新的，在这知识爆炸的时代，没有人能详细地了解他将来从事职业需要哪些知识和技能。因而一个企业想要永葆生产经营的活力，就一定要让自己的员工不断适应新形势的发展要求，对员工进行系统、有效的培训，不断更新他们的知识与技能，这样才能使本企业在国内外激烈的市场竞争中保持人力资源的战略优势，使企业永立于不败之地，可持续地发展下去。也可以说，企业人力资源培训是锻造企业活力的真正之本，是塑造自我职业竞争力的源泉。通过培训，企业才能有效地保证员工素质的一致性、员工与企业运作的协调性，才能保证企业内部稳定运行的各个环节的充分吻合。

总之，人力资源培训具有很重要的作用。一方面，企业中的员工通过培训提高知识与技能、端正工作态度、培养自身创造力，以适应工作需要而不被淘汰，进而谋求得到更多的报酬或更好的工作与发展机会；另一方面，企业通过对员工实施有效的培训，提高员工的专业水平和工作能力，培养员工的企业精神和团队精神，提高员工在企业生产过程中的工作效率与工作积极性，提升企业效益，促进企业发展。同时，企业职工培训也是促进人力资本尽快增殖的有效方法。

培训的作用主要体现在两个方面。

1. 对于组织的作用

（1）员工培训是人力资本投资的基本形式。

人力资源培训是人力资本投资的基本形式之一。据国外有关资料测算，一个大学毕业生所学知识仅占其需要的职业技能知识的1/10左右，大量知识和技能是靠走上工作岗位后的“再教育”或称“人力资本的再生产”完成的。另外，社会经济和科学技术的飞速发展，不仅使物质资本的无形损耗加剧，而且更使原来已经受过专门教育的“合格”的人力资本加速贬值。为了克服这种知识老化造成的人力资本贬值，通过各种形式的“再教育”，不断增加和积累现有人力资本存量、更新和提高人力资本质量水平，对于推动经济的持续增长具有重要意义。

（2）员工培训是人力资源管理系统中的一项重要职能。

人力资源培训同人力资源管理的其他工作职能紧密相连，共同构成人力资源管理体系。培训可以为雇员在现任岗位、晋升、平级调动、转岗和降级这些人力资源计划中可能担当更大的责任做好准备。人力资源培训具有的从根本上提升员工素质与企业人力资本存量的职能，在人力资源管理的职能中起着不可替代的基础性作用。如果培训工作没有做好，势必影响到人力资源管理系统内其他职能的作用的发挥。只有将培训工作做细、做强，并与其他职能建立起密切而有机的联系，人力资源管理才能真正收到实效，企业才能真正从培训中获益。

（3）员工培训是建立学习型组织的必然要求。

美国《财富》杂志指出：“未来最成功的公司，将是那些基于学习型组织的公司。”学习型组织是企业未来发展的趋势。要想在知识经济时代立于不败之地，就必须构建学习型组织，使组织成员和组织不断学习、不断进步。一个企业只有当它是学习型组织的时候，才能保证出现源源不断的创新，才能具备快速应变市场的能力，才能充分发挥员工人力资本和知识资本的作用，也才能实现企业满意、顾客满意、员工满意、投资者和社会满意的最终目标。人力资源培训无疑是构建学习型组织的重要途径。通过组织实施有效培训，组织中才能形成学习的氛围，才能引导组织成员和整个组织养成持续学习的习惯、规范科学的学习方法，最终成为学习型组织。

（4）员工培训是培育企业核心竞争力的基本途径。

企业间竞争的成败，越来越取决于企业核心竞争能力的大小。而人力资本是21世纪企业的核心竞争力所在。企业人力资本的扩充和增强有两个主要途径：一是从激烈竞争的市场中直接取得。二是对现有员工进行培训与开发。但现实的情况是，一方面，市场上可能没有足够符合企业条件的人才储备；另一方面，人才的社会化造成了人才的高流动性，企业有可能无法吸引或留住人才。这就要求企业不断地培训和开发自己独特的、不可模仿的人力资本。企业通过人力资源培训，扩充和增强人力资本存量，进而提高劳动生产率，提高产品技术含量和竞争力、提高科技成果的转化率，提高管理水平和管理效果。因此，必须从根本上规范和加强企业的人力资源培训。

（5）促进组织变革与发展，使组织更具有生命力和竞争力。

组织发展的内在动力就在于组织的不断创新。员工的培训与开发，为组织发展提供了智力资源，使组织不断调整自己的战略，朝更高的目标迈进。

2. 对于员工的作用

（1）提高员工工作绩效。

通过对员工进行有效的培训和开发，使员工的知识结构得到更新，工作技能明显提高，人际关系得到改善。

（2）为组织造就人才。

有效的培训会使员工的知识水平、技术能力及人际关系的处理能力都得到强化，从而使员工成为某一领域的专门人才。

（3）改善员工工作态度，增强组织的稳定性。

通过培训，员工可以提高自己胜任工作的能力，也可以帮助组织改变不良的管理实践，从而使员工对组织产生新的认识，在一定程度上改变员工的工作态度，缓解员工队伍的波动情绪。

（4）有助于提高和增进员工对组织的认同感和归属感。

通过培训，可以使组织中具有不同的价值观、信念、工作作风的员工和谐地统一起来，为了共同的目标而各尽其力。

相关链接：为什么必须持续培训？

培训究竟有什么作用，值多少钱？

绝大多数中国经理认为培训和教育没有什么区别。表现在他们会请大学教授来“讲课”；会要求培训讲师“增加信息量”；一个培训安排越多人参加越合算；培训时间要长，练习时间要短，少做练习多讲课；最好每天晚上讲两个小时；讲义要厚，最好有书发，“要不然我付你那么多培训费干吗？”

难怪培训之后，很多学员只在脑海中留下一个感觉，“好”、“还行”或“不好”，对待培训的态度跟看电影差不多。过不了多久，等到感觉淡化，培训仅有的痕迹烟消云散，不少学员就会抱怨培训“没有用”。如果学员在现场只带耳朵听“信息”，不积极投入参与、练习和分享，因而不能形成深入的冲击和感受，课后又不主动尝试改变自己一贯的行为，最后的结果一定是行为照旧、结果照旧。不是培训“没有用”，而是“没有去用”，当然“没有用”。

于是，现在越来越多公司认识到“知”不等于“会”，培训的功能必须超越信息传授。在不少公司，几年前还是大班“听”讲演般“听”课，现在已经演变成真正意义上的培训：人不多，信息不大，反复练习，重技能不重信息。

几年前，中国的经理们看重培训带来的信息；现在，越来越多的企业追求培训带来的技能；而真正懂得欣赏培训的公司开始看重培训给学员带来的头脑的改变。成功的员工往往不是智商高的人，却一定是“情商”高的人。现代管理培训很大程度上就是要把受训学员培养成这样态度积极、开放、自信、有团体精神，并且善于学习的高情商的人。这是从要求通过培训得到更多信息，到依靠培训养成具体技能以来，从事人力资源与培训的专业经理，甚至企业最高负责人应该十分注意的方面。

培训可以提供“信息”，有的培训只值书的价钱，付多了浪费；有的培训可以形成技能，值得你花大价钱；而真正好的培训可以改变人的头脑，这是无价的。之所以你需要不断做培训，就是因为你必须改变员工的头脑才能突破制约成功的“瓶颈”。

资料来源：HR 培训网，2008.9.22。

（三）培训的类型

员工培训与开发的项目和方式品种繁多，可以从不同角度分类概括。

1. 按照培训与开发的对象与重点划分

在企业等组织中，若根据培训的对象层次，可划分为高级、中级和初级培训；若按照对象及其内容特点的不同来分，则一般可划分为以下类型。

（1）普通员工培训。

① 自我启发。这是指每个员工根据自己的意志和判断使其能力提高。每个人都有使自己称职于本职工作的要求，如果能够通过自己的从业经验知道应该掌握怎样的能力，一般人都会以自己的意志为之努力。要使自我启发法有成效，组织管理人员还应做推动工作，唤起员工自我启发的愿望。如对工作给予适当的评价等。

② 岗位培训。这是指上级组织在岗位上直接对下属员工进行的教育训练。这种方法的本来目的是使下属员工掌握工作上所必要的能力，具有以岗位为舞台而进行的特点。其优点是可以在劳动时间内反复进行；可以在把握下属员工状况的情况下进行有针对性的指导；可以直接确认指导后的效果；员工能较好地理解。缺点在于：如果上级指导技术不足，则效果欠佳。

③ 岗位外培训。这是指离开岗位而进行的教育训练。现代组织岗位外培训变得越来越重要。其优点是员可以专心致志地参加学习；由外部教师指导，效率高，可以和组织外的人交流。缺点在于，员工需停止日常业务工作。

（2）新员工教育。

对组织新吸收的员工，无论是大学生、中专或技校毕业生，还是其他类型的人员，都应该是面临新的环境，有了新的心情。但各个组织毕竟都有自己的特点，如何使二者很快协调一致，使员工适应新的环境，掌握组织新要求的技能等，都要求组织必须开展新员工教育。

① 上岗前教育。其主要目的是清除新员工上岗前的不安，使之具有在组织内生活的愿

望，其目标是谋求加快实现成为组织员工的早期转换，以长期的观点构筑培养基础。上岗前教育，因为新员工没有体验过组织内的生活，所以在文字资料之外，影音资料的宣传教育和现场实习等等都会取得较好的效果。

② 上岗时教育。上岗时教育分为导入教育和基础教育两类。导入教育主要是激发新员工对组织和工作的兴趣（组织概要、组织、方针、产品、干部的介绍、工厂的参观等），让员工明白生活待遇上的处理和将来的期望（劳动条件、工会、劳动协作、就业规划、社会保险、劳动保险、退休金、养老金等）。基础教育主要是让员工在有关部门参观各工种的见习、内部工种的比较观察，并根据新员工的适应性，再参照新员工的愿望正式配置。配置之后，老员工、上级管理人员给予的富有亲近感的关照尤为重要。

（3）专业技术人员培训。

国内外经验证明，现代化建设的关键是科学技术的现代化，没有充分的科技力量和大量的有文化、有技术的专门人才，实现经济增长是根本不可能的。科学技术进步又是突飞猛进的，知识爆炸，新技术、新发明、新开发层出不穷，科技人员要赶上并超越科技进步的潮流，没有经常性的培训学习是不行的。因此，专业技术人员的培训属于继续教育，一般是进行知识更新和补缺的教育。专业技术人员的培训要有计划性，每隔几年都应该有进修机会，可以采取进入高等院校进修，参加各种对口的短期业务学习班，组织专题讲座或者报告，参加对外学术交流活动或者实地考察等都是提高技术人员业务水平的有效途径。

（4）管理人员培训。

管理人员管理水平的增长带来的劳动生产率的提高比普通劳动者和固定资产投资带来的快得多。管理者在组织内基于经营战略、方针、计划，具有作为指挥者通过其作业现场的地位。管理者是以组织的经营战略方针、计划为基础实现其目的的。所以对组织来说，管理人员的培训更为重要。管理人员的培训主要有三个目标：第一个目标是掌握新的管理知识；第二个目标是训练担任领导职务所需要的一般技能，如作出决定、解决问题、分派任务等，以及其他一些管理能力；第三个目标是训练处理人与人之间关系的能力，使管理者与员工的关系融洽。培训方法有管理手段学习培训、研讨会培训、参加短期学习班等。

（5）高层管理人员培训。

组织管理的主体最终是组织的高层管理人员。组织众多的员工如果没有成熟干练的高层管理人员引导，势必将群龙无首，成为一盘散沙，组织的目标也将无法达到。高层管理人员的培训目的在于开发经营能力。具体来说有以下四点：第一，对未来的洞察力；第二，以此为前提的经营战略思想、决策能力；第三，经营指挥能力；第四，培养后继者的能力的形成、提高。高层管理人员的培训内容主要是政策法规、管理知识的培训等。

2. 按照培训与开发同工作的关系划分

根据培训和开发与员工工作活动的关联性状况，一般可以分成下列三类。

（1）不脱产培训。

不脱产培训也称在职培训，指员工边工作边接受培训，主要在实际工作中得到培训。这种培训方式经济实用且不影响工作与生产，但在组织性、规范性上有所欠缺。

（2）脱产培训。

脱产培训即员工脱离工作岗位，专门去各类培训机构或院校接受培训。这种形式的优点主要是员工的时间和精力集中，没有工作压力，知识和技能水平会提高较快，但在针对性、实践应用性、培训成本等方面往往存在缺陷。

（3）半脱产培训。

半脱产培训是脱产培训与不脱产培训的一种结合，其特点是介于两者之间，可在一定程度上取两者之长，弃两者之短，较好地兼顾培训的质量、效率与成本等因素。但两者如何恰当结合，却是一个难点。

（四）培训的原则

无论企业进行何种内容、何种形式、何种层次的员工培训，都必须使培训工作同企业或组织的发展目标、管理目标、生产方式及特点密切结合起来，因而培训的形式或内容可能有异。但是各类企业培训都有普遍适用的规则，其用于培训定位的培训原则基本是一致的，并没有必要走弯路，坚持什么都是独创。企业员工要得以成功、有效的实施，就要遵守员工培训的这些基本原则，做到“形不散而神也不散”。关于企业员工培训应遵循的主要原则如下。

1. 效益原则

一般企业的人力资源培训实施过程中的效益原则，就是要以尽量小的人力资源培训消耗，创造出最大的企业经济价值。如果企业的人力资源培训不遵循企业、社会的价值观，不与企业的发展相结合，向受训者提供的培训虽然消耗了大量的人力、物力、财力，但是这样的培训是没有效益的，是不利于企业发展的。所以要体现企业文化的效益原则，就要在企业人力资源培训实施过程中，一方面尽量考虑的企业投入的培训消耗，换取人力资源培训所带来的最大经济利益价值；另一方面考虑到企业人力资源培训中对企业文化的透彻理解，在人力资源培训中融入企业文化。比如企业老员工或退休员工的“传、帮、带”等一系列的培训教育，尽管从表面看没有给企业带来实际的经济价值，但通过类似的培训活动，传承了企业的宝贵传统文化价值，对于提升员工对企业的忠诚度，对于员工理解企业的规章制度是大有裨益的。从长远看，企业文化价值最终也会直接体现到企业的经济效益中。

2. 效率原则

一般的效率原则是指在培训过程中一定的投入量所产生的有效成果。投入量是指组织为了实现培训目标所需消耗的人力、物力、财力。可用公式表示为：效率 = 有效结果/投入量。

提高效率的途径很多，可供采用的方法也很多，确定提高效率的对象并选择最为有效的方法就是培训实施过程的关键环节。如果从融入企业文化的效率原则看，可用公式就变成了：基于企业文化的效率 = 企业得到的物质和精神的有效结果/投入量。

从这个公式看出，企业对基于企业文化的人力资源培训投入量会更大，但培训的效果也会更持久。要使基于企业文化的员工培训有效果，要及时地在不同阶段利用不同方法进行不同层面的培训反馈（包括企业文化效果反馈和经济效率指标反馈），给下阶段的人力资源培训的进行以依据。

3. 战略原则

企业在组织员工培训时，要从企业发展战略的角度去把握培训的全局，去思考问题，去适应环境变化，这才能避免“为培训而培训”这一最大误区的出现，才能有条不紊、顺利有效地为企业做好人才储备。

企业培训由一系列的培训项目构成，培训项目本身都由需求调查、课程设计、培训实施以及培训评估等一系列活动构成。因此，企业在安排培训项目时，要以明确的培训整体发展计划为依托，以培训战略为基础，针对每一个培训项目详细地制订计划和加以实施，才不会导致混乱、无效地培训，不会发现一个培训需要就搞一个培训项目。

企业员工培训不仅要重视培训战略制定，还要注意处理好企业员工培训长远战略与近期目标的关系，做到既能满足当前企业生产或经营的迫切需要，又考虑到长远的战略发展。然而由于很多时候，近期目标和长远目标在培训需要的物质条件上（如人、财、物等）的利用极易产生冲突，且近期目标可能立竿见影，使企业容易看到短期利益而忽视了企业培训战略，重点放在企业员工培训的短期行为上，这就极大地阻碍了企业培训正常有序地开展。因此，为了更好地制定、实施企业培训战略，要进行更多的周密思考和准备。

4. 改进创新原则

企业员工培训受社会生产力发展水平、人员素质、企业经济状况及需要不一，以及文化传统与背景等多种因素的影响。在组织企业培训时，要考虑各类受训员工的工作、知识、技能的现状及发展要求相适应，与我国的经济、科技和社会进步的发展需要相适应，同时还要充分反映新的科学理念、新的知识、新的技术等信息。企业员工培训的多变与不稳定的特征，使企业培训系统是一个充分考虑个人、企业、社会、经济、文化的相互作用的动态系统。因此，要针对不同的工作性质、不同的岗位特点、不同的培训层次、不同的培训对象，合理安排培训工作，选择适宜的培训方式和方法，通过改进创新适应不断的培训新需要，使员工有计划、有步骤地补充和改善知识结构、增进技能、提高素质，适应实际工作的不同需要。

5. 全方位原则

企业员工培训涉及多项工作任务及多种知识与技能活动，且它们之间有着十分密切的关系。其中，任何一项活动的成功都有赖于其他项活动的成功。对任何一项培训活动分析、实施的遗漏或忽视，都可能使整个培训工作出现一个缺憾或薄弱环节。因此，在企业进行员工培训的活动中应该全方位的考虑所有与培训相关的问题，尽可能涵盖所有的活动。

二、培训的流程

企业的战略往往通过中长期的企业目标得到体现，而人力资源培训就是为了更好地执行企业的中长期目标而设定的。因此作为整个企业战略的一个组成部分，人力资源培训应该在整体战略中来制定和实施。要根据企业战略，通过对企业未来人力资源的需求和要求的分析与预测，综合考虑财务等多种因素，使企业人力资源培训与企业发展相适应的综合性发展计划。首先，管理者需要界定人力资源培训的使命、愿景，使其符合企业的价值观，服从于企业的战略；其次，将这些确定下来的内容转变为人力资源开发战略目标和广义的行动过程，包括实现这些内容的计划、项目和程序；再其次，在此基础上确定人力资源部门和相关其他职能部门的行动计划和目标，通过制定预算与资本决策过程来进行资源分配；最后还要对培训的效果进行评估。

（一）培训需求分析

培训需求分析是在企业战略与培训目标两者达成一致的前提下进行的，包括针对组织层面、工作层面、个人层面三个不同层次的分析来确定。

1. 组织层面

组织就企业的整体战略、发展目标、人力资源需求结构、企业效率进行分析，以从组织角度确定培训的总体设计，当然也要考虑到年度财务的限制，合理安排培训需求的重要次序。刚开始做这样全面的培训需求分析时，一定会有特别多的培训内容待安排，而任何一个企业的物力都是有限的，所以应当把每一分预算都用在最为关键和迫切的地方。

这里需要指出的一点是，人力资源培训是一个累积的过程。企业对其投入得越早，后期对于企业的发展越有帮助。而且如果企业因人力资源问题导致的企业绩效前期落后于同行业水平，那么差距只会越来越大。因此用一句话来说就是：先投入要优于晚投入，晚投入要优于不投入。

2. 工作层面

主要是通过对员工各自承担的职责，包括执行任务所需要的知识、技能、经验，研究员工的行为与期望的行为标准，找出现实状态与理想状态下的差距，从而确定其需要接受的培训。当然这时候也应当把现有工作岗位的标准与市场同行业先进水平进行比较，针对岗位培训的目的必然是通过培训能够达到同行业岗位领先水平。

3. 个人层面

主要是分析员工的工作表现，现有的知识、技能与所承担的责任是否匹配，涉及每个能力的主要行为表现指标，衡量其能力是否足以应付目前及将来的职位的需要。

通过对上述三个层面的需求分析，我们确定了培训对象及主要内容，这时候要就每一个具体的部门和岗位制定培训目标，只有有了具体到部门和岗位的目标，才能形成自己的培训体系。这个层次目标的设定既要把部门与企业有机地结合起来，使部门的培训围绕企业战略展开，也要让制定的目标是本年度培训所能达到的。这样的目标才有意义，才能在培训评估时有参照标准，才能使整个培训流程有的放矢。整个培训需求的分析，既要考虑部门的需求，同时又贯穿到人力资源培训整个计划的可行性等限制中。

（二）培训计划制订

所谓企业培训计划就是指对组织内培训的战略规划，企业培训规划必须密切结合企业战略，从企业的人力资源规划和培训开发战略出发，满足组织及员工两方面的要求，考虑企业资源条件与员工素质基础，考虑人才培养的超前性及培训效果的不确定性，确定职工培训的目标，选择培训内容及培训方式。

有效的培训计划以企业战略为导向。企业培训体系是根源于企业的发展战略、人力资源开发战略体系之下的，只有根据企业战略规划，结合人力资源开发战略，才能量身定做出符合自身持续发展的高效培训体系。

有效的培训计划着眼于企业核心需求。有效的培训体系不是“头痛医头，脚痛医脚”的救火工程，而是深入发掘企业核心需求，根据企业战略发展目标预测对于人力资本的需求，提前为企业需求作好人才培养和储备。

有效的培训计划是多层次全方位的。建立有效的培训体系应考虑员工教育的特殊性，针对不同的课程采用不同的训练技法，针对具体的条件采用多种培训方式，针对具体个人能力和发展计划制订不同的训练计划。在效益最大化的前提下，多渠道、多层次地构建培训体系。达到全员参与、共同分享培训成果效果，使培训方法和内容适合被培训者。

有效的培训计划充分考虑了员工自我发展的需要。按照马斯洛的需求层次论，人的最高需求是自我发展和自我实现。按照自身需求接受培训，是对自我发展需求的肯定和满足。培训与员工个人职业发展相结合，实现员工素质同企业经营战略相匹配，将个人发展纳入企业发展的轨道，让员工在服务企业推动企业经营战略目标实现的同时，通过参加相应层次的培训，实现个人的发展，获取个人的成就。另外，市场竞争使员工认识到，不断提高自己的技能和能力才是其立足的根本。因此培训体系应当肯定这一需要的正当性，并给予合理的指导。

1. 培训规划制定者的要素

一般来说，负责企业培训计划的人应该具备以下基本要素：

（1）具有经营能力，了解企业的经营、发展历程和发展战略，熟悉自身企业的文化，知道企业的财务能力。

（2）具有人力资源培训的专业技术知识，对培训行业要有相当的了解，熟悉培训公司和培训讲师。

（3）掌握培训需求调查的基本方法和手段，能够深入了解员工状况和诊断问题的能力，具有远见卓识的综合能力。

（4）掌握培训预算管理和培训实施管理、掌握培训评估的主要手段和方法。

2. 培训计划制订的步骤

一般来说，培训计划的制订应该包括下列程序：了解人才的现有状况、明确人才开发培训目标、确定开发培训方式、组织实施计划，检查评价效果，等等。

（1）了解人才的现有状况。企业应该对现有人才的基本情况有全面的了解，包括人员的年龄、教育程度、知识背景、工作经历、性格特征、工作态度等。对现有人才现有工作及未来工作的能力应有基本的判断。

（2）明确人才开发培养目标。培训目标的设置有赖于培训需求分析，通过分析明确员工未来需要从事某个岗位，若要从事这个岗位的工作，现有员工的职能和预期职务之间存在一定的差距，消除这个差距就是培训的目标。设置培训目标将为培训计划提供明确方向和依循的构架。有了目标，才能确定培训对象、内容、时间、教师、方法等具体内容，并可在培训之后，对照目标进行效果评估。培训总目标是宏观上的、较抽象的，需要不断分层次细化，使其具体化，具有可操作性。要达到培训目标，就要求员工通过培训掌握一些知识和技能，即希望员工通过培训后了解什么？希望员工通过培训后能够干什么？希望员工通过培训后有哪些改变？这些期望都是以培训需求分析为基础的。通过需求分析，明了员工的现状，知道员工具有哪些知识和技能，具有什么样职务的职能，而企业发展需要具有什么样的知识和技能的员工，预期中的职务大于现有的职能，则要求培训。明了员工的现有职能与预期中的职务要求二者之间的差距，即确定了培训目标，把培训目标进行细化、明确化，则转化为各层次的具体目标，目标越具体越具有可操作性，越有利于总体目标的实现。培训目标是培训方案实施的导航灯。有了明确的培训总体目标和各层次的具体目标，对于培训指导者来说，就确定了施教计划，积极为实现目的而教学；对于受训者来说，明了学习目的之所在，才能少走弯路，朝着既定的目标而不懈努力，才能达到事半功倍的效果。相反，如果目的不明确，则易造成指导者、受训者偏离培训的期望，造成人力、物力、时间和精力的浪费，提高了培训成本，从而可能导致培训的失败。培训目标与培训方案其他因素是有机结合的，只有明确了目标才有可能科学设计培训方案其他各个部分，使设计科学的培训方案成为可能。

(3) 确定开发培训的方式。目标确定之后，便要探寻达到目的的途径。不同的方式有着不同适宜的条件、不同效果、不同代价。企业应该在综合内外部条件之后，规划具体的开发培训方式。

(4) 组织实施计划。达到目标与方式的统一之后，便要制订详细的开发培训计划，并组织实施。具体的计划可以由企业的战略规划部门同人事部门一起制订；也可以由培训人员、主管部门、企业领导多方协调，统一制订；还可以请企业外的专门咨询机构、承担综合方案的拟订，由企业自行选择决定。但是无论计划如何制订，企业必须有专门的职能机构负责组织实施，企业各级领导应该密切配合，使开发培训工作与企业正常的业务工作、人事部门、与其他各部门不至于有矛盾。

(5) 检查评价效果。

企业应该更加重视实施效果的检查、评价。这种检查评价并不是一瞬间的事，而是一项过程，因而开发培训的效果不是马上就可以体现出来的。检查评价工作还可以总结经验教训，为下一步确定开发培训方式、制定实施细则提供借鉴。

总之，培训计划的制订，必须按照一定的程序，并且有组织、有计划的实施，定期加以检查，以保证开发培训战略的科学、有效。

相关链接：培训需求与调查

实施培训的最大成本实际上是员工因参加培训而失去的生产工作时间。它和培训差旅费合计约占总成本的80%。而培训措施本身的直接成本，包括课程设计开发的费用，只占总成本的小部分。在进行培训前，我们也应进行科学的分析。即一个简单的要求："给个理由先"。

1. 为什么要培训。人力资源的开发即要最大程度上挖掘人的潜力，使人在工作中充分发挥其优势。培训是人力资源开发的主要手段之一。但如果让陈景润卖车票、李素丽解决哥德巴赫猜想就不是通过培训能解决的问题，而是使用人才的问题。所以培训并不是解决人力问题的唯一手段。

2. 谁需要培训和需要什么培训。由于员工担任的职位不同，因此培训方向具有多样化的特征。一般来说，主要划分为三大类：一是决策层人才，二是管理层人才，三是操作层人才。他们需要不同层次的培训，培训的内容也大不相同。

3. 培训的时间。对于基本的知识，技能和素质，应尽早在员工上岗前就进行培训。而进一步的技能培训可能要求受训者具备一定的工作经验。这样他们才能最大程度地理解和吸收培训的内容。对新任务要求掌握的技能培训则不能太早，也不能太晚。

4. 培训的成本。在将不同的培训方案报至领导层决策前，应有对其成本的估算结果。

5. 如何进行该培训。从培训时间安排上培训可分为脱产培训，半脱产培训，不脱产培训和业余时间的培训。

6. 培训的地点。从培训的组织形式上培训可分为内部培训，公开课程，CBT 学习，研讨会，远程教学等形式。

资料来源：《世界培训网》，icxo. com，2006. 03. 14.

（三）培训活动实施

培训活动实施是根据企业发展和员工个人的需要，将培训定位具体化并予以实施的过程。培训实施是在制订培训计划之后，根据培训计划开展的具体培训活动。一般的实施流程如图 6－1 所示。

图 6－1　活动实施的过程

1. 培训前期准备

培训是一项复杂的工作，在具体培训项目实施前，培训组织者应按照拟订好的培训计划，将培训过程中需要做的准备工作一一列出，然后逐项准备。包括教材的准备、培训工具的准备、培训辅助材料的准备等。

2. 下发培训通知

培训需要专人负责，确保每一个受训人员都收到通知，并使每个人都确切地知道培训的时间、地点，参加培训所需要做的准备。

3. 组织培训

培训项目应该按照计划实施，并控制整个培训的过程，控制好整个培训的效果、效益和效能。做好培训记录，为培训过程结束后进行评估做准备。同时对参加培训的员工做好签到工作。

4. 结束后的考核

培训结束后应做好考核工作，考核方式可根据具体情况进行选择。对考核情况作好记录统计。

5. 修正培训方案

培训方案实施后，可以发现方案中存在的不足，通过进行科学的修改，可以在以后的工作中，对相同类型的员工做培训时重复使用。

（四）培训效果评估

培训效果是指公司和受训者从培训当中获得的收益。培训对受训者的好处是：他们可以学习各种新的技能和行为方式；而公司则可获得销售额上升及顾客满意度增加的益处。培训效果评估主要是对培训项目的计划方案和培训效果有效性进行评价。培训评估是一个收集培训成果，考察培训前后情况，以衡量培训是否有效的过程。

评估不仅仅在培训结束后进行，在培训过程中也要做。经常性的评估可以极大地减少劳而无功的危险性。从更积极的意义上来看，假如在培训过程中能进行多次检查，那么就能随时了解工作进展情况，随时作出必要的调整，培训工作就能做得更好一些。

对于培训评估标准的研究，国内外应用得最为广泛的是最早由美国学者柯克帕特里克（Kirkpatrick）提出的培训效果四级评价模型，该评估模型将培训的效果分为四个层次：①反应层：即学员反应。在员工培训结束时，通过调查了解员工培训后总体的反应和感受。②学习层：即学习的效果。确定受训人员对原理、技能、态度等培训内容的理解和掌握程度。③行为层：即行为改变。确定受训人员培训后在实际工作中行为的变化，以判断所学知识、技能对实际工作的影响。④结果层：即产生的效果。可以通过一些指标来衡量，如事故率、生产率、员工流动率、质量、员工士气以及企业对客户的服务等。

培训评估的一般过程和环节如图6－2所示。

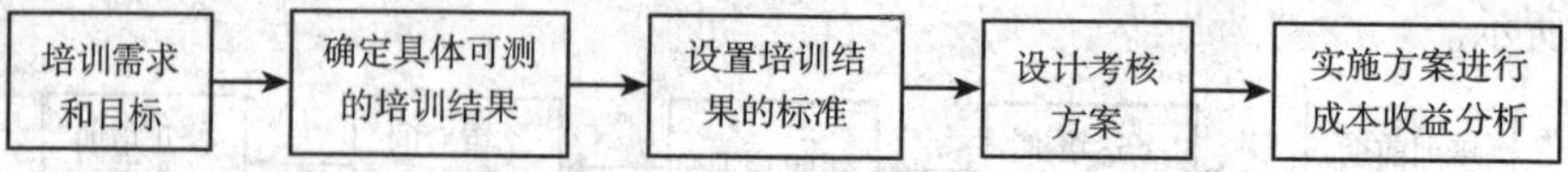

图6－2　活动效果评估的过程

从培训需求分析开始设计培训计划，从制定培训目标到培训方法的选择以最终制订一个系统的培训方案，这些并不意味着培训体系的设计工作已经完成，因为任何一个好的培训方案必是一个由制订→测评→修改→再测评→再修改……→实施的过程，只有不断测评、修改才能使培训方案甄于完善。

培训效果的测评可以从培训方案本身角度，从受训者的角度，从培训实际效果（培训的成本收益比来分析）三个维度来考察。培训的成本应包括培训需求分析费用、培训方案的设计费用、培训方案实施费用、受训者在培训期间的工资及福利。

培训方案的收益则包括显性收益和隐性收益两部分，显性收益是指产量的提高，废品、次品的减少，采用更省原材料的生产方式的节药，生产事故的减少等可测量的收益；隐性收益则是指各企业团队精神的生成，企业形象的提高等不可量化测量收益。如果成本低于收益才证明此方案具有可行性。

真正要准确评估非常困难，在培训投入产出评估中，依然存在诸多难点尚需要克服，如培训如何给企业带来价值、对培训效果如何进行效益换算、如何评估培训对于企业价值的贡献等问题。

总之，评估是为了改进培训质量、提高培训效果、降低培训成本。针对评估结果，重要的是要采取相应的纠偏措施并不断跟踪，有针对性地调整培训项目，而不是评过就完事了。

三、培训的内容、方式和方法

（一）培训的内容

企业培训的内容不仅包括知识、技能、技巧和方法的传授，还包括理念、价值观的树立和文化的熏陶等，可谓层次不一、立体多元。本书将企业培训内容作如下分类。

1. 言语信息

言语信息作为一种学习结果，指员工通过培训，能记忆诸如名称、符号、时间、对事物的描述等具体事实，并能够在需要的时候将这些事实表述出来的能力。如学习企业安全生产的相关规定就属这一类的培训。这类培训较为简单，但言语信息作为思维的载体，其大量掌握不仅可以为其他培训提供指导，也更易促成培训的迁移。

言语信息培训的重点在于要提供相关的有意义背景，使员工在新旧知识之间建立联系；同时要提供一些外部线索，以减少信息混淆的可能性。

2. 智慧技能

智慧技能指员工经过培训后具备运用概念和规则办事的能力，这是使员工认识、思考和处理企业各种情况的训练，在培训后，员工表现为知道如何进行智力操作。如培训设计并编制一个快速处理客户订单的计算机程序。

培训师要适当的言语指导，呈现精心挑选的正反例，安排间隔性的复习。

3. 认知策略

认知策略指对员工进行的运用有关人们如何学习、记忆、思维的规则支配自身的学习、记忆或认知行为，并提高学习、记忆或认知效率的培训。培训后员工的主要表现是能够选择有效的手段解决各种实际问题。如培训员工如何管理自己的思考和学习过程，从而能够使用三种不同策略判断设备故障。

该部分培训要创设问题情境，激发员工的探究和思考，提供变式练习的机会。

4. 动作技能

动作技能指员工通过培训能够获得的、按一定规则协调自身肌肉运动的能力。它通常表现为在各种工作情境中能够精确而流畅地从事动作活动。如培训外文打字或新型数控机床的操作等。

该部分培训要有效的指导与示范，动作技能的分解与整合训练，并要有大量的反复练习，为练习提供及时而全面的反馈信息。

5. 态度

态度指员工通过培训习得的对人、对事、对物、对己的反应倾向。作为一种学习结果，它会影响员工对特定对象作出一定的行为选择。如售后服务部门员工要热情、周到地对待客户咨询与投诉，并在24小时内回复来电或来函的相关培训。

要呈现正确态度的榜样，正确态度得到强化的示范，创设激发认知失调的情境。

以上各种分类并非泾渭分明，各培训类型有时也是相互交织的。如很多情况下，态度的学习都是与一定的动作技能学习相联系的。但须明确的是，不同类型培训所需内外条件是不同的，对培训内容作以分类，可为考察培训情境及其限制因素提供明确方向。

（二）培训的方式

培训方式的选择影响着培训的效果。随着培训工作的普遍开展，大家对培训方式的要求也越来越高。

培训的方式具体有以下几种。

1. 专家讲座

这是最常见的培训方式之一，已经为许多企业经常性采用。这种培训方式的通用形式是，选择一位专家，将需要培训的人员集中在一个特定的空间内，由那位专家运用一定的专业培训设备和技巧对员工进行专门主题的训练。

这一培训方式的优点是：①将员工集中在一个特定空间里学习，避免了各种可能的干扰，学习效果相对较好；②专家有专业培训经验，了解员工学习的特点，善于使用专业的培训技术和技巧，容易调动学习者的学习兴趣；③专家可能具有企业内部讲师或管理人员所不具备的丰富的经验和知识，可以为员工带来新的观念、知识和技能；④专家容易在员工的心目中造成权威感，这将有利于他们接受专家的观点。

2. 内部讲师培训

许多企业出于培训成本和效果的考虑，开始越来越注重内部培训师的培养和运用，使用内部培训师的优点首先是成本低，他们十分了解内部环境及员工的情况，无须调研便能设计和实施有针对性的培训项目；其次，他们培训的形式可能不如外部培训师那样“专业”，但培训不会偏离企业管理者对员工的基本要求，不会造成观念冲突；最后，他们往往是把知识和技能传授同企业对员工的制度性考核和管理要求结合在一起来实施培训的，因而培训的实际效果往往更好。

3. 外派学习

这是指派出部分人员参加外部培训机构或大学主办的培训课程、讲座或进修课程。参加这类培训的往往是企业中层级较高的营销或销售管理人员。

这种培训方式的优点是在参加学习的人员较少的情况下，学习成本相对于聘请外部专家来企业内部授课成本较低；由于参加这类培训班/课程学习的往往有来自多行业的学员，学员之间不仅可以相互交流实践经验，甚至可以获得新的销售机会；在这类培训班上，培训师可以无所顾忌的讲授新思想和新观念，因而学员可能学习到新的有用的知识和技巧。

4. 业务会议

定期和不定期举行的业务会议也是一种很好的培训方式。业务会议一般会涉及下面三大项内容，管理者如果善于有意识地安排会议形式和内容，便可以使参会的每一个员工都受到一定的培训：

一是涉及阶段性工作目标及其实现方式。当参与会议的人员对本部门、班组和岗位所涉及的工作目标和实现方式进行充分讨论时，参与会议的每一个人如果心态端正，便可以从中学习到很多有用的东西。

二是涉及上一阶段业绩表现好的部门、班组和个人以及业绩表现较差的部门、班组和个人。业绩表现好的部门、班组和个人必有导致好业绩的经验，业绩表现较差的部门、班组和个人必有导致差业绩的教训。如果管理者善于鼓励业绩表现好的部门、班组和个人在会议上把导致好业绩的经验介绍出来，并让业绩表现差的部门、班组和个人把导致差业绩的教训总结出来，则参会的每一位人员都将从他们的经验和教训中受益。

三是在每一次业务会议中，主持会议的领导通常会发表较长篇的讲话，其讲话内容必然会涉及公司的理念和制度，员工应该或可采取的策略与方法等，这些内容实际上就是在对与会的员工进行培训。

当然，要把每一次业务会议均作为一次培训活动，需要对业务会议的形式和内容进行专门设计才更为有效。

5. 导师制

采取导师制有两种经验可循：一是指定内部资深的人员作为新的人员或资历浅的员工的导师；二是聘请一位或多位外部顾问作为特定人员的导师。二者的共同特征是，当“学生”在工作中碰到问题时，可以随时或定期向导师请教。导师在学生有请求时，会尽力给予指导。

6. 视频学习

视频学习包括两种具体方式：一是买来视频课程，让员工集体观看；二是购买培训公司的网络视频课程，让员工随时上网学习。这一方式目前正在为许多小的公司所采取。

其实，员工培训与学习还有其他可运用的方式，以上六种方式仅为提示。

（三）培训的方法

企业培训的效果在很大程度上取决于培训方法的选择。当前，企业培训的方法有很多种，不同的培训方法具有不同的特点，其自身也是各有优劣。要选择到合适有效的培训方法，需要考虑到培训的目的、培训的内容、培训对象的自身特点及企业具备的培训资源等因素。

1. 以培训者为中心的讲授展示法

该方法属于传统模式的培训方式，是指培训师通过语言表达，系统地向受训者传授知识，期望这些受训者能记住其中的重要观念与特定知识。

（1）展示。培训者通过直接对话或演示，给出信息、事实或程序。学习者除了记笔记或可能偶尔提问题，几乎没有参与。辅助工具有幻灯、高架投映器、通报单、样品等。这种途径缺乏学习者的参与，因而学习者收到的多数信息不久就忘记了。

（2）展示/讨论。培训者进行有组织的展示，然后是讨论。

使用讲授展示法，培训师应具有丰富的知识和经验；讲授要有系统性，条理清晰，重点、难点突出；讲授时语言清晰，生动准确；必要时运用板书；应尽量配备必要的多媒体设备，以加强培训的效果；讲授完毕后应保留适当的时间让培训师与学员进行沟通，用问答方式获取学员对讲授内容的反馈。

该方法运用方便，可以同时对许多人进行培训，经济高效；有利于学员系统地接受新知识；容易掌握和控制学习的进度；有利于加深理解难度大的内容。但是，学习效果易受培训师讲授的水平影响；由于主要是单向性的信息传递，缺乏教师和学员间必要的交流和反馈，学过的知识不易被巩固，故常被运用于一些理念性知识的培训。

因此，要组织好该方法培训，就应注意以下的问题：①妥善安排好讲授的环境，如场地、音响、辅助媒体等，使所有的学员都能清晰地听到其声音；②事先发给学员讲授的大纲与摘要，以便于学员了解讲授者的意图、方向和重点；③避免在太短的时间内灌输给学员太多的信息，以造成接收不良；④讲授结束后，适当安排问答或讨论，以便于双方沟通，提高学习成效。

2. 以小组为中心的研讨方法

① 小组讨论。即一个由小组成员而不是培训者控制的小组来讨论一个主题或执行一项任务。它是参与性方法，培训者需要经常培训其如何使用。学习者经常需要学习其他的技能以有效地参与小组活动，培训的未来期望也许会被这种方法彻底改变。

② 小组培训。设计这个方法是帮助学习者认识到个人对小组的作用和贡献。个人由于对自己行动或贡献的理解，所以对小组其他成员不同但有效的方法也能在一定程度上加以理解。

该方法培训的目的是提高能力，培养意识，交流信息，产生新知。比较适宜于管理人员的训练或用于解决某些有一定难度的管理问题。每次讨论要建立明确的目标，并让每一位参与者了解这些目标；要使受训人员对所讨论的问题发生内在的兴趣，并启发他们积极思考。

该方法强调学员的积极参与，鼓励学员积极思考，主动提出问题，表达个人的感受，有助于激发学习兴趣；讨论过程中，教师与学员间，学员与学员间的信息可以多向传递，知识和经验可以相互交流、启发，取长补短，有利于学员发现自己的不足，开阔思路，加深对知识的理解，促进能力的提高。据研究，这种方法对提高受训者的责任感或改变工作态度特别有效。但是，运用时对培训指导教师的要求较高；讨论课题选择得好坏将直接影响培训的效果；受训人员自身的水平也会影响培训的效果；不利于受训人员系统地掌握知识和技能。

3. 个人方法

（1）发现学习。发现或学习的关键在于通过让学员去解决不同难度的问题来对必要的知识和技能加以传授。这种方式能够促进学员积极的学习态度和自主学习的精神。但这种方式的学习往往要花费大量宝贵的时间。

（2）开放学习。这是自我指导性学习，可以与机构联系或包括带有老师支持的个人学习计划。通过开放学习，学习者会变得资助，即他们能以自己的节奏，在自己选择的地方，在自己的时间里学习，但他们需要有很强烈的动机，很完善的支持系统，从而可以减轻学习者的分离感，开放学习是一种很有效的方式。

（3）一对一的讨论。一对一讨论是实现培训者和被培训者沟通最直接、最有效的途径。

4. 其他方法

（1）案例研究法。

这是指为参加培训的学员提供员工或组织如何处理棘手问题的书面描述，让学员分析和评价案例，提出解决问题的建议和方案的培训方法。

案例研究法为美国哈佛管理学院所推出，目前广泛应用于企业管理人员（特别是中层管理人员）的培训。目的是训练他们具有良好的决策能力，帮助他们学习如何在紧急状况下处理各类事件。

案例研究法通常是向培训对象提供一则描述完整的经营问题或组织问题的案例，案例应具有真实性，不能随意捏造；案例要和培训内容相一致，培训对象则组成小组来完成对案例的分析，作出判断，提出解决问题的方法。随后，在集体讨论中发表自己小组的看法，同时听取别人的意见。讨论结束后，公布讨论结果，并由教员再对培训对象进行引导分析，直至达成共识。

该方法学员参与性强，变学员被动接受为主动参与；将学员解决问题能力的提高融入到知识传授中，有利于使学员参与企业实际问题的解决；教学方式生动具体，直观易学；容易使学员养成积极参与和向他人学习的习惯。但案例的准备需时较长，且对培训师和学员的要求都比较高；案例的来源往往不能满足培训的需要。

（2）角色扮演法。

这是指在一个模拟的工作环境中，指定参加者扮演某种角色，借助角色的演练来理解角色的内容，模拟性地处理工作事务，从而提高处理各种问题的能力。这种方法比较适用于训练态度仪容和言谈举止等人际关系技能，如询问、电话应对、销售技术、业务会谈等基本技能的学习和提高。适用于新员工、岗位轮换和职位晋升的员工，主要目的是尽快适应新岗位和新环境。

教师要为角色扮演准备好材料以及一些必要的场景工具，确保每一事项均能代表培训计划中所教导的行为。为了激励演练者的士气，在演出开始之前及结束之后，全体学员应鼓掌表示感谢。演出结束，教员针对各演示者存在的问题进行分析和评论。角色扮演法应和授课法、讨论法结合使用，才能产生更好的效果。

该方法学员参与性强，学员与教员之间的互动交流充分，可以提高学员培训的积极性；特定的模拟环境和主题有利于增强培训的效果；通过扮演和观察其他学员的扮演行为，可以学习各种交流技能；通过模拟后的指导，可以及时认识自身存在的问题并进行改正。但角色扮演法效果的好坏主要取决于培训教师的水平；扮演中的问题分析限于个人，不具有普遍性；容易影响学员的态度而不易影响其行为。

（3）企业内部电脑网络培训法。

这是一种新型的计算机网络信息培训方式，主要是指企业通过内部网，将文字、图片及影音文件等培训资料放在网上，形成一个网上资料馆，网上课堂供员工进行课程的学习。这种方式由于信息量大，新知识、新观念传递优势明显，更适合成人学习，因此特别为实力雄厚的企业所青睐，也是培训发展的一个必然趋势。

该方法使用灵活，符合分散式学习的新趋势，学员可灵活选择学习进度，灵活选择学习的时间和地点，灵活选择学习内容，节省了学员集中培训的时间与费用；在网上培训方式下，网络上的内容易修改，且修改培训内容时，不需重新准备教材或其他教学工具，费用低。可及时、低成本地更新培训内容；网上培训可充分利用网络上大量的声音、图片和影音文件等资源，增强课堂教学的趣味性，从而提高学员的学习效率。但其缺点是，网上培训要求企业建立良好的网络培训系统，这需要大量的培训资金；该方法主要适合知识方面的培训，一些如人际交流的技能培训就不适用于网上培训方式。

对以上各种培训方法，可按需要选用一种或若干种并用或交叉应用。由于企业人员结构复杂、内部工种繁多、技术要求各不相同，企业培训必然是多层次、多内容、多形式与多方法的。这种特点要求培训部门在制订培训计划时，就必须真正做到因需施教、因材施教、注重实效。

【案例 6－2】

思科中国有限公司的员工培训之道

在网络经济异常红火的今天，人们盛赞思科公司对于新经济蓬勃发展的巨大推动作用。公司的市值也一度飙升至华尔街股市的榜首，有人甚至认为它将领导 21 世纪前 20 年的风骚。然而正所谓“冰冻三尺非一日之寒”，思科能够成为同行业之翘楚，全系公司上下员工精诚努力而成就。思科始终把员工培训当做公司的头等大事，即使是在它独占鳌头的现在，其领导层依然为如何开展好员工培训、让员工越跑越快而殚精竭虑。思科中国有限公司总裁杜家滨在接受记者采访时说，公司非常特别的一点就是员工的学习。

“Training is up to me”这个信念已深入人心，思科中国有限公司人力资源总监关迟先生对该信念的解释是：员工要学会培训自己，明白让自己得到训练和发展是他个人的事情。他还说，员工接受公司的培训尤其是关于网络的培训，如果他自己不多下工夫，那么即便他在培训课堂坐上一整天，仍然会什么也学不到。

据关迟介绍说，公司的培训总体上分为管理培训、E-learning、销售培训、常用技能培训。管理培训系根据员工所处的管理等级相应地分为数级；销售培训的课程，涉及专业的销售知识，常用技能培训则教会员工如何作演示、学习法律知识、掌握会谈技巧等。他还说，E-learning 在公司的培训体系中，已越来越显得重要了。思科是一家生存在网络上的公司，它拥有一个庞大的 E-learning 系统。通过 E-learning，公司改变了对员工、渠道伙伴及客户的教育与培训方式。1999 年 11 月，公司初步推出了 E-learning 课程及远程实验室设备，为全面的 E-learning 方案打下基础。思科系统公司最受欢迎的职业认证——CCNA 的准备工作也完全在网上进行。思科遍布全球的 2 500 多个网络大学将全面实施 E-learning 策略，包括基于 Web 发送的内容、电子化的管理及互联网上的学习社区。思科系统公司宣布将在其网站上为思科 Interactive Mentor（思科交互顾问）建立一个学习社区。公司目前正在采用 E-learning 进行其组织效率领域的管理培训。

思科的员工培训非常开放，不像许多公司在年初做计划，然后由主管经理签字，一年内执行。它认为互联网的速度决定了从事互联网的企业不可能做出为期一年的计划，因此，在一年内公司要作三次评估，不断地重新拟订计划。冯蔷介绍说，在公司里员工的培训时间是没有严格限定的，完全由员工自己管理自己的工作和培训。这就像把员工放在一个开车的位置上，让他自己来作决定。公司也从不将某个员工当重点培养——每个人都是潜在的经理，并认为这体现着 Intnet 世界里人人平等的原则。开放的培训还体现在它认为不应到了员工离开之时才想到留人。帮助员工的部门取得成功是使个人感觉成功的首要方法，因此，当团队业绩不断上升时，就能留住人。思科公司曾坦诚地说，尽管十多年来公司的资产增加不少，但最为可贵的是人才的增加和保留。

思科公司有着很快的发展速度，它要求员工很快能独当一面，故对应届毕业生使用得比较少。从1999年开始，它在一些大学设立了虚拟的网络学院（Net-working Academy），通过提供一些设备和开展课程，让学生熟悉 Internet 环境。还有一个关于 CCNA 认证的笔试，使他们对 Internet 有个基本的了解。公司从过了这一关的学生中挑选一些人充任见习员工。除此之外，公司还在学校开始培养一些助理工程师，这些学生很可能会在日后成为思科正式的工程师。

如今，思科公司的成功已有目共睹，然而，对于关迟先生来说，成功仅仅意味着过去，他认为在员工培训方面，公司的工作仍做得不够。在他的头脑中有这样一个想法，就是让中国区的员工与海外的人才进行既快且充分的交流，到海外培训一些员工，实现跨区调度。他说，在思科，一切都在很快地变化，所以，我们每位员工都要越跑越快。

资料来源：《世界培训网》，icxo. com，2005. 08. 01。

【案例分析】

组织要想使员工建立起与公司一致的价值观并付出更多的努力，则要给予必要的培训，这对其价值观的树立有一定的影响，血液流通舒畅人体机能才能更好地发挥与运作。为了使企业和员工都能从培训中受益，企业必须与员工、培训机构紧密沟通，对具体的培训内容做具体分析，以选择与培训内容相适切的培训策略，切实提高企业、个人以及培训机构的绩效，实现三方的“多赢”。

四、人力资源开发

人力资源是一种社会资源和经济资源，需要投资与开发。人力资源开发是一个过程，从长远看是一个人力资本投资的过程，是贯穿整个管理活动的核心内容。

（一）人力资源开发概述

人力资源开发，是指一个企业或组织团体在组织团体现有的人力资源基础上，依据企业战略目标、组织结构变化，对人力资源进行调查、分析、规划、调整，提高组织或团体现有的人力资源管理水平，使人力资源管理效率更好，为团体（组织）创造更大的价值。

企业作为人力资源开发的主体，要根据实际情况制定选人、用人、育人和留人的机制，提高人员的综合素质；个人应主动接受教育，提升自己的综合能力和素质，制定适合自己的人生规划。人力资源开发就是按照企业展战略有计划、有组织地对人力资源进行合理配置，对人力资源进行培训，提高人力资源素质水平，调动其积极性的一种管理活动，它贯穿于整个管理活动，是人力资源管理活动得以顺利进行的重要保证；人力资源开发是一种长期的人力资本投资，是可以带来增殖的、带来可持续收益的投资，是对人的综合素质进行提高的有效方法。

1. 人力资源开发的目标

一是通过开发活动提高人的才能；二是通过开发活动增强人的活力或积极性。

（1）提高人的才能。

才能是认识和改造世界的能力，它构成了人力资源的主要内容。

（2）增强人的活力。

通过开发来增强人在工作中的活力，才能充分、合理地利用人力资源，提高人力资源的利用率。

（3）人力资源开发双重目标的关系。

提高人的才能是人力资源开发的基础。人的才能的高低，决定人力资源存量的多寡；增强人的活力是人力资源开发的关键。有才能而没有活力，这种才能没有任何现实意义；有了活力就会自我开发潜力，提高才能。

2. 人力资源开发在组织中的作用

与人力资源培训相比，人力资源开发更注重长远性。人力资源开发的作用主要表现在以下几个方面。

（1）促进组织战略的调整与转变。

组织的发展是在组织不断创新的基础上实现的。组织创新是通过组织战略的不断调整与转变来完成的。组织战略的调整需要新的人力去开发产品、开辟市场，这样组织必须进行有目的、有计划的员工开发工作，保证人力资源对组织战略调整的需求。组织进行人力资源开发，使组织增添了新的人力资源，这些新的人力资源是组织战略调整的有力保证。

（2）提升组织的竞争力。

组织间的竞争，实际上是员工实力的竞争。从一定意义上说，组织之间人才实力的竞争，实质上就是组织内部人力资源开发的竞争。

（3）为组织发展提供人力资本。

组织发展不仅要依靠先进的技术、性能优良的设备，更重要的是要依靠组织自身的人力资本。妨碍组织发展的原因，主要是缺乏高质量的人力资源，是人才与知识的不足。组织对员工的开发，就是要为组织培养高素质的人才，为组织的发展储备人力资源。

（二）人力资源开发的途径

为了加快经济的发展，必须树立人力资源是第一资源的观念。真正懂得提高人口素质的重要性，把开发人力资源作为可持续发展的基本战略。教育是社会主义现代化建设的基础，同时也是开发人力资源的基本途径。人力资源开发，教育需先行，要重点加强对教育的资金投入，在加强政府投资的同时，应广泛开辟企业、民间、国外投资等多种资金渠道，调动各方面的积极性，进一步增强人力资源的开发。

人力资源开发的途径主要体现在以下几个方面。

1. 配置

配置是人力资源开发的起点。人力资源是企业的第一要素，这种资源的特性决定了在开发过程中首先要对人力资源进行优化配置，从而实现员工个体、群体效益最大化。涉及人力资源开发的配置主要有以下三个方面。

（1）岗位配置。

岗位是工作分工的单元，各个岗位有机结合就构成了一个有效的组织。企业岗位设置随着企业经营环境和经营方式的变化而变化。根据企业实际情况，科学合理地设置岗位是人力资源开发的一个重要环节。在这个过程中，重点要从工作分析出发，制定明确的岗位规范，规定每个岗位的职责、任职资格和任职条件。只有做到这一点，员工的录用、考核、培训、晋升才有章可循。随着企业改革的不断深化，企业原有一些岗位职能可能被弱化或被取消，并涌现出一些新的岗位。这就要求在设置、调整岗位时要因事设岗，切不可因人设岗，造成机构臃肿，人浮于事，也不可将员工随便安排在某一岗位上，造成“大材小用”或“小材大用”。

（2）员工配置。

员工配置包括个体配置和群体配置。个体配置要求根据企业实际和岗位要求确保人员质量，可采取凡进必考的方法，综合运用笔试、面试、素质测评等方法，着力于员工的综合素质和开发潜力测评。要把合适的人用在合适的岗位上去，最优秀的人才不一定是最合适的人才，“骏马能历险，耕田不如牛；坚车能载重，渡河不如舟”，说的就是这个道理。群体配置要求遵循异质原理，要谋求企业管理人员和每个部门员工个体之间的性格、气质、知识、智能、年龄等方面有质的差异，从而使员工群体形成合理的知识结构、学历结构、职称结构、年龄结构、性别结构等，在工作中充分发挥各类人员的互补增强功能。

(3) 组织配置。

组织配置要充分兼顾企业和员工个人利益，谋求员工与岗位、员工与工作环境、员工与工作条件、员工与工作时间的合理组合，从而降低劳动力成本。不同能力、不同性格的员工应配以不同岗位的工作，用人之长，避人之短。每个人都有自己的个性，而每种个性都有其优点和缺点，如果能将各种不同个性的人放在合适的岗位上就能发挥出意想不到的作用。对于一些敢于打破常规思维的人，喜欢标新立异的人才尤其要进行充分合理配置。

2. 使用

使用是人力资源开发的难点。合理使用人力资源是企业不断发展的根本保证，同时也是企业人力资源管理和开发的难点。人力资源在使用开发上应遵循新的思路，观念上要有新改变，行动上要有新举措，管理上要有新突破。

（1）观念上要有新改变。

在知识经济时代，应改变传统的用人观念，要看到虽然挣钱是人们工作的主要动力，挣更多的钱是大多数人的向往，只要人们还关心个人的物质利益，高薪、高福利作为留住人才的手段就行之有效，这有时甚至成为决定性因素，但重要的并不等于是唯一的。人的需要复杂多样，除了物质需求，还有安全需求、归属需求、尊重的需求以及最大限度实现自我价值的需求。物质需求可以用金钱来满足，而人所渴望的关心、爱护、尊重、成就感是金钱买不来的。人才是否用得好、留得住，不仅有薪酬待遇问题，组织环境是否能使他们心情舒畅，是否能给他们提供职业生涯发展空间也是十分重要的因素。

（2）行动上要有新举措。

企业员工一经录用、培训后，就应该大胆启用，并做到用人不疑，疑人不用。首先，应知人善任，用其所长，敢于压担子，交给他们富有挑战性的工作。作为管理者，一旦确信自己已把最合适的人安排在合适的岗位上后，就应授予他们相应的权力，以充分发挥他们的主动性和创造性。其次，要排除干扰和偏见，对员工的工作业绩进行客观、公正的评价，保证员工自我实现需求的满足。最后，克服求全责备的心理，坦诚指出不足，帮助他们提高工作能力和工作质量。

(3) 管理上要有新突破。

首先，不因循守旧，鼓励公平竞争，敢于突破各种界限，提拔有创造性和开拓精神的新人。只有在一个公平的环境下让员工都看到发展机遇才能产生最大的动力。其次，建立企业员工内部流动机制，定期地给员工轮换岗位和部门，促使员工岗位成才。这一方法有利于员工综合考虑企业的整体利益，打破部门和岗位壁垒，提高企业整体效益。同时给予员工物质和精神上的关心，尽量满足他们的需求，也就是说企业及其管理人员要对员工热情关怀，为其创造良好的环境，提供良好的条件，时刻把员工放在第一位。员工只有获得了关心和爱护，才会时刻将企业的利益放在第一位，才会有真诚奉献。

3. 培训

培训是人力资源开发的重点。企业培训要由“一维”向“多维”转变，要适应知识经济的要求，就要把思维训练、观念更新、感觉寻找、方法论修炼等纳入企业培训内容，使员工在培训中真正学会如何学习、如何生活，从而实现企业培训内涵的升级换代。建立学习型组织、解决企业未来发展需要的新兴技能、切实把握培训对象的成人性特点、进行交叉培训等对搞好企业培训是十分有益的。

（1）建立学习型组织。

学习型组织是近年来国际管理界流行的一个新概念，它是指一个组织如同一个人一样也能够学习。如果一个组织能够持续不断地学习，它就充满生存能力和保持繁荣兴旺。企业培训的最终目的是要把企业建成一个学习型组织，变成一个学习型企业。

（2）解决企业未来发展需要的新兴技能。

随着经济发展和科技进步，未来企业的发展需要企业从业人员具备信息处理能力（寻找、获取、评价、筛选和使用信息的能力）、人际交流能力（包括人际交流的各个方面）、解决问题的能力、决策能力、计算机应用能力（通过计算机获取信息、发送信息和处理信息的能力）、创造革新的能力、出新点子想新办法的能力，等等。

（3）切实把握培训对象的成人性特点。

培训师不应自以为是地教授他们认为应该教授的东西，而应尽可能地使员工学到他们真正想要学的东西。

（4）进行交叉培训。

交叉培训是理解、沟通、合作的良好途径，应包括部门交叉培训、班组交叉培训（同一部门，不同班组或岗位之间进行交叉培训）、上下交叉培训（通常是某一级别的员工接受高一级别岗位的培训）。这种综合性交叉培训既可以使部门之间达到完整的了解，避免不必要的麻烦，又可以使员工在工作出现问题时容易换位思考，利于工作协调，还可以使下级充分体谅上级，在工作中更加配合，全力支持上级工作。

4. 激励

激励是人力资源开发的热点。人的潜能是非常巨大的，人力之所以被称为资源就是因为他有着不可估量的潜在能力，而激励则是企业开发人力潜能的重要手段。要充分发挥激励功能，必须综合运用好多种激励手段。

（1）目标激励。

没有目标就没有管理，管理就是朝着目标步步逼近的过程。在目标激励的过程中，要引导员工个人目标与企业目标同向，使员工的个人切身利益与企业的集体利益一致。

（2）物质激励。

在一定条件下，尤其是在市场经济条件下和在物质并不十分充裕的社会主义初级阶段，物质激励能起到相当大的作用，它也是上级对下属的认可和赞赏。

（3）情感激励。

在对员工严格要求的同时，还要在多方面关心尊重员工，以“情”动人。

（4）晋升激励。

利用人们的上进心理，给予员工职位上的晋升。企业及时给表现优秀的可塑人才晋升机会，让员工看到光明前途，会让他们感受到工作的价值。

（5）竞争激励。

企业要形成一种竞争氛围，促使全体员工在保持活力和创新思维的前提下时常伴随着压力。另外，企业还可以经常举行一些竞赛活动，不仅可以调动员工积极性，也有利于提高员工的自身素质。

（6）奖惩激励。

在管理工作中奖励就是肯定，惩罚就是否定。恰如其分的惩罚不仅能排除消极因素，还能变消极为积极，两者相结合的激励方式其效果更佳。

（7）角色激励。

角色激励，又称责任激励，是让个人认识并担负起应负的责任，激发其为扮演的角色献身的精神，满足其成就感。

（8）参与激励。

企业员工总想拥有参与企业管理的发言权。因此，企业管理者和人力资源工作者要善于给予员工参与管理、参与决策和发表意见的机会；要倾听下属的心声，因为决策的最终执行者还是下属员工。

总之，在新经济时代的人才，人才是企业的最重要的资源，是主宰企业命运的主人。人力资源相对于物力资源和财力资源来讲是一种无形资源，具有相对无限性，是可再生资源。企业将员工作为企业最重要的资源，信任员工，尊重员工，依靠员工，把企业员工放在管理的主体位置，围绕着充分利用和开发人力资源而开展管理活动，激发人的活力和创新精神，从而实现人的全面和自由的发展，使企业的目标和员工的发展目标达到一致。唯其如此，企业才能在激烈的市场竞争中立于不败之地。

相关链接：菲亚特：人力资源开发模式

菲亚特（FIAT）是全球十大汽车公司之一，始建于1899年7月意大利都灵市，创始人是乔瓦尼·阿涅利。它是世界上第一个生产微型车的汽车生产厂家。菲亚特（FIAT）汽车部雇员达27万人，在100多个国家有子公司和销售机构。轿车部门主要有菲亚特、法拉利、阿尔法和兰西亚等公司。工程车辆公司有依维柯公司。菲亚特汽车集团是意大利最大的综合工商金融企业集团，是所有汽车公司中涉足其他领域最多的汽车集团。在意大利垄断了汽车、拖拉机、工程机械、飞机制造、生物工程和土木工程、能源工程等许多技术生产领域，并在全世界开办了许多分支机构。

进入20世纪90年代，意大利菲亚特集团的管理层次从CEO到班组长已增加到11个等级，市场应变能力差，产品竞争力下降。1993年，出现了历史上的第一次危机。经过系列变革，2002年确立了新的人力资源开发模式，在统一价值观的指导下，以战略、能力、培训组成“金三角”，来支撑企业的变革与发展。“能力”被提到了前所未有的高度。

职称系统：根据专业特点及其在工作中的作用，将专业人员分为5个等级：一般专业人员、有经验的专业人员、资深/领导级专业人员、高级专业人员、专业主管。不同等级人员都有不同的能力描述和测评重点，对于前两个等级侧重基础知识和专业知识的要求，对于担任领导职务的专业人员侧重才干与品质的要求。

能力字典：为保证系统的公开和透明，专门开发了能力模式字典，只要查“字典”，就可知道每个岗位的能力要求，为员工的职业发展提供指南。

能力评估：菲亚特集团认为评估的关键在于公平和客观，因此，评估是与工作业绩和承担责任相结合考虑的。首先收集相关数据和信息，然后将主观描述加以客观、明确的量化，作为评估的主要依据，然后由本人、上级、同级和考评管理委员会共同进行评估。最后由考评管理委员会发放考评证书，且在能力评估证书中明确指出被评估人现有的能力和需要改进的地方。

职务升降：岗位设置不再固定，如果个人的能力与更高岗位能力要求相符，就可得到晋升，反之亦然。一个有能力的人，可以同时在集团内任数职，既可以是领导，同时也可以是教师，反映了菲亚特发挥人员最大价值的企业价值观。

薪酬制度：既然是“以能为本”，工资当然就与工作绩效、专业能力挂钩。能力高的人，即使与他人岗位相同，绩效相同，也会拿到更高工资，以作为对其提升能力的回报。

资料来源：人力资源开发管理网。

五、本单元小结

当今社会，企业生存的环境变得更加纷繁复杂与快速多变，企业经历着前所未有激烈竞争和知识、组织、管理变革与创新的挑战和冲击，每一种挑战和冲击都对人力资源培训与开发提出了新的需求。如组织的持续学习的需求、员工核心专长与技能形成的需求、员工素质能力提升的需求、企业领导者和管理者领导方式与管理风格转型的需求，这些需求要求企业要以全球的视野、从支撑企业核心竞争力的角度去思考和构建企业的人力资源培训和开发系统，也使企业的人力资源培训与开发成为人力资源管理实践中一个投入大、产出高并极具增长潜力的领域。

本单元从培训的概念入手，介绍了培训的内涵、作用、类型和培训的流程、内容，阐述了人力资源培训与开发是一个系统的运作体系，提高企业培训与开发的效果，必须从系统的角度审视企业的培训与开发管理，共同为企业的人力资源管理战略、企业发展战略和企业核心竞争力的提高服务。

本单元关键词：员工培训；培训流程；培训内容与方式；人力资源开发

六、复习思考题

一、判断题

1. (　　) 培训是一种有组织的知识传递、技能传递、标准传递、信息传递、信念传递、管理训诫行为。

2. (　　) 人力资源培训不是人力资本投资的基本形式之一。

3. (　　) 人力资源培训是指对新进员工进行的培训教育。

4. (　　) 培训活动实施的过程包括做好培训准备、下发培训通知、组织培训、结束后的考核、修正培训方案几个部分。

5.（　　）人力资源开发的目标一是通过开发活动提高人的才能；二是通过开发活动增强人的活力或积极性。

二、选择题

1. 根据培训和开发与员工工作活动的关联性状况，一般可以分成下列三类：（　　）、不脱产培训和半脱产培训。

A. 普通员工培训　　B. 新员工教育　　C. 管理人员培训　　D. 脱产培训

2. 关于外聘专家与内部培训师的优劣比较，表述正确的是（　　）。

A. 外聘专家能保证交流的顺畅

B. 企业内部开发培训师资源成本较高

C. 内部培训师无须调研便能设计和实施有针对性的培训项目

D. 外聘专家十分了解内部环境及员工的情况

3. 在企业培训中（　　）是最基本最传统的培训方法。

A．讲授法　　B. 专题讲座法　　C. 研讨法　　D. 参观法

4. 关于入职培训，表述错误的是（　　）。

A. 使任职者具备合格员工的所有条件

B. 较少考虑新员工之间的个体差异

C. 培训活动中应强调员工对于公司的重要性

D. 让员工学习新的工作准则和有效的工作行为

5. 人力资源开发的途径主要体现在配置、使用、培训和（　　）等方面。

A. 计划　　B. 协调　　C. 激励　　D. 组织

三、思考题

1. 什么是员工培训？培训和教育二者有何异同？为什么要进行员工培训？

2. 人员培训的方法有哪些？各有什么特点？

3. 人力资源开发的作用是什么？其开发的途径主要有哪些方面？

七、实训设计

【案例分析】

好大妈快餐公司开办不足3年，生意发展得很快，从开业时的两家店面，到现在已是由10家分店组成的连锁网络了。不过，公司分管人员培训工作的总经理石林却发现，直接寄到公司和由“消费者协会”转来的顾客投诉越来越多，上个季度竟达70多封。这不能不引起他的不安和关注。这些投诉的问题主要有抱怨菜及主食的品种、味道、卫生不好，价格太贵等。但更多的是有关服务员的服务质量的，不仅指态度欠热情、上菜太慢、卫生打扫不彻底、语言不文明，而且业务知识差，对顾客有关食品的问题，如菜的原料规格、烹饪程序等常常一问三不知；而且有的顾客抱怨店规不合理，而服务员听了不予接受，反而粗暴反驳。石总分析，服务员业务素质差，知识不足，态度不好，也难怪他们，因为生意扩展快，大量招入新职工，草草做半天或一天岗前培训，有的甚至未培训就上岗了，当然影响服务质量。

服务员们的工作是两班制。石总指示人事科李科长拟订一个计划，对全体服务员进行两周业余培训，每天3小时。开设的课既有公共关系实践、烹饪知识与技巧、本店特色菜肴、营养学常识、餐馆服务员操作技巧训练等务实的硬性课程，也有公司文化、敬业精神等务虚的软性课程。张总还准备亲自去讲公司文化课，并指示李科长制定服务态度奖励细则并予以宣布。培训效果显著，以后连续两季度，抱怨信分别减至32封和25封。

案例思考题

1. 你认为这项培训计划编得如何？你有何理论或内容增删的建议？

2. 你觉得这次培训奏效，起主要作用的是哪些内容？

3. 要是你去主讲那两门软性课，你将讲些什么内容？请列出一份课程提纲。你会采用什么教学方法？为什么？

【实操训练】

训练项目：

1. 某酒店因业务发展，录用了20名大学毕业生，请你为该公司设计一个新员工入职培训方案。

2. 选择当地一家企业，为该企业进行人力资源开发报告。

技能训练要求：

1. 8人为一组，选一人为组长，负责协调与分工；

2. 可以讨论，也可以上网查资料，作业成果以书面形式提交，并签上小组成员名字；

3. 时间：以课外为主、课堂指导结合。

全国高职高专人才培养规划教材

单元七

绩效管理

【学习目标】

能力目标

1. 能根据企业的人力资源情况进行有效的绩效管理。
2. 掌握绩效管理的主要方法与流程。
3. 能运用专业的绩效考评方法实施高效的绩效管理。

知识目标

1. 掌握绩效管理的概念与流程。
2. 了解绩效管理的基本流程。
3. 理解绩效考评的基本内容。
4. 掌握绩效考评的主要方法。

【案例 7－1】

GE 的绩效管理

美国 GE 公司前 CEO 杰克·韦尔奇在他的告别演说中总结了他多年经营企业的经验，他特别强调："如果我们不能够发现、挑战和发展这个世界最优秀的人才，那么我们注定一事无成。而这是通用电气最终的、最真实的核心要素。"

他说，我们的技术，我们的生意，我们的资源都不足以使我们成为世界第一，除非我们总是拥有最优秀的人才——他们总是发展自我，希望做得更好。在我们的绩效考核系统和奖励系统中，我们把员工分为三个类别：最上端的 20%、中端的 70% 和下端的 10%。GE 公司的领袖们明白不断的鼓励、启发和奖励上端 20% 的必要性，并且不断地确认中端的 70%，保持和提高向上工作的热情，而且他们也会用非常人道的方式，督促下端的 10% 改变自我，他们每年都是这样做的，这就是企业繁荣真正的原因。

资料来源：马新建著：《人力资源管理与开发》，石油工业出版社 2003 年版，第 320 页。

【案例分析】

绩效管理作为人力资源管理一个重要的、不可或缺的环节，在员工管理中起着重要的作用。科学、有效的绩效管理直接涉及企业能否把员工的努力转化为企业的业绩表现。成绩突出者要给予奖励，提升职务和增加工资；不能履行责任者，要给予一定的处罚，降低职务或者工资。如果没有有效的绩效管理手段，就会出现“干多干少一个样，干好干坏一个样”的局面，很显然，韦尔奇是将绩效管理作为吸引、积聚人才和提升企业竞争力的有效手段。

为了提高企业的市场竞争力和环境适应能力，许多企业都加大力度探讨提高组织绩效的有效途径，增加对绩效考评的重视程度。20 世纪 80 年代后半期到 20 世纪 90 年代早期，绩效管理逐渐成为被人们广泛认可的人力资源管理职能。任何一个优秀的组织，其成功的秘籍之一就在于有效的绩效管理。那么究竟什么才是绩效管理？为什么要进行绩效管理？怎样才能进行有效的绩效管理呢？本章将就这些问题展开阐释，并予以解决。

一、绩效管理概述

绩效管理是识别、衡量以及开发个人和团队绩效，并且使这些绩效与组织战略目标一致的一个持续性过程，要求管理者确保员工的工作活动和产出与组织目标一致，并借此帮助组织赢得竞争优势。绩效管理在员工的绩效和组织目标之间建立起一个直接的联系，从而使员工对组织做出的贡献变得清晰，如此我们就要首先明确绩效的内涵。

（一）绩效的基本内涵与特性

绩效的英文是“performance”，释义为“执行、履行、表现、成绩”。社会化生产初期，生产率是衡量绩效水平的唯一标准，但随着管理实践深度和广度的不断增加，人们对其内涵和外延的认识也发生了变化。管理大师彼得·德鲁克认为：“所有组织都必须思考绩效为何物？这在以前简单明了，现在却不复如是。”绩效的含义是非常广泛的，不同时期、不同发展阶段，绩效都有其不同的具体含义。

综合管理学、经济学和社会学各角度看，绩效可以定义为某一组织或成员在一定时间与条件下完成某一工作所表现出的工作行为和取得的工作结果。对组织而言，绩效就是任务在数量、质量和效率等方面完成的情况；对于员工来说，则是上级和同事对自己工作状况的评价。

绩效是由多种因素所共同决定的，个人因素与工作绩效的关系并不是直接的，而是通过工作相关行为发生的。因此，绩效往往随着系统因素、员工工作相关行为等相关因素变化而不同，呈现出不同的特性。

1. 多因性

多因性即绩效的好坏高低不是由单一因素决定，而是受主客观，内外多种因素的影响。影响员工工作绩效的主要因素包括激励、技能、机会及环境。可以用公式表示为：

$$P = F(S, M, E, O)$$

式中：P——Performance，绩效；

S——Skill，技能，即员工工作技巧与能力水平；

M——Motivation，激励，即员工的工作积极性，受个人的需要结构、价值观与个性感知等影响；

E——Environment，环境，即企业的内部客观条件，如劳动场所的布局与物理条件，公司的政策制度环境，文化氛围等；

O——Opportunity，机会，具有很大的偶然性，具有不可控性。

其中技能和激励主要为内因，受个人影响较大，我们将其界定为员工自身的、主观性影响因素。机会与环境主要是客观的外因条件，主要起间接作用，但也不容忽视。

2. 多维性

绩效的多维性即绩效需要从多个方面或者多种维度去考查，不能只看一个方面。例如，一个部门的管理者，其工作绩效不仅反映在该部门的经营指标中，也要同时兼顾其对下属职工的监督、指导、协调以及团队组织等指标方面，整个部门的经营业绩指标，以及团队合作效率等都应包括在内。

表7-1即为某制造企业营销人员的绩效考核指标体系，从中可以看出，公司不仅注重员工的工作成果，也非常重视员工的岗位技能和工作态度。

表7-1　　某制造企业营销人员的绩效考核指标

考核要素		权重（%）
工作成果	销售订货额	60
	货款回收	
	销售费用	
	合同错误率降低率	
岗位技能	市场分析	30
	客户关系维护	
	市场推广	
工作态度	岗位责任心	10
	工作积极性	
	团队协作精神	
	客户满意度	
	合理化建议和接受建议	

3. 动态性

随着组织环境和经营战略目标的不断变迁，影响绩效的因素都会随之产生变化。员工的绩效都会随着时间的推移发生变化，原来较差的绩效有可能好转，原来较好的绩效也有可能变差。因此，在评价一个人的绩效时要充分注意到绩效的动态性，而不能用一成不变的思维来看待有关绩效的问题。

（二）绩效管理的含义

绩效管理是为了更加有效地实现组织目标，为了有效地管理员工，确保员工的工作行为与组织目标一致，由专门的绩效管理人员运用专业技术、方法与员工一起进行绩效计划、绩效沟通、绩效考评、反馈与改善的持续性过程。具体包含以下几层含义。

1. 绩效管理的目的是为了更有效地实现组织目标

绩效管理本身并不是目的，最主要是要最大限度地提高组织的管理效率、组织资源的利用效率，进而不断提高组织绩效，更有效地达到组织预定的目标。

2. 绩效管理的主体是掌握人力资源管理知识、专门技术和方法的绩效管理人员

绩效管理由掌握专门绩效管理知识技能的管理者推动，然后逐步落实到员工身上，最终由每一位员工的具体工作实践来实现。所以绩效管理的主体不仅是管理人员，还要包括每一位参与绩效考核管理的员工。

3. 绩效管理是一个包括多阶段、多项工作的综合持续性过程

绩效管理是一套综合的 P—D—C—A 循环体系，即计划（Plan）、实施（Do）、检查（Check）、调整（Adjust）的循环。具体到绩效管理的过程就是绩效计划的制订、动态持续性的绩效沟通、绩效实施、绩效评估、绩效反馈与绩效结果运用等环节构成的持续性循环过程。

4. 绩效管理的核心是提高组织绩效，建立共识

绩效管理是“对事不对人”，以工作表现为中心，考察个人目标与组织目标达成一致或者相关的部分，通过沟通使工作绩效标准与员工的努力方向一致，使员工易于接受，以便于促成绩效管理目标的实现。

绩效管理是以组织战略目标为导向，将目标进行层层分解，并下达到员工，通过对员工的工作表现和业绩进行诊断分析，改善员工在组织中的行为，通过充分发挥员工的潜能和积极性，提高工作绩效，更好地实现组织目标。绩效管理是贯穿公司各个管理层级管理工作的一项基本活动，更是一种过程管理，通过在工作过程中的指标制定，双向沟通，考核评价，最终实现提高部门绩效和企业整体经营绩效的目标。

（三）绩效管理的作用

绩效管理是组织实现战略目标的核心工具之一，也是人力资源管理其他职能实现的基本依据和基础；同时也是企业管理的一个重要工具。有效的绩效管理可以给企业的日常管理带来巨大的好处，可以保证员工行为与企业目标的一致性。绩效管理的具体作用主要体现在以下几个方面。

1. 绩效管理有助于提高企业的管理绩效

绩效管理能够把员工的努力与企业组织的战略目标联系在一起，通过提高员工的个人绩效来提高企业的整体绩效，从而实现组织战略目标，增强企业的组织竞争力，这是绩效管理的战略目的。据美国翰威特公司对美国所有上市公司的调查，具有绩效管理系统的公司与没有绩效管理系统的公司在企业绩效的各个方面相比，都具有明显优势。表 7－2 是该项调查的详细结果。

表 7－2　　绩效管理对企业绩效的影响　　单位：%

指标	没有绩效管理系统	有绩效管理系统
全面股东收益	0.0	7.9
股票收益	4.4	10.2
资产收益	4.6	8.0

续表

指标	没有绩效管理系统	有绩效管理系统
投资现金流收益	4.7	6.6
销售实际增长	1.1	2.2
人均销售额	126 100 美元	169 900 美元

资料来源：于秀芝编著：《人力资源管理》，经济管理出版社 2002 年版，第 224 页。

2. 绩效管理有助于保证员工行为方向与企业目标的一致性

企业的绩效有赖于员工的努力工作，同时员工需求的满足又有赖于企业目标的实现，所以二者是相辅相成的。绩效管理正是要保证二者的一致性，从而提高员工的满意度，同时要保证企业目标的实现。绩效管理的各项指标有助于对员工行为的引导，通过设定与企业目标一致的考核指标可以将员工的行为引导到企业目标上来，清楚地界定工作内容及标准，使组织目标更加清晰，使员工增强自我认知与自我开发，使员工更加胜任。再根据绩效考核结果对员工进行绩效评价，给予奖励或惩罚，最终保证二者的统一性。

相关链接：必要的绩效管理

英特尔公司总裁安迪·格罗夫曾说："在英特尔公司，我们估计主管可能将 8 小时中的 5 小时用于作每个员工的评价，如果这种昂贵的工作能改进一个员工的工作绩效，哪怕是一年中的一小段时间的绩效，这难道不值得主管支出时间吗？"格罗夫的话阐明了绩效考核是管理者一项非常重要的工作，因为绩效考核不仅回答了员工的基本问题：我做得如何？而且更重要的是回答了员工到底怎么才能做得更好。

资料来源：林筠：《绩效管理》，西安交通大学出版社 2006 年版，第 13 页。

3. 绩效管理有助于人力资源管理各项工作的开展

就企业的各级管理人员来说，他们往往面临许多管理问题，例如：常常为事务的繁杂和时间管理的不善而烦恼；因为无法对下属有更深入的了解而苦恼，员工对自己的工作成果缺乏客观认知，工作缺乏主动性；员工对于应该做什么和对什么负责产生异议；等等。

虽然绩效管理不能解决管理中的所有问题，但是绩效管理可以为各个管理层级提供所需的管理信息和人力资源管理依据。对于员工聘任，岗位分配，职位晋升，薪酬设定，奖惩多少等问题提供可信的依据，从而提高企业的管理绩效。

4. 绩效管理使得组织变革更加容易推动和开展

当一个组织决定改变其定位与企业文化，从而将产品质量与客户服务放在首要位置时，一旦新的组织目标导向确定下来，就可以运用绩效管理使企业文化与组织目标联系在一起，使考核指标与组织目标联系起来，从而使组织变革成为可能。正如彭宁顿绩效管理集团总裁兰迪·彭宁顿所言："事实上，文化变革是由绩效的改变推动的，一个组织的文化不能被植入。它会收到组织所实施和强化的各种政策、实践、技能以及程序等的指导和影响。改变企业文化的唯一方法是改变员工每一天的工作方式。"

相关链接：首席执行官谈绩效管理体系的贡献

DDI（Development Dimension International）是一家专门在领导人和人员甄选领域从事服务的全球性人力资源咨询公司。它的研究表明，绩效管理体系是将经营战略转换成经营成果的一个关键性工具。特别需要指出的是，绩效管理体系会对“财务绩效、生产率、产品或服务的质量、客户满意度以及员工工作满意度”产生重要的影响。此外，在所有调查的首席执行官中，有79%的人说，通过实施绩效管理体系，他们的组织大大推动了“人力资本价值最大化文化战略”的实现。

资料来源：http：//www. ddi. com/pdf/OCWP06. PDF.

【案例7－2】

康佳的绩效管理

康佳的绩效管理制度是在集团公司与麦肯锡公司合作努力下，经过实际访谈、问题分析和策略研究共同拟定的，是一项从公司总体战略着眼，本着提高集团公司整体业绩为目的，从员工个人绩效出发，对员工个体和部门整体进行考核的业绩管理制度。

在业绩考核制度实施的过程中，公司管理与人力资源中心在考核中设立了三级考核体系，使被考核人由直接领导进行考核，同时又受到间接领导和公司管理与人力资源中心的双重审核监督。整个执行过程是被考核人始终与上级领导相互沟通、上下级之间相互交换意见的一个过程。除此之外，公司管理与人力资源管理中心又建立了严格的投诉制度，为绩效考核管理的客观公正提供了进一步的保障。

绩效管理制度自实施以来，取得了显著效果。一方面，员工个人对集团公司、本部门以及个人的工作目标有了清楚的认识，从而使工作职责更加明确，工作重点更加突出。改变了以前职责不清、重点不明的状况，提高了个人的工作效率和业绩，促进了整体业绩的提高。另一方面，领导者也清楚了在哪些方面应该给下属一些指导，在哪些方面应该下放职权，让下属充分发挥自己的才能，出色的完成本职工作。从而使领导者有更多的时间和精力来做好整体协调与指挥工作。

资料来源：刘颖、杨文堂：《绩效考核制度与设计》，中国经济出版社2005年版，第235页。

【案例分析】

康佳公司的绩效管理是一个持续沟通的过程，是通过员工和他的上级之间达成的业绩目标协议来保证完成的。绩效管理对员工既定的工作职责，员工的工作对公司实现目标的影响，员工与上级之间应如何共同努力以维持、完善和提高员工的绩效，工作绩效如何衡量，如何排除影响绩效的障碍等起到了很有效的作用。

有效的绩效管理给康佳的日常管理工作带来诸多好处。如果绩效管理运用得当，对每个人，包括员工、上级主管和公司都有明显的帮助。

二、绩效管理的基本流程

正如前述，绩效管理并不是每年才发生一次，它是包括几个重要组成部分的持续性过程。这几个组成部分之间彼此存在着非常紧密的联系，其中任何一个环节在执行上出了问题都会给整个绩效管理体系带来负面影响。绩效管理的整个流程图如图7－2所示。

绩效管理的基本流程包括：绩效计划、绩效实施、绩效评价、绩效反馈以及绩效改进，最后

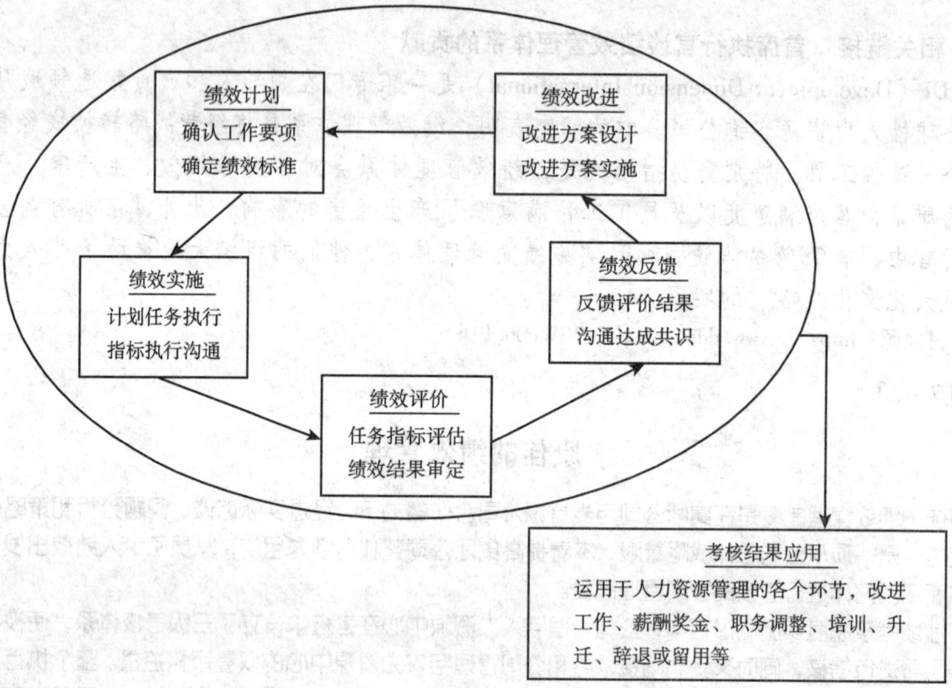

图 7-1　绩效管理流程

将绩效考核的结果运用于人力资源管理中，提高企业的绩效。各个环节构成一个封闭的绩效管理循环系统，上下承接、紧密联系，只有各个环节的有效整合才能保证绩效管理最终目的的实现。

在实施绩效管理体系之前，必须具备两个重要的前提条件：第一个条件是，对公司组织的使命和战略目标要有清楚的了解。战略规划能使一个组织能够清晰地界定其存在的目的与原因，一旦整个组织目标确定下来，就要在此基础上进行层层分解，使各个部门的目标能够支持组织总体使命和目标的实现。这种目标的层层分解会一直持续下去，直到每一位员工都有一套与组织使命和愿景相适应的目标。第二个条件是，必须对当前的职位有清楚的了解。这可以通过职位分析来完成，包括工作活动、任务、产品、服务以及流程等。职位分析是任何一套绩效管理流程实施的一个基本前提。如果不知道一位员工在其职位上应当做什么，也就不知道应当评价什么以及如何评价。

相关链接：美国国防部民用人事管理服务局挂斗卡车司机的职位描述

驾驶以汽油或柴油为动力的卡车或卡车牵引车，这些车辆带有两个或更多的驱动轮，有四个或四个以上的前进速度传动装置，同时可能有两个或两个以上的挡位。这些车辆需要与一辆挂斗车或半挂斗车配在一起使用，两者之间用转盘或舵栓勾连在一起。需要在普通公路上驾驶车辆运输各种原料、商品或设备。需要完成一些难度较高的驾驶任务，比如将车倒进装卸平台、急拐弯、驶过狭窄的通道，保持卡车和挂斗车处于可控状态，尤其是在湿滑以及结冰的路面上。可能还需要协助其他人员装卸卡车上的货物。同时还可能需要处理载货清单、费用账户以及与出货相关的其他单据。

资料来源：http：//www. nsu. edu/about/mission. html. Retrieval.

以下针对绩效管理流程的各个环节展开阐释。

（一）绩效计划

绩效管理的第一个环节就是绩效计划，这是绩效管理过程的起点。主要任务是通过管理者与员工的共同商讨，确定员工的绩效目标和评价周期。其中，绩效目标是指员工在绩效评价期间的工作任务和要求，包括绩效考核要素和绩效考核标准两个方面。绩效计划必须清楚地说明期望员工达到的结果，期望员工表现出来的行为和技能。

1. 绩效考核要素

（1）考核主体：企业组织、股东、董事、监事、CEO、人力资源管理部门、人力资源经理以及各有关主管经理、一般员工以及外部利益相关者等。

（2）考核对象：企业的全部在岗员工，包括 CEO、各级经理人员、一般员工。严格地讲，董事、董事长、监事等也应该接受相应的考核。

（3）考核内容：工作行为、工作态度、工作结果等。但是根据不同的绩效考核目的与对象，考核内容会有所不同。

（4）考核目的：全面了解每个员工的素质水平、在实际工作中的真实绩效与获得这些绩效的行为表现、未来负担更重要的职责工作的潜力，保证人力资源管理的基本决策正确。

同时，还会有其他诸如考核时间、地点，考核方法与工具，考核活动的过程，考核结果与考核结论等要素。

2. 绩效考核标准

（1）绩效考核标准，即是根据各个岗位的工作性质和要求而制定的标准。设立了绩效指标之后，就要确定绩效指标达成的标准。绩效考核标准具有三个特性：①完整性，即各种标准要相互补充，相互配套，缺一不可，是一个完整的体系；②协调性，即各种标准之间要相互衔接，相互协调，没有冲突；③比例性，即各种标准之间存在数量比例关系。

（2）绩效考核标准体系的确立步骤。

① 进行工作分析。根据绩效考核的目的，对考核对象所在岗位的工作内容、性质以及相应的职责范围所应具备的技能、素质等进行初步的研究分析，初步确定绩效考核的指标。因此，针对不同的工作岗位，应该有各自的一套指标体系。事实上，因为具有复杂性，现实中企业总是仅选取和组织目标实现密切相关的重要指标作为绩效考核指标。

② 理论验证。即根据绩效考核的基本原理与理论，对初步确定的绩效考核指标进行论证，使其具有一定的科学依据。

③ 确定指标体系。通常公司会将问卷调查、个案研究法、访谈法等多种方法结合起来使用，根据工作分析结果，运用绩效考核指标体系设计方法，进行指标分析，最后确定指标体系，使指标体系更加准确、完整和可靠。

④ 修订指标体系。为了使指标体系更加合理、有效，需要对其进行不断修订，一方面是考核前的修订，即将确定的指标体系提交领导，或者相关专家、学术权威，以获得合理意见，进行再修改、补充完善。另一方面是在考核后的修订，即根据考核结果应用以后的效果，如出现考核结果与现实不符，可对指标进行修订，以达到理想效果。

（3）绩效考核指标的确定应注意的问题。

① 指标应当保证有效性。即针对具体岗位具体工作设置的指标，不能出现缺失，也不能出现溢出，应该根据岗位的实际工作内容设定，既不能缺乏对该岗位实际工作效果的衡量

指标，也不能将其他岗位的指标用于该部门不具备的工作内容的衡量上。

越能包括岗位上所有实际工作内容，绩效考核指标就越有效。

② 指标应该具体明确。即绩效考核指标应该明确地指出到底要考核什么内容，不能过于笼统。例如，针对教师工作业绩考核时，指标“授课情况”就过于笼统，因为该指标可以体现为多个方面，所以应该进行分解为多个指标，如“上课准时性”、“板书是否工整”、“授课是否生动，易于接受”等，使指标更具有针对性。

③ 指标应具有差异性。一方面，对于员工来说，同一工作的各个指标应该占有不同的权重，正如前述表 7－1 中营销人员的绩效衡量中，各个方面占有不同的权重；另一方面，对于不同的岗位，不同的员工来说，指标应该不同，体现不同工作的内容、性质、重要性的不同。

④ 指标要具有可变性。指标的可变性可以体现在两个方面：一方面，在不同的绩效周期，指标应该根据工作内容的调整而作出相应的改变；另一方面，在不同的绩效周期，指标的权重也要随着工作内容中不同方面的重要性不同，而不断调整、变化。

（4）绩效考核标准体系设定注意事项。

① 绩效标准应该尽可能明确、可衡量。往往目标越明确，对员工的激励效果就越好，因此在确定绩效指标的标准时，应该尽可能清楚，尽可能量化。如数值型标准“销售额达到 50 万元”，百分比标准“产品合格率要达到 95%”，时间型标准“需在几个工作日内回复应聘者的求职申请”等等可量化标准。

对于难以量化或者量化成本较高的绩效指标，其标准制定应给出具体的行为标准，或者针对不同的行为表现制定不同的标准等级，便于划分、衡量。

② 绩效指标的标准应该合理、适度。即对于标准的设定既要有一定的难度，使工作具有一定的挑战性，同时又不可以太难，超出员工实际能力可以实现的范围。目标太容易或者太难都会导致对员工的激励效果大大降低。

③ 标准应具有可变性。即进行一个绩效循环周期后，往往要跟随工作内容变化，绩效指标的标准也要调整。

（5）绩效考核周期。绩效考核周期也叫绩效考核期限，即每一次对员工进行绩效考核的间隔时间。对员工进行绩效考核是一项持续性的工作，耗费人力、物力、财力，因此绩效考核周期应该认真权衡长短，如果周期过短，将会增加企业的绩效管理成本；如果周期很长，将会降低绩效考核的准确性，不利于提高员工的工作绩效，不利于企业绩效的提高。

对于考核周期，应该综合权衡岗位性质，绩效指标性质，指标标准的性质等，确定恰当的绩效考核周期。

相关链接：绩效目标的“（明智）SMART 原则”

对于绩效目标的设定要求，一般可以概括为五个原则，简称为“（明智）SMART 原则”：第一，目标明确具体原则（specific）。第二，目标的可衡量原则（measurable）。第三，目标的可达成原则（attainable）。第四，目标的相关原则（relevant）。第五，目标的时间原则（time-based）。

资料来源：http：//shequ. qihoo. com/q/work/3298130. html.

（二）绩效实施

制订绩效计划后，被考核对象就要依据计划开展工作。在工作开展过程中，管理者要根据绩效考核指标对被考核对象对工作进行指导和监督，对发现的问题及时予以解决，并对计划进行随时调整。

绩效实施的工作主要包括两个方面内容：一个是管理者和员工之间持续的绩效沟通；另一个是对员工工作的数据、资料、信息的收集与分析。

1. 绩效沟通

绩效沟通就是在整个绩效考核周期内，管理者要持续不断地和员工进行有效的沟通交流，给予员工必要的工作指导，及时将考核信息反馈给员工，对工作过程予以指导和协调。沟通是双方追踪进展情况、找到影响绩效障碍以及得到使双方成功所需信息的过程。

沟通有助于应对市场变化，及时调整绩效计划；有助于提供丰富的绩效实施信息。管理者不可能仅靠自己观察就收集到所有需要的信息，而员工也需要信息，缺乏沟通与反馈的环境是一个封闭的工作环境，导致员工工作积极性的下降。因此持续性的绩效沟通将有利于绩效计划实施的弹性，柔性，保证管理者与员工共同努力，及时处理出现的问题，以及时调整目标和工作任务。

（1）绩效沟通的内容。

绩效沟通所需了解的信息内容，取决于管理者和员工的关注方向。管理者往往需要思考“作为绩效考核主体，要完成相应的职责任务，应该从被考核对象那里获取什么信息”，而对于考核对象来说，应该向其传递何种信息，才有助于员工工作积极性的提高。在实际工作中可以从以下几个具体方面进行沟通，以获取信息：

① 以前工作的开展情况如何？

② 哪些地方做得很好？

③ 哪些地方需要纠正或改善？

④ 员工是否在努力实现工作目标？

⑤ 如果偏离目标的话，管理者应该采取什么样的纠正措施？

⑥ 管理者能为员工提供何种帮助？

⑦ 是否有外界发生的变化影响着工作目标？

⑧ 如果目标需要进行改变，如何进行调整？

（2）绩效沟通的方式。

沟通的方式在很大程度上决定着沟通的有效与否。沟通方式可以分为正式沟通与非正式沟通。正式沟通有书面报告、管理者与员工之间的定期面谈、小组会议或团队会议、咨询和进展回顾。

① 书面报告。该种方式是绩效管理中比较常见的一种正式沟通方式，是员工使用文字或图表形式向管理者报告工作进展情况的一种方式。可以是定期的，也可以为非定期的。定期的书面报告可以是工作日志、周报、月报、季报、年报等。除此之外，主管人员往往会要求下属不定期地进行工作进展报告等，以及时跟踪了解员工的工作开展情况，但同时也要避免书面报告流于形式，浪费人力、物力、财力。

② 定期面谈沟通。即管理者与被考核对象进行一对一的面谈，这也是一种常见的沟通方式。面谈的最终目的是要在管理者与员工之间就某一问题达成共识并找到解决办法。

此间要保证任何一方没有抵抗情绪，保证信息的有效流动，解决实际问题，达到面谈的目的。

③ 小组会议或团队会议。即由管理者组织召开小组会议，召集某项工作的相关工作人员，进行集体会谈讨论。其可以避免书面报告的单向沟通的缺点，也可以避免面谈中仅限于一对一的缺陷。但是该种沟通也可能流于形式，因为对信息传达、过滤以及理解的不一致，难以集中意见，难以达成共识。

④ 咨询。有效的咨询是绩效管理的一个重要的组成部分。员工没有达到预期的绩效标准时，管理者借助咨询来帮助员工克服工作中遇到的障碍。在咨询方法实施过程中要注意以下几个方面：

- 咨询要及时，在问题出现后及时进行咨询。
- 咨询要事先计划，并选择安静、舒适的环境，避免给被咨询者带来压力，影响信息交流。
- 咨询是双向的沟通，管理者应该扮演积极的倾听者。
- 咨询过程中应褒贬兼有，对于好的绩效，要分析现实依据，对差的绩效要给出改进建议。
- 咨询最后的结果应该是共同制订出绩效的具体行动计划。

⑤ 进展回顾。进展回顾即对于周期较长的绩效考核，可以适当进行短期的信息反馈，特别针对一些短期性工作或新员工，要及时进行考核结果和信息的反馈。

⑥ 非正式沟通。非正式沟通有时可以提供一个宽松、和谐的工作环境，使管理者与员工之间建立一个融洽的关系，便于工作信息的交流。工作间歇的沟通，非正式的会议，或者“走动式管理”、“开放式办公”，都可以随时随地传递关于工作或者组织的信息。专家认为，就沟通对工作业绩和工作态度的影响来说，非正式的沟通或每天都进行的沟通比在进行年度或半年期业绩管理考核会议时得到的反馈信息更直接、更及时、更真实。

正如有的员工声称，他们对与经理喝咖啡时十几分钟的闲聊比任何长时间的正式会议都满意。但是非正式沟通缺乏一定的严肃性，并非所有的情况都适用。

2. 绩效信息的收集

管理者通过对员工与绩效有关的工作信息、数据、资料的搜集，解决工作中的问题，分析问题，根据获得的信息来调整工作，改进绩效。另外，在发生劳动争议时，可以利用记录在案的绩效信息作为仲裁的信息来源。

（1）收集绩效信息的方法。

① 观察法：主管直接通过观察员工在工作中的表现，并及时对员工的工作行为表现进行记录的方法。

② 工作记录法：即通过工作记录的方法将员工工作表现和工作结果进行详细记录下来。

③ 他人反馈法：管理者可以通过其他员工的反馈汇报，来了解某些员工的工作绩效状况；比如可以通过调查顾客的满意度，来侧面了解售后服务人员的服务质量。

在实际工作中可以结合多种方法同时使用，以避免单一方法反映信息的偏失，保证信息的质量。

（2）收集绩效信息过程中应该注意的问题。

一是要保证员工参与收集信息的过程，如主管可以让员工自己做工作记录。

二是要有目的地收集信息，在收集信息之前一定要明确收集信息的目的，以便确定收集哪些信息。

三是可以采用抽样的方法收集信息，注意选取有代表性的样本，保证样本结构与总体结构的一致性，抽样法可以减少信息收集的工作量，以节约成本，减少人力、物力、财力的耗费。

四是要收集真实的信息，要注意将真实的信息与推测或猜测的信息区分开来，信息收集就是要获取直接的、真实的信息，避免掺杂任何主观因素。

（三）绩效评价

绩效评价又称为绩效考核，是指对照工作目标或绩效标准，采用科学的方法，评定员工的工作目标完成情况、员工的工作职责履行程度、员工的发展情况等，并将上述评价及时反馈给员工的过程。在绩效评价阶段，员工及其上级管理人员共同完成评价，上下级都参与绩效评价过程，有利于双方获得在绩效反馈阶段需要使用的那些有用的信息，这些信息在将来得到建设性使用的可能性就会变得更大。所以对员工的绩效评价，一般分为员工的自我评价和由评价者对被评价者进行评价两个方面。

1. 评价方式

（1）员工的自我评价。由员工本人对照自己的绩效标准，如工作分析、工作计划、绩效目标等，进行自我评价，填写述职表，或者写出自我评价小结。

（2）评价者对被评价者的评价。评价者可以是其上级主管，也可以是人力资源部成员，还可以是评价委员会等专门的员工绩效评价机构。在采取360度绩效反馈时，还可以由被评价者的下属、客户、同事等作为评价者来参与评价。

2. 绩效评价的常见误区

由于绩效考核是一种人对人的评价，在这一个过程中往往会出现一些错误或者不正当的行为，从而影响绩效评价的效果。这里介绍绩效考核中容易出现的几类误区。

（1）“晕轮”效应。即以员工某一方面的特征为基础对总体进行评价，通俗的话就是“一俊遮百丑”。如对学生的评价，对于一个学习成绩优秀的学生，总会被评为“三好学生”，即使该生在“德”、“体”方面并不合格，这就是“晕轮”效应作用的结果。所以应尽量避免评价时以偏概全。

（2）逻辑错误。这种情况是指在评价过程中，考核主体依据简单的逻辑推理而不是根据客观实际来对员工进行评价。例如，根据“员工的口头表达能力强”，就判断“该员工的公关能力强”。

（3）近期误差。这种错误是指以员工在近期的表现为根据而对整个绩效考核周期的表现作出评价，这也不符合绩效考核的本质。

（4）首因效应。这种错误和近期误差正好相反。即根据员工在绩效考核周期的初期表现而对整个周期的绩效表现作出评价。

（5）相似性误差。即考核主体将员工跟自己相对比，与自己相似的就给予高的评价，对与自己不同的就给予较低的评价。例如，一个作风严谨的上级，对做事一丝不苟的员工评价比较高，而对于不拘小节的员工评价就会比较低，尽管两人的绩效水平差不多。

（6）溢出效应。即根据员工在考核期以外的表现对考核周期内的表现作出评价。例如生产线上的工人在考核周期开始前出了一次事故，在考核周期内没有出任何问题，但是因为之前事故的影响，上级对他的评价还是较低。

（7）偏松或者偏紧倾向。即考核主体放宽考核标准或者采取严谨的考核标准，给所有的员工考核成绩都比较高或者比较低，类似的还有中心化倾向，这些都是不应该出现的评价方式，绩效考核应该始终坚持以客观事实为依据进行评价。

（8）个人偏见或者刻板印象。即因为评价者对评价对象因为固有的印象也会产生评价误差，尤其在那些非量化的软性指标中常常影响评价结果。有的管理者在严格对照每项目标的完成情况认真打分并综合计算后，发现得分与自己对该员工的平时印象不同，就会重新审视并调整自己的打分，这也是错误的做法。

以上误区的存在与绩效目标设定不明确、评价尺度不清晰等原因有关，也与管理者缺乏绩效评价技能、对绩效管理重视和理解不够有关系。所以，在改进绩效管理制度的同时，也要对管理者进行有效的培训，使之掌握正确的方法和技能，将绩效管理落到实处。

【案例7－3】

公共汽车司机的绩效评估

MTA（Metropolitan Transit Authority）是一家公共汽车公司，该公司早在5年前就与工会联合开发了绩效评估系统，该系统一直运行良好。公司的每一个主管（高中学历）负责管理30个下属。在这套考核系统下，几乎全部的考核结果都建立在一张违纪清单的基础之上，每种行为都赋有分值，每季度评估一次。每季度开始，每个司机分配到100点，100点减去因处罚而扣掉的分值就是每季度的评估结果，每年的评价结果（一般作为红利、晋升和任务分配的依据）就是每季度的评估结果的平均点数。因为该系统简单易行，在5年的实际运行中效果很好，所以主管们和员工们都很喜欢该系统。

后来，该公司人力资源部门设计了一套新的考核系统在公司中运行。新的评估系统要求主管每季度为30个下属写叙述性报告。但是MTA的主管没有时间、也没有兴趣在每个季度为下属写记录报告，因此他们拒绝使用该新系统。为了更为鲜明地表达自己的观点，他们详细叙述了一个优秀司机的工作表现，然后将每个司机的名字加在上面，复印890份（公司有890个公共汽车司机，多为高中及高中以下学历），之后将这高达2英尺的评估结果送交人力资源部门。原先的绩效评估系统并非完美无缺（比如司机仅仅会因为绩效不好而被扣分，而不会因为绩效好而加分），但却实施良好，尤其是得到管理人员、员工、工会的认同。

资料来源：李文静：《绩效管理》，东北财经大学出版社2008年版，第108页。

【案例分析】

尽管大多数人都认为绩效评价是一个应该受到普遍关注的人力资源管理问题，但是绩效评价往往由于容易招致众多争议而被大多数管理者所放弃或者躲避，从而导致绩效考核效果大大降低。案例中公交公司的人力资源管理部门因为没有考虑公司实际情况，忽略了评价主管的实际工作环境，设计了一个不科学的评价体系，导致新的考评体系实施效果不佳。绩效考核是一个由多个主体共同参与的活动，所以必须综合考虑各个主体的实际情况，设计各个主体均能认可的方式，才有助于绩效考核工作获得良好效果。

（四）绩效反馈

1. 绩效反馈的内涵

当绩效考核结束后，主管人员就要与下属进行面对面的交谈，通过绩效反馈面谈使员工了解自己的工作情况和绩效水平。心理学家发现，反馈是使人产生优秀表现的最重要条件之一。如果缺乏及时的反馈，人们就无法及时地对自己的行为进行纠正，从而无法提高自我。同样，员工绩效表现不佳，一个重要的原因就是没有得到及时、具体的反馈。

在大部分情况下，绩效反馈面谈都被视为是对过去的回顾，即过去做了些什么（结果如何）以及是怎样做的（行为怎样）。对苏格兰的150家组织所作的一项调查显示，在80%以上的组织中，绩效管理体系都是强调过去的。

法国学者亨利·法约尔曾经做过一个实验：挑选20名技术水平相当的员工，每10人一组，分成两组，然后让他们在相同的条件下同时进行生产，每隔一小时就会检查一下他们的工作情况。对第一组工人只记录各自生产的产品数量，但不告诉他们工作的进展速度。对第二组工人不但记录数据，还告诉他们各自的工作进度：每一次考核完，法约尔就根据结果在生产速度最快的两个工人的机器上插上一面小红旗；速度居中的四个人插小绿旗，最后四个人插小黄旗。实验表明，第二组工人的生产效率远远超过第一组。因此，有效的绩效反馈对绩效管理起着至关重要的作用。

相关链接：提供建设性绩效反馈的六个建议步骤

(1) 通过引用具体的积极行为和消极行为实例，确定员工在哪些方面做得好，哪些方面做得比较差。(2) 从员工那里获得关于这些行为的反馈，观察他们的反应，倾听他们的解释。(3) 讨论改变或不改变这些行为的意义。正面反馈是最好的，但是必须让员工意识到，较差的绩效如果持续下去结果会怎样。(4) 向员工说明过去帮助他们取得成就的那些技能会怎样有助于克服他们现在所遇到的绩效问题。(5) 共同制订一份行动计划。鼓励下属在改善绩效方面多投入一些，比如，可以问他们一些这样的问题："在市场推广效果方面你有什么想法?""你对市场拓展的财务预算控制方面有什么建议?"。(6) 安排一次会议，对将要接受评价的行为、行动以及态度等进行跟踪并达成共识。

资料来源：《绩效管理》，中国人民大学出版社2008年版，第43页。

2. 绩效反馈的原则

(1) 快速及时原则。

实践证明，最有效的反馈是由一系列持续的非正式反馈与正式反馈面谈组成的。即在日常的管理工作中，主管人员要及时、经常地与员工进行反馈面谈。多选择非正式的、员工易于接受的方式面谈，从而促使员工不断修正、提高工作绩效。

(2) 对事不对人原则。

绩效管理的对象是工作行为、工作绩效，所以在绩效反馈过程中，要避免针对员工的个性特点进行评价，性格没有优劣好坏之分。仅仅针对具体的事例进行评价反馈，切勿从不正当行为中引申出对个人素质方面的攻击指责批评，否则会造成员工与员工之间的矛盾和相互排斥，对于员工以后工作绩效的提高也没有任何好处。

(3) 明确具体原则。

绩效反馈面谈时切忌语言含混不清，中心意思表达不明，如"工作积极性不够，主动性缺乏等"往往难以理解和接受。指明具体的事例或者原由，可以使员工了解到自己的行为特征。必要时可以通过一些行为记录或者数据资料进行佐证，以便说明情况，这相应地也要求管理者在平时做好工作绩效记录，以便准确有效地反馈。

（4）正面引导原则。

反馈的目的不仅仅在于对于过去工作事实的总结陈述，更多的是从以往工作行为中总结经验教训。员工的考核评价有好有坏，为了促进员工在以后的工作中能不断提高行为绩效，主管人员应尽量采取鼓励的方式，正面地给出建议或意见，避免过多的批评，尽可能地引导员工自主发现并勇于承认自己的过失，将双方的目光聚焦于员工和企业的未来发展上。

（5）双向互动原则。

绩效反馈是一个双向的沟通过程，由于管理层级的差异，在反馈面谈中，主管人员往往会处于主导地位，员工更多的是处于被动接受的位置。为了使面谈获得更好的效果，能倾听到员工的声音，可以鼓励员工多说话，多发表个人意见和建议，不打压，不批评；如果员工对反馈内容有异议，可以给予申辩或解释的机会，保证以后绩效考核评价工作尽量减少偏差。反馈过程同时也应该是一个双向沟通的过程，以便于和员工达成共识，共同制定双方发展、改进的目标和计划。

相关链接：BEST 模型

在对员工的错误行为进行反馈时，一般来说可以遵循四个步骤：

B——Behavior description（行为描述）；E——express consequence（表达后果）；

S——solicit input（征求意见）；T——talk about positive outcome（着眼未来）。

比如，一名员工在准备一份提交给客户的资料中搞错了一个数据，主管人员发现后欲对员工进行反馈免谈，可以这样展开：

“小王，你做的这份资料里有一个数据错了。”（B）

“我们提交给客户的每一份文件都是客户了解我们的窗口，如果你是客户，如果发现公司给你的资料有错误，你对这个公司会形成什么样的印象？所以说我们的每一个行为都会影响我们在客户心目中的形象。”（E）

“你觉得这件事应该如何处理呢？”（S）

“对，如果我们每个人每时每刻都这样去做，对我们的公司是非常重要的。”（T）

资料来源：李文静：《绩效管理》，东北财经大学出版社 2008 年版，第 120 页。

（五）绩效改进

绩效改进是绩效管理中的一个重要环节，以往的绩效管理的主要目的是将考核结果用于确定员工薪酬，晋升与奖惩的主要依据，而现代绩效管理强调如何通过绩效考核和反馈来提高员工的未来工作绩效。绩效改进是这样一个过程，首先，分析员工的绩效考核结果，找出员工绩效不佳的原因；其次，针对存在的问题制订合理的绩效改进方案，包括做什么、谁来做、如何做等内容，并确保能够有效的实施。

绩效改进计划一般包括工作绩效改进计划和员工个人发展计划。工作绩效改进计划主要帮助员工在现有工作基础上改进绩效；个人发展计划则是根据组织和员工个人发展需要，共同协商，为员工制定职业生涯规划，帮助员工发展进步。

制订绩效改进计划，有助于提供员工的工作绩效，工作满意度，激发其改善企业绩效的努力。有效的绩效改进计划设计应符合以下原则。

（1）计划内容要切合实际。

为确保绩效改进计划能够执行，在确定改进计划时应该注意三个方面：容易改进的优先列入计划；对于不易改进的列入长期计划；不急于改进的可暂时不列入计划。采取滚动计划式循序渐进，由易到难，避免员工产生不满的抵触心理，从而影响工作绩效，反而丧失了绩效管理的原本目的。

（2）计划要有时间阶段性。

绩效改进计划应该明确各个计划内容的执行时限，明确执行计划的阶段性工作，按步骤实施。可以制定一个计划工作表，注明每一个工作阶段的执行工作内容，以及应达到何种绩效水平，使计划有章可循，对员工的计划执行进行阶段性指引，避免使改进计划流于形式。

（3）计划内容要切实具体。

绩效改进计划除了要设置时间约束以外，对于改进的具体内容有明确界定，如对于应该做什么，怎样做，做到何种效果，达到什么绩效等进行确定，避免空泛，抽象，不切实际。改进计划定为“两年内，争取使我们公司产品质量有一定提高”，远不如“两年内，我们要争取使得公司的废次品率由原来的8%降低为3%”可操作性强。

（4）计划要获得上下一致认同。

绩效改进计划一般是在绩效考核并反馈以后，由员工与主管共同商讨制订的改进计划，并且未来改进计划的执行也要主管和员工共同努力才能达到，所以改进计划必须上下一致认同才有效，以确保计划的实现。为了获得员工的认可，主管必须通过各种宣传手段使员工明白改进的目的，这就需要主管在绩效管理的评价考核、反馈各阶段，充分考虑员工的意见，保证双向沟通，而非简单的由上而下的领导，指挥。

（5）绩效改进过程中要加强指导。

为了确保改进计划的顺利实施，达到预期的绩效目标，主管人员需要分阶段对员工的工作行为与绩效进行考核，以便在考核中发现问题并及时纠正，指导改进计划朝预定的方向顺利发展。

（六）绩效结果的运用

当绩效考核结束以后，考核结果不是被束之高阁或置之不理，而是要与相应的其他管理环节进行衔接，为公司的管理工作提供依据，如：通过沟通改进工作，通过考评结果进行薪酬奖惩等，职位的晋升与辞退等；另外，绩效考核结果也应用于公司整体管理的其他方面，如机构设置是否合理，人员配备是否完备，培训机制是否健全，薪酬管理是否能有效激励员工，等等。绩效考核为公司的整体管理提供信息、资料、数据依据，便于公司管理据实调整。具体运用体现在以下几个方面。

1. 用于员工薪酬管理

绩效管理最普遍的用途就是用于薪酬的确定，但这也是一个最有争议的用途。一般来说，为了增加报酬对员工的激励作用，在人力资源管理中，要确保薪酬与绩效挂钩，依据组织内个人或部门对组织的贡献，制定支付薪酬的标准，薪酬的调整也要由绩效来决定，以体现公平性。

随着绩效管理理论和实践的发展，绩效管理的战略目标和开发目的逐渐受到重视，人们开始逐渐认可绩效考核在薪酬管理中的作用。但在目前情况下，大多数企业没有必要也不可能实现绩效管理与薪酬管理的脱节，只是探讨二者更好的结合方式。

2. 用于员工的流动调配管理

根据绩效考核的结果，根据员工的综合表现，进行人力资源管理，将合适的人放在合适的岗位上，合适的人做合适的事。人员的有效调配是人力资源管理的最高境界。

人员的调配可以是纵向上的晋升与降职，也可以是横向上的岗位轮换，依据绩效评价中员工的工作绩效与工作行为，对优秀的、有发展潜力、能力强的员工可以晋升，对于无法胜任领导工作的可以给予降职；对于岗位任命不合理的、员工更擅长其他岗位工作的，可以给予岗位轮换。

3. 用于部门招聘决策

通过绩效考核发现员工在工作能力或技能上存在欠缺，但又无法及时通过培训获得的，可以将绩效考核结果中对于员工素质、能力要求用于人员招聘方面，降低人事招聘的成本，降低不必要的损失；或者经过绩效考核，发现绩效偏低的原因是人手不足导致，则可以进行人事招聘。

【案例 7－4】

通用电气公司对绩效结果的应用

有关工作绩效结果运用的调查研究在通用电气公司进行，最初的研究结果表明：（1）批评员工对完成目标具有消极影响；（2）表扬收效甚微；（3）具体明确的目标可以改进工作；（4）批评性的评估导致抵触和更差的工作业绩；（5）指导工作必须天天进行而非一年一次；（6）共同制定目标，可以提高工作绩效；（7）以改善工作为主要目的的会议，不应与考虑薪酬或者晋升的会议同时举行。（8）下属参与制定目标可以改进工作。

根据这些研究结果，通用电气公司制订了一套新的考核方案，称为“工作计划与检查”，简称“WP&R”。这种新的做法强调经常进行工作讨论，而不是简单的评等、分级，薪酬的增减则单独开会讨论。通用电气公司的经验表明，工作业绩考评的两个目的必须分开，这是因为，如果考评被用于薪酬调整的依据，上级则担任法官的角色，而假如旨在激励员工，那么管理者则担任辅导员的角色。只有认识到工作绩效考核的双重作用与上下级共同制定具体目标的重要性，劳动生产率才能得到提高。

资料来源：林筠：《绩效管理》，西安交通大学出版社 2006 年版，第 8 页。

【案例分析】

每一个周期的绩效管理各个阶段完成后，都要对计划的执行情况进行分析，总结经验教训，巩固成绩，改正缺点。绩效管理的过程就是这样一个循环往复的过程，每经过一个循环，员工的工作绩效和组织绩效就提高一步。因此绩效管理循环的过程，就是人们在认识问题和解决问题中不断螺旋式上升的提高员工绩效和组织绩效的过程，我们应该尤其注重绩效考核结果的应用，对原有计划以及绩效管理体系进行必要的修正、完善，以获得更高的组织绩效。

三、绩效考评的组织与设施

（一）考核者的选择与培训

1. 考核者的选择

考核者即考评主体，是指对员工绩效进行考核的人。由于公司内部部门、岗位、人员设置的复杂性，仅凭一个人或者一个岗位上的人对被考核者的观察与评价很难获得对员工的合理、全面、有效的绩效考核。为了确保考核的全面性、有效性，在实施绩效考核的过程中，应该从不同岗位、不同层次上的人员中进行挑选，组成考核主体。

同时，对于绩效考评者的选择需要具备以下几个基本要求：一是考评者应该有足够充分的时间和机会观察被考核者的工作情况；二是考评者有能力将观察到的信息进行有效的评价和总结；三是考评者有动力提出真实的观察和考评信息，所以对于任何考评者而言，如果能合理地将绩效考评的结果真实性和考评者的奖励进行结合，他们都会更有动力给出客观、精确的考核评价结果。

一般而言，考评主体分为以下几类成员：直接上司、同事、员工本人、下级、客户、外部人事专家。

(1) 员工的直接上司。

在大多数组织中，上级评价是最常用的评价方式。研究表明，目前大约有98%的组织将绩效评价视作员工直接上级的责任。因为，通常上级是最熟悉员工工作内容的人，而且可以很好地将绩效评价与企业的组织战略目标相结合。同时，这种评价也为上级提供了一种引导和监督员工的工作行为的手段，对上级管理者为员工制定下阶段职业规划、培训发展计划，以及员工的报酬管理，都可以提供一个很好的途径和依据。

但是作为员工的直接上级，其评价也具有一定的局限性。上级领导往往缺乏足够的时间来全面观察员工的整个工作行为，员工很多时候是在独立工作；另外，上级因为牵扯到薪酬管理、职位晋升等决策，容易引起员工的本能式的防御或抵制，导致有时会出现上级对员工的评价有所偏差，或带有个人偏见。表7-3是员工对上司绩效考核看法的调查结果。

表7-3

成功的绩效考核	不成功的绩效考核
1. 我们双方都做了充分的准备 2. 上司重视我的反馈意见 3. 上司能结合组织目标考核我的工作 4. 上司提供了真正开发的沟通机会 5. 上司通过考核活动使我对自己的工作有了更加明确的认识	1. 上司工作繁忙，没有做好考核准备 2. 上司甚至没有仔细看过我的考核表格 3. 上司似乎对我的工作没有明显的期望 4. 上司很多批评很主观臆断，缺乏事实依据 5. 上司不愿意和我沟通与交谈 6. 上司对他的多数下属的考核都差不多，我看不出这样的考核对我来说有什么意义

(2) 同事评价。

同事评价即由被考评者的同级员工进行考评。这种考评与上级考评相比的好处在于，同事和被考评者应为处于同一个层级，做同样或类似的工作，使同事对被考评者的评价更多地考虑相互之间的工作合作情况，这一点是上级难以准确评价的。另外，因为被考评者的工作环境经常转换，上级难以跟随考核，而同事就可以很好地观察与评价被考评者的工作，在一定程度上可以避免考评信息来源单一、不全面的缺陷。例如，美国考克燕麦公司的宠物食品加工厂，员工的绩效考评完全由同事考评来决定。这家公司使用工作团队方式已经有20多年的历史，所有的薪酬和晋升政策都由工作团队来决定。当然，鉴于一个团队中的员工之间在奖金分配和职位晋升中存在竞争关系，因此要规定同事考评的内容。

但同时，当考评结果与薪酬和晋升等奖励性措施结合时，会导致同级之间发生利益冲突，导致同级评价缺乏客观性、公正性。另外，同事之间还可能会出现相互串通，互相都打高分的现象；也可能因为同级之间的人事关系原因，导致关系好的打高分，关系不好的就打低分，即存在友情偏见，导致员工缺乏对这种考评方式的信任。

（3）员工自我评价。

提倡自我评价的理论基础是由班杜拉提出的自我强化理论。这一理论指出关于自我目标设定、对目标执行的自我监控、自我实施奖励与惩罚的措施，会促使个人根据自我的观察，找出不足，确定改进计划，有助于员工自我技能的开发。同时如果给他们机会，他们会客观地评价自己的工作业绩，也有助于提高员工对最终绩效评价结果的接受程度，以便于减少员工在考评过程中的抵触情绪，尤其在工作考评标准与员工的个人工作目标相一致时更有意义。

但是，多数研究表明，员工对自我评价的结果会更加宽松，误差会较大，通常比其他考评主体的结果要好。一项研究表明，当员工被要求对自己工作绩效进行评价时，有40%的人将他们自己放到绩效最好的10%之列；剩下的或将自己放在前25%（大大超出一般水平）之列，或将自己放入前50%（超出一般水平）之列；只有不到2%的人将自己列入低等绩效行列。而往往对自己评价为高绩效行列的实际为低绩效水平的。基于此原因，绝大部分《财富》500强企业都没有将员工的自我评价放入绩效管理的一部分。但是，如果员工的自我评价结果仅用于员工的个人发展规划上，而非绩效管理上，效果会非常好。

（4）员工下属评价。

下属评价给管理者提供了一个了解员工对上级管理方式和风格的看法，下属非常适合对上级的领导能力进行评价，但是如果下属因为层级关系而觉得为难，将会影响下属的评价结果。然而如果上级管理者愿意加强与下属的沟通，关心下级的工作，与员工建立融洽的下属关系，真诚地邀请他们对自己的工作进行评价，则下属会更愿意提供真实的信息反馈。

（5）客户评价。

作为一个考评信息来源，从客户那里收集信息往往是一个成本很高且费时费力的工作。但是，对于公司内部那些需要与客户紧密接触和互动的工作，客户提供的考评信息将非常客观有效。但同时因为客户往往为公司外部人员，对公司的考评标准不熟悉，对考评工作造成一定的障碍，所以客户评价仅限于与客户接触相当密切的员工。例如，联邦快递公司采用了一份包含六个方面的客户满意度调查，每年年底由客户代表进行评估，由于将客户意见纳入及客户开发目标纳入绩效考核过程，从而促使该公司的员工更加注意满足客户的期望了。

（6）外部专家评价。

外部的人事方面的专家，因为处于公司管理的外部，没有个人的利害关系，而且在人事管理与考核方面技术水平较高，经验丰富，从而考评相对公允，对各部门的考评方法与标准也会保持一致，具有客观性、公正性、可比性。所以外部专家评价往往会受员工与上级主管的欢迎，被纳入绩效考评主体的范围，但相对成本较高。

因为上述各个考评主体的考评过程都有一定的局限性，而且因为单一的评价主体信息单一，有可能存在偏差，从而在现在公司的绩效考核往往采取360度评价，即综合以上各个主体的评价结果，对员工进行相对全面公正的考评。尽管最初360度考评体系仅是用于员工发展目的，特别是管理发展和职业发展方面。事实上，这种考评办法正逐渐为众多大公司的绩效考评所用。一项调查显示，入选《财富》前1 000家企业中，超过90%的企业将360度反馈考评系统用于职业发展和绩效考核中去。

2. 考核者的培训

在实际的绩效考核中，往往因为考核主体缺乏绩效评价技能、对绩效管理缺乏认识且不够重视，导致绩效考核结果不理想，出现种种误差或个人偏见，因此公司在不断完善绩效管理制度的同时，也要加强对考评者的有效培训，使之掌握正确的方法与技能。

相关链接：歪曲绩效评价信息的原因

一、对于夸大评价信息的原因

使员工获得绩效加薪或报酬的可能性最大化；激励员工；避免撰写书面材料；避免与员工产生对抗；将不想要的员工晋升出去；让自己的上级认为自己更优秀。

二、压低评价信息的原因

警醒员工；教训不听话的员工；暗示员工该考虑离职了；留下一份关于员工不良绩效的记录。

以上无论是夸大或者压低评价信息都是一种不负责任的表现，将会导致绩效考评显失公平，除了评价者会无故地歪曲评价信息之外，还有可能会在评价时犯无意识的错误，因此绩效考核者培训工作就显得尤为重要。

资料来源：[美] 赫尔曼·阿吉斯：《绩效管理》，中国人民大学出版社2008年版，第139页。

（1）培训的主要内容。

绩效评价者的培训往往需要包括信息、动机以及技能等方面的内容，具体可以分为以下几个方面。

① 评价者误区培训。根据前述内容可知，评价结果出现偏差的原因往往是评价主体的主观错误，则误区培训即使得评价者明确在评价过程中可能出现的误差有哪些，并如何防止这些误差的发生，同时要评价者明确评价的目的，摆正评价工作的态度，避免主观偏见。

② 绩效评价指标培训。通过培训还需要评价者明确各种评价指标，了解指标的真正含义，只有在评价者真正理解各指标的前提下，才有可能保证绩效考评体系的所有信息传达给被考评者。

③ 绩效标准培训。绩效标准培训是通过培训使得评价者明确考评过程中的参考标准，评价者如何理解以及传达评价标准的信息以及程度，将影响他们对被考评者的评价结果。

④ 绩效反馈培训。该培训主要是评价者与被评价者之间的沟通过程，以此将绩效考评信息反馈给员工，以助于员工对于自己的优缺点进行扬抑。通过绩效反馈培训，应使得评价者掌握绩效指导和绩效面谈的各种技巧。

另外，除了培训内容之外，也要选择恰当的培训时机，对于新到任的公司人员，作为评价者应进行提前培训；在绩效考评工作开展之前，也要对所有考评主体进行考评前培训；对于修正绩效管理制度或者绩效考评体系之后，也要及时地进行培训，以便明确变化后的评价指标、标准等。

（二）绩效考评的方法

绩效考评方法的选择是绩效管理与绩效考评过程中的一个重点工作，也是一个难点。要保证公平、公正的评价结果，绩效考评方法的选择将是一个技术层面保障。人力资源管理部门的专家设计了一系列的绩效考评方法，不同的方法使用环境不同，特点各异，各有优缺点，没有一种方法是完美的。这也就决定了在现实的绩效考核中，往往是多种方法综合使用，以综合各个方法的优点，在不同岗位、不同部门采用不同考评方法。

绩效考评的方法主要分为三大类：绝对评价法、相对评价法、描述法。下面针对不同方法一一展开陈述。

（1）绝对评价法。绝对标准即根据统一的标准尺度衡量相同职位的员工。绝对标准客观统一，不以评价对象为转移，可对不同员工之间进行横向比较。相对来说，绝对评价法的设计要耗费较多的时间和精力，专业性较强；同时也需要聘请外部专家，对内部考评者与被考评者进行专业培训，保证评价结果的有效性。

根据该方法使用绝对标准的不同，又可以将其划分为两类：量表法和目标管理法。

① 量表法。量表法就是将绩效考核的指标和标准制定成量表，以此来对员工进行考核。优点是拥有具体的客观标准，便于衡量工作绩效。但和绝对评价法相同，它的开发成本较高，需要专门制定合理的指标与标准。量表法在具体实施时有以下几种方法。

• 等级评价法：该种方法在量表评价中应用最为普遍。在使用时首先要确定考评标准，然后对于各个考评项目赋予恰当的权重，再对各个项目内部的不同种行为程度进行等级划分，并确定等级的分数，以最终分数来进行员工行为绩效评定。如表 7 - 4 所示。

表 7 - 4　　等级评价法对员工绩效考核的内容项目表

考核内容	考核项目	说　明	评定
基本能力	知识	是否具备现任职务的基础理论知识和实际业务技能	A B C D E 10 8 6 4 2
业务能力	理解力	能充分理解上级指示，顺利完成本职工作，无须上级反复指示	A B C D E 10 8 6 4 2
	判断力	能否充分理解上级意图，正确把握现状，随机应变，恰当处理	A B C D E 10 8 6 4 2
	表达力	是否具备现任职务所要求的表达力，能否进行一般的联络、说明工作	A B C D E 10 8 6 4 2
	交涉力	在与企业内外的人员交涉时，是否具备使双方诚恳接受同意或达成协议的能力	A B C D E 10 8 6 4 2

续表

考核内容	考核项目	说　明	评定
工作态度	纪律性	是否严格遵守工作纪律和规章，有无早退、缺勤等。是否严格遵守工作汇报制度	A B C D E 10 8 6 4 2
	协作性	在工作中是否充分考虑别人的处境，是否主动协助上级、同事做好工作	A B C D E 10 8 6 4 2
	积极性 责任感	对分配的任务是否不讲条件，主动积极，尽量多做工作，主动进行改进，向困难挑战	A B C D E 10 8 6 4 2
评定标准： A——非常优秀，理想状态 B——优秀满足要求 C——基本满足要求 D——略有不足 E——不满足要求	分数换算： A——64 分以上 B——48～63 分 C——47 分以下	合计分：	等级：

• 行为锚定法：该种方法是由美国学者史密斯和肯德尔在美国护士联合会的资助下于1963 年研究提出的一种考核法，是由等级评价法演变并由等级评价法和关键事件法结合而来，建立行为锚定法通常需要以下几个步骤：

第一步：由对工作内容较为熟悉的管理人员，针对该工作包含的不同活动类型（即关键事件），确定各个等级绩效标准。

第二步：划分不同的活动类型，将一致认为属于同类的活动，或关键事件划分在一起；并确定绩效要素，对绩效要素进行划分等级。

第三步：重新分配关键事件，即通过调查了解不同的工作人员，确定关键事件的划分及等级确定，从而保证大部分人都认可该种划分。

第四步：针对前步划分的关键事件及相应的等级，进行由低到高或由高到低排序。

第五步：建立最终的行为锚定评价表。

表 7 -5 为客户服务行为锚定等级考核表。

表 7 -5　　　　客户服务行为锚定等级考核表

△7	把握长远盈利观点，与客户达成伙伴关系
△6	关注客户潜在需求，起到专业参谋作用
△5	为顾客而行动，提供超长服务
△4	个人承担责任，能够亲自负责
△3	与客户保持紧密而清晰的沟通
△2	能够跟进客户回应，有问必答
△1	被动的客户回应，拖延和含糊回答

行为锚定法相对于其他方法具有很多优点，比如它的考核标准更为明确，能够通过等级尺度中附带的关键事件，更清楚地理解“非常好”、“优秀”、“一般”等各个等级间的绩效差别：同时这种方法更有助于考评者向被考评者进行绩效反馈，清晰明了。

• 行为观察量表法：指在考核各个具体项目时给出一系列有关的有效行为，以及相应行为不同程度的分数等级，考核者根据员工表现的各种行为的频率，对应给出相关的不同行为程度的判断分数，来评价他的绩效，是最常用的考评技术之一。

行为观察量表法的关键在于界定特定工作的成功绩效所要求的一系列合乎期望的行为。行为观察量表的开发需要收集关键事件，并按照维度分类。

表7－6是对于某个部门员工的可靠度的测评，分为五个项目，每个项目都有相应的行为程度分数赋值，考核者可以根据员工的行为表现程度，为其打分：

• 关键事件法：该种方法是由考核者通过观察、记录被考核者的关键事件，从而对被考核者的绩效进行考核，是客观评价体系中最为简单的一种形式。负责考评的主体要将员工在完成工作任务时所表现出的特别有效的行为和特别无效的行为记录下来，形成书面报告，通过对员工的优点、缺点和潜能方面的评价基础上，给予员工改进绩效的意见。通常，因为关键事件法中考评者是用自己的标准来衡量员工，缺乏员工的认可；另外因为书面报告是对不同员工的不同侧面进行描述，所以导致它的结果无法用于员工之间、部门之间、团队之间的比较。

表7－6　　　　对员工工作可靠性的评价

考核项目：工作可靠性
有效的管理工作时间 几乎没有 1 2 3 4 5 几乎总是
能够及时地符合项目的截止期限要求 几乎没有 1 2 3 4 5 几乎总是
必要时帮助其他员工的工作以符合项目的期限要求 几乎没有 1 2 3 4 5 几乎总是
必要时情愿推迟下班和周末加班 几乎没有 1 2 3 4 5 几乎总是
预测并试图解决可能阻碍项目按期完成的问题 几乎没有 1 2 3 4 5 几乎总是
附加说明：表中1、2、3、4、5代表不同程度所应赋予的对应分值。1分代表几乎没有；2分代表有但很少；3分代表有且较多；4分代表很多；5分代表几乎总是。
等级划分： 0～13分　很差 14～16分　差 17～19分　一般 20～22分　好 23～25分　很好

【案例7-5】

应该如何处理

安妮是某公司的物流主管，当客户从海外的订货到港后，物流主管要负责货物的清关、报关、提取，按照客户的需求进行货物的运送与支付。物流主管的工作在于保证上述整个过程的顺利进行。

安妮所在的这家小公司，有20位员工，只有安妮一人负责这项工作，物流工作除了她再没有人懂了。在刚进行完1月份的考评后，安妮2月份就发生了一件事：某夜，一手把安妮带大的祖母突然病逝，她非常悲伤。为料理后事，安妮累病了。碰巧第二天客户有一批从美国进来的货，要求清关后于当天下午6点前准时运到，安妮怎么做呢？她把家里的丧事放一边，第二天早上6点钟准时出现在办公室。她的同事和经理都发现她精神和神情不对，一问方知家里出事了。安妮什么话也没说。一直做着进出口报关，清关手续，把货从海关提了出来，并且在下午5点前就发了出去，及时运到客户手中，然后安妮就离开公司回去处理丧事，而公司正常下班时间是6点钟。

如果你是安妮的直接主管，会怎么做？会批评安妮早退吗？还是给大家说明事情的经过？或者您还会有更好的处理方法呢？

资料来源：George T. Milkovich and John W. Boundreau，Human resource Management，Richard D. Irwin，1994，p. 177.

【案例分析】

根据以上案例陈述，我们运用STAR法对材料的情景进行分析，评价安妮的行为绩效。当时的情景S是：安妮的祖母前一天晚上病逝，但第二天的任务必须完成；当时的目标T是：必须在第二天把一批货完整、准时地送到客户所在地，保证公司的信誉及利益；安妮采取的行动A是：置家里的事于不顾，准时出现在办公室，提前一个小时把货发出去；事情的结果R是：客户及时收到了货，没有损伤公司利益。

同时公司据此采取了措施，人力资源部按照STAR法将事情的经过罗列出来，并以邮件的形式发给了公司的每一个员工。还增加一句评述——安妮的行为表现出其顾全大局，抛弃了自己的利益，这是非常光彩的行为，公司特此提出表扬，并希望所有的员工向她学习。这是公司对于安妮行为绩效的评价，相应地对于其他员工起到什么样的作用呢？大家可以想象得出，大家不仅从心里敬佩安妮，还会向她学习。

以上案例中提到了关键事件的STAR法，即“星星法”，用于记录关键事件，四个字母分别代表事件的四个方面：

S——Situation，情景，表示事件发生时的情景是怎样的。

T——Target，目标，表示这件事要达到怎样的目的。

A——Action，行动，表示被考核者当时采取了什么样的具体行动。

R——Result，结果，表示被考核者采取行动之后获得了什么样的结果。

借助于STAR法记录关键事件，可以有效把握关键事件的核心与本质，便于进行合理的绩效评价。

② 目标管理法（management by objectives，简称MBO法），又称为工作成果考评法。此种方法主要是由主管人员及下属共同协商制定部门的阶段工作目标，并制定出衡量目标完成情况的标准，在期末由主管依据前期目标和衡量标准进行衡量评价，找出成绩与不足之处，

并再次协商下阶段的工作目标与计划。目标管理法与其他方法不同，它衡量的主要是工作行为的成果状况，而非工作过程中的行为。

（2）相对评价法。相对评价法又可以称为主观评价法，是在对不同员工的工作进行相互比较的基础上，对员工进行排序，以表达出工作绩效的优劣。按照实施绩效比较过程的不同，相对评价法又可以分为多种形式。常用的有简单排序法、配对比较法、强制分配法。

① 简单排序法：又叫排队法，就是把从好到坏的顺序进行排列。该方法适用于评价对象比较少的群体组织。例如将部门中业绩最好的员工排在第一，标上“1”，然后再根据剩下的员工的业绩依次进行排序，最差的排在最后一位。但是该法存在一个问题，即当员工的业绩水平相差较小时难以进行准确排序。

② 配对比较法：顾名思义就是将其中一个被考核者和其他被考核者一一进行配对比较，然后根据配对比较结果进行排序。如表 7－7 所示，我们要对 5 个员工进行工作绩效考核，可以先对工作绩效衡量的其中一个考核要素“工作质量”进行配对比较，列出表 7－7，用“＋”（代表好一些）、“—”（代表差一些）表示谁的绩效更好一些，谁的绩效更差一些；最后计算每个员工的“＋”数量，越多的绩效越好，排序越靠前。

表 7－7　　配对比较法对员工绩效考核要素——工作质量的考核

就“工作质量”进行的配对考核					
被考核员工姓名：					
比较人 / 被比较人	A 张某	B 李某	C 王某	D 杨某	E 刘某
A 张某		＋	＋	—	—
B 李某	—		—	—	—
C 王某	—	＋		＋	—
D 杨某	＋	＋	—		＋
E 刘某	＋	＋	＋	—	
合计	2＋	4＋	2＋	1＋	1＋

由表 7－7 中 5 人的得分，得知李某的工作质量是最高的，再通过比较其他绩效考核要素，以明确其他要素评价的结果，并进行排序。但是同时也看出其中的缺点，即有个别员工的得分相同，难以比较出先后顺序；即使有先后顺序的，也无法从配对比较中得知员工之间的具体差距有多大，以及差距具体在哪里。同时，如果要考核的对象如果人数很多，将会导致比较的配对数将会很多，造成比较工作的复杂性。

③ 强制分布法：即在假定绩效考核结果分布服从正态分布的前提下，按照“两头小、中间大”的特征，先确定好各绩效等级，并确定各个等级的比例分布，然后针对每个被考核者的绩效相对优劣程度，将其强制性地按原有比例放入相应等级。例如，将业绩最好的 15% 员工放在最高等级群体中，而将业绩最差的 15% 员工放在最低等级群体中。如表 7－8 所示。

表 7-8　　强制分布法对员工绩效等级的考核

绩效等级	被考核者绩效分布比例（%）
绩效最高的	15
绩效较高的	20
绩效一般的	30
绩效低于要求水平的	20
绩效很低的	15

强制分布法的优点是考核方法适合于公司部门的员工较多的情况下，可以对员工的总体绩效状况进行等级分类，便于确定薪酬奖励对象以及职位晋升和淘汰制下淘汰的员工对象；考核过程也较简便。但是也会因为强制性的比例，而将有发展潜力的员工划为较小很低的类别进而辞退。尤其是当员工绩效结果分布并非正态分布的情况下，会因为强制分布而出现考核结果不公的现象。所以在实施过程中，要尽可能地将强制性分类和人性化考评相互结合，得出公平公正的考核结果。

（3）描述法。描述法又称为评语法、事实记录法、叙述法、鉴定法等。即考核者用描述性文字表述员工在工作业绩、工作数量和质量、工作能力和工作态度等各个方面的优缺点，以及对需要加以指导的事项和关键行为等作出评价。该方法在设计上、使用上都较为简便，适用性强，但是缺乏明确的评判标准，带有很强大的主观性，也可能会受到主管描述技能水平的限制。该种方法主要用于和其他方法组合使用，或者用于员工开发或者员工职业发展规划，用于激发员工的潜能。

（三）影响绩效考评的因素

综合以上绩效管理体系的各个方面，对绩效考评结果具有影响作用的因素主要有以下三类：绩效考评体系、人为主观因素、考评环境影响。

1. 绩效考评体系

绩效考评体系可以包括前述的绩效计划制订、绩效实施过程、绩效指标和标准的确定、绩效考核的方法及选择等方面，最重要的体现在绩效考核指标和标准确定上，以及绩效考核方法选择上。

首先，在绩效指标和标准的确定上，应该保证绩效考核的指标和标准与组织的战略目标一致；另外绩效考评的指标和标准应该考虑工作本身的内容和性质，过于严格将会导致员工的工作积极性不高，降低员工的工作士气。但同时也不能过于宽松。过于宽松的目标，更是会导致员工缺乏斗志，团队工作松散，效率低下。

其次，不同的绩效考核方法各有优缺点，而且不同的考核方法都有不同的适用范围，例如关键事件法和描述法就需要和其他方法结合使用，否则会出现考评出现偏差，影响考评的公平性和公正性。而对于强制分布法，当员工的绩效水平不符合正态分布特征时，考评的结果就会出现不公平现象。总之，不同的方法应该合理搭配使用，以综合各种方法的优缺点，保证绩效考核的公平、公正、有效。

2. 人为主观性因素

人为的因素主要是针对绩效考核的两方主体——考核者和被考核者。考核者的主观态度、个性特点、对被考核者的个人看法、价值观等将会影响考核过程中的评价结果。比如在描述法中，考核者的主观因素将会在很大程度上影响考核结果，有过宽或过窄倾向的评价都将不利于获取公正的考核结果。对于被考核者来说，个人对绩效考核的个人抵触情绪，对上级主管的不满意见等都会影响被考核者的工作态度，工作效率，从而绩效考核难以反映员工的真实工作水平。

3. 考评环境影响

考评的环境主要是包括组织配套的管理制度是否健全，组织的民主参与程度，管理的形式化程度高不高，有没有一个积极向上的文化特征，有没有一个合理的公平有效的绩效管理制度体系等，这些外界环境因素，对考评者的考评工作和被考评者的工作绩效等都会有很大的影响因素。

四、本单元小结

绩效考核是人力资源管理的重要组成部分。绩效管理是识别、衡量以及开发个人和团队绩效，并且是这些绩效与组织战略目标一致的一个持续性过程，要求管理者确保员工的工作活动和产出与组织目标一致，并借此帮助组织赢得竞争优势。学习本章，我们知道了绩效管理的基本含义，以及绩效管理的基本流程，绩效管理的体系架构。我们也掌握了如何确定合理有效的绩效考核指标和标准，如何选择恰当有效的绩效考评方法等，在此基础上我们简要分析了影响绩效考核的因素，从而保证绩效考核的公平性、公正性、有效性，从而为人力资源管理部门提供有效的、真实的人事管理信息，以便于人力资源管理部门制订公司和部门的人事聘任、发展、开发计划，提高整个公司的组织绩效，保证整个公司组织战略目标的实现。

本单元关键词：绩效；绩效管理；绩效考评；绩效反馈；绩效面谈；绩效改进

五、复习思考题

一、判断题

1. （　）绩效评估必须制定一定的标准，作为分析评价员工的尺度，一般分为绝对标准和相对标准。

2. （　）通常在绩效评估中，误差控制的方法有确定恰当考评标准、选样正确的考评方法、选择适当考评时间、对考评者进行相关培训。

3. （　）绩效考核评定的方法要不至于使员工每项要素都达到满分或都偏低。一般情况下，应该多数员工都在及格线附近，这样能使员工更严格地要求自己。

4. （　）由于绩效反馈面谈是主管人员对员工进行的，所以只需要主管人员做好绩效反馈面谈准备。

5. （　）绩效评估的职能是衡量员工工作情况与标准的差距，所以在员工培训与发展的领域中没有用途。

二、选择题

1. （　）是指收集评价和传递员工在其工作岗位上的工作行为和工作成果信息的过

程，是对员工工作中的优缺点的一种系统描述。

A. 绩效考核　　B. 工作分析　　C. 职业管理　　D. 质量管理

2. 绩效考核的最后一步，是员工和管理人员一起（　　）。

A. 缓解矛盾　　B. 增进感情

C. 进行改选　　D. 回顾和讨论考评的结果

3. 绩效考核制度的核心是（　　）。

A. 由同事来进行评价　　B. 由主管人员来进行评价

C. 自我评价　　D. 由下级评价

4. 同事评价中很可能存在（　　）问题。

A. 相互标榜　　B. 互相嫉妒　　C. 情绪化　　D. 以上都不是

5. 员工对他们自己的工作绩效所作出的评价，一般情况下是比他们的主管和同事对他们所得出的绩效等级（　　）。

A. 低　　B. 高　　C. 一样　　D. 说不清楚

6. 企业让下属员工对主管人员作绩效评价时通常被称为（　　）。

A. 下级评价　　B. 主动评价

C. 个别评价　　D. 自下而上的反馈

7. 组织开始使用包含外部和内部顾客的各种来源，综合运用这些信息来源的方法被称为（　　）。

A. 360 度反馈　　B. 270 度反馈　　C. 180 度反馈　　D. 90 度反馈

8. 企业一般用（　　）作为职工工作成效的指标。

A. 日常表现　　B. 与领导的关系

C. 客观的生产与工作数据　　D. 薪水

9.（　　）是工作考核与评定中运用最广泛的资料。

A. 客观数据　　B. 人事资料　　C. 评价数据　　D. 三者都是

10. 评判数据一般以（　　）的评定为主。

A. 下级　　B. 上级　　C. 自我　　D. 同事

三、思考题

1. 简述绩效反馈的原则。
2. 360 度绩效反馈应如何应用？
3. 何谓行为锚定等级评定表法，行为锚定等级量表的设计步骤有哪些？
4. 影响绩效考评的因素有哪些？

六、实训设计

【案例分析】

卡特洗衣公司的正式工作绩效评价

在工作几周后，詹妮弗惊讶地发现，在其父杰克独自经营卡特洗衣公司的这些年里，他竟然从来都没有对雇员的工作绩效进行过正式的评价。杰克却认为，他还有更重要的事情去做，如提高营业额降低成本等，因此根本没有时间去制定正式的工作绩效评价制度。此外，雇员的流动率也很高，许多雇员实际上到该做工作绩效评价的时候就已经不在洗衣公司了。不过，杰克还是有一些做法来弥补没有正式工作绩效评价体系的弊端，实际上像熨烫工、洗衣工这些体力工人一般会不定期地从杰克那里得到一些积极的反馈，比如杰克会称赞他们工作干得好；当然，他们有时也会受到杰克的批评，这往往是因为杰克发现其洗衣店里的某一部分出现了问题。与此同时，杰克从来不对管理人员隐瞒洗衣店里的问题，以使他们明白洗衣店的处境。

尽管存在这些非正式的反馈系统，詹妮弗仍然认为应当建立更为正式的工作绩效评价制度，她相信，即使是对计件工人来说，也存在一些像质量、数量、出勤率和工作完成准时率等此类应当定期予以评价的工作绩效标准。此外，她十分强烈地感觉到，管理人员应当有一份关于各种事情的工作质量标准，比如商店的整洁性、效率高低、安全性以及需要严守的预算等，这些标准将成为正式工作绩效评价的依据。

资料来源：http：//www. 0512edu. com. cn/ziliao/0601/6345rw. html.

案例思考题

1. 詹妮弗认为（　　）也是应当予以评价的工作绩效标准。

A. 质量　　B. 数量
C. 出勤率　　D. 工作完成准时率

2. 如果你是詹妮弗，你在绩效考核时应首先选择哪个步骤（　　）。

A. 正式评估　　B. 建立绩效标准　　C. 结果反馈　　D. 解雇

3. 杰克把洗衣店所存在的问题告诉员工是希望他们（　　）。

A. 共同努力搞好经营　　B. 提出建议
C. 积极参与洗衣店建设，努力成为主人翁　　D. 向员工报告

4. 詹妮弗认为的工作质量标准中，有哪些属于工作要求（　　）。

A. 商店整洁性　　B. 效率高低
C. 安全性　　D. 需要严守的预算

5. 杰克表扬员工工作表现好可以（　　）。

A. 激发工作积极性　　B. 有归属感
C. 减少薪水　　D. 是一种虚伪的做法

【实操训练】

训练项目：

1. 根据企业营销部门的市场拓展人员的岗位特点，设计一份该岗位的绩效考核体系。

2. 调查当地一家企业的营销部门市场拓展人员的绩效考核体系，并与自己设计的进行比较。

技能训练要求：

1. 3 个以上同学组成一个团队，根据所学知识进行设计。

2. 通过讨论和咨询专家或专业人员，对所设计内容进行不断修正。

3. 通过企业实习或调查，不断缩短理论与实践之间的距离。

4. 时间：以课外为主、课堂指导结合。

全国高职高专人才培养规划教材

单元八

薪酬管理

【学习目标】

能力目标

1. 掌握薪酬体系设计原则及方法。
2. 能根据企业实际情况设计薪酬体系。

知识目标

1. 理解薪酬管理的概念、目标及其内容。
2. 理解基本薪酬体系。
3. 掌握薪酬体系设计的原则和步骤。
4. 奖金和福利设计。

【案例 8-1】

薪酬管理的重要性

王先生和他的妻子今天在商场购物时心情与以往大不相同，买东西时也大方了许多。因为刚获知他所在的公司正在进行一项新的薪酬制度改革，长期以来他在公司的表现不错，这次涨工资准有他的份。他一直希望能有机会提高自己的工资收入，这样就可以为心爱的妻子多买些礼物，也可以为家庭多添置些必要的物品。

刘小姐最近生了一场大病，出院时看到病历单上大笔的医药费，对她的打击甚至比病魔本身更大。正在她苦恼的时候，公司的人力资源部经理来看望她，并向她保证：她的大部分医疗及住院治疗费用将由保险公司支付，因为公司为所有的员工都提供了医疗保险，这让刘小姐的心一下子落了地。

张先生是一家小公司的行政领导，他每天都是下午 6 点钟以后才能到家，并感到筋疲力尽，而他的薪水却并不高。可是他却很快乐，因为他目前的工作非常有价值，而且和同事的合作十分愉快。

赵小姐受雇于一家大型制造公司已经 8 年了。虽然她的报酬低于她所期望的，但公司灵活的工作时间使她能够照顾年龄还小的孩子。她也感激公司能够提供给她满足其特殊需求的大部分福利方案，所以在孩子还小的时候她还不想“跳槽”。

资料来源：刘洪主编：《薪酬管理》，北京师范大学出版社 2007 年版。

【案例分析】

同大多数员工一样，报酬和福利本身对王先生和刘小姐很明显是非常重要的，然而对于张先生和赵小姐，整个薪酬体系中的其他诸如令人愉快的工作和工作环境等因素也很重要。由此看出，薪酬体系包括很多组成成分，并在员工激励方面起到非常重要的作用，是人力资源管理的重要内容。因此，了解薪酬管理的相关知识及其重要性对企业来说是非常重要的一项工作。

本章着重阐述组织为实现其战略目标，应该如何确定薪酬管理的目标和薪酬体系设计的原则，以及为达到这些目标和满足这些原则而进行的薪酬体系设计步骤。薪酬体系的设计是薪酬管理的重要组成部分，也是组织保持自身竞争力的主要来源，在组织人力资源管理中有着举足轻重的作用。

一、薪酬管理概述

薪酬管理是人力资源管理乃至企业管理中的核心内容之一，其不仅涉及企业的经济核算与效益，而且与员工的经济利益密切相关。薪酬管理的核心是组织根据员工对组织的贡献，科学、合理地确定员工的薪酬差别，并制定出公平、公正、公开的薪酬制度。

（一）薪酬管理的概念

在现实生活里，经常出现将“薪酬”（compensation）等同于工资的情况。实际上，“薪酬”的概念远远大于“工资”。薪酬具有“广义”与“狭义”之分：狭义薪酬指劳动者提供有效劳动后，从企业获得的全部显性现金收入，具体构成包括工资、奖金、津贴等。现在，一般意义上薪酬指“广义薪酬”，也称为整体薪酬或全面薪酬，是指员工付出劳动后得到的货币形式和非货币形式所表现的劳动报酬，非货币形式的劳动报酬主要包括工作本身带给员工的机会和舒适、愉悦和满足感等。

薪酬管理就是指企业在人力资源战略规划下，设计并制定适合该企业的薪酬制度，从而对企业员工所提供的劳动进行薪酬分配和调控的过程。简言之就是对工资、奖励、佣金和利润分成等薪酬要素的确定和调整过程。广义的薪酬管理还应该包括国家的宏观调控，如《合同法》中的最低工资标准制度等。

全面理解薪酬管理的含义，需要注意以下几个问题：

（1）薪酬管理要在企业经营战略的指导下进行，作为人力资源管理的一项重要职能，薪酬管理必须服从和服务于企业的经营战略，要为企业战略的实现提供有力的支持。

（2）薪酬管理的内容不单是及时准确地给员工发放薪酬，还涉及确定薪酬水平、结构和形式等一系列的决策，是一项非常复杂的活动。

（3）薪酬管理的目的不仅是让员工获得一定的经济收入，而且还要引导员工的工作行为、激发员工的工作热情，不断提高他们的工作绩效。

（二）薪酬管理的目标

不论是企业薪酬战略的决定，还是企业薪酬制度的设计和管理，都必须紧紧围绕企业的薪酬目标展开，企业的薪酬目标主要表现在以下的几个方面。

1. 吸引和保留企业需要的人才

企业的薪酬体系规定了企业在外部劳动力市场招聘员工的薪资范围，是决定企业能否吸引优秀人才的重要筹码；同时，由于薪酬管理涉及明确的薪酬理念和薪酬定位等，必然会使企业内部人力资源队伍的年龄结构、学历结构以及文化氛围等诸多方面发生变化，即企业的薪酬体系在一定程度上限定内部员工的流动空间。

2. 激励员工的工作积极性

薪酬管理将“激励员工”作为其最主要目标，主要表现在把薪酬作为激励员工功能工作效率的主要杠杆，不仅注重利用工资、奖金、福利等物质报酬从外部激励员工，而且注重利用工作的挑战性和取得成就等精神报酬从内部激励员工。所以，有效的薪酬管理目标之一应当是激励员工的工作积极性。

3. 提高企业的绩效和竞争优势

企业通过薪酬管理吸引和保留其需要的人才，并不断激励其员工的工作积极性，有助于协调个人价值和企业目标。只有当员工的目标和企业目标实现统一，企业的绩效才能得到最大限度的提高。再者，企业薪酬管理强调根据企业战略灵活变化以达到适当的绩效目标，其作为整合企业各种资源的有效手段，有助于形成企业的核心能力，帮助企业获得竞争优势。

（三）薪酬管理的内容

企业的薪酬管理一般包括以下几个方面的内容。

1. 确定合理的薪酬政策

企业的薪酬政策是企业对员工薪酬所采取的方针政策，包括企业管理者对企业薪酬管理运行的目标、任务和手段的选择和组合。其主要内容为企业薪酬成本投入政策和选择合理的薪酬制度，后者为薪酬政策中最为重要的内容。薪酬制度的设计指在薪酬调查基础上确定薪酬总额，然后根据薪酬制度确定本组织的薪酬水平与结构，同时形成企业支付报酬的一整套的制度体系与规范。例如，企业必须决定是以员工个体业绩为基础，还是以部门绩效为基础予以报酬；薪酬支付的基础是劳动时间还是生产额等。总之，薪酬政策必须与企业的发展战略和实际情况相适应。

2. 控制薪酬预算

薪酬预算是指企业管理者在薪酬管理过程中进行的一系列成本开支方面的权衡和取舍。其中，结合市场薪酬水平、企业支付能力、员工生活费用以及员工现有的薪酬状况等诸多因素确定的合理的薪酬总额是薪酬预算的重要部分。准确的薪酬预算可以在一定程度上协调和控制企业在未来一段时间内的薪酬支付，确保企业的薪酬成本不超出企业的承受能力。

3. 设计和调整薪酬结构

所谓薪酬结构，是指企业中各项职位的相对价值及其实际薪资之间的关系，也指员工之间的各种薪酬比例关系及其构成。薪酬结构应随行业、企业和岗位特征的不同而有变化，薪酬结构的设计与调整主要包括：企业工资成本在不同员工之间的分配，职务和职位工资率的确定，基本、辅助和浮动工资以及基本工资和奖励工资的调整等。不同的薪酬结构，在支付相同的人工成本的前提下，将产生不同的激励效果。

4. 保障薪酬管理的工作过程

薪酬管理的工作过程包括职位分析和评价、员工能力评估与定位、薪酬市场调查与薪酬定位、薪酬体系的设计、薪酬关系结构的设计、薪酬系统的实施等。薪酬管理工作是否得到具体落实，直接关系到企业薪酬管理的成败。如今企业的日常薪酬管理工作很大程度上实现了自动化管理，这在一定程度上减少了人力资源管理人员在日常薪酬管理工作中的工作量，也是企业薪酬管理发展的必然趋势。

（四）影响薪酬管理的因素

在现实生活中，我们经常可以发现一些令人不解的现象：不同企业为同一职务提供的薪酬水平不一，同一企业内部从事相同职位的员工收入水平也可能存在明显的差距，等等。这说明存在许许多多的可变因素在影响和决定着企业员工的薪酬的水平。将这些影响因素进行归纳后可发现，影响薪酬管理的因素主要可分为外部宏观因素、企业内部组织因素和员工因素三种，如图 8－1 所示。

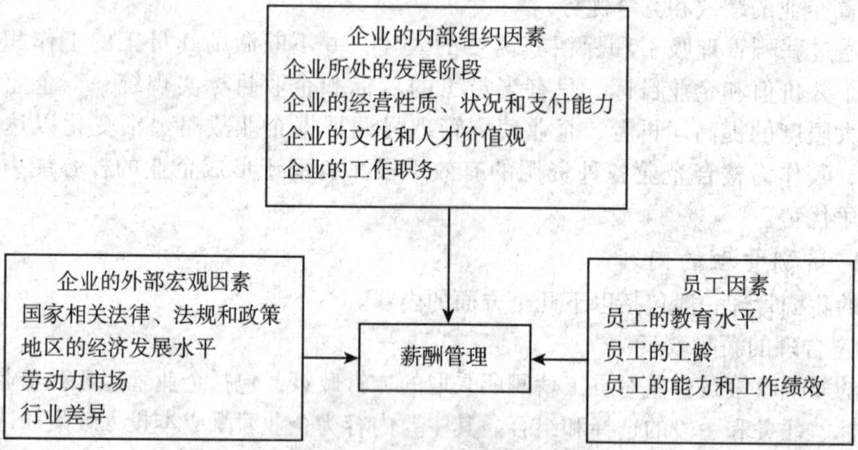

图 8－1　薪酬管理的影响因素

1. 企业的外部宏观因素

影响薪酬管理的外部因素很多，主要包括以下几种。

（1）国家相关法律、法规和政策。

国家在不同时期会根据不同的经济政策推行相关的薪酬政策，同时政府的许多法律、法规政策也影响薪酬管理。如对员工最低工资的规定、员工的所得税比例、工厂安全卫生规定、女职工的特殊保护、员工的退休、养老和医疗保险相关规定等。

（2）地区的经济发展水平。

一般来说，社会平均工资水平及其增长要和全社会劳动生产率及经济发展水平的增长保持合理的关系。当地的经济发展处在一个较高水平时，企业员工的薪酬会较高。反之，企业员工的薪酬会较低。目前中国各地区经济发展不平衡，其影响薪酬水平表现为东部沿海地区企业员工的薪酬会比中西部地区较高。

（3）劳动力市场。

劳动力市场的供求状况和企业的薪酬管理关系十分密切。当劳动力供大于求时，求职困难，员工往往愿意接受较低的薪酬水平，企业的薪酬相应会降低；反之，当劳动力供不应求时，企业为吸引人才，其薪酬会相应提高。

(4) 行业差异。

由于历史原因和现实需要，各行业的员工对薪酬的期望是不同的，因此也影响了企业的薪酬管理。例如，金融行业、房地产和信息行业等员工对薪酬的期望较高；而纺织行业、环卫行业等员工对薪酬的期望较低。但是一般来说，属于同一行业的不同企业的收入不能相差太多，否则收入低的企业员工队伍就不稳定。

相关链接：行业差异对薪酬的影响到底有多大？

在现实生活中，我们常能发现企业所在的行业以及业务不同，其薪酬也会大有差异：

☆1996 年，全国各行业职工平均工资比 1978 年增长了 10.1 倍，而同期金融保险和房地产业则分别增长了 13.7 倍和 15.2 倍，明显高于全国平均增长幅度。

☆劳动和社会保障部 2002 年 12 月在全国开展的劳动就业状况调查结果显示，在调查汇总的 11 个行业中，平均工资水平最高的行业是房地产业 26 550 元，最低的行业是采掘业 10 376元，最高与最低工资水平比为 2.56:1。

☆我国还面临一个严峻的问题，即垄断行业员工工资与其他行业员工的工资差距在扩大，并呈加剧趋势。1994 年，垄断行业职工平均工资与全社会职工平均工资的倍数关系在 1.36 ~2.21 倍之间，到 1999 年，上升到 1.38 ~2.36 倍之间，差距在不断扩大。这还不包括工资外收入，若加上差距会更大。

资料来源：中华人民共和国劳动和社会保障部网站。

2. 企业的内部组织因素

企业在进行薪酬管理时，不仅要考虑以上外部诸多因素，还要结合组织内部的实际情况。影响薪酬管理的内部因素也很多，主要涉及以下几个方面。

(1) 企业所处的发展阶段。

企业的发展阶段不同，企业的战略和盈利能力也不同，因此，企业的薪酬也会受到影响。例如，企业在启动阶段，往往采用低工资、高奖金、低福利的薪酬政策；企业在稳定阶段，往往采用高工资、低奖励、高福利的薪酬政策。

(2) 企业的经营性质、状况和支付能力。

企业的经营性质在相当大的程度上决定了其薪酬体系的设立，例如劳动密集型企业和高科技企业中的薪酬体系及制度必将不一样；企业的经营状况直接决定了企业员工的工资水平，经营好的企业薪酬水平比较稳定且常有较大的增幅，反之则较低且不具有保障；员工的薪酬还与企业支付能力有关，支付能力的强弱直接决定了员工的薪酬水平高低与稳定性。

(3) 企业的文化和人才价值观。

企业的文化与企业的价值观紧密相连，因此影响薪酬系统。例如，有的企业推崇个人英雄主义，因此薪酬差别很大；有的企业提倡集体主义，因此薪酬差别较小；有的企业鼓吹冒险性，因此工资很高，福利较差；有的企业提倡安全性，因此工资较低，但福利较好。

(4) 企业的工作职务。

企业的工作职务与企业内部的人力资源市场有关，不同的职务岗位，其薪酬体系设立也是不同的。通常情况下，职务高的人权力大，责任也较大，因此其薪资水平相对较高。例如，推销员往往工资低，但奖金高；财务经理往往工资高，但奖金低；工人可能是计件工资；秘书则常常是固定工资。

3. 员工因素

（1）员工的教育水平。

员工的教育水平是衡量员工工作能力及其对企业贡献的一项重要参数。一般来说，学历较高的或接受较多教育训练的员工，薪酬水平会相对较高。通过对不同工龄、不同学位的人员工资水平对比发现，员工的薪资水平在任何工龄断都存在随着学历的增加而提高的现象。

（2）员工的工龄。

一般来说，员工的工龄越长，其积累的职务经验及技巧越多，对企业的重要性也越强，其薪酬也肯定较高一些。

（3）员工的能力和工作绩效。

2003 年，原劳动和社会保障部规划财务司、劳动工资司在全国开展的工资价位的抽查调查结果显示：员工的工资水平与其技术等级高低成正比。事实上，员工的能力主要从其工作绩效中反映出来。一般来说，能力高，则工作绩效较好，给予员工的薪酬也应该较高。因此，薪酬管理应充分考虑到员工的能力和其工作绩效。

【案例 8－2】

泰斗网络公司三种岗位薪酬体系

泰斗网络公司是一家网络服务商，成立于 1998 年，现有员工 200 多人，许多人都是在某一领域富有专长的专家，80% 的技术人员都具有博士学位，公司新产品年更新率达到 30%。是什么样的利益回报有如此巨大的吸引力，致使大批优秀人才对泰斗网络公司投入如此大的热情呢？答案就是泰斗网络公司的薪酬水平和薪酬构成。

在泰斗网络公司有三个重要的岗位：项目管理、研发和系统工程。

这三种岗位总体薪酬水平都比较高，年度平均总薪酬都超过 10 万元。公司高利润在这三种从业人员的薪酬水平上得到充分体现，见表 8－1。

表 8－1　　各岗位年薪酬总额

岗位名称	薪酬范围/年
研究开发经理	23 万～29 万元
系统工程经理	15 万～20 万元
项目管理经理	11 万～14 万元

从表 8－1 中可以看出，在薪酬总体水平比较高的基础上，对于不同性质的岗位，薪酬水平也存在一些差距。项目管理人员平均薪酬水平最低，系统工程人员收入相对较高，研发人员的薪酬最高。这也从侧面反映出了泰斗网络公司对不同岗位人员的重视程度的差异。这种薪酬差异是由该公司系统集成业的行业特点决定的。

泰斗公司主要靠技术服务和提供解决方案获利，因此对岗位技术水平要求的高低对薪酬有直接影响。对于研发人员，他们对企业的贡献在于通过技术研究和技术实践为公司积累技术资本，是保持企业长期、稳定发展的基础，是增强企业市场竞争力的前提。对于系统工程人员，主要通过具体的工程实施和技术支持保证工程项目的顺利执行，但往往使用成熟的技术工具，在技术上没有太多研究突破。至于项目管理人员，工作中已经包含部分行政管理的成分，技术含量最低，因此薪酬水平低于研发和系统工程人员。表8－2揭示了上述三种岗位薪酬构成的成分及其比重。

表8－2　各岗位薪酬构成及其比重　(单位：%)

岗位名称	基本现金总额	补贴总额	变动收入总额	福利总额
系统工程经理	71	2	18	9
研究开发经理	81	2	6	11
项目管理经理	80	2	10	8

从薪酬构成比例来讲，不同性质的岗位差异明显。最突出的特点是系统工程人员的固定现金收入比例明显低于项目管理和研发人员，而变动收入比例却最高。这是由各个岗位所承担的工作任务的不同性质所决定的。

系统工程人员的工作任务是完成整个工程的实施，工程周期可能是几周、几个月，甚至跨年度。在实施过程中可能会出现种种问题，从而导致企业受到损失。企业的通用做法是减小系统工程人员的固定收入比例，加大奖励作用的变动收入比例，用来激励员工通过努力保证工程项目的顺利实施，有效降低项目执行的风险性。相反，对于研发和项目管理人员，工作的失败风险性比较小，因此通过增加固定收入的加法起到保留员工的作用。

资料来源：http：//www. cctc. net. cn/zyzx/ShowInfo. asp？InfoID＝274，2009. 09. 08.

【案例分析】

企业薪酬设计反映了企业的分配哲学，即主要依据什么原则确定员工薪酬。企业的薪酬设计主要包括两个方面：一是设计薪酬的纵向结构，即确定组织内各个不同职位、不同能力员工的薪酬等级和标准；二是设计薪酬的横向结构，即确定员工薪酬的各种薪酬方式，如基本薪酬、薪酬激励、福利津贴的比例等。有效的薪酬管理对提高员工工作绩效和提升企业竞争力有着极为重要的促进作用。

二、基本薪酬体系

薪酬体系是指薪酬中相互联系、相互制约、相互补充的各个构成要素形成的有机统一体。薪酬体系是企业人力资源管理系统的一个子系统，良好的薪酬体系可以提高企业员工的工作积极性和企业竞争力。

薪酬体系一般分为经济性报酬和非经济性报酬两个部分，经济性报酬是可以外在的、可见的，包括直接的经济报酬和非直接的经济报酬；非经济性报酬则属于内在的报酬，常被称为隐形报酬，分为职业性奖励和社会性奖励。广义的薪酬体系具体内容如图8－2所示。

由于企业的经营情况、薪酬策略和企业文化等实际情况各不相同，企业在薪酬体系的设计方面也存在一系列变化。目前企业所采纳的薪酬体系有：基于工作的薪酬体系、基于能力的薪酬体系、基于绩效的薪酬体系、宽带薪酬、可变薪酬体系等。

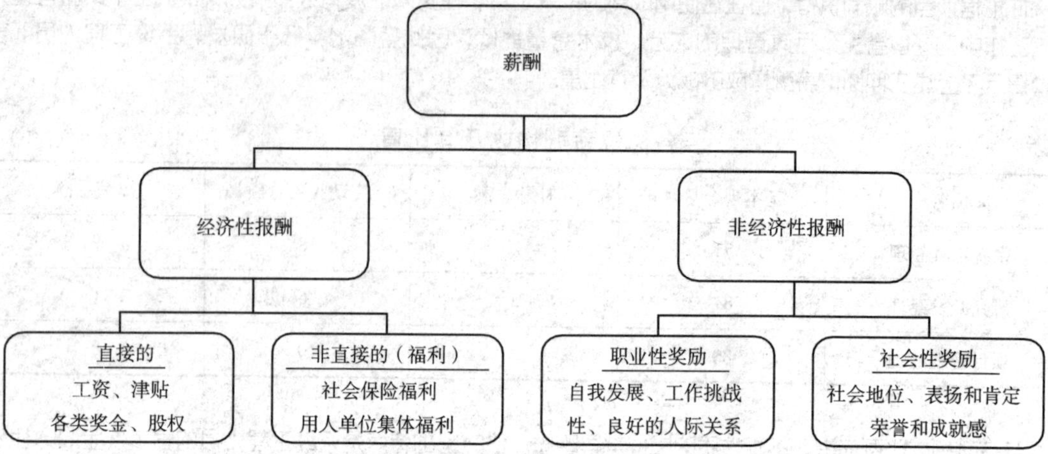

图 8－2　广义的薪酬体系

资料来源：刘洪主编：《薪酬管理》，北京师范大学出版社 2007 年版，第 13 页。

本书主要介绍三种类型的薪酬体系，分别为基于职位的薪酬体系、基于能力的薪酬体系和基于绩效的薪酬体系。

（一）基于职位的薪酬体系

基于职位的薪酬体系是一种比较成熟和稳定的传统薪酬模式，依据是员工所处的岗位的重要性，即考察该职位在企业中的相对价值。

基于职位的薪酬体系是指首先对职位本身的价值作出客观的评估，然后根据这种评估的结果赋予担任这一职务的从业人员一定合适薪酬的制度。基于职位的薪酬体系依据职位本身这一不含任何个人特征的因素来决定薪酬的主体部分，因而被称为“属职工资”。

1. 基于职位的薪酬体系的优点

（1）基于职位的薪酬体系是对于从业人员现在所担任的职务的工作内容（价值）进行工资支付的制度，因而能够比较准确地反映劳动的质与量，贯彻同工同酬的原则，实际是按劳分配的一种具体实现方式。

（2）基于职位的薪酬体系在对每一职务进行分析的基础上还要进行职务等级的划分，并有利于企业按职务系列进行薪酬管理，操作简单，有利于节约企业管理成本。

（3）基于职位的薪酬体系客观性较强，薪酬增加途径明确，有利于鼓励员工提高自身的业务能力和管理水平。

2. 基于职位的薪酬体系的缺点

（1）当采用基于职位的薪酬体系时，员工的工作局限于职位，强调员工做好分内工作，不利于员工创新。从一定程度上抑制企业内部人员的有效配置。

（2）由于职位与薪酬体系直接挂钩，员工晋升的机会比较小，因此当职工在企业内晋升无望时，也就是没有机会得到更高的薪酬。这样就影响了这些职工的主动性、进取心和劳动积极性，从而使企业流动率过高，生产发展受阻。

（3）基于职位的薪酬体系依据是职位价值，员工容易质疑该职位价值的评估。因为职位评估的要素选择和权重分配多少带上一定的主观成分，所以并不能做到完全的客观和公正。

3. 实施基于职位的薪酬体系需具备的条件

企业在实施基于职位的薪酬体系时，应当对企业进行评价以考察本企业是否适合采用基于职位的薪酬体系。实施基于职位的薪酬体系所需具备的条件如下：

（1）职位内容已经明确化、规范化、标准化，具备进行职位分析的基本条件。

（2）职位内容已基本趋于稳定，职位内涵清楚，企业的工作序列关系有明确的界限，不至于因为职位内容的频繁变动而使职位工资体系的相对稳定性和连续性受到破坏。

（3）企业必须具有按个人能力安排工作岗位的机制，因为基于职位的薪酬体系是根据职位本身的价值来支付员工薪酬的，所以企业必须保证能够按照员工的个人能力来安排合适的职位的机制，当员工个人能力发生变动时，其职位也应能随之发生变动。

（4）企业中职位性质不同的级数应基本一致，让每个员工都有进一步提高技能和能力的机会，不至于因为职位差别而产生无晋升空间的情形。

（二）基于能力的薪酬体系

基于能力的薪酬制度是以劳动者自身综合能力为主要指标反映劳动质量差别、确定员工的工资等级和标准的工资制度。基于能力的薪酬体系具有两个重要的特征。

其一，虽然是根据员工本人所具有的综合能力进行薪酬管理，但是与员工所在的工作职位要求还是很紧密。在某一工作岗位上非常重要的知识技能，在另一工作岗位上可能会起阻碍作用。

其二，要通过考核，对员工的能力大小及提高程度进行评价审定，然后再确定工资等级和工资标准或增资幅度，并以此能力指标作为员工招聘、考评及提升的主要依据之一。

基于能力的薪酬制度的主要形式有技术等级工资制、能力资格工资制和职能工资制。

技术等级工资制，即按照技术复杂程度及劳动熟练程度划分等级和规定相应的工资标准，再以工人所达到的技术水平评定技术（工资）等级和标准工资的一种工人的工资等级制度。主要适用于技术复杂程度高、工人劳动熟练程度差别大的工种。

能力资格工资制中，等级反映了职工个人工作能力的差距，所以，能力工资（工资标准）的级差也就随级别升高而加大。但由于职工的能力水平常常是以工作效率或工作成绩的形式反映出来，所以通常在执行基于能力的薪酬制度时，定期对职工的工作效率或工作成绩进行考评，并以考核成绩作为评价指标之一。

职能工资制是按完成职务的能力决定工资，即员工的能力只限于所从事工作需要的能力，对这种能力的价值进行判断，并确定相应的工资。

相对于传统的基于职位的薪酬体系，基于能力的薪酬体系还属于新兴的、尚未成熟的薪酬体系，有以下几个方面的优缺点。

（1）基于能力的薪酬体系的优点。

① 基于能力的薪酬体系为员工提供了多样化的职业生涯通道，职位晋升不再是员工报酬获得增加的唯一途径，只要提高自己的能力就能获得报酬的增长，基于能力的薪酬体系还是适应扁平化组织的重要薪酬模式之一。

② 基于能力的薪酬体系能够有力地激发员工提升自己的能力，培养员工的核心专长与技能，从而提高企业的人力资源素质。

③ 基于能力的薪酬体系在员工配置方面为组织提供了较大的灵活性，这在高科技企业中尤为明显。员工可以根据组织需要的角色进行工作定位，而不是仅仅局限于职位。

(2) 基于能力的薪酬体系的缺点。

① 如何将能力有效地转换成组织绩效是基于能力薪酬体系面临的最大的难题。无论是组织在付出更多的员工培训抑或员工自身提高自身技能或能力之后，却不能看到这些人力资本转化成实际生产力时，基于能力的薪酬体系就会遭遇到巨大的质疑。

② 将员工能力量化并进行衡量是十分困难的，且在现实生活中对能力的评价常常具有较强的主观性，这使得员工对基于能力的薪酬体系的设计和执行的认可度都比较低。

(3) 实施基于能力的薪酬体系需具备的条件。

基于能力的薪酬制度适用于以知识为主要竞争力的企业，适用人群范围如研发类和技术开发类人员，对大多数传统企业来说，采用传统的基于职位的薪酬体系相对更为适宜。

相关链接：丰田汽车公司的能力工资制

丰田公司原来实行的是支持终身雇佣制的年功序列工资制，它规定职员工资随其年龄增长和参加工作年限的延长而增加。公司人员的工资由基本工资和加班费组成，加班费由加班工资率乘以加班时间求得，而基本工资由年龄、进入企业年限和学历等因素确定。随着职工企业工龄的增长，薪酬每年都有所增加。

公司引入能力工资制后，工资的构成发生了变化。公司按照人员的职务分工将他们分为事务职员和业务职员两种。前者属管理部门和间接部门，后者属生产部门和技术部门。对事务职员，新工资制度下工资总额的60%由基本工资构成，再加入40%的能力工资。其能力工资主要由以下五个要素组成：创造力，占能力工资的20%；决策的贯彻能力，占能力工资的30%；组织能力，占能力工资的20%；人力利用能力，占能力工资的20%；声望，占能力工资的10%。对业务职员，新工资制度下工资总额的80%由基本工资构成，再加入20%的能力工资。其能力工资中50%由其专业知识与能力确定，而余下的50%与事务职员考核指标相同，只需进行等比例缩小即可。

工资的构成确定之后，其实际发放由职员工作目标的完成程度来确定。其具体做法是事先由职员提出自己一年的工作目标，然后根据这个目标的完成程度确定能力工资的发放百分比。工资考核是逐级分层进行的。工人由系长（相当于工段长）考核，系长由其部门领导考核；这两者以考核其基础能力的提高为重点。课长一级（相当于生产车间负责人等职）的工作计划由其上司过目，工作年度结束后先由其进行个人总结，再与上司以面谈方式讨论工作计划的完成情况以及对未完成部分的原因进行解释，实发能力工资百分比由双方商定。对副部长和部长一级（相当于部门经理等职），其工作计划由公司相应的责任董事审批，工作年度结束后，由公司最高管理层根据其所在部门的业绩，综合其下属和其他部门的意见给予评价，确定实发能力工资百分比。

公司确定了职员工资构成和能力工资实发百分比的考核办法之后，就形成了以能力为导向、纵（层级）横（职能部门）定位明确的能力工资体系。

资料来源：http：//www.55top.com/dispbbs_9_9870_0_next.html，2005.9.20.

(三) 基于绩效的薪酬体系

基于绩效的薪酬体系是指员工的薪酬随着员工个人、团队或者组织绩效的某些衡量指标的变化而变化的一种薪酬设计。该体系是建立在对员工行为及其对组织目标的贡献程度进行评价的基础之上，本质上是根据员工的工作成绩支付薪酬，主要有计件工资制、佣金制等。

基于绩效的薪酬体系不是简单意义上的工资与产品数量挂钩的工资形式，而是建立在科学的工资标准和管理程序基础上的工资体系。基于绩效的薪酬体系的基本特征是将员工的薪酬收入与个人绩效挂钩。绩效是一个综合的概念，比产品的数量和质量内涵更为宽泛，它不仅包括产品数量和质量，还包括员工对企业其他贡献。

1. 基于绩效的薪酬体系的优点

（1）严格的、长期的基于绩效的薪酬体系将激励机制融于企业目标和个人业绩的联系之中，将员工工资与可量化的业绩挂钩，只将奖金授予拥有高绩效的员工，有利于组织总体绩效水平的改善和组织目标的实现。

（2）基于绩效的薪酬体系由于明确了员工的绩效目标，可以指引员工的努力方向并促使其不断进步，同时也有助于培育组织良好的组织文化。

2. 基于绩效的薪酬体系的缺点

（1）基于绩效的薪酬体系鼓励员工之间的竞争，可能会破坏员工之间的信任和团队精神。无论是以组织业绩为基础、员工再进行分配还是以个人业绩为中心进行奖励的做法，都可能造成员工在进行团队合作的时候出现过度竞争，这种竞争可能会忽视组织的总体利益。例如，销售员为了达成交易，可能会对客户做出很多免费服务承诺，公司为了兑现承诺可能会投入很高的成本。

（2）基于绩效的薪酬体系由于对绩效的过于重视，容易造成员工瞒报业绩的行为，如何对员工的绩效进行有效监督和正确评价是基于绩效的薪酬体系得以实施的关键。

3. 实施基于绩效的薪酬体系需具备的条件

由于基于绩效的薪酬体系有很多优点，很多企业都在使用它，但是这种薪酬计划的缺点也使企业在实施过程中必须慎重，应该注意以下几点。

（1）基于绩效的薪酬体系要求企业具备完善的绩效考评体系，绩效考评标准要科学、客观、绩效考评要公正有效、绩效考评结果应与薪酬挂钩，否则这种体系就难以真正发挥效用。

（2）这种薪酬体系应当与组织战略和企业文化保持一致，要将绩效考评与组织目标相结合，奖励先进、约束落后，使得该薪酬体系纳入整个企业的生产和运营之中。

【案例 8-3】

企业的薪酬体系设计

A 公司是一家医药上市公司，后来走上了多元化的道路。但该公司发现：尽管与同行业其他公司相比员工的薪水、奖金、福利都比较高，但却存在非常严重的员工流失和工作积极性不高的问题。经过调查，发现问题出在薪酬体系设计上。

首先，薪酬设计存在内部不公平。公司对管理层很重视，给中层管理者高于基层主管数倍的工资。而基层主管作为技术骨干与一般员工基本上没有什么差别，但职责上却存在一个急剧升高的陡坡。这种收入与职责的不对称是造成业务骨干即基层主管流失的重要原因。此外，收入分配还存在横向的不公平，不同部门同级别职位薪酬存在“一刀切”的情况。但实际上，各个部门间在专业技能、业务贡献及员工处理问题能力的要求上有很大的差异。

其次，薪酬设计不具有外部竞争性。人才市场专业人才的稀缺性造成其人才的市场价格远高于其在企业内部所处的工资水平。考核流于形式，与员工收入不挂钩。A 公司每月进行考核，但与员工的收入没有关系，干好干坏一个样。

资料来源：刘洪主编：《薪酬管理》，北京师范大学出版社 2007 年版，第 2 页。

【案例分析】

从 A 公司案例可以看出，薪酬结构设计在薪酬管理中起到非常重要的作用，任何薪酬设计上的疏忽都有可能引起满意度降低、跳槽率增加、管理混乱的局面。

三、薪酬体系设计

（一）薪酬体系设计的原则

1. 经济性原则

企业的薪酬体系与企业的成本有着密切的关系，高的薪资水平可以吸引高素质人才，提高企业的竞争力，但无疑增加了企业的成本；低薪资水平可以达到降低企业成本的目的，但是难以吸引并留住适合的人才。薪酬体系设计的经济性原则强调企业设计薪酬时必须充分考虑企业自身发展的特点和支付能力。它包括两个方面的含义：从短期来看，企业的销售收入扣除各项非人工（人力资源）费用和成本后，要能够支付企业所有员工的薪酬；从长期来看，企业在支付所有员工的薪酬，及补偿所用非人工费用和成本后，要有盈余，这样才能支撑企业追加和扩大投资，获得企业的可持续发展。

2. 合法性原则

企业薪酬体系必须符合国家、地区的政策、法律和法规。不能有性别、民族、地区等方面的歧视性政策。国家、地区的政策、法律和法规是各企业制订薪酬计划的基本前提，任何企业的薪酬体系设计方案都不能凌驾于国家、地区相关政策、法律和法规之上，这是一条强制性原则。

3. 战略性原则

战略性原则强调企业设计薪酬时必须从企业自身战略的角度进行分析，根据企业文化、不同的发展战略、不同的市场地位和发展阶段，选择不同的薪酬体系，达到有力支持企业发展战略的目的。企业的薪酬不仅仅只是一种制度，它更是一种机制，合理的薪酬制度驱动和鞭策那些有利于企业发展战略的因素的成长和提高，同时使那些不利于企业发展战略的因素得到有效的遏制、消退和淘汰。因此，企业设计薪酬时，必须从战略的角度进行分析哪些因素重要，哪些因素不重要，并通过一定的价值标准，给予这些因素一定的权重，同时确定它们的价值分配即薪酬标准。

4. 公平性原则

根据亚当斯公平理论，员工不仅关心薪酬的横向公平，还关心薪酬的纵向公平，而横向公平和纵向公平通常被统称为内部公平。员工通过进行比较来确定他们所获得薪酬是否公平合理，并以比较结果来决定他们今后努力的方向。横向公平要求即企业所有员工之间的薪酬标准、尺度是一致的；纵向公平要求企业设计薪酬时必须考虑到历史的延续性，一个员工过去的投入产出比和现在乃至将来都应该基本上是一致的，而且还应该是有所增长的。

设计薪酬体系还必须注意外部公平性，即企业的薪酬设计与同行业的同类人才相比具有一致性，具体来说是指同一行业或同一地区或同等规模的不同企业类似职务的报酬应大致相同，因为同一职务对员工的知识、技能与经验的要求相似，员工的各自贡献也就相差无几。

5. 激励性原则

激励性原则是薪酬的一个主要原则，所谓激励性就是差别性，要求企业要在内部各类、各级职务的报酬水准上，适当拉开差距，真正体现按劳、按贡献分配的原则。这还涉及企业薪酬（人力资源投入）与激励效果（产出）之间的比例代数关系，企业在设计薪酬体系时要充分考虑各种因素，使薪酬的支付能获得最大的激励效果。例如，在企业设计薪酬时，同样是10万元，不同的部门、不同的市场、不同的企业发展阶段支付给不同的员工，一种方式是发4万元的工资和6万元的奖金，另一种方式是发6万元的工资和4万元的奖金，激励效果完全是不一样的。

6. 竞争性原则

竞争性原则强调企业在设计薪酬时必须考虑到同行业薪酬市场的薪酬水平和竞争对手的薪酬水平，保证企业的薪酬水平在市场上具有一定的竞争力，能充分地吸引和留住企业发展所需的战略性、关键性人才。在社会上和人力资源市场中，企业的报酬标准要有吸引力，以战胜竞争对手，引入所需人才。究竟应将企业摆在市场价格范围的哪一段，当然要视本企业财力、所需人才可获得性的高低等具体条件而定。

相关链接：中国企业薪酬体系的八大问题

著名薪酬管理专家、中国人民大学人力资源开发与管理研究中心副主任刘昕博士曾给众多国有企业、民营企业、外资企业提供薪酬咨询服务。根据多年的薪酬管理咨询实践，他发现，中国企业薪酬体系存在八大突出问题：

1. 假岗位工资。企业的基本薪酬体系与岗位价值联系不大，工资体系更多与行政级别、资历挂钩。

2. 绩效薪酬演变为另外一种固定薪酬。绩效薪酬设计不合理，最后当固定工资发，人人有份。

3. 绩效考核体系指标设置不合理。不合理可能导致一个能力强绩效好的员工，根据这套体系没得到奖金，绩效不好的却拿了高额奖金。

4. 薪酬局部设计总量失衡。如有的企业搞局部浮动工资，没有根据岗位价值控制该岗位的工资总量，结果有的低价值岗位的人，其加上浮动部分后的工资总额大大高于该岗位价值允许的最高工资。

5. 薪酬体系与战略、文化不匹配。企业文化鼓励创新，实际却又只根据职位、资历发工资；又如创新型企业应该允许犯错误，但企业实行的是犯错扣分制度，导致经常创新的人被罚，不创新不犯错的人却得奖励。

6. 盲目的工资保密制度。薪酬体系应该是公开的，薪酬体系鼓励什么、反对什么，具有导向和沟通作用，所要保密的，只是每个人的工资数据。

7. 把激励单纯等同于现金，忽视领导赏识认可等非物质激励。

8. 有些企业特别是国有企业，天天讲奉献，讲忠诚，不注重薪酬与外部市场接轨。

资料来源：牛津管理评论网，icxo. com，2008. 11. 27。

（二）薪酬体系设计的步骤

众所周知，健全的薪酬体系是企业人力资源管理的一项重大决策与基本建设，必须有一套完整并且规范的程序来指导并保证其正常运行。图 8 – 3 是薪酬体系设计的基本步骤图。

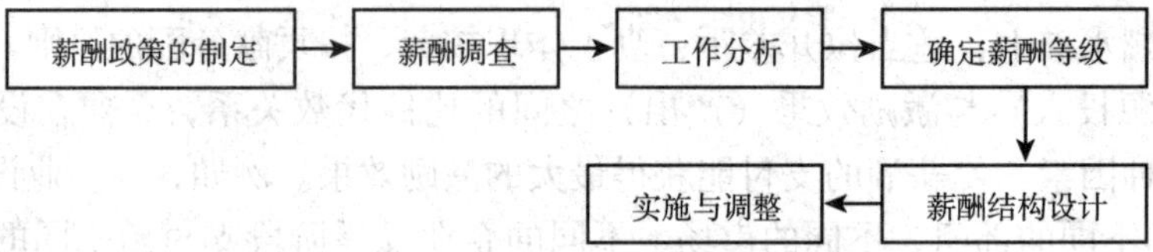

图 8 – 3　薪酬体系设计的基本步骤图

1. 薪酬政策的制定

企业的薪酬政策是企业文化的一部分，是薪酬管理的前提。薪酬政策是企业对员工薪酬所采取的方针政策，包括企业管理者对企业薪酬管理运行的目标、任务和手段的选择和组合。薪酬政策包括对员工本性的认识、对员工总体价值的评价、对企业管理人员及高级技术人才的正确估计等企业的核心价值观。薪酬政策是与企业发展战略和实际情况相结合的，所以薪酬政策对薪酬管理一系列步骤起着重要的指导作用。

2. 薪酬调查

人力资源主管在进行员工薪酬的设计与管理之前，要进行员工薪酬的调查。所谓薪酬调查，就是指企业通过了解同一地区、同一行业的薪酬水平，形成能够客观反映市场薪酬现状的调查报告，为企业提供薪酬设计方面的决策依据及参考。薪酬调查是薪酬设计中的重要组成部分，是企业确定薪酬政策，确保薪酬外部公平性的依据。

（1）调查目的。

薪酬调查的目的，是为了了解本地区、本行业的薪酬水平，了解竞争对手的薪酬水平，比较组织现行薪酬结构与市场结构的差异，进而对本组织薪酬结构进行调整，以保持本组织薪酬的竞争力，避免人才流失。

（2）调查渠道。

企业可以在取得其他被调查企业的支持的前提下，进行企业间的相互调查。调查对象最好选择与本企业有竞争关系的公司或同行业相近公司，重点考虑员工的流失去向和招聘来源。采用电话调查、发放调查问卷或访谈等方式进行数据调查，运用相同的标准进行职位的评估，并各自提供真实的数据，才能保证薪酬调查的准确性。薪酬调查也可以委托专业咨询机构进行，专业的咨询机构往往能够提供较为全面的市场薪酬水平数据或是某些没能获得调查支持的企业薪酬，这能有效地弥补企业间相互调查所不能触及的领域。

3. 工作评价

工作评价又称岗位评价或职位评价，是指在工作分析或职位分析的基础上，采取科学的方法，对企业内部各职位的责任大小、工作强度、工作环境、工作难度、任职条件等因素进行评价，以确定各职位在组织中的相对价值，并据此建立职位价值序列的过程。工作评价的根本目的是确定每一个待评工作职位在组织中的相对价值，确定各项工作的等级，进而制定各项工作的报酬，为最后构建薪酬结构提供依据。

（1）工作评价的原则。

工作评价是针对岗位而不是岗位中的员工，所以要让员工积极地参与到岗位评估中来，并对该工作评估的结果产生认可，同时工作评价的结果应该公开。

（2）工作评价的方法。

工作评价的方法很多，目前常用的主要有：总体排序法、职务分类法、因素比较法和点值计点法四种。

① 总体排序法。总体排序法是工作评价最简便的方法，指按照一定的规则对各个职务从总体上进行重要性排序，总体排序法具体又分卡片排序法、交替排序法和配对比较法三种。以下就配对排序法举例分析。

配对排序法就是指将所有要进行评价的职位都放在一起、两两配对进行比较的一种方法。如果甲比乙价值大，则记1分；甲乙价值相当，则记0分；甲不如乙，则记-1分。最后将每一个职位其他职位相比较的分数相加，即为该职位得分。将这些分数进行比较，按高低排序即可得出各个职位的相对价值。配对比较法如表8-3所示。

表8-3　　　　配对比较法

职位	办公室文员	销售主管	会计员	总裁秘书	生产管理员
办公室文员		1	1	1	0
销售主管	-1		-1	0	-1
会计员	-1	1		0	0
总裁秘书	-1	0	-1		-1
生产管理员	0	1	0	1	
合计得分	-3	3	-1	2	-2

总体排序法比较适用于职位较少的小型企业，因为职位数目少，企业中每一个员工对于其他职位都比较了解，可以对其价值大小进行判断，如在大企业可能就显得力不从心；其次，总体排序法主要依靠经验，容易受个人价值观的影响，不够客观公正。

② 职务分类法。职务分类法是以上总体排序法的改进，是按照工作岗位内容不同来确定工资水平的方法。职务分类法的流程如下：先将组织中的职位价值进行政策定位，如管理类、研发类、销售类、文秘类等；进而对每类职务区分出若干价值等级，等级数的多少取决于职务的复杂性；并确定每一等级的具体衡量标准，然后将各个待评职位与相应的既定标准进行比较，按比较结果划入相应的级别之内，就确定了该职位的相对价值。

表8-4是某企业为其文秘类职务所设的分级标准。

表 8 – 4　　　　　　　　文秘类职务分级标准

等　级	职 务 说 明
1 级	从事打字、文件保管等常规性的办事员类工作；需要一些简单而重复性的计算；工作是在严守明确的规则及严密检查与指导下进行的。
2 级	从事秘书性及高级秘书性的工作，工作中需要一定主动性，并需作一些独立判断与处理。
3 级	主管 3 名或更多从事 1 级或 2 级工作的人员；需对会计等一定专业领域具备扎实的业务知识基础；需进行复杂的运算。

职务分类法在进行职务分类和分级时，只作整体的综合性评价，不作因素分解。对于某些职务有时难以科学、合理地划分，常常影响工作评价结果的精确性与客观性，一般也只适应于小型的、结构较简单的企业。

③ 因素比较法。因素比较法又称要素比较法。因素比较法用可比较的因素来打乱工作岗位的界限，并以这些因素来决定岗位的价值，是一种量化的工作评价方法。

其步骤大致如下：

第一，选择可比较的因素。通常可选择心理素质、技能知识、生理状态、工作条件等。

第二，确定基准岗位。基准岗位是指其他岗位能与其比较并能确定相对价值的那些岗位。作为基准岗位一般要求具有如下特点：较稳定、被大家熟悉，在人力资源市场上工资具有可比性，其市场工资率公开及可参照的范围广。

第三，将基准岗位的现行薪酬在已选定的各可比较因素上进行分解，得出基准岗位在各比较因素上的分别工资，再将它们汇总相加来确定基准岗位的基本工资。

第四，确定非基准岗位的工资。将非基准岗位与基准岗位相对照，得出各非基准岗位在各可比较因素上的分别工资，同上所述，再将各可比较因素汇总相加得该非基准岗位的工资。如表 8 – 5 所示：非基准岗位设有 6 个，所选定的可比较因素有 4 个，则最后共得 6 × 4 = 24 个级别工资。

表 8 – 5　　　　　　　　因素比较法确定工资示例

付酬因素 / 小时工资率	技能	努力	责任	工作条件
1				岗位 3
2		岗位 1		岗位 1
3		岗位 2	岗位 1	
4	岗位 1		岗位 3	
5	岗位 2			岗位 2
6	岗位 3	岗位 3	岗位 2	

取因素比较法在表 8 -5 中的三种非基准岗位为例：

反映 3 种非基准岗位与基准岗位作比较分析后所得的分别在 4 个可比较因素上的分别工资（如表 8 -5 中的小时工资），由此得出岗位 1、2、3 最后的岗位工资如下：

岗位 1 =4 +2 +3 +2 =11（元/小时）

岗位 2 =5 +3 +6 +5 =19（元/小时）

岗位 3 =6 +6 +4 +1 =17（元/小时）

因素比较法是一种比较系统、精确的量化评价方法，它打破岗位界限，有基准岗位作比较，因而比较公平合理。但是因素比较法整个评价过程复杂，工作量大，确定各非基准岗位的级别工资时可能受主观影响较大。

④ 点值评分法。点值评分法又称要素计点法、要素评分法、点数法等，是目前应用最广泛、最精确、最复杂的一种工作评价方法。点值评分法的操作过程与因素比较法类似，最显著的不同在于：点值评分法把各种因素都由点数进行量化，然后根据每项工作获得的点数决定其相对价值，从而确定每项工作岗位的工资。

点值评分法有三个基本特点：

第一，员工薪酬有多个报酬评价因素，且每个因素分为几个等级。

第二，报酬评价因素的等级可以量化，反映工作的现实情况。

第三，用一定的权数反映各报酬评价因素的相对重要性。

因为点值评分法的主要步骤与因素比较法相类似，故此不再赘述。引入下列表格以供了解点值评分法（见表 8 -6）。

表 8 -6　　评价因素的结构量化表

评价因素及权重	评价因素的子因素及权重（合计最高 500 点）	评价因素等级及点数				
		5 级	4 级	3 级	2 级	1 级
任职资格（40%）	专业知识（10%）	50	40	30	20	10
	工作熟练程度（10%）	50	40	30	20	10
	技术（10%）	50	40	30	20	10
	主动性和灵活性（10%）	50	40	30	20	10
劳动强度（15%）	脑力强度（5%）	25	20	15	10	5
	体力强度（10%）	50	40	30	20	10
工作环境（15%）	工作场所（10%）	50	40	30	20	10
	危险性（5%）	25	20	15	10	5
工作责任（30%）	材料消耗和产品生产（10%）	50	40	30	20	10
	设备使用、保养（10%）	50	40	30	20	10
	他人安全（5%）	25	20	15	10	5
	他人工作（5%）	25	20	15	10	5
	合计点数	500	400	300	200	100

表 8 -7 是关于评价因素定义和等级及点数界定的例子：“专业知识”因素的定义及等级界定与评分。

表 8-7　　“专业知识”因素的定义及等级界定与评分量表

因素名称：知识 因素定义：指顺利完成工作所需的专业知识或相应的培训		
因素等级	等级定义	评分
1 级	所有整数的读、写、加、减；遵循一定的指示，使用固定的规格标准、直接阅读工具和类似设备，无须给出解释	10
2 级	对数字（包括小数和分数）的加、减、乘、除，简单使用公式、图表、绘图、规格说明、进度表和线路图，使用已经调节的测量仪器，对报告、表格、记录以及可比数据的检查，需要一定的解释	20
3 级	数学与复杂图表的结合运用，使用多种类型的精密测量仪器，在一个特殊或专业领域有相当于 1~3 年的实际贸易培训经验	30
4 级	高级贸易数学与复杂图表、绘图手册上公式的结合运用，使用任何类型的精密测量仪器。在一个已认可的贸易、技艺、行业内达到初级专业水平或相当于受过 2 年技术院校教育的水平	40
5 级	更高等级数学的运用，包括工程学原理的应用，以及相关实际操作的演示，要求有机械、化学或类似工程等方面理论的综合知识。相当有 4 年的技术院校或大学教育的经历	50

在所有待评职位的总分数计算完毕后，根据各职位得分的高低进行排列，就可建立职位价值等级结构表。同时赋予每个职位等级相应的工资额，就可确定某一分数职位的工资率或工资数额范围，如表 8-8 所示。

表 8-8　　职位等级、点数与工资率转换表

职位等级	点数区间	月薪（元）	职位等级	点数区间	月薪（元）
1	101~149	500~900	6	254~279	1 800~2 500
2	150~175	800~1 050	7	280~305	2 300~3 000
3	176~201	950~1 300	8	306~331	2 800~3 600
4	202~227	1 200~1 500	9	332~357	3 400~4 200
5	228~253	1 400~2 000	10	358~500	4 000~6 000

4. 确定薪酬等级

从以上工作分析可知，每一个工作岗位都有其价值，并应根据其相对价值确定相对应的工资。而在实际中，人们常常把多种类型的工作所对应的工资值归并组合成若干等级，形成一个工资等级系列，就是我们常说的工资等级。工资等级划分的宽窄和级数多少主要根据企业职务总数多少及企业的薪酬管理政策和晋升政策等来决定。

薪酬等级确定的基本原则如下：职级的数目不能少到相对价值相差甚大的职务都处于同一职级而无区别，也不能多到价值稍有不同便处于不同职级而需做区分的程度。薪酬等级级数太少，难以晋升，不利士气；而级数太多，则晋升过频而刺激不强。

5. 薪酬结构设计

企业在确定员工薪酬时，一般要综合考虑三个方面的因素：职位等级、个人的技能和资

历、个人绩效。在薪酬体系中分别反映为基于职位、能力和绩效的薪酬体系。企业应该根据自身情况选择合理的薪酬结构，在此不作赘述。

6. 实施与调整

企业的薪酬制度确定后，为保证其适用性，企业对薪酬的定期调整应作规范化的规定。同时，在薪酬体系制定和实施过程中，及时的沟通、必要的宣传是保证薪酬体系得到有效体现的重要因素。从一定程度上说，世界上不存在绝对公平的薪酬方式，只存在员工是否满意的薪酬体系。企业的人力资源部门可以就薪酬制度召开员工座谈会、满意度调查表等方式充分了解员工对企业薪酬制度的理解和意见，并适时地进行必要的薪酬调整。

【案例8－4】

员工福利制度

为保障员工利益，增强公司的凝聚力，减少员工的后顾之忧，根据《中华人民共和国劳动法》、《××省社会保险管理办法》等法律法规，结合××有限责任公司（以下简称公司）的特点及实际情况，特制定本《员工福利制度》。

第一条　福利待遇是公司在岗位工资和奖金等劳动报酬之外给予员工的报酬，是公司薪酬体系的重要组成部分。建立一个良好的福利待遇体制能够增加员工对企业的依恋情感，从而增加企业的凝聚力。

第二条　本制度所列福利待遇均根据国家规定及企业自身情况而定。

第三条　本制度适用于某有限公司（以下简称公司），以及公司投资控股的企业。

第四条　公司提供的福利待遇包括按国家规定执行的福利待遇，以及根据企业自身条件设置的福利待遇。

第五条　按照国家政策和规定，参加统筹保险的有：养老保险、基本医疗保险、失业保险、工伤保险和房屋公积金。

第六条　财务部负责统一将统筹保险和基金上交政府有关部门，并记入个人养老保险手册和个人住房基金磁卡。

第七条　企业设置的其他福利待遇包括：补贴福利、休假福利、退休福利、培训福利和设施福利。

第八条　养老保险：按××省的有关政策和规定，公司每月为员工支付养老保险，其计算基数为本人上年平均岗位工资，缴纳比例为20%。另外，个人需缴纳6%，且这一比例每两年提高一个百分点，直至达到8%。

第九条　失业保险：按国家有关政策和规定，公司每月为员工支付失业保险，其计算基数为本人上年平均岗位工资，缴纳比例为2%；另外，个人需缴纳1%；农民合同制工人本人不享受失业保险。

第十条　工伤保险：按国家有关政策和规定，公司每月为员工支付工伤保险，其计算基数为本人上年末平均岗位工资，缴纳比例为1%；另外，个人需缴纳0.5%；特殊岗位的缴纳比例按国家有关规定执行。

第十一条　基本医疗保险：按国家有关政策和规定，公司每月为员工支付基本医疗保险，其计算基数为本人上年末平均岗位工资，缴纳比例为12%；另外，个人需缴纳4%。

第十二条　公司提供的补贴福利包括：独生子女补贴、高温降暑费、劳动保护物品、公司规定的其他补贴。

第十三条　休假福利：

（1）婚假：适龄员工婚假3天，符合国家规定晚婚条件（男25岁、女23岁）的员工婚假10天。

（2）产假：女员工产假90天，剖腹产女员工产假105天，男员工护产假7天，可合并使用。怀孕职工不满4个月流产的（含自然流产、人工流产。下同），给予15～30天产假；怀孕4个月以上流产的，给予42天产假（均需提供正规医务部门的诊断证明）。

（3）哺乳假：女职工产假期满后，如果上班有困难，经本人申请，企管部批准，可给予哺乳假，最长不超过 270 天。

（4）探亲假：未婚员工父母家住外地或夫妻两地分居员工，每年享受一次探亲假，假期 20 天（包括往返路程）。已婚员工的父母家住外地，每四年享受一次探亲假。

（5）丧假：员工直系亲属（父母、配偶、儿女）亡故，丧假 3 天。

（6）工伤假：工作时间内，做与本职工作直接相关的事情而受伤，视为工伤。工伤须持有指定医院证明，办理工伤申请，并经所属部门经理批准，报企管部备案。凡员工因违反操作规程和公司有关规定而导致受伤的，其后果原则上由个人自负。

第十四条　教育培训福利：公司根据考核结果，由企管部制订培训计划，并组织实施，以使员工的知识、技能、态度等方面与不断变动的经济技术、外部环境相适应。教育培训福利包括：员工在职或短期脱产免费培训、公费进修等。具体规定见公司《培训管理制度》。

第十五条　设施福利：公司为了丰富员工的业余生活，培养员工积极向上的道德情操而设立的项目，包括创建文化、娱乐场所，组织旅游，开展文体活动等。具体实施根据公司的实际情况设定。

第十六条　统筹保险、基金由财务部统一缴纳，个人应缴纳部分在工资中扣除。

第十七条　现金支付的福利待遇随当月工资核发。

第十八条　享受假期福利的员工，其工资待遇按公司《考勤和劳动纪律管理制度》的规定执行。

第十九条　本制度由企管部制定并负责解释。

第二十条　本制度报公司总经理批准后施行，修改时亦同。

第二十一条　本制度自颁布之日起施行。

【案例分析】

在现代企业制度中，同以上××有限责任公司一样，许多公司将福利计划作为公司管理的基本要求，制度化并严格执行。据一项调查指出，在跨国大公司中，在过去的 50 年内工资增加了 40 倍，而福利增加了 500 倍。员工福利对企业的发展具有以下重要的意义：吸引优秀员工、提高员工的士气、降低流动率、凝聚员工等。

四、奖金、福利设计

（一）奖金设计

1. 奖金的概念

奖金是指由于员工杰出的表现或卓越的贡献，企业支付给员工工资以外的金钱。

2. 奖金的类型

奖金是工资的重要补充，是薪酬的重要组成部分，在企业中，奖金的种类有很多种，企业可以根据自身的需要设立各种奖金。以下介绍几种重要的奖金种类。

（1）职务奖。

职务奖是指员工担任某一特定的职务后，由于该职务的特殊性，企业支付的奖金。职务奖金往往支付给管理人员，因为管理人员虽然工作责任重大，但由于担任管理职务，没有佣金和超时、超产奖金等类别奖金，故为了鼓励管理人员的工作积极性而支付必要的奖金类别。

在职务奖的设计中，要注意以下事项：职务奖的设立应该是具体和明确的，只与职务相关，而与其他因素无关；奖金金额要适当，既要有激励效果，又要防止收入距离过分拉大。

(2) 绩效奖。

绩效奖是指由于员工达到某一绩效，企业为了激励员工此种行为而支付的奖金。

在绩效奖设计时，要注意以下事项：绩效标准要明确且合理，只要达到标准，任何人都应该获得相同的奖金；在设立形式上，以递增方法设立奖金，鼓励员工不断提高绩效。例如，完成绩效的120%，绩效奖金为超出部分20%的1%，完成绩效150%，绩效奖金为超出部分50%的2%，这样以递增的方式设立绩效奖，能达到有效地刺激员工不断地提高自身的绩效的效果。

(3) 特殊贡献奖。

特殊贡献奖是指由于员工为企业做出特殊贡献，企业为了鼓励员工这种行为而支付的奖金。特殊贡献奖有很多种，例如，设计一项重大的技术革新项目为企业减少了设备投资；提出一项合理的建议为企业节省了大量成本；甚至是提供某一信息、销售渠道为企业增加了销量等。

特殊贡献奖的奖金金额一般比较高，在特殊贡献奖设计时，要注意以下事项：特殊贡献奖一般为做出特殊贡献的人或平时难以完成的任务而设立，且该任务为企业带来的利润也很大。所以此项奖金无论在设立或颁发时，都应该大力宣传，达到明显的鼓励和激发效果。

(4) 利润分享。

利润分享指将企业的部分利润在员工间进行分配。

利润分享部分的派发可以按月份、季度、半年和年度进行，具体情况取决于管理理论和对工作业绩的衡量方式。部分利润分配越经常，员工对奖励的感受度就越高。现实生活中，企业分配给员工的利润的多少，一般在年底分配之前由协议来确定。在有些利润分享计划中，员工在年底直接获得应分享的部分；在另一些计划中，利润分配被推迟并置入一种基金，员工可在退休或离开企业时随身带走。

除上述列举的奖金种类之外，企业常见的奖金还有全勤奖金、超时奖、超产奖、超利润奖、建议奖、节约奖等。

(二) 福利设计

1. 福利的概念

员工福利是薪酬的间接组成部分，它是组织为满足劳动者的生活需要，在工资、奖金收入之外，向员工本人及其家属提供的货币、实物及一些服务形式。员工福利作为员工的间接报酬，通常与员工个人的工作业绩没有直接的关系，也很少以现金的形式表现。在现代企业中，福利在整个薪酬当中的比重已经越来越大，它是组织通过福利设施和建立各种补贴，为员工生活提供方便，减轻员工经济负担的一种非直接支付方式。

员工福利具有补充性、均等性、集体性和全面性等特点。福利和奖金的重要区别在于，奖金是针对有特殊贡献和成就的个别员工，而且是一次性支付；福利则是全体或大部分员工所共享的，不与个人绩效挂钩，而且是长期性的。

2. 福利的类型

企业的员工福利大体可分为两大类，一类为法律政策明文规定的福利，也称为法定福利；另一类为企业根据自身实际情况和增强员工激励力而提供的福利项目，通常称为企业福利。

（1）法定福利

① 社会保险。社会保险是国家通过立法的手段建立的，旨在保障劳动者在遭遇年老、疾病、伤残、失业、生育以及死亡等风险和事故，暂时性或永久性地失去劳动能力或劳动机会，从而部分或全部丧失生活来源的情况下，能够享受国家或社会给予的物质帮助，维持其基本生活水平的社会保障制度。对企业员工来讲，我国法律规定的法定福利项目包括：养老保险、失业保险、医疗保险、工伤保险及生育保险。

养老保险是指国家通过立法，使劳动者在因年老而丧失劳动能力时，可以获得物质帮助以保障晚年基本生活需要的保险。养老保险是社会保险体系的核心，它影响面大、社会性强，是企业员工的一项基本福利。

医疗保险是国家、企业对员工在因病或因公负伤而暂时丧失劳动能力时，给予假期、收入补偿和提供医疗服务的一种社会保险制度。医疗保险是为了分担疾病风险所带来的经济损失而设立的一项社会保险制度。

失业保险是指国家和企业对因非意愿、暂时丧失有报酬或有收益的工作的员工，付给一定经济补偿，以保障其失业期间的基本生活，维持企业劳动力来源的社会保障的总称。

工伤保险是国家以立法的形式集中建立的，对在经济活动中因工伤残或因从事有损健康的工作引致职业病而丧失劳动能力的劳动者，以及对员工因工伤死亡后无生活来源的遗属，提供物质帮助的社会保险制度。

生育保险制度是国家通过立法，筹集保险基金，对生育子女期间暂时丧失劳动能力的职业妇女给予一定的经济补偿、医疗服务和生育休假的社会保险制度。

② 法定假期。法定假期是指企业员工依法享有的休息时间。在法定休息时间内，员工仍可获得与工作时间相同的工资报酬。我国《劳动法》规定的法定假期主要如下：

法定节假日：国家依法统一规定的休息时间。在法定节假日中，劳动者享有休息，工资照发的权利，在法定节假日安排劳动者工作，应支付不低于平时300%的劳动报酬。

公休假日：是指劳动者工作满一个工作周后的休息时间。按照《劳动法》第三十八条的规定，企业应当保证劳动者每周至少休息一天。

带薪年假：劳动者连续工作一年以上的，享受带薪年休假。带薪年假是可以在一年中的其中一个非法定节假日及非公休假日的时间里，享受带薪休假的福利。带薪年假的天数根据员工的资历和岗位等有所不同。

探亲假：探亲假是指职工享有的保留工作岗位和工资而同分居两地，又不能在公休日团聚的配偶或父母团聚的有薪假期。

在职职工公假：主要包括婚假、产假、丧假等。

（2）企业福利。企业福利体现企业的创造性，其形式比法定福利种类更多、更灵活：

① 企业年金：也称补充养老金、退休金、职业年金计划等，是指员工为企业工作了一定年限后，企业按规章制度及企业效益而提供给员工的金钱。对企业来说，它已经成为人力资源战略的福利体系的一个重要组成部分，同时也是社会养老保险金的一个补充来源。

② 人寿保险：人寿保险是由企业为员工提供的保险福利项目，是市场经济国家比较常见的一种企业福利形式。企业一般会采取购买团体人寿保险的方式，由于参加的人多，相对于个人来说，可以以较低的价格购买到相同的保险产品。

③ 住房津贴：是指企业为了使员工有一个较好的居住环境而提供给员工的一种福利，主要包括以下几种：每月的住房公积金；企业购买或建房后免费或低价租给或卖给员工居住；为员工购买住房提供免息或低息贷款；全额或部分报销员工租房费用。

④ 员工教育援助计划：教育援助计划是通过一定的教育或培训手段提高员工素质和能力的福利计划，主要分为内部援助计划和外部援助计划。内部援助计划只要是在企业内部进行培训，开始课程、聘请相关经营管理专家、学术专家来企业讲课，有能力的企业甚至自己开办大学培训员工，如摩托罗拉、美的集团等；外部援助计划则是对到社会上相关机构接受培训的员工学费给予适当补偿的福利。

⑤ 家庭援助计划：家庭援助计划是企业向员工提供的照顾家庭成员的福利，主要表现在照顾老人和小孩。企业为员工提供的托老所、托儿所在一定程度上能有效解决员工缺勤、劳动生产率低下的现象。

⑥ 员工持股计划：员工持股计划是一种新型的财产组织形式和制度安排。员工通过持股计划，既是劳动者，又是企业财产所有者。员工持股计划是一种具有集资性、福利性和激励性的特殊报酬分配形式。福利型员工持股计划对吸引人才、稳定员工队伍和增强企业凝聚力有较为积极的作用。

除上述福利计划外，企业还为员工提供交通服务、健康服务、旅游服务和餐饮服务等福利项目。

3. 福利的管理

企业提供的福利反映了企业的目标、战略和文化，福利的有效管理对企业发展至关重要。首先，福利目标设立应当符合企业的长远发展目标和企业的薪酬政策、满足员工的需求、能激励大部分员工、当然必须在企业能够承受范围之内。在制订福利计划之前应该进行福利调查，了解员工对企业福利的看法和建议；福利的实施过程中，要保证计划的落实并进行监督，同时保持与员工的沟通，适当保持福利计划的灵活性。

相关链接：富士通公司员工的弹性福利计划

富士通（Fujitsu）是全球信息通信技术的主要提供商。公司在2002年春在全球拥有大约170 000名员工。由于员工对富士通公司向其顾客提供的中具有非常重要的作用，因此公司很注重保证员工在工作中感到快乐并富有生产率。公司确保员工在工作和生活之间保持平衡的一种途径是提供弹性福利计划，也叫回报利益。根据这一计划，员工可以修改他们需要和想要的服务以适应其个人和职业生活。富士通提供的福利包括医疗、牙科和视力保险；解决个人问题的员工帮助计划；健康保障和家属保障费用的税前工资扣除；人寿保险、意外死亡和伤残保险、短期和长期丧失劳动能力计划；退休计划；假日和休假不工作时间的报酬。弹性福利计划包括诸如长期保健保险、汽车和私房屋主保险、事先付酬的法律计划等。方案是在线管理的，员工通过网络浏览器进入回报利益网站。由于员工自己登记并选择服务，因此为富士通公司降低了提供服务的费用。回报收益方案对员工和公司双方面而言似乎是一种双赢的解决方案。

资料来源：劳埃德·拜厄斯、莱斯利·鲁：《人力资源管理》，人民邮电出版社2004年版，第263页。

五、本单元小结

薪酬管理是人力资源管理乃至企业管理中的重要组成部分，薪酬管理主要是在组织薪酬管理的目标薪酬体系设计的原则指导下，根据员工对组织的贡献，科学、合理地确定员工的薪酬差别，并制定出公平、公正、公开的薪酬体系制度的过程。

本单元首先分析了薪酬管理的概念、目标、内容和影响薪酬管理的因素；其次，重点阐述了三种基本薪酬体系，这三种基本薪酬体系包括基于职位的薪酬体系、基于能力的薪酬体系和基于绩效的薪酬体系；再其次，进入本章最为困难的部分即如何确定薪酬体系设计的原则，并在此原则下进行步骤的选择；最后，就薪酬体系中的奖金和福利设计作了特别的说明，以体现奖金和福利在现实薪酬体系中的特殊地位。

本单元关键词： 薪酬管理；薪酬体系设计；奖金；福利

六、复习思考题

一、判断题

1.（　　）广义薪酬是指员工付出劳动后得到的货币形式和非货币形式所表现的劳动报酬，非货币形式的劳动报酬主要包括工作本身带给员工的机会和舒适、愉悦和满足感等。

2.（　　）薪酬体系一般分为经济性报酬和非经济性报酬两个部分，经济性报酬是可以外在的、可见的，包括直接的经济报酬和非直接的经济报酬；非经济性报酬则属于内在的报酬，常被称为隐形报酬，分为职业性奖励和社会性奖励。

3.（　　）基于职位的薪酬制度的适用于以知识为主要竞争力的企业，适用人群范围如研发类和技术开发类人员。

4.（　　）企业在薪酬等级确定时，应该尽可能设计薪酬等级级数，这样有利于员工积极进取。

5.（　　）福利和奖金都是针对有特殊贡献和成就的个别员工，而且是一次性支付。

二、选择题

1. 薪酬包括经济性报酬和非经济性报酬，以下哪种不属于薪酬中非经济性报酬中的职业性奖励（　　）？

A. 自我发展　　B. 工作挑战性
C. 良好的人际关系　　D. 社会地位

2. 影响企业薪酬管理的因素有很多，主要分为企业内部组织因素、企业外部宏观因素和员工因素。以下哪种不是企业的外部宏观因素（　　）？

A. 国家相关法律、法规和政策　　B. 企业的工作职务
C. 地区的经济发展水平　　D. 劳动力市场

3. 影响企业薪酬管理的因素有很多，主要分为企业内部组织因素、企业外部宏观因素和员工因素。以下哪种不是企业的内部组织因素（　　）？

A. 行业差异　　B. 企业所处的发展阶段
C. 企业的文化和人才价值观　　D. 企业的经营性质、状况和支付能力

4. 请问以下哪种薪酬制度比较适用于以知识为主要竞争力的企业，适用人群范围如研

发类和技术开发类人员（　　）？

A. 基于能力的薪酬制度　　B. 基于职位的薪酬制度

C. 基于绩效的薪酬制度　　D. 可变的薪酬制度

5. 影响薪酬体系设计的原则不包括以下哪种（　　）？

A. 经济性原则　　B. 公平性原则

C. 竞争性原则　　D. 利润至上性原则

6. 请问以下哪种工作评价方法是用可比较的因素来打乱工作岗位的界限，并以这些因素来决定岗位的价值的量化的工作评价方法（　　）？

A. 总体排序法　　B. 因素比较法

C. 职务分类法　　D. 点值评分法

7. 以下哪种不属于企业常见的奖金类型（　　）？

A. 超利润奖　　B. 建议奖　　C. 节约奖　　D. 社会保险

8. 薪酬具有“广义”与“狭义”之分，狭义薪酬，指劳动者提供有效劳动后，从企业获得的全部显性现金收入，不包括以下哪种（　　）？

A. 工资　　B. 奖金　　C. 工作满足　　D. 津贴

9. 以下哪种福利属于福利中的企业福利（　　）？

A. 公休假　　B. 工伤保险

C. 绩效奖　　D. 员工持股计划

10. 对企业员工来讲，以下哪种险种不是我国法律规定的法定福利项目（　　）？

A. 养老保险　　B. 失业保险　　C. 工伤保险　　D. 健康险

三、思考题

1. 薪酬管理与人力资源管理其他职能的关系如何？
2. 薪酬管理的原则有哪些？薪酬管理的步骤是怎样？
3. 请简述三种基本的薪酬体系，并进行比较分析。
4. 请简述奖金和福利的区别，并列举奖金和福利的种类。

七、实训设计

【案例分析】

A 制冷公司的薪酬设计

A 制冷公司是一家合资公司，公司成立于 1995 年，目前是中国最重要的中央空调和机房空调产品生产销售厂商之一。现有员工 300 余人，在全球有 17 个办事处，随着销售额的不断上升和人员规模的不断扩大，企业整体管理水平也需要提升。

公司在人力资源管理方面起步较晚，原有的基础比较薄弱，尚未形成科学的体系，尤其是薪酬福利方面的问题比较突出。在早期，人员较少，单凭领导一双眼、一支笔倒还可以分清楚给谁多少工资，但人员激增后，只靠过去的老办法显然不灵。这样的做法带有很大的个人色彩，更谈不上公平性、公正性、对外的竞争性了。于是他们聘请普尔摩公司就其薪酬体系进行系统设计。

普尔摩公司管理顾问经过系统的分析诊断就公司现在的薪酬管理所存在的问题进行调整理，认为该公司在薪酬管理方面存在的主要问题有：一是薪酬分配原则不明晰，内部不公平。不同职位之间、不同员工之间的薪酬差别基本上是凭感觉来确定。二是不能准确了解外部特别是同行业的薪酬水平，无法准确定位薪酬整体水平。给谁加薪、加多少，给老板和员工心里都没底。三是薪酬结构和福利项目有待进一步合理化。四是需要建立统一的薪酬政策。

普尔摩公司管理顾问认为，解决薪酬分配问题需要一系列步骤：首先，需要有工作说明书以作为公司人力资源管理的基础。其次，在工作说明书的基础上，对职位所具有的特性进行重要性评价，依据国际上被广泛使用的权威的评估方法对该公司的职位等级进行评定，最终形成公司职级图。再其次，公司应委托专门的薪酬调查公司就同行业、同类别、同性质公司的薪酬水平进行调查，获得薪酬市场数据。另外，依据公司职级图、薪资调查的数据、公司的业务状况以及实际支付能力，对公司的薪酬体系进行设计，此项工作内容包括制定薪酬结构、制定不同人员的薪酬分配办法和薪酬调整办法、测算人力成本等。最后，形成公司可执行、公布的薪酬政策。

经过双方的紧密配合，该公司领导对最终形成的方案十分满意，因为他们再也不用为每月发工资这件事头疼了，薪酬分配政策的公平性也消除了员工之间的猜疑，增强了其工作热情。

资料来源：中国人力资源开发网，www. chinahrd. net。

案例思考题

请根据关于薪酬管理理论为该公司做一份薪酬设计。

【实操训练】

训练项目：

1. 调查当地某一行业内数家企业的薪酬管理情况，并形成企业薪酬的分析报告。

2. 重点选择当地某一家企业，为该企业进行薪酬体系设计，并检查可操作性。

技能训练要求：

1. 6~7人为一组（男生女生搭配），选一人为组长，负责协调与分工。

2. 学生自主联系企业进行实地调查和学习，可以采取在人力资源部学习、职工访谈等方式获取数据资料，要求数据真实，实训最终以书面形式提交，同时在班上作演示。

3. 时间：以课外为主、课堂指导结合。

单元九

职业生涯管理

【学习目标】

能力目标

1. 掌握职业生涯管理各阶段的特点及任务。
2. 能设计一个组织的员工职业生涯管理体系。
2. 能编制个人职业生涯发展规划。

知识目标

1. 理解职业生涯管理的相关概念和理论。
2. 了解组织职业生涯管理的方法。
3. 掌握个人职业生涯规划的重点和步骤。

【案例9-1】

万豪酒店的职业发展讨论

面对酒店行业竞争激烈的商业现实，万豪酒店经理发展了一个名为“职业管理中的伙伴”的职业讨论，以帮助员工管理自己的职业生涯。这个职业讨论建立在一个四个层次模型的基础上，以便帮助管理者将问题集中在以下几个方面：

我是谁?	帮助员工识别他们各自的技能、价值观和兴趣。
别人眼中的我是什么样的?	帮助员工建立一系列现实的职业目标。
我的职业目标是什么?	工作手册能帮助员工建立一系列现实的职业目标。
如何实现我的职业目标?	工作手册有助于个人执行这些计划，有助于对能实现其目标的能力和经验进行平衡。

此外，万豪酒店还通过培训管理层来帮助公司员工了解职业机会和资源，他们想把职业管理的责任从公司转移向员工。从职业发展的角度，万豪酒店公司工作的员工做到以下几点：

- 评价他们自己的技能、价值观、兴趣和发展的需求。
- 决定长期和短期的职业目标。
- 和他们的管理者一起创建职业发展计划来实现其目标。
- 遵循其计划。
- 学会有关的职业管理。
- 在一个常规的基础上与管理者一起讨论职业发展。
- 认识到职业讨论并未暗含承诺或担保。
- 认识到他们的发展直接取决于万豪酒店的需要和机会，以及他们自己的业绩。

资料来源：邬伟娥主编：《人力资源管理》，经济科学出版社 2009 年版，第 141 页。

【案例分析】

组织管理者有必要建立职业生涯管理系统并通过收集各种人力资源方面的政策、优先权和行为，用以管理雇员进入组织、融入组织及离开组织的整个流程。开展职业生涯管理需要员工个人的设计和行动，以及组织的规划与管理。

信息时代的到来，使世界的变化变得更加迅速和不可捉摸。相对于过去，人们的生活水平提高了，但职业安全感却下降了，学习的压力加大了。面对这种形势，无论是组织还是个人，都不得不采取措施，管理好员工和个人的职业生涯，提高各自的竞争力，增强对外界变化的适应性。

本章以个人职业生涯管理和组织职业生涯管理为主线，介绍了职业生涯规划与管理的理论与方法，并以组织的职业生涯管理为重点指出了职业生涯管理的基本原则与功能。

一、职业生涯管理概述

职业生涯管理是近几年来从人力资源管理理论与实践中发展起来的新学科，并且随着相关学科的发展，职业生涯管理已逐渐形成了完整的理论架构。

职业生涯管理是指一个人一生工作经历中所包括的一系列活动和行为。组织管理者有必要建立职业生涯管理系统并通过收集各种人力资源方面的政策、优先权和行为，用以管理雇员进入组织、融入组织及离开组织的整个流程。

职业生涯管理分为个人职业生涯管理和组织职业生涯管理。传统的观点认为，职业生涯是员工个人而非组织的事，职业生涯管理的主要权利和责任在于个人，应当由员工个人来负责计划安排自己的职业生涯，所以强调职业生涯发展的自我管理。现代职业生涯管理观点认为，个人与组织在员工职业生涯管理中各负其责，具有不可截然分隔的互动互助关系和作用。个人职业生涯管理是以实现个人发展的成就最大化为目的，通过对个人兴趣、能力和个人发展目标的有效管理，实现个人的发展愿望。组织职业生涯管理的最终目的是通过帮助员工的职业发展，以求组织的持续发展，实现组织目标。组织职业生涯管理是以提高公司人力资源质量，发挥人力资源效率为目的的，通过个人发展愿望与组织发展需求的结合实现组织的发展。因此，成功的职业生涯发展是员工个人特点与组织特点相适应的结果，最终实现员工和组织双赢的局面。开展职业生涯管理需要员工个人的设计和行动，以及组织的规划与管理。

（一）职业生涯管理概述

1. 职业生涯的内涵

职业生涯是员工个人职业的发展历程，包括员工职业地位在一个或几个组织中的垂直或横向的变化，即职位的升降及横向转变。在个人漫长的职业生涯中，虽然个人具体的情况、职业选择与职业转换等情况各不相同，但是职业生涯发展却是每个人的共同追求。职业生涯发展指个体逐步实现其职业生涯目标，并不断制定和实施新的目标的过程。

在一个人从出生到死亡的整个人生经历中，存在着不同的生命周期空间，在人的一生中，最重要的、有决定作用的是职业生涯周期，它是人生存和发展的前提条件。职业生涯周期从任职前的职业教育培训，到寻求职业，到就业从业、职业转换、逐步晋升，直至完全脱离职业工作，占据了人生大部分时间，对个人及其家庭都有着十分重要的意义。

2. 职业生涯管理的概念与作用

所谓的职业生涯管理是通过分析、评价员工的能力、兴趣、价值观等，确定双方能够接受的职业生涯目标，并通过培训、工作轮换、丰富工作经验等一系列措施，逐步实现员工职业生涯目标的过程。因此，职业生涯管理包含两重含义：一是组织针对个人和组织发展需要所实施的职业生涯管理，称为组织职业生涯管理；二是个人为自己的职业生涯发展而实施的管理，称为个人职业生涯管理。

对于员工个人来说，通过职业生涯管理，可以获得组织内部有关工作机会的信息，确定职业发展目标，制订行动计划，以实现职业发展目标；还可以认识到自身的兴趣、价值、优势和不足，有助于增强个人对工作环境的适应能力和工作困难的控制能力；有利于处理好职业生活与其他个人生活的关系，有利于实现自我价值的不断提升和超越。对于组织而言，除了通过职业生涯管理获得业绩的提升外，还可以防止组织在出现职位空缺时找不到合适的员工来填补，防止员工对组织忠诚度的下降，防止在使用培训和开发项目资金时缺乏针对性，防止组织在人力资源管理中投入与产出的短期效应。

成功的员工职业生涯发展是个人与组织的事业相契合的过程。通过职业生涯管理，组织可以帮助员工管理好职业生涯，从而激发员工高昂的职业动机，引导和维持其积极的职业行为。组织给员工提供的职业发展空间、培训与开发政策、职业路径和成长机会等信息、资源和条件的状况，会影响到员工职业动机的高低。组织进行职业生涯管理有其他工作所不能替代的深远意义，它可以了解员工的需要、目标和能力状况，调查他们同现实与未来、机会与挑战的矛盾；它可以提供平等的就业发展机会，更加持续地起到激励作用，更为有效地开发员工的职业生涯价值，这对于组织和员工的持续发展都具有十分重要的作用。

【案例9－2】

王军困惑的职业生涯

王军在大学所学的专业是会计，毕业后进入一家国内知名大公司的财务部做会计。工作了一段时间后，王军凭着年纪轻、脑子灵，很快就熟悉了岗位的工作流程和业务技能，已经能够较好地完成工作及各方面的要求。但是，随着工作时间的加长，王军感到越来越没有前途，虽然公司的待遇不错，但现在财务部门的领导还很年轻，上升空间不大，工作也没什么挑战性，每天做的都是同样的工作，非常枯燥；而且自己生性就好动，喜欢与人交往，现在的工作整天和计算机账本打交道，工作根本没有乐趣可言。他曾经几次想把自己的想法和主管谈谈，想到其他部门转转。但是，主管平时也非常器重自己，如果贸然提出要走，王军担心主管会不会有什么想法。

终于，一天中午，王军看到主管的办公室里只有他一个人，鼓足勇气走进了主管办公室。

小讨论：

如果你是王军，你会如何和主管谈自己的想法？

如果你是王军的主管，你准备如何与他一起设计他的职业生涯？

（二）职业生涯管理的基本理论

职业生涯管理理论可以分为静态研究和动态研究两个方面。前者分析人职匹配一个人特征与岗位的匹配，即职业选择理论；后者研究职业生涯的发展，即职业发展理论。

无论是个人还是在组织所进行的职业生涯管理过程中，其面临的核心问题是职业选择问题，即如何在正确的时间作出正确的选择，从而达成职业和个人的匹配，无论对于组织还是个人都是非常重要的。特质—因素理论、人职匹配理论和职业锚理论便是典型的职业选择理论。

1. 特质—因素理论

特质—因素理论最早由美国波士顿大学的帕森斯（Parsons）教授提出，是用于职业选择的经典的理论之一，应用范围也较为广泛。“特质”是指通过测验所测量出的个人特质；“因素”指产生令人满意的工作绩效所需要的特质。该理论的前提是：个体差异现象普遍地存在于个人心理与行为中，每个人都有一系列独特的特性，并且可以对其进行客观而有效的测量；每个人的特质又与特定的职业相关联，每种特质都有其相适应的职业；为了取得成功，不同职业需要配备具有不同个性特征的人员，与工作要求之间配合得越紧密，职业成功的可能性也就越大。比如科学研究、管理工作就需要抽象思维、语言表达和数学能力比较强的人；而搬迁工除了对体力和工作态度的要求外，对能力的要求相对比较低。该理论原理清晰，简单易行，因此被广泛运用，它为人们的职业选择和决策提供了指导原则。

帕森斯教授提出了职业选择的三大要素和条件：

（1）应清楚地了解自己的态度、能力、兴趣、智谋、局限和其他特征。

（2）应清楚地了解职业选择成功的条件、所需知识，在不同职业工作岗位上所占有的优势、不利和补偿、机会和前途。

（3）实现上述两个条件的平衡。该理论认为职业选择即个人与职业间实现匹配，从而使个人的兴趣得到满足或使工作产生令人满意的绩效。

2. 人职匹配理论

人职匹配理论是美国著名的职业指导专家霍兰德（John Holland）提出的。这是一种在特质—因素理论基础上发展起来的人格与职业类型相匹配的理论。该理论认为，在我们的文化环境中，大多数人的人格类型可以归为六种人格类型：现实型、研究型、艺术型、社会型、企业家型与传统型；另一方面，现实中存在着与上述人格类型相对应的六种环境类型：现实型、研究型、艺术型、社会型、企业家型以及传统型。每一种特定类型的人，便会对相应职业类型中的工作或学习感兴趣，人格与职业环境的匹配是形成职业满意度、成就感的基础。霍兰德的六种职业类型的特征简要概括如下。

（1）现实型。基本的人格倾向是：喜欢有规则的具体劳动和需要基本操作技能的工作，缺乏社交能力，不适应社会性质的职业。具有这种类型人格的人其典型的职业包括技能性职业（如一般劳工、技工、修理工、农民等）和技术性职业（如制图员、机械装配工等）。典型的代表是发明家爱迪生等一类的人。

（2）研究型。具有聪明、理性、好奇、精确、批评等人格特征，喜欢智力的、抽象的、分析的、独立的定向任务这类研究性质的职业，但缺乏领导才能。其典型的职业包括科学研究人员、教师、工程师等。他们所推崇的是科学家爱因斯坦等一类的人。

（3）艺术型。基本的人格倾向是：具有想象、冲动、直觉、无秩序、情绪化、理想化、有创意、不重实际等人格特征。喜欢艺术性质的职业和环境，不善于事务工作。其典型的职业包括艺术方面的（如演员、导演、艺术设计师、雕刻家等）、音乐方面的（如歌唱家、作曲家、乐队指挥等）与文学方面的（如诗人、小说家、剧作家等）。典型的代表是画家梵高等一类的人。

（4）社会型。具有合作、友善、助人、负责、圆滑、善社交、善言谈、洞察力强等人格特征。喜欢社会交往、关心社会问题、有教导别人的能力。其典型的职业包括教育工作者（如教师、教育行政工作人员）与社会工作者（如咨询人员、公关人员等）。教育家陶行知属于这一类。

（5）企业家型。具有冒险、野心人格特征。喜欢从事领导及企业家性质的职业、独断、自信、精力充沛、善社交等，其典型的职业包括政府官员、企业领导、销售人员等。阿里巴巴的总裁马云属于这一类人。

（6）传统型。具有顺从、谨慎、保守、实际、稳重、有效率等人格特征。喜欢有系统有条理的工作任务，但缺乏想象力，其典型的职业包括秘书、办公室人员、办事员、会计、行政助理、图书馆员、出纳员、打字员、税务员、统计员、交通管理员等。

然而上述的人格类型与职业关系也并非绝对的一一对应。霍兰德在研究中发现，尽管大多数人的人格类型可以主要地划分为某一类型，但个人又有着广泛的适应能力，其人格类型在某种程度上相近于另外两种人格类型，则也能适应另两种职业类型的工作。也就是说，某些类型之间存在着较多的相关性，同时每一类型又有种极为相斥的职业环境类型。霍兰德用一个六边形简明地描述了六种类型之间的关系，如图 9－1 所示。其中，关系密切的类型之间用实线表示，如艺术型与社会型、传统型与企业家型；关系一般的用虚线表示，如现实型和艺术型之间；关系相排斥的用点连线表示，如传统型与艺术型之间。相邻职业环境与人格类型间的相关最大，相隔的职业环境和人格类型次之，相对的则相关最小。反映在职业选择上，最好能选择相关度较高的职业环境。

根据霍兰德的人职匹配理论，在职业决策中最理想的是个体能够找到与其人格类型重合的职业环境。一个人在与其人格类型相一致的环境中工作，容易得到乐趣和内在满足，最有可能充分发挥自己的才能。因此在职业选拔与职业指导中，首先就要通过一定的测评手段与方法来确定个体的人格类型，然后寻找到与之相匹配的职业种类。为了确定个体的人格类型，就需要大量运用人才测评的手段与方法，霍兰德本人也编制了一套职业适应性测验（The Self－Directed Search，SDS）来配合其理论的应用。

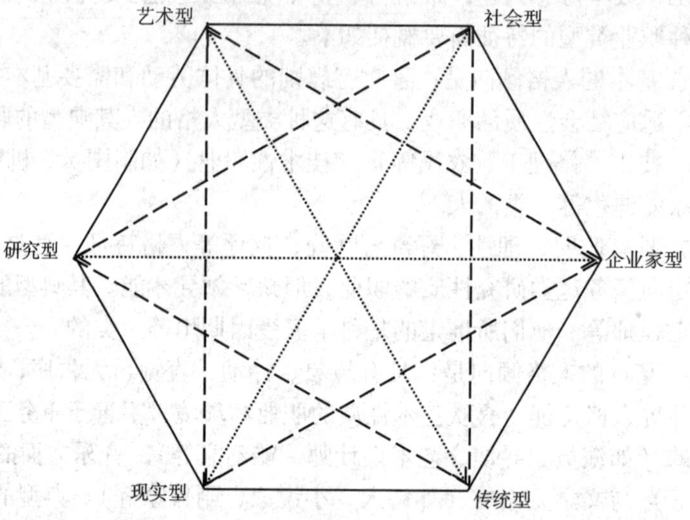

图9－1　霍兰德人格—职业匹配六角图

3. 职业锚理论

职业锚理论产生于美国麻省理工大学斯隆商学院、著名的职业指导专家埃德加·H·施恩（Edgar H. Schein）教授领导的专门研究小组，是在对该学院毕业生的职业生涯研究中演绎成的。斯隆管理学院的44名MBA毕业生自愿形成一个小组，接受施恩教授长达12年的职业生涯研究，包括面谈、跟踪调查、公司调查、人才测评、问卷等多种方式，最终分析总结出了职业锚（又称职业定位）理论。

锚，是使船只停泊定位用的铁制器具。所谓职业锚，实际就是人们选择和发展自己的职业时所围绕的中心，是指当一个人不得不作出选择的时候，他无论如何都不会放弃的职业中的那种至关重要的东西或价值观。职业锚也是自我意向的一个习得部分。个人进入早期工作情境后，由习得的实际工作经验所决定，与在经验中自省的动机、价值观、才干相符合，达到自我满足和补偿的一种稳定的职业定位。了解职业锚的概念，要注意以下几个方面。

（1）职业锚以员工习得的工作经验为基础。职业锚发生与早期职业阶段，新员工已经工作若干年，习得工作经验后，方能够选定自己稳定的长期贡献区。个人在面临各种各样的实际工作生活情境之前，不可能真切地了解自己的能力、动机和价值观以及在多大程度上适应可行的职业选择。因此，新员工的工作经验产生、演变和发展了职业锚。换句话说。职业锚在某种程度上有员工实际工作所决定，而不只是取决于潜在的才干和动机。

（2）职业锚不是员工根据各种测试出来的能力、才干或者作业动机、价值观，而是在工作实践中，依据自省和已被证明的才干、动机、需要和价值观，现实地选择和准确地进行职业定位。

（3）职业锚是员工自我发展过程中的动机、需要、价值观、能力相互作用和逐步整合的结果。

（4）员工个人及其职业不是固定不变的。职业锚是个人稳定的职业贡献区和成长区。但这并不是意味着个人将停止变化和发展。员工以职业锚为其稳定源，可以获得该职业工作的进一步发展，以及个人生物社会生命周期和家庭生命周期的成长、变化。此外，职业锚本身也可能变化，员工在职业生涯的中、后期可能会根据变化了的情况，重新选定自己的职业锚。

1978年，施恩教授提出的职业锚理论包括五种类型：自主型职业锚、创业型职业锚、管理能力型职业锚、技术职能型职业锚、安全型职业锚。因为逐渐发现职业锚的研究价值，所以越来越多的人加入了研究的行列。在20世纪90年代，又发现了三种类型的职业锚：安全稳定型，生活型，服务型职业锚。施恩教授将职业锚增加到八种类型，并推出了职业锚测试量表。经过近30年的发展，职业锚已成为许多个人职业生涯规划的必选工具和公司人力资源管理的重要工具。个人在进行职业规划和定位时，可以运用职业锚思考自己具有的能力，确定自己的发展方向，审视自己的价值观是否与当前的工作相匹配。只有个人的定位和要从事的职业相匹配，才能在工作中发挥自己的长处，实现自己的价值。尝试各种具有挑战性的工作，在不同的专业和领域中进行工作轮换，对自己的资质、能力、偏好进行客观的评价，是使个人的职业锚具体化的有效途径。对于企业而言，通过雇员在不同的工作岗位之间的轮换，了解雇员的职业兴趣爱好、技能和价值观，将他们放到最合适的职业轨道上去，可以实现企业和个人发展的双赢。

相关链接：八种类型的职业锚

技术/职能型（Technical Functional competence）：技术/职能型的人，追求在技术/职能领域的成长和技能的不断提高，以及应用这种技术/职能的机会。他们对自己的认可来自他们的专业水平，他们喜欢面对来自专业领域的挑战。他们一般不喜欢从事一般的管理工作，因为这将意味着他们放弃在技术/职能领域的成就。

管理型（General Managerial Competence）：管理型的人追求并致力于工作晋升，倾心于全面管理，独自负责一个部分，可以跨部门整合其他人的努力成果；他们想去承担整个部门的责任，并将公司的成功与否看成自己的工作。具体的技术/功能工作仅仅被看做通向更高、更全面管理层的必经之路。

自主独立型（Autonomy Independence）：自主/独立型的人希望随心所欲安排自己的工作方式、工作习惯和生活方式；追求能施展个人能力的工作环境，最大限度地摆脱组织的限制和制约。他们宁愿放弃提升或工作扩展机会，也不愿意放弃自由与独立。

安全稳定型（Security Stability）：安全/稳定型的人追求工作中的安全与稳定感。他们可以预测将来的成功从而感到放松。他们关心财务安全，如退休金和退休计划。稳定感包括诚信、忠诚以及完成老板交代的工作。尽管有时他们可以达到一个高的职位，但他们并不关心具体的职位和具体的工作内容。

创业型（Entrepreneurial Creativity）：创业型的人希望使用自己的能力去创建属于自己的公司或创建完全属于自己的产品（或服务），而且愿意去冒风险，并克服面临的障碍。他们想向世界证明公司是他们靠自己的努力创建的。他们可能正在别人的公司工作，但同时他们在学习并评估将来的机会。一旦他们感觉时机到了，他们便会自己走出去创建自己的事业。

服务型（Service Dedication to a Cause）：服务型的人指那些一直追求他们认可的核心价值，如帮助他人，改善人们的安全，通过新的产品消除疾病。他们一直追寻这种机会，即使这意味着即使变换公司，他们也不会接受不允许他们实现这种价值的工作变换或工作提升。

挑战型（Pure Challenge）：挑战型的人喜欢解决看上去无法解决的问题，战胜强硬的对手，克服无法克服的困难障碍等。对他们而言，参加工作或职业的原因是工作允许他们去战胜各种不可能。新奇、变化和困难是他们的终极目标。如果事情非常容易，它马上变得非常令他们厌烦。

生活型（Lifestyle）：生活型的人是喜欢允许他们平衡并结合个人的需要、家庭的需要和职业的需要的工作环境。他们希望将生活的各个主要方面整合为一个整体。正因为如此，他们需要一个能够提供足够的弹性让他们实现这一目标的职业环境。甚至可以牺牲他们职业的一些方面，如提升带来的职业转换。他们将成功定义得比职业成功更广泛。他们认为自己在如何去生活、在哪里居住、如何处理家庭事情，及在组织中的发展道路等方面是与众不同的。

资料来源：刘志明主编：《职业锚》，中国劳动社会保障出版社 2007 年版。

4. 职业发展理论

上述职业选择理论虽然突出了职业选择中的心理属性与职业要求的理想结合，但缺乏发展性，没有回答职业类型是如何形成、发展和变化的。为了描述人的职业生涯的复杂性、曲折性，美国心理学家萨帕提出了职业生涯发展的阶段性理论，即可以根据年龄将人生阶段与职业发展配合，将职业生涯分为五个阶段：成长、探索、建立、维持、衰退。

（1）成长阶段（0~14 岁）。

成长阶段大致可以界定为出生至 14 岁。这一阶段随着对家庭成员、老师、朋友的认同及相互作用、逐步建立起自我概念，并经历对职业的好奇、幻想到感兴趣，再到有意识地培养职业能力的成长过程。具体又分为试探期、兴趣期和能力期。

（2）探索阶段（15~24 岁）。

这一阶段中自我概念和职业概念逐步形成，并对自身的兴趣、能力以及对职业的社会价值、就业机会进行考虑，开始进入劳动力市场或开始从事某种职业。具体又分为试探期、过渡期和尝试期。

（3）建立阶段（25~44 岁）。

该阶段主要尝试以确定前一阶段的职业决定是否正确，若正确则会努力经营并使其成为自己的永久职业；若不合适则改为其他职业，在这以后，人们逐渐在某一领域稳定下来。

（4）维持阶段（45~64 岁）。

在这一阶段劳动者在工作中已经取得了一定的成绩，主要维持目前的工作，按既定方向继续努力提升自己的社会地位，并为退休做好计划。对于职业而言，经验逐步取代知识成为推动职业前进的原动力，这个时期的人因为事情多，考虑的问题增多，比如家庭、收入、地位等，所以相对而言，对职业变动一般相当谨慎，“跳槽”一般比较少。

（5）衰退阶段（65 岁以后）。

65 岁以后，人们的体力和心理能力逐渐衰退，职业生涯接近尾声或退出工作领域。

职业发展理论对职业指导理论和事件的贡献在于，职业选择并不是个人面临选择时所出现的单一事件，它是一个过程。职业选择和职业发展在个人生活中是一个长期的、连续的过程。对于个人而言，如果前一阶段的职业发展任务不能顺利完成，就会影响后一阶段的职业成熟，导致最后职业选择时发生障碍。由于人的职业发展贯穿于人的一生，职业指导也是一个系统而长期的过程，职业指导应根据人的不同职业发展阶段实行不同方式和内容的指导。

二、个人职业生涯规划

个人职业生涯规划不仅仅作为单独的个体为自身的职业生涯规划而进行的努力，而是作为组织的一个员工，如何将个人和组织相结合，在对个人职业生涯的主客观条件进行测定、分析、总结研究的基础上，对自己的兴趣、爱好、能力、特长、经历及不足等各方面进行综合分析与权衡，结合时代特点，根据自己的职业倾向，确定其最佳的职业奋斗目标，并为实现这一目标做出行之有效的安排，如做出个人职业的近期和远景规划、职业定位、阶段目标、路径设计、评估与行动方案等一系列计划与行动。

【案例 9-3】

好的规划是成功的一半

小燕在某职业技术学校服装设计专业毕业后，劳务输出去了日本 3 年，在日本做蓝领工作。回国不久，她想成为一名光鲜的白领。她给自己设计了 5 年的职业计划。第一年，找一家日资企业工作，以使在工作中能用到日语，不计薪水高低，在业余时间进修日语和办公自动化，考出日语二级。等日语读写都有一定水平后，找一份日语翻译或办公室文员的工作，在工作中锻炼各方面经验，熟悉日资企业的企业文化及管理理念。业务时间继续深造，读成人行政管理专业本科，提升自己各方面的素质。等本科毕业后，在日资企业寻找总裁秘书、行政管理类的职位。

两年过去了，小燕已经考取了日语二级，在一家日资大公司做日语翻译，同时也考取了某著名大学的成人本科。已取得不错成绩的小燕还将继续向着 5 年目标努力。现在的小燕充满了自信。她谈到和她一起去日本的小姐妹，有的还在流水线上忙碌，有的结婚后就在家带孩子，与她相差实在太大。

资料来源：艾于兰主编：《职业素养教程与就业指导》，机械工业出版社 2009 年版，第 153 页。

小讨论：

小燕为什么会成功？

该案例给你什么启发？

为什么要进行职业生涯设计呢？

（一）个人职业生涯规划的原则

个人职业生涯规划应该遵守如下原则：

1. 正确进行自我分析和职业分析

制定个人职业生涯规划的前提是通过科学认知的方法和手段，对自己的职业兴趣、气质、性格、能力等进行全面认识，清楚自己的优势与特长、劣势与不足。避免设计中的盲目性，达到设计高度适宜。其次，现代职业具有自身的区域性、行业性、岗位性等特点。要对该职业所在的行业现状和发展前景有比较深入的了解，如人才供给情况、平均工资状况、行业的非正式团体规范等；还要了解职业所需要的特殊能力。

2. 个人职业目标与组织目标一致

员工要借助于在企业中工作而实现自身职业需求，其职业计划在为组织目标而奋斗过程中得以实现。离开组织目标，便没有个人的职业进步，甚至难以在组织中立足。所以，以个人职业生涯规划的目标必须与组织目标相协调，保持一致。为此，员工在制订计划之时，应积极主动与组织沟通，获得组织的指导与帮助。

3. 职业计划要切实可行

为实现职业目标需要进一步制订切实可行的职业计划。一方面，个人的职业目标或职业需求一定要同自己的能力、个人特质及工作适应性相符合，这样才能可能实现职业计划；另一方面，个人职业目标和职业生涯发展路径，要考虑到周围客观环境和条件的允许。

4. 根据实际情况修正个人职业规划

员工的职业生涯经历进入组织、职业早期、职业中期和职业后期等不同阶段。员工应当根据不同阶段的职业任务和个人职业特征，制定不同时期或阶段的个人职业目标、需求及其实现途径。计划一经制订，并非一劳永逸，还需要依据客观实际情况及其变化，不断予以调整、修改和完善，使之可行，且行之有效。

（二）个人职业生涯规划的步骤

个人职业生涯规划是一个动态过程，一个人只有在远大志向的引导下努力学习，不断调整目标与措施，才能一步一个脚印地实现人生美好的职业生涯。一个完整的个人职业生涯规划包括以下几个步骤。

1. 确定志向

志向是事业成功的基本前提，没有志向，事业的成功也就无从谈起。在制定职业生涯规划时，首先要确立志向，确定自己所追求的最终职业成就。

2. 自我评估

职业志向是否能实现，最重要的就是个人因素。要正确认识自己，才能在职业生涯中扬长避短，趋利避害。自我评估的目的是认识自己、了解自己。因为只有认识了自己，才能对自己的职业作出正确的选择，才能选定适合自己发展的职业生涯路线，才能对自己的职业生涯目标作出最佳抉择。自我评估包括自己的兴趣、特长、性格、学识、技能、智商、情商、思维方式、思维方法、道德水准以及社会中的自我等。

3. 职业生涯机会的评估

职业生涯机会的评估，主要是评估各种环境因素对自己职业生涯发展的影响。每一个人都处在一定的环境之中，离开了这个环境，便无法生存与成长。所以，在制定个人的职业生涯规划时，要分析环境条件的特点、环境的发展变化情况、自己与环境的关系、自己在这个环境中的地位、环境对自己提出的要求以及环境对自己有利的条件与不利的条件等。只有对这些环境因素充分了解，才能做到在复杂的环境中避害趋利，使职业生涯规划具有实际意义。环境因素评估主要包括：组织环境、政治环境、社会环境、经济环境。

4. 职业的选择

职业选择正确与否，直接关系到人生事业的成功与失败。据统计，在选错职业的人当中，有 80% 的人在事业上是失败者。人们常说“女怕嫁错郎，男怕选错行”。由此可见，职业选择对人生事业发展是何等重要。职业选择应考虑以下几点：性格与职业的匹配；兴趣与职业的匹配；特长与职业的匹配；内外环境与职业相适应。

5. 职业生涯路线的选择

在职业确定后，向哪一路线发展，此时要作出选择。比如，是向行政管理路线发展，还是向专业技术路线发展，或是先走技术路线再转向行政管理路线等。由于发展路线不同，对职业发展的要求也不相同。因此，在职业生涯规划中，需作出抉择，以便使自己的学习、工作以及各种行动措施沿着职业生涯路线或预定的方向前进。通常职业生涯路线的选择需考虑以下三个问题：①我想往哪一路线发展？②我能往哪一路线发展？③我可以往哪一路线发展？对这三个问题进行综合分析，以此确定自己的最佳职业生涯路线。

6. 设定职业生涯目标

职业生涯目标的设定，是职业生涯规划的核心。一个人事业的成败，很大程度上取决于有无正确适当的目标。目标的设定，是在继职业选择、职业生涯路线选择后，对人生目标作出的抉择。其抉择是以自己的最佳才能、最优性格、最大兴趣、最有利的环境等信息为依据。通常目标分短期目标、中期目标、长期目标和人生目标。短期目标一般为1~2年，短期目标又分日目标、周目标、月目标、年目标。中期目标一般为3~5年。长期目标一般为5~10年。

7. 制订行动计划与措施

行动计划是指落实目标的具体措施，包括实现的时间、内容、方向等。措施是对计划的检查、监督和调整等。只有制订出切实可行的计划与措施，才能使职业目标得以实现。例如，为达成目标，在工作方面，你计划采取什么措施提高你的工作效率；在业务素质方面，你计划学习哪些知识、掌握哪些技能，提高你的业务能力；在潜能开发方面，采取什么措施开发你的潜能；等等，都要有具体的计划与明确的措施。并且这些计划特别具体，以便于定时检查。

8. 评估与回馈

影响职业生涯规划的因素诸多，有的变化因素是可以预测的，而有的变化因素难以预测。因此，要使职业生涯规划行之有效，就需不断地对职业生涯规划进行评估与修订。其修订的内容包括：职业的重新选择；职业生涯路线的选择；人生目标的修正；实施措施与计划的变更；等等。

三、组织职业生涯管理

（一）组织职业生涯管理概述

组织职业生涯管理是指管理部门根据组织发展和人力资源规划的需要，在组织中制定与员工职业生涯整体规划相适应的职业发展规划，为员工提供适当的教育、培训、轮岗和提升等发展机会，协助员工实现职业生涯发展目标。其实质就是把员工职业生涯规划的制定和实施、调控纳入组织的人力资源规划体系中。

组织职业生涯管理与个人职业生涯规划有很大的区别。人的职业生涯规划是以个体的价值实现和增值为目的，个人价值的实现和增值并不局限在特定组织内部。组织职业生涯管理则是从组织角度出发，将员工视为可开发增值而非固定不变的资本。通过员工职业目标上的努力，谋求组织的持续发展。组织职业生涯管理带有一定的引导性和功利性。它帮助员工完成自我定位，克服完成工作目标中遇到的困难挫折，鼓励将职业目标同组织发展目标紧密相连的个人，尽可能多地给予他们机会。由于组织职业生涯管理是由组织发起的，通常由人力资源部门负责，所以具有较强的专业性、系统性。

【案例9-4】

摩托罗拉的继任计划

在摩托罗拉员工的职业生涯规划和发展于公司的业务发展密切挂钩，两者做到了有机协调地向前推进。该公司正是推行了一套公司采取主动、员工积极参与、旨在发挥每位员工所长的职业生涯规划和发展机制，才使员工的职业生涯得到了良好的发展，公司的人力资源得到了很好利用。

在摩托罗拉公司，员工的职业生涯规划与发展被纳入公司的业务长远规划中考虑。也就是说，公司为了指导自身的长期发展，制定了业务长远规划，其中包括业务的长远发展目标以及实现目标所需要的战略等。为了支持公司战略的实施，公司设计了相应的组织结构，制订了相应的人员需求计划。公司设计的组织结构如果提供了职业生涯发展机会，公司就会首先考虑给予内部员工，而且还可以考虑从外部招聘人员进入公司。

摩托罗拉公司每年还要举行一次组织发展和管理评审会，对员工的职业规划和发展进行动态管理。届时，公司的每一个事业部都会对各自的长远业务计划和组织结构进行评审。评估内容主要包括：目前的组织结构是什么样的？要分成多少个部门或是多少个小的营业单位？5年之后的组织结构是怎样的？与此同时，也要了解上一年的发展遇到了什么样的问题，例如，培训够不够？发展机会够不够？有没有不断的工作轮换？同时还要考虑怎样才能实现今年的组织发展目标，例如有没有足够的人员去填补组织空缺。

资料来源：http://www.pchina.cn/UploadFiles/Soft/2008/11/200811301307523436.doc.

小讨论：

摩托罗拉公司的续任计划对于员工的个人职业生涯规划有何帮助？

组织职业生涯管理对企业的发展具有怎样的意义？

组织职业生涯管理是企业资源合理配置的首要问题。人力资源是一种可以不断开发并不断增值的增量资源，因为通过人力资源的开发能不断更新人的知识、技能，提高人的创造力，从而使无生命的“物”的资源充分尽其所用，特别是随着知识经济时代的到来，知识已成为社会的主体，而掌握和创造这些知识的就是“人”，因此企业更应注重人的智慧、技艺、能力的提高与全面发展。因此，加强组织职业生涯管理，使员工实现人尽其才、才尽其用，是企业资源合理配置的首要问题。如果离开人的合理配置，企业资源的合理配置就是一句空话。

组织职业生涯管理能充分调动员工内在的积极性，更好地实现企业组织目标。组织职业生涯管理的目的就是帮助员工提高在各个需要层次的满足度，使员工的低层次物质需要逐步提高，又使他们的自我实现等精神方面的高级需要的满足度逐步提高。因此，组织职业生涯管理不仅符合人生发展的需要，而且也立足人的高级需要，即立足于友爱、尊重、自我实现的需要，真正了解员工在个人发展上想要什么，协调其制定规划，帮助其实现个人职业生涯目标。这样就必然会激起员工强烈的企业服务的精神力量，进而形成企业发展的巨大推动力，更好地实现企业组织目标。

组织职业生涯管理是企业长盛不衰的组织保证。任何成功的企业，其成功的根本原因是拥有高质量的企业家和高质量的员工。人的才能和潜力能得到充分发挥，人力资源不会虚耗、浪费，企业的生存成长就有了取之不尽，用之不竭的源泉。发达国家的主要资本不是有形的工厂、设备，而是他们所积累的经验、知识和训练有素的人力资源。通过组织职业生涯等管理努力提供员工施展才能舞台，充分体现员工的自我价值，是留住人才、凝聚人才的根本保证，也是企业长盛不衰的组织保证。

（二）组织职业生涯管理的内容

组织职业生涯管理形式多样、涉及面广，凡是组织对员工职业活动的帮助，均可列入职业生涯管理之中。其中既包括针对员工个人的，如各类培训、咨询、讲座以及为员工自发的扩充技能，提高学历的学习给予便利等；同时也包括针对组织的诸多人事政策和措施，如规范职业评议制度，建立和执行有效的内部升迁制度等等。组织的职业生涯管理主要包括以下几方面的内容。

1. 协调组织发展目标与员工个人发展目标

组织在制定目标时，要使组织目标包含员工个人目标，还要通过有效的沟通使员工了解组织目标，让他们看到实现组织目标给自己带来的利益。在组织目标实现后，组织要兑现自己的承诺。通过协调组织与员工目标，组织职业生涯管理将组织与员工紧密地结合为利益共同体。组织和个人正是在这相互需要、相互合作中，实现自己的价值，满足各自的需要，促进个人的不断成长，实现组织的长久经营（见图9－2）。

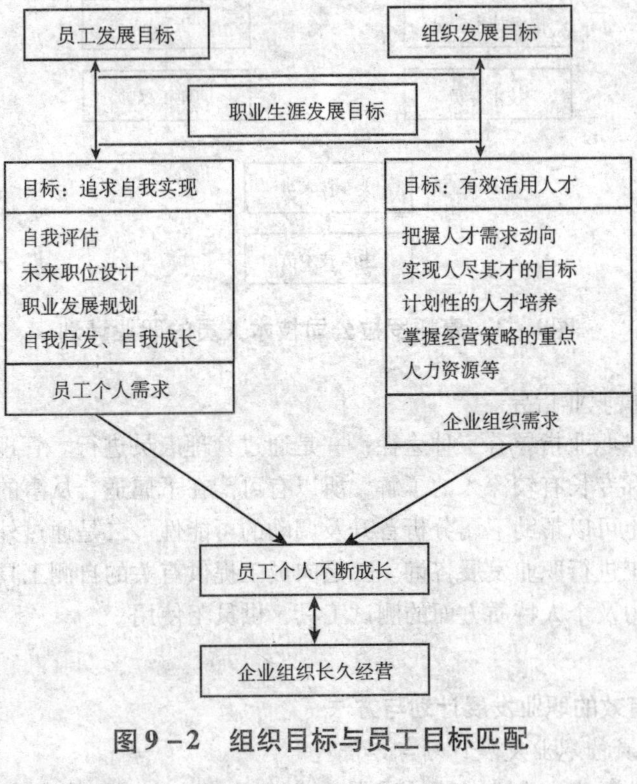

图9－2　组织目标与员工目标匹配

2. 帮助员工制订职业计划

为了帮助员工制订职业计划，组织可以采取以下措施。

（1）设计职业计划表。

职业计划表就是一张工作类别结构表，即通过将组织的各项工作进行分门别类的排列，而形成的一个较能系统反映组织人力资源配给状况的图表。借助这张表，公司的普通员工、中低层管理人员以及专业技术人员借助职业计划表所列职工工作类别、职务升迁与变化途径，结合个人的需要与价值观，实事求是地选定自己的职业目标和职业道路。员工一旦瞄准目标，就可以在经验人士、主管经理的指导下，根据目标工作职能及其对人员素质的要求有目的地进行自我培养和训练，使自己具备从事该项职业的充分条件，从而在组织内实现良好的职业发展。

图9-3是摩托罗拉公司技术人员的职业计划表。如果一位员工选择双重职业道路，他在摩托罗拉公司的职业道路就可通过这张表具体化了。这张表再加上管理人员、销售人员等各类人员的职业计划表，就构成了摩托罗拉公司的总体职业计划表。所有人员，不论其选择哪种职业道路，都可以通过职业计划得以具体化。

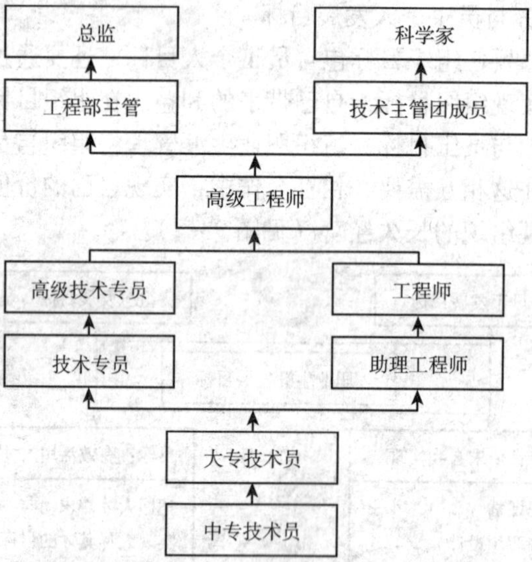

图9-3　摩托罗拉公司技术人员的职业计划

（2）为员工提供职业指导。

组织为员工提供职业指导有三种途径：一是通过管理人员进行。管理人员与下属长期公示，对下属的能力和专长有较深入的了解，所以有可能在下属适合从事的工作方面给予有价值的建议；另外，也可以帮助下属分析晋升及调动的可能性。二是通过外聘专家进行。组织可以外请专家为员工进行职业发展咨询。三是向员工提供有关的自测工具。组织可以购买一些帮助员工进行能力及个人特质方面的测试工具，供员工使用。

相关链接：有效的职业发展计划与方法

A. 专业技术人员的职业发展计划与方法。

对于知识型企业而言，专业技术人员是企业发展的核心。但是由于企业结构的客观限制，他们的职业计划一般采用双重职业途径来获得职业发展。目前国内知识型企业一般采用工作等级制，按不同学历、不同工作年限、工作能力、工作态度、工作业绩进行划分和定岗。如深圳中兴公司，华为公司等大多采取这种职业计划，对于适合从事管理工作的技术人员，经考核评价后，给予适当升迁，但对于大多数人员，则采用按不同工作等级，给予加薪而不必使其成为企业管理者。对于培训，据国外的一些统计资料，专业技术人员要花20%～25%的时间于在职专业学习跟上工作要求才能取得发展。专业技术人员的培训方式一般采用在岗培训方式进行，如北电公司，中午吃饭时间仍然进行项目培训。

其他培训方式一般是以员工业余时间学习为主，企业鼓励员工参加这种培训。有些企业根据职位需要给以一定数额的补助，以帮助员工取得今后工作所必需的知识，从而可以更好地为企业创造效益。此外，越来越多的事实表明，将专业技术人员所学与富有挑战性的工作结合起来，给予专业技术人员较大的自主性和一定的经济补偿，可以更好地将组织的职业计划与个人的职业计划有机结合起来。

B. 中层管理人员的职业发展计划与方法。

知识型企业的发展离不开高素质的职业管理人员。现代知识型企业的性质决定了管理人员必须具备的特征是MBA所学不来的，它强调管理人员对于企业的知识资源与创新的有效管理，这不同于传统企业的管理模式。因此，机遇与挑战并存，对管理人员的培训，定位与职业发展依然具有特定历史时期的不确定性。但从另一个方面来看，则对管理人员提出更高的要求，那就是如何保障专业技术人员的知识顺利转化为市场需求，如何保证专业技术人员知识的有效创新等。

管理人员的职业化倾向与网络状的组织结构结合，对于管理人员的职业升迁提出了挑战；一个能够从事高级决策的管理者必须具备各领域的专业知识、敏锐的判断力与决策能力、控制能力、管理能力，而且要了解诸如"JAVA"等计算机及网络知识与发展方向。在这种情况下，管理人员的职业发展必然面临一些困难，或多或少地会出现停滞现象，这就需要定期的工作公告与工作投标及定期的职业咨询与指导，结合工作轮换与工作调动从而以利于减少停滞现象的出现。

资料来源：http：//www. xuzhoujob. com/News/82007628101520. html.

3. 帮助员工实现职业计划

组织在帮助员工实现职业计划方面可以发挥更大的作用，有很多工作可以做。基于个人业已形成的职业兴趣、潜能挖掘、个人从业背景及资质分析，再结合当前职业发展及行业发展趋势，结合企业文化，企业绩效、岗位评估、职级划分等内容对员工进行切合实际的职业生涯设计和规划。

（1）在招聘时重视应聘者的职业兴趣并提供较为现实的发展机会。既要强调职位的要求，又要关注应聘者的愿望和需求，特别是注重了解应聘者的职业兴趣和对未来的职业发展计划。同时，企业要真实地向应聘者介绍企业的情况以及未来可能的发展机会。

（2）实行岗位竞聘，建立人才平等竞争，优胜劣汰的选拔机制，从而达到人才高效聚集、动态平衡和良性循环的目标。

（3）提供阶段性的岗位轮换，建立和完善人力资源的交流体系，为员工提供多样化的工作内容，培养员工持久的工作动力，使员工获得认识评价自身能力的客观依据，拓宽员工的职业生涯发展渠道，为将来承担更重要的工作打好基础。

（4）实施多样化、多层次的培训。培训可以培养开发员工，更重要的是凝聚员工，促进员工发展。要突出员工开拓创新及素质培训，实行渗透式教育和专门教育；突出中高级管理人员素质的培训，有针对性地进行系统的管理知识和科技知识、财务知识的培训，达到更新观念、充实知识、提高能力的目的，为企业的可持续发展打好基础；突出员工个人的需求，注重培训的实际效果，同时鼓励员工参加各种在职、在岗自我培训。

（5）实行以职业发展为导向的考核。员工绩效考核注重评价态度和能力，着眼于帮助员工明确努力和改进的方向，促进员工不断成长和进步。管理人员考核注重执行力、工作业绩、管理能力和学习能力的综合考核，着力于形成管理梯队，为企业培养优秀的职业经理人和接班人。

（6）加强员工的晋升和调动管理。建立合理的晋升和调动管理制度，保证员工得到公平竞争的机会。

（三）组织职业生涯管理的原则

职业生涯管理并不是一般地对组织员工进行的职业管理，为了实现组织和员工双赢的目标，实施科学的职业生涯管理还必须遵循一定的原则。

1. 统筹性原则

统筹性原则即把职业生涯规划与实施看成是一个系统工程，纳入组织的发展战略。包括横向和纵向统筹两个方面。从横向维度来看，职业组织、管理者、个人都要参与，各自发挥自己的作用；从纵向维度来看，应该贯穿于组织工作的整个过程，和员工的职业生涯。

2. 差异性原则

差异性原则即在制定和实施职业生涯规划的过程中要充分考虑不同职业、岗位和专业之间的实际情况，有区别地制定目标。同时，在具体到员工的时候，要充分考虑性别、年龄和个性等方面的差异，具体情况具体对待。

3. 阶段性原则

阶段性原则即在具体实施职业生涯规划时，要充分考虑当时组织所处的发展阶段与个体所处的不同发展阶段，有步骤、有顺序地进行，不可走形式，更不可急功近利。

4. 发展性原则

发展性原则即在选择实施职业生涯规划的具体措施时，要以促进员工发展为目的，把岗位实践与有效的教育、培训结合起来，使组织在教育、培训与发展上的投资能够收到应有的回报——员工真正在职业生涯规划中得到发展，就是组织的发展。

四、本单元小结

职业生涯管理是指一个人一生经历中所包括的一系列活动和行为。职业生涯管理对个人和组织都非常重要。对个人而言，职业生涯规划能让员工更好地认识自己，帮助员工增强自身竞争力，最大程度地实现自身价值。对于组织而言，职业生涯管理将员工的成长与企业的发展联系在一起，可以帮助组织了解内部员工的现状及需求，为员工提供平等的就业机会，使组织更加合理地利用人力资源，是组织吸引和留住人才的重要措施。开展职业生涯管理需要员工个人的设计和行动与组织的规划与管理。本章以个人职业生涯规划和组织职业生涯管理为主线，介绍了职业生涯管理的理论、个人职业生涯规划方法和步骤、组织职业生涯管理原则和内容。

本单元关键词：职业生涯；特质—因素理论；职业锚

五、复习思考题

一、判断题

1.（　）职业生涯是员工个人而非组织的事，职业生涯管理的主要权利和责任在于个人，应当由员工个人来负责计划安排自己的职业生涯。

2. (　　) 职业生涯管理包含两重含义：一是组织职业生涯管理；二是个人职业生涯管理。

3. (　　) 无论是个人还是在组织所进行的职业生涯管理过程中，其面临的核心问题是职业选择问题，特质—因素理论、职业发展理论和职业锚理论便是典型的职业选择理论。

4. (　　) 人职匹配理论美国麻省理工大学斯隆商学院、著名的职业指导专家埃德加·H·施恩教授提出的。

5. (　　) 组织在选择实施职业生涯管理的具体措施时，要以促进企业发展为唯一目的，把岗位实践与有效的教育、培训结合起来，使组织在教育、培训与发展上的投资能够收到应有的回报。

二、选择题

1. 职业生涯管理理论可以分为静态研究和动态研究两个方面，动态职业生涯管理理论是（　　）。

A. 人职匹配　　B. 特质—因素理论

C. 职业锚理论　　D. 职业发展理论

2. 特质—因素理论最早由美国波士顿大学的（　　）提出，是用于职业选择的经典的理论之一，应用范围也较为广泛。

A. 帕森斯　　B. 霍兰德　　C. 霍兰德　　D. 施恩

3. 在人职匹配理论中与传统型人格类型相排斥的职业环境是（　　）。

A. 社会型　　B. 企业家型　　C. 艺术型　　D. 现实型

4. 职业发展理论认为在（　　）这一阶段劳动者在工作中已经取得了一定的成绩，主要维持目前的工作，按既定方向继续努力提升自己的社会地位，并为退休做好计划。

A. 成长阶段　　B. 探索阶段　　C. 维持阶段　　D. 衰退阶段

5. 组织职业生涯管理的原则不包括（　　）。

A. 统筹性原则　　B. 差异性原则

C. 阶段性原则　　D. 稳定性原则

三、思考题

1. 什么是职业生涯？什么是职业生涯管理？

2. 10 年后你希望发展到哪一个阶段？请编制一个个人的职业生涯发展规划？

3. 一个组织应当如何进行职业生涯管理？

六、实训设计

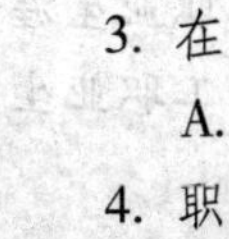

【案例分析】

3M 公司的职业生涯管理

多年以来，3M 公司的管理层始终积极对待其员工职业生涯开发方面的需求。从 20 世纪

80年代中期开始，公司的员工职业生涯咨询小组一直向个人提供职业生涯问题咨询、测试和评估，并举办个人职业生涯问题公开研讨班。通过人力资源分析，各级主管对自己的下属进行评估。公司采集有关岗位稳定性和个人职业生涯潜力的数据，通过电脑进行处理，然后用于内部人选的提拔。

3M公司的员工职业生涯管理系统主要包括如下内容：

1. 岗位信息系统（JIS）

3M公司于1989年底开始试行岗位信息系统，员工们的反应非常积极，从此该系统在全公司全面实施。在试行阶段，人力资源部、一线部门及员工组成了一个专题工作小组，进行了为期数月的规划工作。

2. 绩效评估与发展过程（PADP）

每一位员工都会受到关于绩效评估与发展的培训。每年年底，员工们会收到一份供明年使用的、包括岗位改进计划和职业生涯开发计划的员工意见工作表。员工填入如何看待自己工作内容的意见，并指出明年的4~5个主要进取方向和期待值。然后员工会与自己的主管一起讨论，就工作内容、主要进取方向和期待值达成一致。在第二年中，这份工作表可以根据需要进行修改。待到年底时，主管根据以前确定和讨论的业绩内容及进取方向完成业绩表彰工作。

绩效评估与发展过程让主管与员工之间有了充分交流的机会。他们通常一个季度会召开一次业绩讨论会议，鼓励员工主动与自己的主管进行非正式商谈。

3. 个人职业生涯管理手册

公司向每一位员工发放的职业生涯管理手册，概述了员工、领导和公司在员工职业生涯开发方面的责任，并明确指出公司现有的员工职业生涯开发资源，同时提供一份员工职业生涯中关注的问题的表格。

4. 主管公开研讨班

主管公开研讨班帮助主管们理解自己所处的复杂的员工职业生涯开发环境，提高了他们的领导技巧以及对自己所担任的咨询者、教练、推荐人的角色的理解。它让主管们意识到，人才开发是主管工作的一个基本组成部分，并将此作为主管业绩评估的一个因素。

5. 员工公开研讨班

为期两天的员工公开研讨班，向员工提供个人职业生涯指导，强调自我评估、目标和行动计划，以及平级调动的好处和职业晋升的经验，还包括内部岗位的求职技巧、如何写简历、如何面试、如何利用岗位信息系统和充实岗位内容的培训。研讨班结束后，员工们的行动计划还会得到跟踪（主管也参与其中），人力资源部准备了一个资料库，其中有与个人职业生涯相关的图书、录像带等。

6. 一致性分析过程及人员接替计划

接下来是总监们与自己的经理们、执行总监们与自己手下的各位总监、部门或负责人事的副总裁与各位执行总监举行会议，讨论其手下管理人员的业绩情况和潜能。这一过程对于员工转岗、发展和晋升都有影响，它还是管理人员的信息共享工具。与这一过程紧密相连的是一个在执行层面上开展的人员接替规划项目，它已经实行了六七年之久。

7. 职业生涯咨询

一方面，公司鼓励职员主动找自己的主管商谈个人职业生涯问题；另一方面，公司也提供专业的个人职业生涯咨询，并为每一个部门指定一个人力资源经理作为资源之一。员工们可以从人力资源经理处征得个人职业生涯咨询意见。咨询一般被用作帮助员工制订深造计划，或帮助员工求职或重新确定个人发展方向。

8. 职业生涯项目

员工职业生涯开发工作人员向全公司推出他们根据职业兴趣开发的项目。项目内容包括关于员工职业生涯的信息及现有的内部职业生涯开发资源。

9. 合作者重新定位

职业生涯开发工作人员在全公司范围内协调合作者重新定位。由于双职工夫妇的原因，这已经成为一个重要的功能。虽然该项目也解决非工作关系合作者的选择。

10. 学费补偿

公司报销与员工当前岗位相关的费用、与某一工作或个人职业生涯相关之学位项目的全部学费和费用。

11. 调职

内部调职的协调通过"3M公司员工转岗"程序进行。其岗位撤销的员工自动进入一个个人职业生涯过渡公开研讨班，同时还接受具体的过渡咨询。这种方法在过去8年中挽救了数千名职工的工作热情。根据管理层的要求，还为解聘的职工提供外部新职介绍。

在3M公司试图更加准确、更加现实地统一员工需求和公司需求的努力中，它已经成功地提高了工作效率，更大程度地唤起员工们为实现公司目标的参与。主管们在员工职业生涯指导方面更具信心，在改进与员工交流方面更具可信性。他们的各项员工职业生涯开发服务和项目，针对的是真正的需求。职业生涯开发为个人和公司都带来了最大利益。

资料来源：李剑主编：《人力资源管理实务必备手册》（修订版），中国言实出版社2003年版，第291~293页。

案例思考题

1. 3M公司是如何进行组织职业生涯管理的？
2. 组织职业生涯管理对3M公司有何意义？

【实操训练】

训练项目：

在调查研究的基础上，设计一个组织的员工职业生涯管理体系或职业生涯管理方案。

技能训练要求：

1. 4~5人为一组（男生女生搭配），选一人为组长，负责协调与分工。
2. 可以讨论，也可以上网查资料，作业成果以书面形式提交，并签上小组成员名字。
3. 时间：以课外为主、课堂指导结合。

全国高职高专人才培养规划教材

单元十

劳动关系管理

【学习目标】

能力目标

1. 能正确行使订立劳动合同过程中的知情权。
2. 能掌握劳动合同的变更和解除程序。
3. 能选择合适的劳动争议解决方法维护劳动者权益。

知识目标

1. 理解劳动关系的概念和性质。
2. 掌握劳动合同的订立、变更和解除。
3. 掌握劳动争议的处理程序和方法。

【案例 10-1】

华为“辞职门”事件

2007 年 9 月底，华为公司鼓励员工辞职的方案获得通过，共计有 7 000 名工作超过 8 年的老员工，需要逐步完成“先辞职再竞岗”工作，从 10 月开始至 11 月底实施，必须在 2008 年 1 月 1 日《劳动合同法》正式实施之前完成。

按照华为公司的要求，工作满 8 年的老员工，由个人向公司提交一份辞职申请，在达成自愿辞职共识之后，再竞争上岗，与公司签订新的劳动合同，工作岗位基本不变，薪酬略有上升。唯一的变化就是再次签署的劳动合同和工龄重新计算。全部辞职老员工可获得华为公司支付的补偿。据了解，补偿总额高达 10 亿元。

由于 7 000 人同时辞职超过了公司员工流动的正常规模，影响了公司的运营，所以华为公司对于上述员工辞职后发放了临时工作卡，即员工辞职不离岗。因此，从根本上说，华为公司通过高额补偿买断了员工的劳动合同期限，但劳动关系却继续不变。

该事件经媒体报道后，在社会上引起轩然大波，对于华为公司此举的效力和目的众说纷纭。中华全国总工会、原劳动和社会保障部以及全国人大法工委也对此事给予了高度关注。华为公司的解释是此举是为了改革公司的用工方式，废除工号制度，并且所有员工都是自愿辞职。

在该事件前后，也有许多单位发生了与此相类似的大规模的裁员或者鼓励员工辞职的事件，如沃尔玛、LG 及泸州老窖北京分公司等。

资料来源：参见新京报：《官方调查华为鼓励 7 000 员工辞职事件》，载央视网，http：//news.cctv.com/china/20071102/100179，shtml。

【案例分析】

劳动合同的期限是劳动合同的必备条款之一，2008 年 1 月 1 日，《劳动合同法》正式实施，其中规定了我国的劳动合同期限存在着固定期限、无固定期限和以完成一定工作任务为期限三种形式。

《劳动合同法》中规定了应当订立无固定期限的劳动合同的几种情形，其中之一是劳动者已在该用人单位连续工作满 10 年。强化了无固定期限劳动合同制度，其根本目的是为了规制劳动合同短期化的现象，维护劳动关系的稳定性。

华为“辞职门”事件让老员工的工龄“归零”，涉及人数众多，而且在实施时间上选在新的《劳动合同法》正式实施之前，有规避法律制度之嫌。该事件之后，众多企业纷纷效仿，在破坏了社会用工秩序的同时，也造成了员工归属感的丧失，导致了企业凝聚力的下降。

一、劳动关系管理概述

（一）劳动关系的内涵和类型

1. 劳动关系的内涵

劳动关系是指劳动者与用人单位（包括各类企业、个体工商户、事业单位等）在实现劳动过程中建立的社会经济关系，它是人类社会最基本的社会关系。从广义上讲，劳动关系是指人们在社会过程中发生的一切关系，这其中包括劳动力的使用关系、劳动关系管理、劳动服务关系等。从狭义上讲，劳动关系是指依照国家的劳动法律、法规将双方当事人的权利和义务联系在一起，其权利和义务的实现是由国家强制来保障的。

由于各国在社会制度和文化上的差异，劳动关系在不同的国家也体现出不同的特点，对劳动关系的称谓也不相同。在资本主义国家，劳动关系被称为劳资关系，它是指占有生产资料、追求利润的资本家同以提供劳动力获得工资报酬为生活手段的工人之间的统治与从属关系。在日本，劳动关系被称为劳使关系，它指的是生产经济活动中劳动者与劳动使用者形成的既对立又合作的关系。

2. 劳动关系的类型

按实现劳动过程的方式来划分，劳动关系分为两类，一类是直接实现劳动过程的劳动关系，即用人单位与劳动者建立劳动关系后，由用人单位直接组织劳动者进行生产劳动的形式；另一类是间接实现劳动过程的劳动关系，即劳动关系建立后，通过劳务输出或借调等方式由劳动者为其他单位服务实现劳动过程的形式。

按劳动关系的具体形态来划分，可分为常规形式，即正常情况下的劳动关系、停薪留职形式、放长假的形式、待岗形式、下岗形式、提前退养形式、应征入伍形式等。

按用人单位性质分类，可分为国有企业劳动关系、集体企业劳动关系、三资企业劳动关系、私营企业劳动关系等。

按劳动关系规范程度划分，可分为三类：第一类是规范的劳动关系，即依法通过订立劳动合同建立的劳动关系；第二类是事实劳动关系，即未订立劳动合同，但劳动者事实上已成为企业、个体经济组织的成员，并为其提供有偿劳动的情况；第三类是非法劳动关系，如招用童工和无合法证件人员，无合法证照的用人单位招用劳动者等情形。

相关链接：劳务派遣用工方式的利弊

劳务派遣是指劳动者和劳务派遣单位签署劳动合同，劳务派遣单位通过和用工单位签署劳务派遣协议，向用工单位派遣劳动者的一种用工方式。劳务派遣与一般的劳动关系的区别在于，劳务派遣涉及劳动者、劳务派遣机构以及用人单位三方之间的法律关系，而一般的劳动关系只在劳动者和用人单位双方之间存在。

劳务派遣用工方式的利处

☆ 增加用工的灵活性，适当降低用工成本。

☆ 减少劳动法中的强制性规定对于用工单位的直接约束，如工作、社会保险等，将劳动法中的诸多束缚转移给劳务派遣机构。

劳务派遣用工方式的弊端

☆ 对于用人单位而言，劳务派遣用工方式存在着管理难的问题。由于派遣的劳动者并非企业自己挑选，劳务派遣单位也并非自己使用这些劳动者，因此如何管理和整合派遣劳动者与非派遣劳动者之间的关系就是企业首先面临的难题。

☆ 对于派遣劳动者而言，由于其与企业的一般劳动者在工资待遇、休息休假、职业升迁等方面存在区别，因此其工作的积极性、对企业的认同性普遍不高。

☆ 如果广泛地使用劳务派遣员工，由于其流动性等原因，可能导致用人单位的商业秘密等存在较大的风险。

劳务派遣并非完美无瑕的用工方式，盲目、普遍地适用劳务派遣绝对是错误的。用人单位在劳务派遣的适用上，应该区分岗位，对于企业内高流动性、高替代性、低技术含量的非核心的岗位可以选择适用劳务派遣的方式，而对于高技术含量、培养周期长或涉及商业秘密的核心岗位则尽量不要采取劳务派遣用工。

资料来源：林嘉主编：《用人单位员工管理指南》，北京大学出版社 2009 年版。

（二）劳动关系管理的含义

劳动关系管理是指以促进组织经营活动的正常开展为前提，以缓和、协调组织劳动关系的冲突为基础，以实现劳动关系的合作为目的的一系列组织性和综合性的措施和手段。

劳动关系管理是人力资源管理的一项基本职能，有效的劳动关系管理不仅可以保证人力资源管理各环节工作的顺利开展，同时其他人力资源管理职能，如招聘培训、绩效管理、薪酬福利、安全健康管理等，都需要以和谐的劳动关系管理为前提和保障。

劳动关系管理提倡从劳动者的角度制定和实施一系列管理策略和措施，强调运用一些非强制性的、协调性的、激励性的方法和手段解决组织劳动关系的各种冲突。因此，在劳动关系的管理过程中，要遵循以下几个原则：一是兼顾各方利益原则；二是协商解决争议原则；三是以法律为准绳的原则；四是劳动争议以预防为主的原则。

（三）劳动关系管理的内容

劳动关系管理主要包括劳动合同管理、劳动纪律管理、劳动定员定额管理、劳动岗位规范管理和劳动安全卫生管理等内容。

1. 劳动合同管理

这方面主要包括劳动合同履行的原则；员工的招录条件、招工简章、劳动合同草案、有关专项协议草案审批权限的确定；劳动合同续订、变更、解除事项的审批方法；试用期考查办法；员工档案的管理办法；应聘人员相关材料保存办法；集体合同草案的拟定协商程序；解除终止劳动合同人员的档案移交办法、程序；劳动合同管理制度修改废止的程序等。

2. 劳动纪律管理

劳动纪律管理指的是企业依法制定的、全体员工在劳动过程中必须遵守的行为规则。每位员工都必须按照规定的时间、地点、质量、方法、程序履行自己的劳动义务，以维护正常的生产、工作秩序。

（1）时间规则，如作息时间、考勤办法、请假程序和办法等。

（2）组织规则，如企业各直线部门、职能部门或各组成部分及各类层级权责结构之间的指挥、服从、接受监督和保守商业秘密等规定。

（3）岗位规则，如劳动任务、操作规程、职业道德等。

（4）协作规则，如工种、工序、岗位之间的关系、上下层之间的连接、配合等。

（5）品行规则，如言语、着装、用餐、行走、礼节等。

3. 劳动定员定额管理

这方面主要内容包括编制定员规则和定额规则。定员规则，即企业依据自身的实际情况制定的企业机构的设置和配备各类人员的数量界限。除法律、行政法规规定的以外，企业按照生产经营的实际需要，自主决定内部机构的设立、调整、撤并和人员配备。定额规则，即在一定的生产技术水平和组织条件下，企业制定的劳动者完成单位合格产品或工作所需要的劳动消耗量标准。

4. 劳动岗位规范管理

劳动岗位规范管理指的是企业根据劳动岗位的职责、任务和生产手段的特点对上岗员工提出的客观要求的综合管理规定。在劳动关系的协调、组织过程中，劳动岗位规范是安排员工上岗、签订上岗协议和对员工进行岗位考核的依据和尺度，包括岗位名称、岗位职责、生产技术规定、上岗标准等。

5. 劳动安全卫生管理

这是指以保护劳动者的生命安全和身体健康为目的而设立的劳动保护法律制度和企业的内部规章制度。

（四）劳动关系管理的基本要求

企业人力资源管理工作中的员工招收、录用及企业内人力资源的配置调整等事务，在劳动关系管理中表现为劳动合同的订立、履行、变更、解除和终止，这些都属于劳动法律行为，因此，必须依照严格的程序，按照有关的法律、法规和企业内部劳动管理规划的规定实施。劳动关系管理的规范化、制度化是其基本要求。

1. 规范化

劳动关系管理首先要体现合法性，不能违背《劳动法》、《劳动合同法》等相关法律法规。其次，劳动关系还应具有统一性，即同一时期内的统一以及全体员工执行的统一。

2. 制度化

劳动关系管理还应体现明确性和协调性。明确性指的是企业内部在制定相关劳动管理规则的时候，要明确职责、权限和标准；协调性指的是具体的管理规则要随着企业的发展进行阶段性的调整，不能一成不变。

二、劳动合同管理

（一）劳动合同的概念、特征和作用

1. 劳动合同的概念

劳动合同也称为劳动协议，是劳动者与用人单位确立劳动关系、明确双方权利和义务所达成的协议。劳动者进入企业工作，企业应根据《劳动法》、《劳动合同法》等劳动法律法规，订立劳动合同，从而对员工和企业双方当事人产生约束力。如果发生劳动争议，劳动合同是处理劳动争议的直接证据和依据。除合同文本外，企业和员工双方还可以协商制定劳动合同的附件，进一步明确双方的权利、义务的具体内容，附件和合同文本具有同样的法律效力。

2. 劳动合同的特征

劳动合同是合同的一种，它具有合同的一般特征，如合同是同时约束双方的法律行为；合同是当事人之间的协议，只有当事人在平等自愿、相互协商的基础上达成一致时，合同才成立；合同一经签订，就具有法律约束力；等等。除了具有这些一般特征外，劳动合同还有其自身的基本特征。

（1）劳动合同的主体是特定的。主体一方必须是具有法人资格的用人单位或能独立承担民事责任的经济组织和个人（雇主）；另一方是具有劳动权利能力和劳动行为能力的劳动者（员工）。

（2）劳动者和用人单位在履行劳动合同的过程中，存在着管理中的依从和隶属关系，即劳动者一方必须加入到用人单位一方中去，成为该单位的一名员工，接受用人单位的管理并取得劳动报酬。这体现了劳动合同的身份性质，一般而言，劳动者在同一时期，只能与一个用人单位签订劳动合同，如果要和另外的用人单位签订劳动合同，必须先和原单位解除劳动关系（非全日制劳动者的劳动关系除外）。

（3）劳动合同的性质决定了劳动合同的内容以法定为多、为主，以商定为少、为辅，即劳动合同的许多内容必须遵守国家的法律规定，如工资、保险、劳动保护、安全生产等，而当事人之间对合同内容的协商余地相对较小。

3. 劳动合同的作用

劳动者同用人单位订立劳动合同，对于保障劳动者的合法权益，增强企业活力，促进社

会主义现代化建设，都有重要的作用。

(1) 劳动合同是劳动者实现劳动权的重要保障。我国《宪法》规定："中华人民共和国公民有劳动的权利和义务。"劳动合同可以将国家规定的客观劳动权变为劳动者的主观劳动权。

(2) 劳动合同是用人单位合理使用劳动力、巩固劳动纪律、提高劳动生产率的重要手段。用人单位可以根据生产经营或工作需要确定招收录用劳动者的时间、条件、方式和数量，并且通过与劳动者签订不同类型、不同期限的劳动合同，发挥劳动者的专长，做到人尽其才，合理使用劳动力。

(3) 劳动合同是减少和防止发生劳动争议的重要措施。签订劳动合同，明确规定当事人双方的权利和义务，有助于提高双方履行合同的自觉性，促使他们正确地行使权利，严格地履行义务。

(二) 劳动合同的订立

劳动合同的订立，是指用人单位和劳动者就劳动合同的具体内容，通过平等协商达成一致意见，并以书面形式依法签订协议，建立劳动关系的法律行为。

劳动者和用人单位在订立劳动合同的过程中必须遵循三项根本原则：一是平等自愿的原则，指签订劳动合同的双方在法律地位上平等，并完全由双方当事人自愿地签订劳动合同；二是协商一致的原则，指双方就合同的所有条款进行充分协商，达成一致意见；三是合法公平的原则，指订立劳动合同必须符合有关劳动法律法规的要求，同时劳动合同的内容应当公平、合理。

劳动合同订立的一般程序是，用人单位提出劳动合同草案，劳动者如果完全同意，即视为承诺；如果劳动者对劳动合同草案提出修改或补充意见，双方要经过新的要约和承诺，就劳动合同的内容反复协商。双方就劳动合同的内容取得一致意见后，双方签名、盖章，劳动合同成立。劳动合同的订立程序见图 10－1。

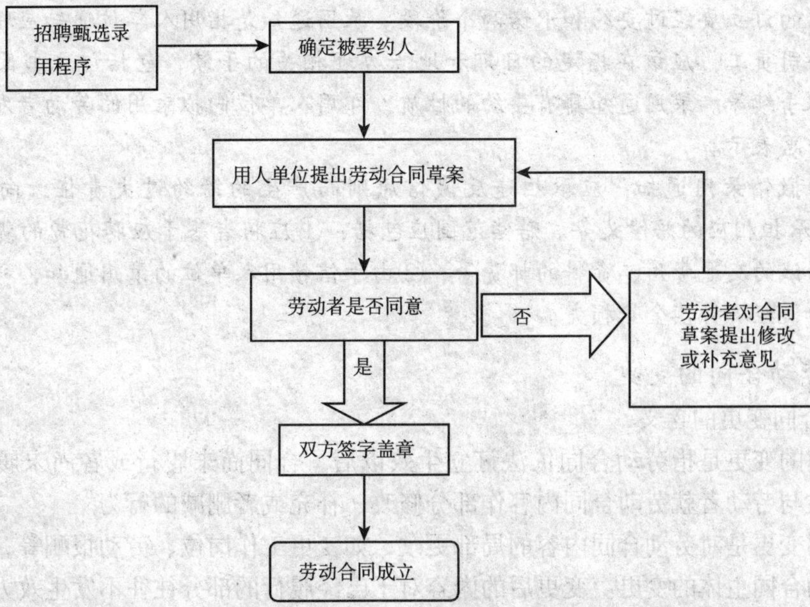

图 10－1　劳动合同的订立程序

【案例 10－2】

招之即来、挥之即去——准空姐索赔记

2004 年 11 月，马来西亚航空公司委托北京外航服务公司在其网站上发布了马航招聘中国籍空乘的广告。8 名空姐（本案的原告）根据招聘广告于 2004 年 12 月至 2005 年 2 月参加并通过了初试、复试和体检，并被确认录用。2005 年 2～6 月间，原告应马航和外航服务公司的要求办理了相关政审手续，并将政审材料和办理马来西亚工作准证所需的材料寄给了外航服务公司。

2006 年 9 月，马航和外航服务公司告知原告，马来西亚航空公司放弃对原告的聘用，同时要求她们在拟好的内容为“我自愿放弃马航的聘用，自愿放弃向马航索赔的权利”的中英文“放弃书”上签字，而且声称如果原告签署了“放弃书”，便可拿到 11 000 元人民币的“礼物”，否则便无法获得该“礼物”。因“放弃书”显失公平，8 名准空姐毅然拒绝签署。2007 年 9 月，8 名准空姐将马航和外航服务公司告上法庭，要求二被告继续聘用，并连带赔偿经济损失 42 900～93 200 元不等。

法院经审理认为，招聘者和应聘者在合同的订立过程中，均享有订约自由，如果招聘单位以其行为导致应聘者形成合理信赖，应聘者依据该信赖从事相应行为导致损失的，招聘单位应对该损失承担损害赔偿责任。外航公司受马航要求为其招聘空乘，与马航之间系劳务派遣关系。因此马航对外航公司在按其要求进行招聘活动中对应聘者应承担的民事责任应承担连带责任。

最终，法院综合考虑招聘单位的过错、8 名原告原单位的工资水平、停止工作的时间、因停止工作而未再进行相应劳动以及其在该阶段仍可能获得其他收益等因素，判决北京外航服务公司、马来西亚航空公司连带赔偿 8 名原告 13 000～24 000 元不等，同时判决北京外航服务公司返还当初收取的押金。

资料来源：《通知录用后又反悔 8 名准空姐获赔 14 万》，载中国法院网，http：//www. china－court. org/html/article/200806/19/308144. shtml。

【案例分析】

劳动合同的订立要经过要约和承诺两个阶段。录用通知是指用人单位通知应聘者经筛选已被录用为公司员工，应该在指定的日期和地点办理相关的手续，包括订立书面的劳动合同、办理入职手续等。录用通知具有要约的性质，即用人单位向拟录用的劳动者发出的订立劳动合同的意思表示。

用人单位撤销录用通知，应承担违反诚信原则而产生的缔约过失责任，向受要约人（拟录用者）承担相应的赔偿义务。赔偿范围应包括：①应聘者基于应聘花费的费用及其利息，如参加面试的交通费用、资料的邮费等；②由于信赖用人单位的录用通知，辞去原工作而遭受的工资、经济补偿金等损失。

（三）劳动合同的变更

1. 劳动合同变更的含义

劳动合同的变更是指劳动合同依法订立生效以后，合同尚未履行或者尚未履行完毕之前，用人单位与劳动者就劳动合同内容作部分修改、补充或者删减的行为。

劳动合同变更是对劳动合同内容的局部更改，如变更工作岗位、劳动报酬等，一般来说都不是对劳动合同主体的变更。变更后的内容对于已经履行的部分往往不发生效力，仅对将来发生效力，同时，劳动合同未变更的部分，劳动合同双方还应当履行。

2. 劳动合同变更的情形

当劳动合同出现履行障碍时，法律允许双方当事人在劳动合同的有效期内，对原劳动合同的相关内容进行调整和变更。有下列情形之一的，合同双方可以变更本合同：

（1）在不损害国家、集体和他人利益的情况下，双方协商一致的。

（2）劳动合同订立时所依据的客观情况发生了重大变化，经合同双方协商一致的。

（3）由于不可抗力的因素致使劳动合同无法完全履行的。不可抗力是指当事人所不能预见、不能避免并不能克服的客观情况，如自然灾害、意外事故、战争等。

（4）劳动合同订立时所依据的法律、法规已修改的。

（5）劳动者的身体健康状况发生变化、劳动能力丧失或部分丧失、所在岗位与其职业技能不相适应、职业技能提高了一定等级等，造成原劳动合同不能履行或者如果继续履行原合同规定的义务对劳动者明显不公平。

（6）法律、法规规定的其他情形。

3. 劳动合同变更的程序

（1）劳动合同的一方以书面形式提出劳动合同变更要求，另一方在规定的期限内予以答复。

（2）签订变更协议。

（3）变更后的劳动合同生效。

（4）变更后的劳动合同文本由用人单位和劳动者各执一份。

4. 劳动合同变更时应注意的问题

（1）必须在劳动合同依法订立之后，在合同没有履行或者尚未履行完毕之前的有效时间内进行，即劳动合同双方当事人已经存在劳动合同关系。如果劳动合同尚未订立或者是已经履行完毕则不存在劳动合同的变更问题。

（2）劳动合同允许变更，但不允许单方变更，任何单方变更劳动合同的行为都是无效的。

（3）变更必须合法，不得违反法律、法规的强制性规定。

（4）变更劳动合同必须采用书面形式。劳动合同双方当事人经协商后对内容的变更达成一致意见时，必须达成变更劳动合同的书面协议，见表 10－1，任何口头形式达成的变更协议都是无效的。书面协议经双方当事人签字盖章后生效。

（5）劳动合同的变更要及时进行。当事人一方得知对方变更劳动合同的要求后，应在对方规定的合理期限内及时作出答复，不得对变更要求置之不理。

表 10－1　　变更劳动合同协议书

变更劳动合同协议书

__________（甲方）与（乙方）经协商，双方同意对　年　月　日签订的《劳动合同》的第_____条款进行变更，变更后的条款（内容）为：

____

__________。劳动合同的其他条款仍然有效，双方应一并履行。

甲方：（签字盖章）　　　　乙方：（签字盖章）

年　月　日　　　　　　　　年　月　日

注：变更劳动合同书一式两份，甲乙双方各一份。

（四）劳动合同的解除

在劳动合同履行过程中，可能会出现劳动合同未到期，当事人双方或单方提前终止劳动合同效力的法律行为。劳动合同的解除分为双方协商解除、用人单位单方面解除、劳动者单方面解除等几种情况。

1. 双方协商解除劳动合同

劳动合同的协商解除，是指用人单位与劳动者在完全自愿的情况下，互相协商，在彼此达成一致意见的基础上提前终止劳动合同的效力。在劳动合同履行的过程中，如果未发生特殊情况，但双方认为继续履行劳动合同已经没有必要时，可以在协商一致的情况下解除劳动合同，这是契约自由原则在劳动关系调整中的具体体现。协商解除具有以下特点：

（1）双方当事人具有平等的解除合同的请求权。员工和企业都可主动向对方提出解除劳动合同的请求。

（2）必须经双方平等、自愿、协商一致达成协议，才能解除合同，任何一方不能将自己的意志强加给对方。

（3）协商解除不受任何条件的约束，只要不违反法律、法规的规定，不损害他人利益即可。

2. 用人单位单方面解除劳动合同

（1）过失性解除。过失性解除指因劳动者的过失而使用人单位单方解除劳动合同。劳动者有下列情形之一的，用人单位可以解除劳动合同：

第一，在试用期间被证明不符合录用条件的。

第二，严重违反用人单位的规章制度的。

第三，严重失职，营私舞弊，给用人单位的利益造成重大损害的。

第四，劳动者同时与其他用人单位建立劳动关系，对完成本单位的工作任务造成严重影响，或者经用人单位提出，拒不改正的。

第五，因我国现行《劳动合同法》第二十六条第一项规定的情形致使劳动合同无效的。

第六，被依法追究刑事责任的。

上述情形是由于劳动者本身的原因造成的，用人单位有权随时解除劳动合同。过失性解除，不受提前通知期的限制，不受用人单位不得解除劳动合同的法律限制，不给予经济补偿。

（2）无过失性解除。劳动者有下列情形之一的，用人单位提前30日以书面形式通知劳动者本人或者额外支付劳动者一个月工资后，可以解除劳动合同：

第一，劳动者患病或者非因工负伤，在规定的医疗期满后不能从事原工作也不能从事用人单位另行安排的工作的。

第二，劳动者不能胜任工作，经过培训或调整工作岗位后，仍不能胜任工作的。

第三，劳动合同订立时所依据的客观情况发生重大变化，致使劳动合同无法履行，经用人单位与劳动者协商，未能就变更劳动合同内容达成协议的。

（3）经济性裁员。根据我国现行的法律，用人单位有下列情形之一，需要裁减人员20人以上或者裁减不足20人但占企业职工总数10%以上的，用人单位应当提前30日向工会或者全体职工说明情况，听取工会或者职工的意见后，裁减人员方案经向劳动行政部门报告，可以裁减人员：

第一，依照企业破产法规定进行重整的。

第二，生产经营发生严重困难的。

第三，企业转产、重大技术革新或者经营方式调整，经变更劳动合同后，仍需裁减人员的。

第四，其他因劳动合同订立时所依据的客观经济情况发生重大变化，致使劳动合同无法履行的。

用人单位在6个月内重新招用人员的，应当通知被裁减的人员，并在同等条件下优先招用被裁减的人员。企业决定实施经济性裁员时，要提前书面通知劳动者，并向劳动者支付经济补偿。

(4) 用人单位不得单方面解除劳动合同的情形。

劳动者有下列情形之一的，用人单位不得解除劳动合同：

第一，从事接触职业病危害作业的劳动者未进行离岗前职业病健康检查，或者疑似职业病病人在诊断或者医学观察期间的。

第二，在本单位患职业病或者因工负伤并被确认丧失或者部分丧失劳动能力的。

第三，患病或者非因工负伤，在规定的医疗期内的。

第四，女职工在孕期、产期、哺乳期的。

第五，在本单位连续工作满15年，且距法定退休年龄不足5年的。

第六，法律、行政法规规定的其他情形。

3. 劳动者单方面解除劳动合同

(1) 提前通知解除。劳动者提前30日以书面形式通知用人单位，可以解除劳动合同。劳动者在试用期内提前3日通知用人单位，可以解除劳动合同。

(2) 即时解除。用人单位有下列情形之一的，劳动者可以随时通知用人单位解除劳动合同：

第一，未按照劳动合同约定提供劳动保护或者劳动条件的。

第二，未及时足额支付劳动报酬的。

第三，未依法为劳动者缴纳社会保险费的。

第四，用人单位的规章制度违反法律、法规的规定，损害劳动者权益的。

第五，订立的劳动合同无效的。

第六，法律、行政法规规定劳动者可以解除劳动合同的其他情形。

用人单位以暴力、威胁或者非法限制人身自由的手段强迫劳动者劳动的，或者用人单位违章指挥、强令冒险作业危及劳动者人身安全的，劳动者可以立即解除劳动合同，不需事先告知用人单位。

三、劳动争议的处理

(一) 劳动争议的概念、范围与特征

1. 劳动争议的概念

劳动争议是指劳动关系当事人之间因对劳动权利、义务发生分歧而引起的争议，包括在雇佣劳动形态下出现的以劳动关系为中心而发生的一切摩擦、矛盾与争议。正确地处理劳动争议才能保障企业和劳动者的合法权益，维护正常的生产经营秩序，发展良好的劳动关系。

2. 劳动争议的范围

《中华人民共和国企业劳动争议处理条例》规定了劳动争议的范围，主要包括以下几个方面：

（1）因企业开除、除名、辞退职工和自动离职发生的争议。

（2）因执行国家有关工资、保险、福利、培训、劳动保护的规定发生的争议。

（3）因履行劳动合同发生的争议。

（4）法律、法规规定因当依本法处理的其他劳动争议。

判断是否属于劳动争议，有两个衡量标准，一是看是否是劳动法意义上的主体，二是看是否属于有关劳动权利和义务的争议。

【案例 10－3】

企业以“合同约定”之名不为员工缴纳社会保险费有效吗？

赵某于 2009 年 9 月受聘于省城一家化工企业，担任加工员。双方在合同中约定，赵某月薪 1 200 元，企业不承担任何保险和福利费用。

赵某平时爱好写作，曾在外部相关杂志上发表。企业领导得知这一情况后，决定调他到办公室做文员，但需要经过一个月的试用期方能正式调岗。赵某对企业再次对其约定试用期这一做法心存疑问，于是他找到相关领导，得到的答复是因为从车间到办公室，岗位变化较大，厂里对办公室文员岗位要求比较严格，所以必须通过试用才可以正式调岗做文员。

同时，赵某得知企业应当为职工缴纳社会保险费。于是赵某向企业提出要求为自己办理社会保险手续并缴纳各项社会保险费，企业以双方有合同为由，拒绝了赵某的要求，赵某不服，向劳动争议仲裁委员会提请仲裁。

【案例分析】

《劳动合同法》第十九条规定：“同一用人单位与同一劳动者就同一劳动关系只能约定一次试用期。”根据这一规定，工厂认为调换岗位较大，必须经过试用的说法是不合法的。

《劳动法》第七十二条规定：“用人单位和劳动者必须依法参加社会保险，缴纳社会保险费。”同时，《劳动法》第二条规定：“在中华人民共和国境内的企业、个体经济组织和与之形成劳动关系的劳动者，适用本法。”因此，为职工申报社会保险并缴纳社会保险费，是法律规定企业应尽的一项义务。企业这种不为职工申报社会保险并缴纳社会保险费的做法，显然与法律、法规相抵触。因此，企业以双方有合同约定为由的辩解无效。

3. 劳动争议的特征

（1）劳动争议是劳动关系当事人之间的争议。即发生争议的一方为劳动者，另一方为用人单位。如果争议不是发生在劳动关系双方当事人之间，即使争议内容涉及劳动问题，也不构成劳动争议，如劳动者之间在劳动过程中发生的争议，用人单位之间因劳动力流动发生的争议，劳动者或用人单位与劳动行政管理部门在劳动行政管理中发生的争议等，都不属劳动争议。

（2）劳动争议的内容涉及劳动权利和劳动义务，是为实现劳动关系而产生的争议。劳动权利和义务的内容非常广泛，包括就业、工资、工时、劳动保护、劳动保险、劳动福利、职业培训、民主管理、奖励惩罚等。

（二）劳动争议处理的原则

1. 调解和及时处理原则

调解是指劳动争议处理机构在双方当事人都自愿的情况下进行协调和疏通，通过协调和疏通使争议的双方相互谅解，达成协议，结束争议。企业劳动争议调解委员会处理劳动争议的全部程序都是采取调解的方式；劳动争议仲裁委员会和人民法院在处理劳动争议时也是先采取调解的方式，在裁决和判决之前依然还要为当事人提供一次调解的机会。

劳动争议的处理还应本着及时处理的原则，在法律规定的时限内完成。我国《劳动法》规定，提出劳动仲裁的一方应当自知道或应当知道其权利受到侵害之日起60日内向劳动争议仲裁委员会提出书面申请。劳动争议仲裁委员会应当在收到仲裁申请的60日内作出仲裁裁决。

2. 查清事实、依法处理原则

劳动争议处理机构在解决劳动争议的过程中，首先要本着实事求是的态度，以事实为依据，对争议的起因、发展和现状进行深入调查，以便能够全面客观地了解争议的事实和真相。其次劳动争议处理机构在查清事实的基础上，一定要严格按照国家的有关法律、法规进行处理，使对争议的裁决和判决有法可依。

3. 当事人在适用法律上一律平等原则

争议双方当事人在争议的处理过程中具有法律上的平等地位，双方具有平等的权利和义务。同时劳动争议处理机构应当秉公执法，不偏袒其中任何一方，对侵权或受害的任何一方都同样予以保护。

（三）劳动争议的处理程序与方法

劳动争议处理的基本程序是：当事人自行和解；向企业劳动争议调解委员会申请调解；向劳动争议仲裁委员会申请仲裁；向人民法院提起诉讼。

向企业劳动争议调解委员会申请调解不是必经程序，当事人一方不愿调解，或双方调解不成，即可向劳动争议仲裁委员申请仲裁。未经仲裁机构作出处理的劳动争议，人民法院不能直接受理，即劳动争议仲裁是进行劳动争议诉讼的前置程序。

1. 当事人自行和解

在企业内部，当事人自行和解需要人力资源部的支持，因此需要人力资源部介入此事。在有条件的企业中，人力资源部应当设立“劳动关系专员”这一岗位，专门用来协调员工和企业之间的劳动关系。

2. 企业劳动争议调解委员会调解

企业劳动争议调解委员会进行调解的前提是双方自愿，如果一方不愿意调解，则调解程序无法启动。企业劳动争议调解委员会应当自调解之日起30日内完成调解工作，到期未结束的，视为调解不成。当事人可以直接向当地劳动争议仲裁委员会提出仲裁申请。

特别说明：在调解过程中如果不能达成一致、取得共识时，任何人不得强迫当事人接受调解协议。而经调解达成协议的，双方当事人应当自觉履行，但是调解协议不具有强制的法律效力。如果出现劳动争议双方当事人中的一方或者双方不履行协议时，任何一方可以向当地劳动仲裁委员会提出仲裁申请。

3. 劳动争议仲裁

劳动争议仲裁是指劳动争议仲裁机构依法对争议双方当事人的争议案件进行居中公断的行为，其中包括对案件的依法审理和对争议的调解、裁决等。

劳动争议仲裁一般要经历以下几个办案阶段。

（1）案件受理阶段。这一阶段实际上有两项工作要做：一是仲裁申请，这是当事人要做的工作。任何一方当事人在规定的时间内可向劳动争议仲裁委员会提交请求仲裁的书面申请。二是案件受理，这是仲裁委员会要做的工作。仲裁委员会在收到仲裁申请后一段时间内要作出受理或不受理的决定。

（2）调查取证阶段。在受理申诉人的仲裁申请后，仲裁委员会就要进行有针对性的调查取证工作。调查取证的目的是收集有关证据和材料，查明争议事实，为下一步的调解或裁决做好准备。

（3）进行调解阶段。仲裁庭在查明事实的基础上，要先进行调解工作，努力促使双方当事人自愿达成协议。对达成协议的，仲裁庭需制作仲裁调解书。

（4）裁决实施阶段。经仲裁庭调解无效或仲裁调解书送达前当事人反悔的，调解失败。这时，仲裁庭应及时作出裁决。仲裁庭作出裁决后应制作调解裁决书。当事人对裁决不服的，可在规定时间内向法院起诉。

（5）调解或裁决执行阶段。仲裁调解书自送达当事人之日起生效；仲裁裁决书在法定起诉期满后生效。

4. 劳动争议诉讼

劳动争议诉讼是指法院依照法定程序，以有关劳动法律法规为依据，以争议案件的事实为准绳，对企业劳动争议案件进行审理的活动。

劳动争议诉讼一般有以下几个阶段。

（1）起诉、受理阶段。起诉是指争议当事人向法院提出诉讼请求，要求法院行使审判权，依法保护自己的合法权益。受理是指法院接受争议案件并同意审理。法院的受理与否是在对原告的起诉进行审查以后作出决定的。

（2）调查取证阶段。法院的调查取证除了对原告提供的有关材料证据或仲裁机构掌握的情况、证据进行核实外，还要对争议的有关情况、事实进行重点的调查。

（3）进行调解阶段。法院的调解要在双方当事人自愿的基础上，法院不得强迫调解。调解成功的，要制作法院调解书。法院调解不成或调解书送达前当事人反悔的，法院应当进行及时判决。

（4）开庭审理阶段。开庭审理是在法院调解失败的情况下进行的。这一阶段主要进行法庭调查、法庭辩论和法庭判决等活动。

（5）判决执行阶段。法庭判决书送达当事人以后，当事人在规定时间内不向上一级法院上诉的，判决书即行生效，双方当事人必须执行。

劳动争议的处理程序详见图 10－2。

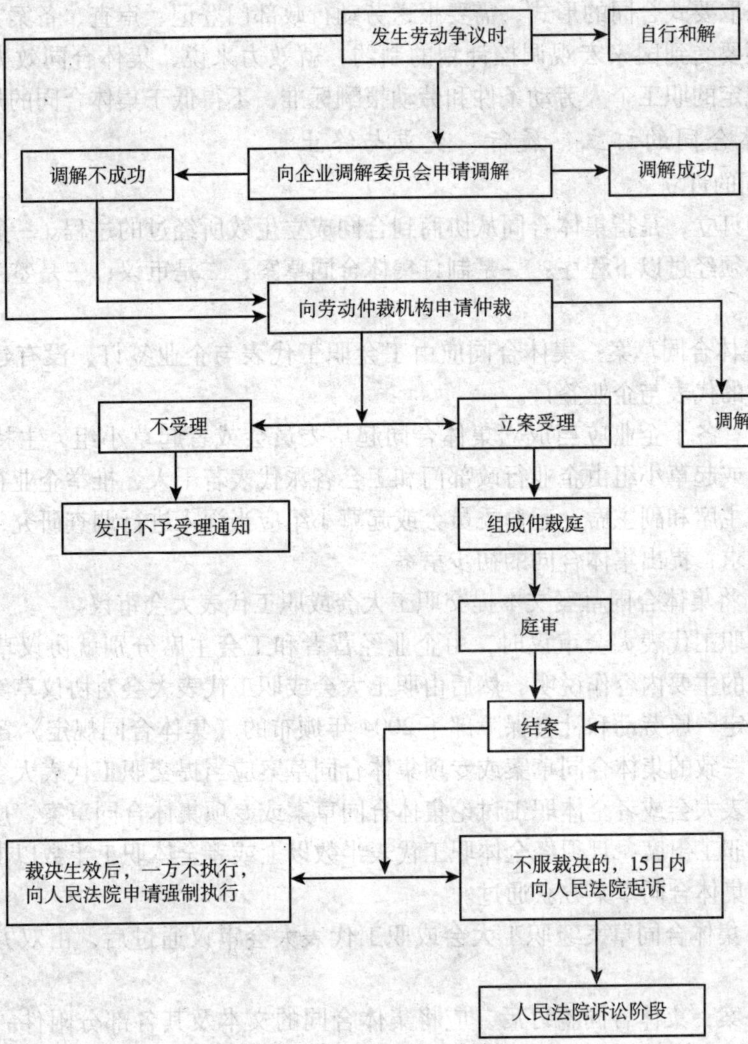

图 10－2　劳动争议的处理程序

四、集体合同管理

（一）集体合同的内涵

集体合同，又称团体协约、集体协议等，是指工会或者职工推举的职工代表与用人单位依照法律法规的规定就劳动报酬、工作条件、工作时间、休息休假、劳动安全卫生、社会保险福利等事项，在平等协商的基础上进行协商谈判所缔结的书面协议。

《劳动合同法》第五十一条规定：企业职工一方与用人单位通过平等协商，可以就劳动报酬、工作时间、休息休假、劳动安全卫生、保险福利等事项订立集体合同。集体合同草案应当提交职工代表大会或者全体职工讨论通过。集体合同由工会代表企业职工一方与用人单位订立；尚未建立工会的用人单位，由上级工会指导劳动者推举的代表与用人单位订立。可见，作为一种契约关系，集体合同是集体协商的结果。

集体合同采取要式合同的形式，需要报送劳动行政部门登记、审查、备案方为有效。同时，集体合同还要受到国家宏观调控计划的制约，就效力来说，集体合同效力高于劳动合同，劳动合同规定的职工个人劳动条件和劳动报酬标准，不得低于集体合同的规定。

（二）集体合同的订立、履行、变更与终止

1. 集体合同的订立

集体合同的订立，是指集体合同从协商到合同成立生效所经过的过程。一般而言，集体合同的签订都必须经过以下程序：一是制订集体合同草案；二是审议；三是签字；四是登记备案；五是公布。

（1）制订集体合同草案：集体合同应由工会职工代表与企业签订，没有建立工会的企业，由职工推举的代表与企业签订。

一般情况下，各个企业应当成立集体合同起草委员会或者起草小组，主持起草集体合同。起草委员会或起草小组由企业行政部门和工会各派代表若干人，推举企业行政代表和工会代表各一人为主席和副主席。起草委员会或起草小组应当深入进行调查研究，广泛征求各方面的意见和要求，提出集体合同的初步草案。

（2）审议：将集体合同草案文本提交职工大会或职工代表大会审议。

职工大会或职工代表大会审议时，由企业经营者和工会主席分别就协议草案的产生过程、依据及涉及的主要内容作说明，然后由职工大会或职工代表大会对协议草案文本进行讨论，作出审议决定。原劳动和社会保障部于 2004 年颁布的《集体合同规定》第 36 条规定：经双方代表协商一致的集体合同草案或专项集体合同草案应当提交职工代表大会或者全体职工讨论。职工代表大会或者全体职工讨论集体合同草案或专项集体合同草案，应当有 2/3 以上职工代表或者职工出席，且须经全体职工代表半数以上或者全体职工半数以上同意，集体合同草案或专项集体合同草案方获通过。

（3）签字：集体合同草案经职工大会或职工代表大会审议通过后，由双方首席代表签字或盖章。

（4）登记备案：集体合同签订后，应将集体合同的文本及其各部分附件一式三份提请县级以上劳动行政主管部门登记备案。

劳动行政部门有审查集体合同内容是否合法的责任，如果发现集体合同中的项目与条款有违法、失实等情况，可不予登记或暂缓登记，发回企业对集体合同进行修正。如果劳动行政部门在收到集体合同文本之日起 15 日内，没有提出意见。集体合同即发生法律效力，企业行政、工会组织和职工个人均应切实履行。

（5）公布：集体合同一经生效，企业应及时向全体职工公布。

相关链接：我国将全面实施集体合同制度“彩虹计划”

“2010 年集体合同制度覆盖率将达到 60% 以上；2011 年覆盖率达到 80% 以上。”由人力资源和社会保障部、全国总工会、中国企业联合会/中国企业家协会组成的国家协调劳动关系三方，日前联合下发通知，要求各地全面实施“彩虹计划”，以工资集体协商为重点，从 2010 年到 2012 年，力争用三年时间基本在各类已建工会的企业实行集体合同制度，对未建工会的小企业，则通过签订区域性、行业性集体合同努力提高覆盖比例。

集体协商和集体合同制度对于促进企业发展、维护职工权益、构建与发展和谐稳定的劳

动关系具有重要促进作用。为深入推进集体合同制度，国家协调劳动关系三方会议提出实施“彩虹计划”。

通知要求，各级协调劳动关系三方在加大集体合同法律法规宣传力度的同时，进一步增强集体协商的针对性和实效性，特别是把深化“共同约定行动”与加强集体合同制度建设结合起来，以工资集体协商为重点内容，以非公有制企业和劳动密集型企业为重点对象，推动企业与职工就工资水平、劳动定额等涉及劳动报酬的事项开展集体协商并订立专项集体合同，建立健全企业职工工资集体协商共决机制、正常增长机制和支付保障机制。

据全总集体合同部有关负责人介绍，各地将加强对工资集体协商工作的分类指导，即对经济效益较好的企业，就职工工资水平和增长幅度进行集体协商，实现职工工资随企业经济效益的提高而相应增长；对生产经营遇到困难的企业，通过协商薪酬稳定工作岗位、保障工资支付，实现稳员增效；对实行计件工资制的企业，重点就劳动定额标准和计件单价进行集体协商，保障职工取得合理劳动报酬的权益和休息权。

通知强调，各级协调劳动关系三方除通过大力推进行业性、区域性集体协商等工作，扩大集体协商和集体合同制度覆盖范围外，还应积极引导支持企业和工会开展“要约行动”，重点支持工会提出要约。据了解，开展“要约”的重点将放在五类企业，即没有开展集体协商和签订集体合同的企业；集体合同已经到期需要续签或重新签订的企业；没有开展工资集体协商和签订工资协议的企业；职工工资长期不增长、低增长，或50%职工工资低于当地职工平均工资50%的企业；实行经营者年薪制的国有和国有控股企业、集体企业。

依法规范集体协商程序是增强集体合同实效性的重要保障。通知指出，规范程序包括四项内容：一是规范集体协商代表产生程序，二是规范集体协商启动程序，三是规范集体协商会议程序，四是规范审议通过程序，从而保证集体协商双方代表具有合法性，协商过程充分表达职工和企业方的意愿和要求，协商内容得到双方一致认可。

此外，通知还要求各地，进一步加强集体协商主体能力建设，加强对集体协商工作的指导和服务，加强对集体合同的审查管理和履约监督，特别要进一步加强集体合同立法工作，重点解决集体协商中“不愿谈”、“不敢谈”、“不会谈”和“谈不成”等突出问题，将集体合同制度搭建成为企业与职工之间沟通协调的“虹桥”。

资料来源：http：//www. acftu. org/template/10004/file. jsp？aid = 83533&keyword = 集体合同。

2. 集体合同的履行

集体合同的履行是指集体合同依法成立后，当事人双方按照合同约定的各项内容，全面地完成各自承担的义务，从而使合同的权利义务得到全部实现的整个行为过程。集体合同的履行是集体合同制度实现的基本形式。集体合同一旦生效，就具有法律效力，合同双方必须遵守执行。

履行合同，不仅指签订集体合同的双方代表，而且要确保其组织的成员从上到下都切实履行合同。为了保证各组织的成员切实履行合同，签订合同的工会组织和企业经营者要提供足够的信息；对于未认真履行合同义务的一方，要切实采取措施帮助其实现，乃至有权运用各种手段加以处理。

3. 集体合同的变更和终止

集体合同的变更，是指双方当事人在集体合同没有履行或虽已开始履行但尚未完全履行之前，因订立集体合同的主客观条件发生了变化，依照法律规定的条件与程序，对原合同中的部分条款进行修改、补充的法律行为。

集体合同的终止，是指双方当事人约定的集体合同期满或者集体合同终止条件出现，以及集体合同一方当事人不存在、无法继续履行劳动合同时，立即终止劳动合同的法律效力。原劳动和社会保障部于2004年颁布的《集体合同规定》第38条规定：集体合同或专项集体合同期限一般为1~3年，期满或双方约定的终止条件出现，即行终止。集体合同或专项集体合同期满前3个月内，任何一方均可向对方提出重新签订或续订的要求。

（三）集体合同争议处理

集体合同争议是劳动争议的一种，是集体合同当事人对合同的内容、履行情况和不履行后果产生的争议。对集体合同内容的争议，是指当事人在集体合同协商时就确定合同的标准条件、义务条款产生的纠纷或对已签订的合同的标准条件、义务条款在理解和解释上产生的分歧。对集体合同履行情况的争议，是指当事人对合同是否已经履行或是否已经按约定的方式履行产生的分歧。对集体合同不履行后果的争议，是指当合同没有履行或没有完全履行时，当事人对应当由哪一方承担责任和承担多少责任产生的分歧。

在我国，由于集体合同当事人之间没有根本的利害冲突，大多数合同纠纷通过当事人双方协商、政府协调、劳动争议仲裁机构仲裁便可得到解决。少数经协调、仲裁仍不能解决的案件，可由人民法院判决解决。

1. 协商解决集体合同纠纷

协商解决集体合同纠纷是指企业与工会在自愿的基础上，互谅互让，按照法律、法规规定，解决双方纠纷。协商解决集体合同纠纷的原则有以下几项。

（1）在国家法律、法规允许的范围内协商解决。协议内容不得违反国家法律、法规，不得损害第三者的利益，即国家利益、社会利益和其他人的利益。对于违约责任的处理，只要集体合同中约定的违约责任条款是合法的，就应追究违约者的责任。不能借协商之名，对违法行为姑息迁就。

（2）在平等的前提下协商解决。集体合同当事人双方的法律地位是平等的，在协商解决集体合同纠纷时，都应以平等的态度对待对方，决不允许给对方施加压力，或以某种手段要挟。

2. 协调解决集体合同纠纷

协调解决集体合同纠纷是指当地人民政府劳动行政部门会同有关部门通过调解，使集体合同当事人双方解决纠纷。一般来讲，由当地人民政府出面协调，有利于企业内部的集体合同纠纷的解决。为此，《劳动法》规定："因签订集体合同发生争议，当事人协商解决不成的，当地人民政府劳动行政部门可以组织有关各方协调处理。"当地人民政府劳动行政部门协调解决集体合同纠纷，应查清事实，分清责任，耐心听取双方意见，宣传国家有关法律、法规和政策，明确指出当事人的过错、责任，促使双方在自愿的基础上达成协议。

集体合同纠纷，经协调达成协议，应制定协议书，作为解决集体合同纠纷的根据。当事人双方和主持协调部门应在协议书上签名盖章。

3. 集体合同争议的仲裁

集体合同争议仲裁是指劳动争议仲裁机关对集体合同纠纷的仲裁。它既不同于当地人民政府行政部门协调解决，也不同于法院的审判，它是具有法律效力的行政措施。通过仲裁，对不遵守集体合同的有过错的一方，采取强制措施，追究违约责任，以保护集体合同的全面履行。集体合同仲裁兼有行政、社会和法律的三重性质。

4. 集体合同争议的审判

集体合同争议的审判是指人民法院审理集体合同争议案件的活动。通过司法手段解决行政手段不能解决的那部分集体合同争议案件，有利于集体合同制度的推行和生产、工作秩序的稳定。

五、本单元小结

劳动关系是指劳动者与用人单位（包括各类企业、个体工商户、事业单位等）在实现劳动过程中建立的社会经济关系，它是人类社会最基本的社会关系。

本章从劳动关系管理的概念入手阐述了劳动关系管理的内容和基本要求；进一步阐述了劳动合同管理的相关内容，介绍了劳动合同的订立、变更和解除；重点讲述了劳动争议处理的基本原则和程序，以及集体合同管理的相关内容。

本单元关键词：劳动关系管理；劳动合同；劳动合同变更；集体合同；劳动争议

六、复习思考题

一、判断题

1.（　　）我国处理劳动争议，应当遵循着重调解，及时处理、依法处理和公正平等处理原则。

2.（　　）女职工在孕期、产期、哺乳期的，用人单位不得单方面解除劳动合同，但员工本身存在违法或者违约行为的除外。

3.（　　）用人单位在6个月内重新招用人员的，应当通知被裁减的人员，并优先招用被裁减的人员。

4.（　　）当事人如果不服劳动仲裁委员会的裁决，可以向上一级的仲裁委员会申请复议。

5.（　　）集体合同的草案需要提交职工代表大会或者职工会议审议通过。

二、选择题

1. 劳动者有（　　）情形的，用人单位提前30日以书面形式通知劳动者本人或者额外支付劳动者一个月工资后，可以解除劳动合同。

A. 劳动者患病或者非因工负伤，在规定的医疗期满后不能从事原工作也不能从事用人单位另行安排的工作的

B. 严重违反用人单位的规章制度的

C. 严重失职，营私舞弊，给用人单位的利益造成重大损害的

D. 劳动者同时与其他用人单位建立劳动关系，对完成本单位的工作任务造成严重影响，或者经用人单位提出，拒不改正的

2.《劳动法》规定，劳动争议一方当事人在法定期间不起诉又不履行仲裁裁决的，另一方当事人可以（　　）。

A. 申请劳动争议仲裁委员会强制执行　　B. 申请劳动行政部门强制执行

C. 申请人民法院强制执行　　D. 申请工商行政部门强制执行

3. 以下处理劳动争议的结果不具有法律约束力的是（　　）。

A. 企业劳动争议调解委员会的调解　　B. 劳动争议仲裁委员会的仲裁裁决

C. 人民法院的判决　　D. 人民法院的裁定

4. 根据我国法律规定，发生劳动争议，必须经过一前置程序，之后才能向人民法院起诉，该前置程序是（　　）。

A. 调解　　B. 协商　　C. 仲裁　　D. 行政复议

5. 集体合同签订后应当报送劳动行政部门登记备案，劳动行政部门自接到集体合同文本之日起（　　）无异议的，集体合同即行生效。

A. 7 日内　　B. 10 日内　　C. 15 日内　　D. 30 日内

三、思考题

1. 简述劳动合同的特征和种类。

2. 劳动合同解除有哪些情形?

3. 劳动争议解决的处理程序是什么？有哪些基本方法?

七、实训设计

【案例分析】

美国航空公司（AA）中不信任的根源

美国航空公司（American Airlines，AA）是美国主要航空公司之一，其前任董事长鲍勃·克兰德尔（Bob Crandall）是一位受到广泛认可的执行官。在他就任董事长期间，美国航空公司开始通过 SABRE 系统的旅行社分发机票，加入了一些重要的联盟，实施了航空公司第一个频繁的大型飞行员项目，创立了新的“收益控制”生产量控制器用于航班座位定价。他不仅成功地塑造了美国航空公司，而且戏剧性地改变了整个航空界。

但是随后发生的一系列事件使得人们开始质疑克兰德尔在处理劳资关系上的做法和能力。根据当时的一篇文章，“不信任的根源”包括对飞行员实施的两级工资制、对分析家和新闻媒体贬低飞行员、以关闭航线来威胁飞行员迫使他们同意进一步妥协以及让“他自己好战的个性成为劳工谈判的焦点”。

飞行员对他的做法表示非常气愤。由于劳资关系的紧张，使旅客对 AA 产生了怀疑，这让 AA 蒙受了至少 1 亿美元的损失。从某种程度上来说，AA 的问题似乎在于克兰德尔推行的两级工资制上：现任的 AA 飞行员保持原有的工资水平不变，而这要多于新雇用的飞行员的工资，这造成了一部分飞行员的不满，为劳资关系的紧张埋下伏笔。所以，现在 AA 的管理人员不得不解决如何与这个飞行员群体达成协议的问题。

资料来源：［美］加里·德斯勒，张炜译：《人力资源管理精要》，中国人民大学出版社 2004 年版。

案例思考题

1. 你认为 AA 中的哪些因素造成了飞行员群体的不满?

2. 如果你是 AA 的管理者，你将采取什么方法来解决这个问题，使之不再发生?

3. 飞行员可以通过什么途径来维护自身的利益？

【实操训练】

训练项目：

1. 角色模拟扮演，将学生分成企业方和劳动者方，制定一份劳动合同。

2. 选择当地一家企业，调查询问该企业员工是否经历过劳动合同争议，如果有，是何种争议，是如何解决的，形成调查分析报告。

技能训练要求：

1. 4~5 人为一组（男生女生搭配），选一人为组长，负责协调与分工。

2. 可以讨论，也可以上网查资料，作业成果以书面形式提交，并签上小组成员名字。

3. 时间：以课外为主、课堂指导结合。

附件1：职业适应性测试

如果问你有哪些兴趣爱好，每个人都能列举出许多，比如听音乐、看电影、跳舞、踢足球、游泳、读书、摄影、书法、设计服装等等，但是，如果问你这些兴趣与职业选择有什么关系时，就不大容易回答了。

下面的测验将帮助你发现和确定自己的职业兴趣和能力所长，从而更好地做出求职择业的决策。

□ 测试题目

本测验共有七个部分，每部分都没有时间限制，但你应当尽快去做。

你心目中的理想（专业）

对于未来的职业（或升学进修的专业），您也得早有考虑，它可能很抽象、很朦胧，也可能很具体、很清晰。不论是哪种情况，现在都请你把自己最想做的3种工作或最想读的3种专业按顺序写下来。

1. ____________________
2. ____________________
3. ____________________

你所感兴趣的活动

下面列举了各种活动，请就这些活动判断你的好恶。喜欢的活动，请在“是”栏里打“√”，不喜欢在“否”栏里打“×”，务必请按顺序回答全部问题。

活动性：你喜欢从事下列活动吗？

R：现实型活动	是	否
1. 装配修理电器或玩具		
2. 修理自行车		
3. 用木头做东西		
4. 开汽车或摩托车		
5. 用机器做东西		
6. 参加木工技术学习班		
7. 参加制图描图学习		
8. 驾驶卡车或拖拉机		
9. 参加机械和电气学习		
10. 装配修理机器		

统计“是”一栏得分，计

A：艺术型活动	是	否
1. 素描/制图或绘画		

2. 参加话剧戏曲
3. 设计家具布置室内
4. 练习乐器/参加乐队
5. 欣赏音乐或戏剧
6. 看小说/读剧本
7. 从事摄影创作
8. 写诗或吟诗
9. 进艺术（美术/音乐）培训班
10. 练习书法

统计“是”一栏得分，计

I：调查型活动　　是　否

1. 读科技图书和杂志
2. 在试验室工作
3. 调查水果品种，培育新的水果
4. 调查了解土和金属等物质的成分
5. 研究自己选择的特殊的问题
6. 解算式或数学游戏
7. 物理课
8. 化学课
9. 几何课
10. 生物课

统计“是”一栏得分，计

S：社会型活动　　是　否

1. 学校或单位组织的正式活动
2. 参加某个社会团体或俱乐部活动
3. 帮助别人解决困难
4. 照顾儿童
5. 出席晚会、联欢会、茶话会
6. 和大家一起出去郊游
7. 想获得关于心理方面的知识
8. 参加讲座会或辩论会
9. 观看或参加体育比赛和运动会
10. 结交新朋友

统计“是”一栏得分，计

E：企业型活动　　是　否

1. 说服鼓动他人
2. 卖东西
3. 谈论政治
4. 制订计划，参加会议

5. 以自己的意志影响别人的行为
6. 在社会团体中担任职务
7. 检查与评价别人的工作
8. 结识名流
9. 指导与某处目标的团体
10. 参与政治活动

统计“是”一栏得分，计

C：常规型活动　　　　　　　　　　　是　　否
1. 整理好桌面和房间
2. 抄写文件和信件
3. 为领导写报告或公务信函
4. 核查个人收支情况
5. 参加打字培训班
6. 参加算盘、文秘等实务培训
7. 参加商业会计培训班
8. 参加情报处理培训班
9. 整理信件、报告、记录等
10. 写商业贸易信

统计“是”一栏得分，计

你所擅长或胜任的活动

下面列举了各种活动，其中你能做或大概能做的事，请在“是”栏里打“√”，反之，在“否”栏里打“×”，请回答全部问题。

R：现实型能力　　　　　　　　　　　是　　否
1. 能使用电锯、电钻和锉刀等木工工具
2. 知道万用表使用方法
3. 能够修理自行车或其他机械
4. 能够使用电钻床、磨木机或缝纫机
5. 能给家具和木制品刷漆
6. 能看建筑等设计图
7. 能够修理简单的电气用品
8. 能修理家具
9. 能修收录机
10. 能简单地修理水管

统计“是”一栏得分，计

A：艺术型能力　　　　　　　　　　　是　　否
1. 能演奏乐器
2. 能参加三部或四部合唱
3. 独唱或独奏
4. 扮演剧中角色

5. 能创作简单的东西
6. 会跳一种舞
7. 有绘画、素描或书法
8. 能雕刻、剪纸或泥塑
9. 能设计海报、服装或家具
10. 写得一手好文章

统计“是”一栏得分，计

I：调研型能力　　是　否
1. 懂得真空管或晶体管的作用
2. 能够列举三种含蛋白质多的食品
3. 理解铀的裂变
4. 能用计算尺、计算器、对数表
5. 会使用显微镜
6. 能找到三个星座
7. 能独立进行调查研究
8. 能解释简单的化学式
9. 理解人造卫星为什么不落地
10. 经常参加学术会议

统计“是”一栏得分，计

S：社会型能力　　是　否
1. 有向各种人说明解释的能力
2. 常参加社会福利活动
3. 能和大家一起友好相处地工作
4. 善于与年长者相处
5. 会邀请人招待人
6. 能简单易懂地教育儿童
7. 能安排会议等活动顺序
8. 善于体察人心和帮助他人
9. 帮助护理病人或伤员
10. 安排社团组织的各种事务

统计“是”一栏得分，计

E：企业型能力　　是　否
1. 担任过学生干部并做得不错
2. 工作上能指导和监督他人
3. 做事充满活力和热情
4. 有效地用自身的做法调动他人
5. 销售能力
6. 曾作为俱乐部或社团的负责人
7. 向领导提出建议或反映意见

8. 有开创事业的能力
9. 知道怎样做能成为一个优秀的领导者
10. 健谈善辩

统计“是”一栏得分，计

C：常规型能力　　是　否
1. 会熟练地打印中文
2. 会用外文打印机或复印机
3. 能快速记笔记和抄写文章
4. 善于整理保管文件和资料
5. 善于从事事务性的工作
6. 会用算盘
7. 能在短时间内分类和处理大量文件
8. 使用计算机
9. 能搜集数据
10. 善于为自己或集体作财务预算表

统计“是”一栏得分，计

您所喜欢的职业

下面列举了多种职业，请一一认真地看，如果是你有兴趣的工作，请在“是”栏里打“√”。如果是你不太喜欢、不关心的工作，请在“否”栏里打“×”，请全部回答。

R：现实型职业　　是　否
1. 飞机机械师
2. 野生动物专家
3. 汽车维修工
4. 木匠
5. 测量工程师
6. 无线电报务员
7. 园艺师
8. 长途公共汽车司机
9. 火车司机
10. 电工

统计“是”一栏得分，计

S：社会型职业　　是　否
1. 街道、工会或妇联干部
2. 小学、中学教师
3. 精神病医生
4. 婚姻介绍所工作人员
5. 体育教练
6. 福利机构负责人
7. 心理咨询员

8. 共青团干部
9. 导游
10. 国家机关工作人员

统计“是”一栏得分，计

I：调研型职业 是 否
1. 气象学或天文学学者
2. 生物学学者
3. 医学实验室的技术人员
4. 人类学学者
5. 动物学学者
6. 化学学者
7. 数学学者
8. 科学杂志的编辑或作家
9. 地质学学者
10. 物理学学者

统计“是”一栏得分，计

E：企业型职业 是 否
1. 厂长
2. 电视片制片人
3. 公司经理
4. 销售员
5. 不动产推销员
6. 广告部长
7. 体育活动主办者
8. 销售部长
9. 个体工商业者
10. 企业管理咨询人员

统计“是”一栏得分，计

A：艺术型职业 是 否
1. 乐队指挥
2. 演奏家
3. 作家
4. 摄影家
5. 记者
6. 画家、书法家
7. 歌唱家
8. 作曲家
9. 电影电视演员
10. 节目主持人

统计“是”一栏得分，计

C：常规性职业　　　　　　　　　　　　　是　　否

1. 会计师
2. 银行出纳员
3. 税收管理员
4. 计算机操作员
5. 簿记人员
6. 成本核算员
7. 文书档案管理员
8. 打字员
9. 法庭书记员
10. 人口普查登记员

统计“是”一栏得分，计

您的能力类型简评

下面这张表是您在6个职业能力方面的自我评分表。您可以先与同龄者比较出自己在每一方面的能力，然后经斟酌以后对自己的能力作一评价。请在表中适当的数字上画圈。数字越大表示您的能力越强。

注意，请勿全部画同样的数字，因为人的每项能力不可能完全一样。

机械操作能力	科学研究能力	艺术创作能力	解释表达能力	商业洽谈能力	事务执行能力
体力技能	数学技能	音乐技能	交际技能	领导能力	办公技能
7 6 5 4 3 2 1	7 6 5 4 3 2 1	7 6 5 4 3 2 1	7 6 5 4 3 2 1	7 6 5 4 3 2 1	7 6 5 4 3 2 1

统计和确定您的职业倾向

请将第二部分至第五部分的全部测验分数按前面已统计好的6种职业倾向（R型、I型、A型、E型、C型）得分填入下表，并作纵向累加。

	R型	I型	A型	S型	E型	C型
第一部分						
第二部分						
第三部分						
第四部分						
第五部分						
总分						

请将上表中的 6 种职业倾向总分按大小顺序从左到右排列：

（　　）型、（　　）型、（　　）型。

（　　）型、（　　）型、（　　）型。

您的职业倾向性得分：最高分（　　），最低分（　　）

您所看重的东西——职业价值观

这一部分测验列出了人们在选择工作时通常会考虑的九条因素（见所附工作价值标准）。现在请你在其中选出最重要的两项因素，以及最不重要的两项因素，并将序号填入下边相应空格内。

最重要：（　）

次重要：（　）

最不重要：（　）

次不重要：（　）

附：工作价值标准

1. 工资高，福利好
2. 工作环境（物质方面）舒适
3. 人际关系良好
4. 工作稳定有保障
5. 能提供较好的受教育机会
6. 有较高的社会地位
7. 工作不太紧张，外部压力少
8. 能充分发挥自己的能力特长
9. 社会需要与社会贡献较大

以上全部测验完毕，将你测验得分居第一位的职业类型找出，对照下表，判断一下自己适合的种类。

□ 职业索引

对照表——职业兴趣代号与其相应的职业

R（现实型）：木匠、农民、操作 X 光的技师、工程师、飞机机械师、鱼类和野生动物专家、自动化技师、机械工（车工、钳工等）、电工、无线电报务员、火车司机长途公共汽车司机、机械制图员、修理机器、电器师。

I（调查型）：气象学者、生物学者、天文学者、药剂师、动物学者、化学家、科学报刊编辑、地质学者、植物学者、物理学者、数学学者、实验员、科研人员、科技作者。

A（艺术型）：室内装饰专家、图书管理专家、摄影师、音乐教师、作家、演员、记者、诗人、作曲家、编剧、雕刻家、漫画家。

S（社会型）：社会学家、导游、福利机构工作者、咨询人员、社会工作者、社会科学教师、学校领导、精神病工作、公共保健护士。

E（企业型）：推销、进货员、商品批发员、旅馆经理、饭店经理、广告宣传员、调度员、律师、政治家、零售商。

C（常规型）：记账员、会计、银行出纳、法庭速记员、成本估算员、税务员、核算员、打字员、办公室职员、统计员、计算机操作员、秘书。

下面介绍与你3个代号的职业兴趣类型一致的职业表。对照的方法如下：首先根据你的职业兴趣代号，在下文中找出相应的职业，例如你的职业兴趣代号是RIA，那么牙科技术员、陶工等职业是适合你的兴趣的，然后寻找与你职业兴趣代号相近的职业，如你的职业兴趣代号是RIAS，那么你可寻找凡包含RIA等编号相适应的职业，诸如IRA、IAR、RAI、ARI等编号所相应的职业，这些职业也较适合你的兴趣。

RIA 牙科技术员、陶工、建筑设计员、模型工、细木工、制作链条人员。

RIS 厨师、服务员、跳水员、潜水员、染色员、电器修理、眼镜制作、电工、纺织机器装配工、报务员、装玻璃工人、发电厂工人、焊接工。

RIE 建筑和桥梁工程、环境工程、航空工程、公路工程、电力工程、信号工程、电话工程、一般机械工程、自动工程、矿业工程、海洋工程、交通工程技术人员、制图员、家政经济人员、打捞员、计量员、农民、农场机器操作、清洁工、无线电修理、汽车修理、管子工、公路维修、盖（修）房工、电子技术员、木工、机械师、锻压操作工、造船装配工、工具仓库管理员。

RIC 船上工作人员、接待员、杂志保管员、牙科医生的助手、制帽工、磨坊工、石匠、机器制造、机车（火车头）制造、农业机器装配、鞋匠锁匠、货物检验员、电梯维修工、托儿所所长、钢琴调音师、装配工、印刷工、建筑钢铁工人、卡车司机。

RAI 手工雕刻制作模型人员、家具木工、制作皮革品、手工绣花、手工钩针纺织、排字工人、印刷工人、图画雕刻、装订工。

RSE 消防员、交通巡警、警官、门卫、理发师、房间清洁工、屠夫、锻工、开凿工人、管道安装工、出租汽车驾驶员、货物搬运工、关报员、勘探员、娱乐场所的服务员、起重机操作工、灭害虫者、电梯操作工、厨房助手。

RSI 纺织工、纺织工、农业学校的教师、某些职业课程教师（诸如艺术、商业、技术工艺课程）、雨衣上胶工人。

REC 抄水表员、保姆、实验室动物饲养员、动物管理员。

REJ 轮船船长、航海领航员、大副、试管实验员。

RES 旅馆服务员、家饲养员、渔民、渔网修补工、水手长、收割机操作工、搬行李工人、公园服务员、救生员、登山导游、火车工程技术员、建筑工人、铺轨工人。

RCI 测量员、勘测员、仪器操作者、农业工程技术、化学工程技师、石油工程技师、资料室管理员、探矿工、煅烧工、烧窑工、矿工、保养工、车床工、取样工、样品检验员、纺纱工、炮手、绕筒子工、漂洗工、电焊工、锯木工、刨床工、制帽工、手工缝纫工、油漆工、染色工、按摩工、木匠、农民建筑工人、电影放映员、勘测员助手。

RCS 公共汽车驾驶员、一等水手、游泳池服务员、裁缝、建筑工人、石匠、烟囱修建工、混凝土工、电话修理工、爆炸手、邮递员、矿工、裱糊工人、纺纱工。

RCE 打井工、吊车驾驶员、农场工人、邮件分类员、铲车司机、拖拉机司机。

IAS 经济学家、农场经济学家、财政经济学家、国际贸易经济学家、实验心理学家、工程心理学家、心理学家、哲学家、内科医生、数学家。

IAR 人类学家、天文学家、化学家、物理学家、医学病理学家、动物标本制作者、化石修复者、艺术品管理员。

ISE 营养学家、饮食顾问、火灾检查员、邮政服务检查员。

ISC 侦察员、电视播音室修理员、电视修理服务员、验尸室人员、编目录的人、医学实验室技师、调查研究者。

ISR 水生生物学者、昆虫学家、微生物学家、配镜师、矫正视力者、细菌学家、牙科医生、骨科医生。

ISA 实验心理学家、普通心理学家、发展心理学家、教育心理学家、社会性心理学家、临床心理学家、目录学家、皮肤病学家、神经病学家、妇产科医生、眼科医生、五官科医生、医学实验室技术专家、民航医务人员、护士。

IES 细菌学家、心理学家、化学专家、地质专家、地理物理学专家、纺织技术专家、医院药店剂师、工业药剂师、药房营业员。

IEC 质量检验技术员、地质学技师、工工程师、法官、图书馆技术辅助员、计算机操作员、医院听诊员、家禽检查员。

IRA 地理学家、地质学家、水文学家、矿物学家、古生物学家、石油专家、地震学者声望学物理学家、原子和分子物理学家、电学和磁学物理学家、气象学家、设计审核员、人口统计学家数学统计学家、外科医生、城市规划家、气象员。

ISR 流体物理学家、物理海洋学家、等离子体物理学家、农业科学家、动物学家、食品科学家、园艺学家、植物学家、细菌学家、解剖学家、动物病理学家、作物病理学家、药物学家、生物化学家、生物物理学家、细胞生物学家、临床化学家、遗传学家、分子生物学家、质量控制工工程师、地理学家、兽医、放射治疗技师。

IRE 化验员、化学工程师、纺织工程师、食品技师、渔业技术专家 、材料测试工程师、电气工程师、土木工程师、地质工程师、电力工程师、口腔科医生、牙科医生。

IRC 飞机领航员、飞行员、生理实验室技师、文献检查员、农业技术专家、动植物技术专家、生物技师、油管检查员、工商业规划者、矿藏安全检查员、纺织品检验员、照相机修理者、工程技师员、设计计算机程序者、工具设计者、仪器维修工。

CRI 簿记员、会计、计时员、铸造机操作工、打字员、按键操作工、复印机操作工。

CRS 仓库保管员、档案管理员、缝纫工、讲述员、收款人。

CRE 标价员、实验室工作者、缝纫工、讲述员、收款人。

CIS 记账员、顾客服务员、报刊发行员、土地测量员、保险公司职员、会计师、估价员、统计员、邮政检查员、外贸检查员。

CIE 打字员、统计员、支票记录员、订货员、校对员、办公室工作人员。

CIR 校对员、工程职员、海底电报员、检修计划员、发报员。

CSE 接待员、电话接线员、卖票员、旅馆服务员、私人职员、商学教师、旅游办事员。

CSR 运货代理商、铁路职员、交通检查员、办公室通信员。

CSI 簿记员、出纳员、银行财务职员。

CSA 秘书、图书管理员、办公室办事员。

CER 邮递员、数据处理员、航空邮件检查员。

CEI 推销员、经济分析家。

CES 银行会计、记账员、法人秘书、速记员、法院报告人。

ECI 银行行长、审记员、信用管理员、地产管理员、商业管理员。

ECS 信用办事员、保险人员、各类进货员、海关服务经理、售货员、购买员、会计。

ERI 建筑物管理员、工业工程师、农场管理员、护士长、农业经营管理人员。

ERS 仓库管理员、房屋管理员、货栈监督管理员。

ERC 邮政局长、渔船船长、机械操作领班、木工领班、瓦工领班、驾驶员领班。

EIR 科学、技术和有关出版物的管理员。

EIC 专利代理人、鉴定人、运输服务员、检查员、安全检查员、废品收购人员。

EIS 警官、侦察员、交通检查员、安全咨询员、合同管理者。

EAS 法官、律师、公证人。

EAR 展览室管理员、舞台管理员、播音员、驯兽员。

ESC 理发师、裁判员、政府行政管理员、财政管理员、工程管理员、职业病防治、售货员、商业经理、办公室主任、人事负责人、调度员。

ESR 家具售货员、书店售货员、公共汽车驾驶员、日用商业售货员、护士长、自然科学和工程的行政管理

ESI 博物馆管理员、技术服务咨询员、饮食业经理、地区安全服务管理员、技术服务咨询者、超级市场管理员、零售商品店店员、批发商、出租汽车服务站调度。

ESA 博物院馆长、报刊管理员、音乐器材售货员、广告商、售画营业员、导游、（轮船或班机上的）事务长、飞机上的服务员、船员、法官、律师。

ASE 戏剧导演、舞蹈教师、广告撰稿人、报刊专栏作者、记者、演员、英语翻译。

ASI 音乐教师、乐器教师、美术教师、管弦乐指挥、合唱队指挥、歌星、演奏家、哲学家、作家、广告经理、时装模特。

AER 新闻摄影师、电视摄像师、艺术指导、录音指导、丑角演员、魔术师、木偶戏演员、骑士。

AEI 音乐指挥、舞台指导、电影导演。

AES 流行歌手、舞蹈演员、电影导演、广播节目主持人、舞蹈教师、口技表演者、喜剧演员、模特。

AIS 画家、剧作家、编辑、评论家、时装艺术大师、新闻摄影师、男演员、文学作者。

AIE 工匠、皮衣设计师、工业产品设计师、剪影艺术家、复制雕刻品大师。

AIR 建筑师、画家、摄影师、绘图员、环境美化工、雕刻家、包装设计师、陶器设计师、绣花工、漫画工。

SEC 社会活动家、退伍军人服务管理员、工商会事务代表、教育咨询者、宿舍管理员、旅馆经理、饮食服务管理员。

SER 体育教练、游泳指导。

SEI 大学校长、学院院长、医院行政管理员、历史学家、家政经济学家、职业学校教师、资料员。

SEA 娱乐活动管理员、国外服务办事员、社会服务助理、一般咨询者、宗教教育工作者。

SCE 部长助理、福利机构职员、生产协调人、环境卫生管理人员、戏院经理、餐馆经

理、售票员。

SRI 外科医师助手、医院服务员。

SRE 体育教师、职业病治疗者、体育教练、专业运动员、房管员、儿童家庭教师、警察、引座员、传达员、保姆。

SRC 护理员、护理助理、医院勤杂工、理发师、学校儿童服务人员。

SIA 社会学家、心理咨询者、学校心理学家、政治科学家、大学或学院的系主任、大学或学院的教育学教师、大学农业教师、大学工程和建筑课程的教师、大学法律教师、大学数学、医学、物理、社会科学和生命科学的教师、研究生助教、成人教育教师。

SIE 营养学家、饮食学家、海关检查员、安全检查员、税务稽查员、校长。

SIC 描图员、兽医助手、诊所助理、体检检查员、监督缓刑犯的工作者、娱乐指导者、咨询人员、社会科学教师。

SER 理疗员、救护队工作人员、手足病医生、职业病治疗助手。

SCA 理发师、指甲修剪师、包装艺术家、美容师、整容专家、发式设计师。

SAE 听觉病治疗者、演讲矫正者。

SAZ 图书馆管理员、小学教师、幼儿园教师、学前儿童童教师、中学教师、学校护士、牙科助理、飞行指导员。

附件2：生活特性问卷

指导语：

这是一份关于个人观点的问卷调查，请根据你对每一个问题的看法用1~7的分值表示你的同意或不同意的程度（1代表“完全不同意”，7代表“完全同意”）。请将你的回答填在相应问题前的括号里。答案无对错之分，请不要顾虑。每个问题都要回答，不要遗漏。谢谢合作。

样题：

1 ··············· 2 ··············· 3 ············ 4 ········ 5 ············ 6 ·········· 7

完全不赞同 非常不赞同 稍有不赞同 无所谓 稍有赞同 比较赞同 完全赞同

1. 从事新的工作令我兴奋
2. 有人喜欢当领导，但我不喜欢当领导
3. 我有很多要好的朋友
4. 我想把自己的工作做得达到要求就足够了
5. 我喜欢对他人工作做指导
6. 第一次和别人见面时，我很少主动发言
7. 我对事情的所有可能性都有准备
8. 我认为做任何事都要承担风险
9. 如果让我面对很多人说话，我会感到紧张
10. 我认为做困难的工作更有意思
11. 我喜欢风险和收益都高的工作
12. 我觉得能否成为权威对我很重要
13. 我喜欢轻轻松松便能完成工作
14. 我一般不参与有危险的活动
15. 我对与他人竞争的胜负看得很重要
16. 当我心情郁闷时，我不想有人来打扰我
17. 我喜欢难度大的娱乐活动
18. 我喜欢对他人的工作作出评价
19. 如果我成为众人注意的焦点，我会不安
20. 我很重视工作是否能增长能力
21. 当组织作出重大决策时，我希望自己的意见受到重视
22. 和不熟悉的人单独相处，我会局促不安
23. 在我遇到困难时我往往自己解决
24. 我喜欢用有把握的方法来完成任务
25. 我认为和陌生人交往很容易
26. 若目标非常难于达到，我宁愿把目标降低

27. 我喜欢在行动前仔细地考虑失败的可能性
28. 我认为自己完全有能力使组织高效地运转
29. 我非常愿意做别人认为需付出很大努力的任务
30. 我不喜欢用常规的方法来完成任务
31. 我非常愿意给上级出谋划策
32. 我认为凡事一定要有长远打算
33. 我非常想成为组织中举足轻重的人物
34. 我喜欢和最亲密的朋友分享我的秘密
35. 我认为不断的奋斗会令我疲惫
36. 我愿意协调组织中的人际关系
37. 我愿意在社交场合交朋友
38. 我认为急流勇退是明智之举
39. 我认为在动手之前把一切细节都考虑到是很必要的
40. 我不在意朋友对我无意的伤害
41. 我对所有的目标都会力争达到
42. 我不愿意在股市行情变幻莫测的时候买股票
43. 我认为在许多事情上，我的想法比别人更正确
44. 我认为对于投资项目不参加保险也没什么关系
45. 我不喜欢担负很多责任
46. 我对朋友发脾气后会感到后悔
47. 我喜欢带领别人一起工作
48. 我认为不值得为了坚持自己的意见与朋友发生争执
49. 我喜欢对组织成员进行分工
50. 为了成为组织的主管，我愿意付出巨大代价
51. 我自己的事应该自己处理。

生活特性问卷答题纸

编号＿＿＿＿＿姓名＿＿＿＿＿＿性别＿＿＿＿＿年龄＿＿＿＿＿民族＿＿＿＿＿

学历＿＿＿＿＿职业或专业＿＿＿＿＿＿＿＿＿＿部门＿＿＿＿＿职务＿＿＿＿＿

1 ---------------- 2 -------------- 3 ----------- 4 -------- 5 ----------- 6 ----------- 7

完全不赞同 非常不赞同 稍有不赞同 无所谓 稍有赞同 比较赞同 完全赞同

1. ＿＿＿＿	2. ＿＿＿＿	3. ＿＿＿＿	4. ＿＿＿＿	5. ＿＿＿＿	6. ＿＿＿＿
7. ＿＿＿＿	8. ＿＿＿＿	9. ＿＿＿＿	10. ＿＿＿＿	11. ＿＿＿＿	12. ＿＿＿＿
13. ＿＿＿＿	14. ＿＿＿＿	15. ＿＿＿＿	16. ＿＿＿＿	17. ＿＿＿＿	18. ＿＿＿＿
19. ＿＿＿＿	20. ＿＿＿＿	21. ＿＿＿＿	22. ＿＿＿＿	23. ＿＿＿＿	24. ＿＿＿＿
25. ＿＿＿＿	26. ＿＿＿＿	27. ＿＿＿＿	28. ＿＿＿＿	29. ＿＿＿＿	30. ＿＿＿＿
31. ＿＿＿＿	32. ＿＿＿＿	33. ＿＿＿＿	34. ＿＿＿＿	35. ＿＿＿＿	36. ＿＿＿＿
37. ＿＿＿＿	38. ＿＿＿＿	39. ＿＿＿＿	40. ＿＿＿＿	41. ＿＿＿＿	42. ＿＿＿＿
43. ＿＿＿＿	44. ＿＿＿＿	45. ＿＿＿＿	46. ＿＿＿＿	47. ＿＿＿＿	48. ＿＿＿＿
49. ＿＿＿＿	50. ＿＿＿＿	51. ＿＿＿＿			

附件3：马斯洛需求测试

临床心理学家马斯洛（A. H. Maslow）结合自己的临床实践，编制了《安全感——不安全感问卷》（又称S—I问卷）。这是一个包含75道题的问卷，受测者可以在大约10分钟内完成。

马斯洛S—I问卷答案纸

请在答案纸上回答下列各题。选择最符合你的情况的一项。如果实在不好回答，可以选择“不清楚”一项。

Y＝是　　N＝否　　？＝不清楚

请选择符合你的情况一项：

1	Y	N	?	26	Y	N	?	51	Y	N	?
2	Y	N	?	27	Y	N	?	52	Y	N	?
3	Y	N	?	28	Y	N	?	53	Y	N	?
4	Y	N	?	29	Y	N	?	54	Y	N	?
5	Y	N	?	30	Y	N	?	55	Y	N	?
6	Y	N	?	31	Y	N	?	56	Y	N	?
7	Y	N	?	32	Y	N	?	57	Y	N	?
8	Y	N	?	33	Y	N	?	58	Y	N	?
9	Y	N	?	34	Y	N	?	59	Y	N	?
10	Y	N	?	35	Y	N	?	60	Y	N	?
11	Y	N	?	36	Y	N	?	61	Y	N	?
12	Y	N	?	37	Y	N	?	62	Y	N	?
13	Y	N	?	38	Y	N	?	63	Y	N	?
14	Y	N	?	39	Y	N	?	64	Y	N	?
15	Y	N	?	40	Y	N	?	65	Y	N	?
16	Y	N	?	41	Y	N	?	66	Y	N	?
17	Y	N	?	42	Y	N	?	67	Y	N	?
18	Y	N	?	43	Y	N	?	68	Y	N	?
19	Y	N	?	44	Y	N	?	69	Y	N	?
20	Y	N	?	45	Y	N	?	70	Y	N	?
21	Y	N	?	46	Y	N	?	71	Y	N	?
22	Y	N	?	47	Y	N	?	72	Y	N	?
23	Y	N	?	48	Y	N	?	73	Y	N	?
24	Y	N	?	49	Y	N	?	74	Y	N	?
25	Y	N	?	50	Y	N	?	75	Y	N	?

这个问题旨在了解不同的人所具有的不同的心理特征。因此，每道题目的答案并没有是非、好坏之分，你不必有任何顾虑，请真实回答。

1. 通常，我更愿与人待在一起，而不是个人独处。
2. 在社交方面我感到轻松。
3. 我缺乏自信。
4. 我感到自己已经得到了足够的赞扬。
5. 我经常感到对世事的不满。
6. 我感到人们像尊重他人一样尊重我。
7. 一次窘迫的经历会使我在很长时间内感到不安和焦虑。
8. 我对自己感到不满意。
9. 一般说来，我不是一个自私的人。
10. 我倾向于通过逃避来避免一些不愉快的事情。
11. 当我与别人在一起时，我也常常会有一种孤独的感觉。
12. 我感到生活对我来说是不公平的。
13. 当朋友批评我时，我是可以接受的。
14. 我很容易气馁。
15. 我通常对绝大多数人都是友好的。
16. 我经常感到活着没有意思。
17. 一般说来，我是一个乐观主义者。
18. 我认为我是一个相当敏感的人。
19. 一般说来，我是一个快活的人。
20. 通常，我对自己抱有信心。
21. 我常常自己感到不自然。
22. 我对自己不是很满意。
23. 我经常情绪低落。
24. 在我与每个人第一次见面时，我常常感到对方可能不会喜欢我。
25. 我对自己有足够的信心。
26. 通常，我认为大多数人都是可以信任的。
27. 我认为，在这个世界上我是一个有用的人。
28. 一般说来，我与他人相处融洽。
29. 我经常为自己的未来发愁。
30. 我感到自己是坚强有力的。
31. 我很健谈。
32. 我有一种自己是别人的负担的感觉。
33. 我在表达自己感情方面存在困难。
34. 我时常为他人的幸运而感到欣喜。
35. 我经常感到似乎遗忘了什么事情。
36. 我是一个比较多疑的人。
37. 一般说来，我认为世界是一个适于生存的好地方。

38. 我很容易不安。
39. 我经常反省自己。
40. 我是在按照自己的意愿生活，而不是按照其他什么人的意愿生活。
41. 当事情没办好时，我为自己感到悲哀和伤心。
42. 我感到自己在工作和职业上是一个成功者。
43. 我通常愿意让别人了解我究竟是怎样一个人。
44. 我感到自己没有能很好地适应生活。
45. 我经常抱着“车到山前必有路”的信念而坚持将事情做下去。
46. 我感到生活是一个沉重的负担。
47. 我被自卑感所困扰。
48. 一般说来，我感到还好。
49. 我与异性相处得很好。
50. 在街上，我曾因感到人们在看我而烦恼。
51. 我很容易受伤害。
52. 在这个世界上，我感到温暖。
53. 我为自己的智力而忧虑。
54. 通常，我使别人感到轻松。
55. 对于未来，我隐隐有一种恐惧感。
56. 我的行为很自然。
57. 一般说来，我是幸运的。
58. 我有一个幸福的童年。
59. 我有许多真正的朋友。
60. 在多数时间中我都感到不安。
61. 我不喜欢竞争。
62. 我的家庭环境很幸福。
63. 我时常担心会遇到飞来的横祸。
64. 在与人相处时，我常常会感到很烦躁。
65. 一般说来，我很容易满足。
66. 我的情绪时常会一下子从非常高兴变得非常悲哀。
67. 一般说来，我受到人们的尊重和尊敬。
68. 我可以很好地与别人配合工作。
69. 我感到自己不能控制自己的情感。
70. 我有时感到人们在嘲笑我。
71. 一般说来，我是一个比较陌生的人。
72. 总的说来，我感到世界对我是公正的。
73. 我曾经因怀疑一些事情并非真实而苦恼。
74. 我经常受羞辱。
75. 我经常感到自己被人们视为异乎寻常。

计分方法：

安全感——不安全感问卷记分键

1Y	20Y	39N 或?	58Y
2Y	21N 或?	40Y	59Y
3N	22N	41N 或?	60N
4Y	23N	42Y	61N
5N	24N	43Y	62Y
6Y	25Y	44N	63N
7N	26Y	45Y	64N
8Y	27Y	46N	65Y
9Y	28Y	47N	66N
10N	29N	48Y	67Y
11N	30Y	49Y	68Y
12Y	31Y	50Y	69N
13Y	32N	51N 或?	70N
14N	33N	52Y	71Y
15Y	34Y	53N	72Y
16N	35N	54Y	73N
17Y	36N	55N	74N
18N	37Y	56Y	75N
19Y	38N	57Y	

凡是选择与表中一致的记零分，其余的一律记1分。大部分选“不清楚”的都记为1分。将所有题目的得分相加即为最后得分。

说明

0~24分属于正常范围；25分以上，则具有不安全感的倾向；31分以上，则具有不安全感，39分以上则具有严重的不安全感，即存在着严重的心理障碍。

对于具有安全感和具有不安全感的人，马斯洛从142个方面进行了对比，见下表。

缺乏安全感的人	具有安全感的人
(1) 感到被拒绝，感到不被接受，感到受冷落，或受到嫉恨、歧视。(2) 感到孤独、被遗忘、被抛弃。(3) 经常感到威胁、危险和焦虑。(4) 将世界、人生理解为危险、黑暗、敌意、挑战，像一个充满互相残杀的角斗场。(5) 将他人视为基本上是坏的、恶的、自私的，或危险的。(6) 对他人抱不信任、嫉妒、傲慢、仇恨、敌视的态度。(7) 有悲观倾向。(8) 总倾向于不满足。(9) 有紧张的感觉以及由紧张引起的疲劳、神经质、噩梦等。(10) 表现出强迫性内省倾向、病态自责、自我过敏。(11) 负罪和羞怯感，自我谴责倾向，甚至自杀倾向。(12) 被种种自我估价方面的情绪所困扰，如对权力和地位的追求、病态的理想主义、对钱和权势的渴求、对特权的嫉恨、受虐倾向、病态的柔顺、自卑等。(13) 不停息地为更安全而努力，表现各种神经质倾向、自卫倾向、逃避倾向、幻觉等。(14) 自私，以自我为中心	(1) 感到被人喜欢、被人接受，从他人处感到温暖和热情。(2) 感到归属，感到是群体中的一员。(3) 有安全感，无忧无虑。(4) 将世界和人生理解为惬意、温暖、友爱、仁慈，普天之下皆兄弟。(5) 将他人认为基本上是好的、善的、友好的、善意的。(6) 对他人抱信任、宽容、友好、热情的态度。(7) 有乐观倾向。(8) 倾向于满足。(9) 有轻松、平静的感觉。(10) 开朗，表现出客体中心、问题中心、世界中心倾向，而不是自我中心倾向。(11) 自我接受，自我宽容。(12) 为问题的解决而争取必要的支持，关注问题而不是关注于对他的统治。坚定、积极，有良好的自我估价。(13) 以现实的态度来面对现实。(14) 关心社会，合作、善良、富于同情心

附件4：职业兴趣自我测试

职业兴趣测验有很多，下面就是一个简单的专业兴趣自我测验。

（测试题）

对1～45问题逐一比较A，B两句，在描述你相对更喜欢的活动或工作的句子上面画圈，如果两个选项无法抉择则均画△；

A	B	
1. 写出一本书的梗概	出席讨论会	A　B
2. 分析决算书	构思新游戏	A　B
3. 解难题	假日做木工活	A　B
4. 操作计算机	研究害虫与杂草	A　B
5. 研究改良水稻品种	研究人体结构	A　B
6. 制作骨骼标本	绘制卡路里表	A　B
7. 选择窗帘布料	担任旅行干事	A　B
8. 跳集体舞	焙烧陶器	A　B
9. 在日记本上画画	慢跑	A　B
10. 制作盲文书	与强盗搏斗	A　B
11. 熨东西	构思广告版面	A　B
12. 研究感冒药成分	记录比赛得分	A　B
13. 培育树苗	烤面包	A　B
14. 安装组合音响	帮助别人拍X光照片	A　B
15. 在实验室工作	当动物饲养员	A　B
16. 声援他人选举	编制微机程序	A　B
17. 欣赏电影	观测天体	A　B
18. 制作图书卡片	去参观工厂	A　B
19. 随卡拉OK唱歌	进行水质检查	A　B
20. 采集昆虫	学习人工呼吸	A　B
21. 调整大楼暖气设备	整理书架与影集	A　B
22. 搭乘远洋渔轮	照顾贫困户	A　B
23. 检查血型	画漫画	A　B
24. 改建房屋	参加越野长途比赛	A　B
25. 解剖青蛙	节日抬神轿	A　B
26. 在牧场工作	乐器店工作	A　B

续表

A	B	
27. 用圆规与直尺作图	制作同学会名册	A　B
28. 做统计表	制作生活日历	A　B
29. 思考新产品如何推销	看手术的幻灯片	A　B
30. 归纳采访通讯	训练猎犬与信鸽	A　B
31. 通读文学全集	帮助配药	A　B
32. 研究股票市场	访问亲戚家	A　B
33. 研究公害	读书给人听	A　B
34. 办飞机驾驶许可证	参加合唱队	A　B
35. 设计庭院	练健美	A　B
36. 拆装相机或钟表	出席冗长的大会	A　B
37. 参观科学博物馆	去听歌剧	A　B
38. 当电话服务员	当个人生活顾问	A　B
39. 记日记	哄孩子	A　B
40. 解纵横字谜	教孩子唱歌跳舞	A　B
41. 参加电视演出	构思设计与装潢	A　B
42. 绘气象图	做体力测定记录	A　B
43. 写税金申报表	帮人搬家	A　B
44. 编辑剪报	装饰橱窗	A　B
45. 编辑杂志	当滑雪教练	A　B

（计分方法）

每题中画圈者得 2 分，画三角者得 1 分，请分别填入职业兴趣测试得分表中。

职业兴趣测试得分表

	I	II	III	IV	V	VI	VII	VIII	IX	X
1	A	B								
2		A	B							
3			A	B						
4				A	B					
5					A	B				
6						A	B			
7							A	B		
8								A	B	
9									A	B
10								A	B	
11							A	B		

续表

	I	II	III	IV	V	VI	VII	VIII	IX	X
12						A	B			
13					A	B				
14				A	B					
15			A	B						
16		A	B							
17	A	B								
18	A	B								
19		A	B							
20			A	B						
21				A	B					
22					A	B				
23						A	B			
24							A			B
25						A				B
26					A			B		
27				A				B		
28			A				B			
29		A				B				
30	A				B					
31	A					B				
32		A					B			
33			A					B		
34				A					B	
35					A					B
36				A						B
37			A						B	
38		A						B		
39	A						B			
40	A						B			
41		A						B		
42			A							B
43		A								B
44	A								B	
45	A								B	
合计										

（结果说明）

将职业兴趣测试得分表中 I ~ X 的各竖栏的得分累积起来。分别填入各项下面的合计栏中。如果填写正确，10 个合计格中的总和应为 90 分。

每项竖栏得分在 13 分以上为你“特别感兴趣的领域”，10 ~ 13 分之间为你“感兴趣的领域”，6 ~ 9 分为“兴趣一般的领域”，6 分以下为“不感兴趣的领域”。

I. 人文科学：本国文学，外国文学，宗教文学，史学，哲学，心理学，人际关系学，教育学，教育行政学等。

II. 社会科学：法学，政治学，经济学，商学，经营学，社会学等。

III. 理科：数学，物理学，化学，地质学，生理学，天文学，生物化学等。

IV. 工科：机械学，建筑学，土木工程，应用化学，金属工程，资源工程，船舶工程，原子能工程，造船工程，原子核工程，航空工程，信息工程，环境工程，控制工程，通信工程等。

V. 农科：农学，园艺学，农用化学，农业经济学，林学，畜产学，兽医学，水产学，食品工程学等。

VI. 医科：医学，口腔学，药学，药剂学，生物要学，保健等。

VII. 家务：家务学，家政学，食品学，儿童学，生活学等。

VIII. 教育：幼师，小学师范，中学师范，保健师范，特殊师范（包括音乐、美术、书法、护理、保健体育），聋哑师范，高中师范等。

IX. 艺术：美术，造型，设计，雕刻，艺术，音乐，作曲，声乐，器乐，指挥，乐理，摄影，电影，表演等。

X. 体育：包括体育，武术，健康学等。

参考文献

1. 王海光编著:《人力资源管理》,东北财经大学出版社2008年版。

2. 李新建编著:《员工关心管理》,南开大学出版社2009年版。

3. 林嘉主编:《用人单位员工管理指南》,北京大学出版社2009年版。

4. [美]加里·德斯勒,张炜译:《人力资源管理精要》,中国人民大学出版社2004年版。

5. 夏兆敢主编:《人力资源管理》,上海财经大学出版社2006年版。

6. 张佩云主编:《人力资源管理》,清华大学出版社2007年版。

7. 许文兴主编:《人力资源管理》,清华大学出版社2010年版。

8. 姚水洪主编:《人力资源管理》,大连理工大学出版社2007年版。

9. 郭巧云主编:《人力资源管理案例集》,中南大学出版社2009年版。

10. 和仁主编:《领导选人用人之道》,西北大学出版社2006年版。

11. 朱长丰主编:《人力资源管理》,浙江大学出版社2009年版。

12. 彭剑锋主编:《基于能力的人力资源管理》,中国人民大学出版社2003年版。

13. [美]加里德斯勒著:《人力资源管理》,中国人民大学出版社2009年版。

14. 郑晓明、吴志明编著:《工作岗位实务手册》,机械工业出版社2006年版。

15. 王克勤、姚月娟主编:《人力资源管理》,东北财经大学出版社2006年版。

16. 赵曙明编著:《人力资源管理与开发》,北京师范大学出版社2007年版。

17. 姚裕群主编:《人力资源开发与管理》,中国人民大学出版社2005年版。

18. 马军、赵良海主编:《人员招聘与配置》,电子工业出版社2006年版。

19. 张钊、朱莯予主编:《人员素质与能力测评》,电子工业出版社2009年版。

20. 窦胜功、卢纪华、周玉良编:《人力资源管理与开发》,清华大学出版社2008年版。

21. 王宝石主编:《人力资源管理》,机械工业出版社2008年版。

22. 葛玉辉主编:《人力资源管理》,清华大学出版社2009年版。

23. 余凯成主编:《人力资源管理》,大连理工大学出版社2001年版。

24. 张德主编:《人力资源管理》,中国发展出版社2003年版。

25. 郭成主编,John·Brown主编:《人力资源管理》,郑州大学出版社2004年版。

26. 金延平主编:《人员培训与开发》,东北财经大学出版社2006年版。

27. 赵曙明、程德俊主编:《人力资源开发与管理案例精选》,北京师范大学出版社2007年版。

28. 林筠主编:《绩效管理》,西安交通大学出版社2006年版。

29. 余泽忠主编:《绩效考核与薪酬管理》,武汉大学出版社2005年版。

30. 林忠主编:《绩效管理》,东北财经大学出版社2008年版。

31. 刘洪主编:《薪酬管理》，北京师范大学出版社 2007 年版。
32. 王海光主编:《人力资源管理》，东北财经大学出版社 2008 年版。
33. 曲建国主编:《人力资源管理》，清华大学出版社 2009 年版。
34. 李剑主编:《人力资源管理实务必备手册（修订版)》，中国言实出版社 2003 年版。
35. 周文霞主编:《职业生涯管理》，复旦大学出版社 2004 年版。
36.《中国职业安全卫生管理体系认证》，2004 年第 2 期。
37. 心远企业管理咨询有限公司——心远人才测评网。
38. 欣智成长人力资源综合测评。
39. 人力资源管理师：http：//www. wenjianjia. cn/article/b4/419. html。